国家社科基金后期资助项目
出版说明

后期资助项目是国家社科基金设立的一类重要项目，旨在鼓励广大社科研究者潜心治学，支持基础研究多出优秀成果。它是经过严格评审，从接近完成的科研成果中遴选立项的。为扩大后期资助项目的影响，更好地推动学术发展，促进成果转化，全国哲学社会科学工作办公室按照“统一设计、统一标识、统一版式、形成系列”的总体要求，组织出版国家社科基金后期资助项目成果。

全国哲学社会科学工作办公室

公地悲剧的思想史研究

A Study of the Tragedy of the Commons from the History of Thoughts

阳晓伟　著

上海三联书店

序　　言

曾几何时，我们把工厂烟囱飘上天空的烟雾、火车的轰鸣声视为工业文明的标志。但是，当烟雾、轰鸣声这类现象达到影响人类健康的程度时，我们幡然醒悟这类工业化的伴生物实在是一种悲剧。随着重化工业发展而来的不仅仅是各类新工具、新材料等等，还伴随着空气、水体、土壤、噪声、光等污染，影响着人类的生存基础。进入20世纪50—60年代，似乎这类现象显得特别的严重和日益普遍化，引起了人们的高度关注。伦敦烟雾事件就是典型案例。据英国官方的统计，在历时5天（即1952年12月5日至9日）的伦敦烟雾事件中，丧生者达5000多人；在大雾过去之后的两个月内有8000多人相继死亡。如果说这类案例还只是工业化带来的副产品，那么，有时，正是技术的进步直接带来"公地悲剧"。这方面最典型的案例也许是德班克斯渔场的悲剧。数百年来，渔民用传统技术进行的捕捞行为并没有破坏鳕鱼的自然产卵周期和繁殖。但是，到20世纪60年代，捕鱼技术的进步开始使得鳕鱼繁殖越来越少，以至于最终导致整个行业崩溃，被迫采取禁渔措施。

正当这类问题引起社会各界高度关注之际，哈丁1968年发表的《公地悲剧》一文为人们思考这类问题提供了一个基础性的理论框架。哈丁以一个虚构的故事来阐述公地悲剧的逻辑和内在机制，那就是：在开放性的共享资源系统中，每个人利用这种资源时只会考虑私人的边际收益是否大于或等于私人的边际成本，而忽略其行为对其他人可能带来的负面影响（即其他人可以利用的资源的减少）。若无任何制度性的约束，这将最终会导致这一种共享资源的耗竭或崩溃。

哈丁的论文引起了广泛的讨论和争论。在这种争论中，学者们把研究的领域从自然资源拓展到了各类公共财产资源的有效利用和治理等问题。在哈丁之后的拓展性研究中，具有里程碑意义的突破性成果至少有三项：一是奥斯特罗姆的利益相关者"自治理论"，二是迈克尔. 赫勒的"私地悲剧"，三是史密斯的"半公地理论"。这些拓展性理论也存在广泛的争论。

奥斯特罗姆及其追随者的研究聚焦于如何通过制度设计摆脱公地悲剧。在现实中，共享资源的一般典型特征是，明确地界定给某一特定的人群，而不是向所有人开放。奥斯特罗姆对大量公地悲剧具体案例的研究结果表明，公地悲剧的具体类型是多样化的，并不是只有"私有产权＋市场交易"和"公共产权＋管制"两类解决方案可供选择。在实践中，有效的解决方案因具体案例的不同而异，存在着走出悲剧的第三条道路，即利益相关者的共同治理。这种共同治理实质上是一种合作博弈。奥斯特罗姆强调，只要利益相关者之间具有良好的沟通能力，就能制定出规则，达成可实施的协议，限制对共享资源的使用。这一结论对于利益相关者有限的情形是有效的。但是，如果把这种自治理论推广到范围较广泛的公地问题（例如，城市公共设施和场所的利用、全球气候变化、雾霾、物种多样性被破坏等领域）时，它的适用性将受到严重挑战。因为，在这类情形中，要进行有效的沟通、制定出有效的边界规则、控制搭便车等等，是非常困难的。为了应对这类难题，奥斯特罗姆及其追随者力图将自治理论拓展为"多中心治理理论"，以扩大其理论的适用范围。

迈克尔·赫勒 1998 年的长篇论文（Heller, M. A. "The Tragedy of the Anticommons: Property in the Transition from Marx to Markets"）提出的"私地悲剧"则沿着另一条道线拓展了公地悲剧问题的研究。我认为，在这里，把"the tragedy of the anticommons"翻译为"私地悲剧"更恰当。以赫勒的语言来说，这里所谓的"the anticommons"是指"一种产权制度，在该制度下众多(multiple)所有者对某项稀缺资源掌握有效的排他性权利"。因此，"the anticommons"正好是与哈丁所定义的"公地"（the commons）在产权结构上相对应的私有化的情形。赫勒强调，在这种情况下，如果资源的产权过度分割且排他性过强，以致达到破碎化的程度，那么，可能会造成资源得不到充分利用的结果。这也是一种悲剧，即过多的排他性所有者会人为阻碍潜在的帕累托改进，从而无法获得资源利用的最大化价值，甚至造成稀缺资源完全无法利用的情形。

迈克尔·赫勒的这种思想最初源于对莫斯科商铺闲置案例的思考。按照赫勒的分析，在 20 世纪 90 年代，激进的"休克疗法"导致莫斯科街道上的商铺出现过多的排性所有者和产权碎片化，而且这些排他者处于各自为政的状态，缺乏统一有效的协调机制。结果，在私有化之后相当长的时间里，莫斯科街道上寸土寸金的商业铺面"空空如也"，商人们被迫挤在条件恶劣的报刊亭中售卖各种生活用品。我们不知道莫斯科商铺的这种"私地悲剧"最终是如何解决的。但是，我们在阳晓伟博士这本书中可以看到解决这种问题的一个历史案例(第四章第五节)。Odier 村是巴基斯坦东兴都库什地区的一个高寒山区村庄，主要以畜牧业谋生。这个村庄曾经把生长着畜牧栓翅芹的地块产权分配到户(即实行纯私有制)。当家庭中的男孩长大成家之后，户主又会将其生长着栓翅芹的土地划分给他们。随着人口不断增加，这种不断细分地块产权的制度安排带来了严重的问题。为了解决地块过度细分问题，土地的最终所有权让渡给了村民各自所在的家族，由每个家族对栓翅芹进行统一的管理和分配。这其实就是一种利益相关者的“自治”解决方案。

史密斯提出的“半公地悲剧”则是一种更为复杂的现象，兼具公地悲剧和私地悲剧的某些特征，但对“私有”和“共有”这两种属性之间相互影响的机制有着特别的限制。他是以欧洲中世纪“敞田制度”(open field)的历史为案例来提出半公地悲剧理论的。以英国来说，在这种制度下，农民对长条地块享有私人财产权，但是，除了休耕和收获期之外的时间有义务将其土地向所有其他农民开放，以供其共同放牧和拾柴火。史密斯认为，在这种制度安排中，农民就会有一种激励，尽量让牲畜的粪便留在自家的土地上，而让“坏处”(如牲畜对耕地的践踏)导向其他人的地块。

单纯从理论上来看，不难推出“半公地悲剧”博弈下资源使用者之间的机会主义行为倾向将会比一般意义上的“公地悲剧”博弈结构更为严重。那么欧洲的“敞田制”为什么能够在较大地域范围内长期存续下去呢？原来具有私人财产权的长条地块是高度分散在敞田之中的，从而使得农民机会主义行事的成本大为上升，从而可以有效克服个体理性与集体理性相背离的问题。另一方面，这种制度安排可以让农民在有限的土地上并行不悖地发展种植农业和畜牧业，提高土地使用效率——在没有重型机械的中世纪，对地块进行一定的切割和分散化分配产权通常不会降低种植农业的生产效率。

阳晓伟博士对上述这些理论的发展、形式化和相关史实都有着深刻的理解，充分地展现出了有关争论的基本进程，并对某些关键性的理论节点和假设进行了清晰的讨论。

从此书的细致讨论中，我们还可以看到有关“公地悲剧”理论的发展远远超出了我们原来的理解，已被用于讨论极为广泛的领域中的问题。“私地悲剧”“半公地悲剧”理论传播开来之后，一批学者热衷于利用这些新的理论工具来分析现实中的经济社会问题。例如，在赫勒等人之前，人们主要重视的专利制度对人们从事发明创造的激励作用，忽视了过多的专利也有可能阻碍新技术和新知识的创造问题。Heller & Eisenberg(1998)对美国生物医药研究领域(上游)案例的研究表明,授予太多碎片化的基因专利,导致下游的产品研发整合碎片化专利的交易成本过高,从而无法有效地开发新药品和新疗法。基因碎片造成的基因“专利丛林”妨碍了这些科研成果向现实应用的转化。再如,Heverly(2003)将半公地理论运用于讨论与版权、专利、商标、商业机密等有关的法律,认为,如果在法律上将它们包含的信息视为一种与普通有形物品一样的私产而获得保护,那将会导致大量法律纠纷,造成信息利用上的无效率。这种现象被称为“信息半公地悲剧”。

阳晓伟博士还力图做出自己特有的一种贡献,那就是把(互联网)平台经济视为一种“公地喜剧”,并对其中的机制进行了分析。与“公地悲剧”现象相反,对于平台的所有者而言,使用者越多,平台本身的价值就越大,能够带给平台所有者的收益(租金)也就越多。公地悲剧之所以发生,一个重要的条件是使用上的“竞争性”,即使用者越多,其价值会不断降低。与此相对应,阳晓伟把“公地喜剧”的深层逻辑归结为“负竞争性”。

阳晓伟博士的这项研究始于其博士学位论文。这一书稿在学位论文的基础上进行了修改和扩充。特别是“公地喜剧”的内容,完全是在毕业之后思考的结果。也许书中还存在这样或那样的缺陷,但是,我相信读者可以从中获得这方面较为完整的信息,说不定还可以从中找到进行某项研究的问题启示。作为他的博士研究生导师,我为阳晓伟的这一成果即将出版而感到高兴,是为序。

杨春学

目　　录

第一章　导论

第一节　研究的缘起

选择将“公地悲剧”的思想史研究作为本书的议题，主要是基于若干理论和现实背景的考虑。理论背景主要是以下三点：第一，与公共资源开发与利用密切相关的公地悲剧理论，是经济学中重要和富有影响力的组成部分。萨缪尔森在其著名教材《经济学》中吸收了他本人和马斯格雷夫的研究成果。该教材在“公共品”条目中借助排他性和竞争性来对物品进行划分。[①] 这部教材虽然并没有直接论述“公共资源”和公地悲剧，但是已经包含了对公共资源，尤其是外部性进行奠基性拓展的内容。

第二，西方经济学教材对公地悲剧理论的重视程度在不断增加，该理论的重要性日益突出。一般来讲，版本较老的教材通常将公共资源作为公共物品的一个特例，在划分产品的四种类别时稍加介绍；对于公地悲剧大多只是作为一个案例加以引用，极少部分旧版教材甚至直接略过。但是随着经济的不断发展，以及人类对生活环境关切度的增加，公地悲剧问题显得日益严重和突出，公地悲剧理论在西方经济学教材中所占的篇幅和分量也呈逐渐增加的趋势。比如，哈尔·R. 范里安的《微观经济学：现代观点》第 33 章第 6 节公地悲剧专门介绍了公地悲剧理论。[②] 作为影响最大的一部国内西方经济学教材——高鸿业先生主编的《西方经济学：微观部分》则直接引用了哈丁《公地悲剧》的原文，并对公共资源困境进行了较多论证。[③] 2010 年出版的一本微观经济学教材用了一章的篇幅来分别介绍“外部性”和“公共产品与公共

① 保罗·萨缪尔森、威廉·诺德豪斯：《经济学》(第 18 版)，萧琛主译，北京：人民邮电出版社 2008 年版，第 31—32 页。

② 哈尔·R. 范里安：《微观经济学：现代观点》(第七版)，费方域等译，上海：上海三联书店 2009 年版，第 518—520 页。

③ 高鸿业：《西方经济学》(第五版)，北京：中国人民大学出版社 2010 年版，第 334—338 页。

资源”，并且用了一小节的篇幅来直接阐述公地悲剧思想。[①] 再比如 2013 年首次出版的一本微观经济学教材专门用了一章的内容来阐述公地悲剧理论，而且将公地悲剧理论作为“微观经济学精要”在卷首页进行了重点推介。[②]

第三，自从 1968 年哈丁的名作《公地悲剧》问世以来，围绕公地悲剧进行的讨论日渐增多，而且经久不衰。一方面，众多学者对公地悲剧理论进行了不同角度的拓展和演化，可谓“仁者见仁，智者见智”，但是国内外对公地悲剧理论进行全面梳理和总结的文献却几乎没有，至少从我们能够获得的全部资料来看的确如此，现有的若干综述或者总结性阐述主要以“小论文”或者专著中的某一段或几段的形式零散出现。[③] 另一方面，公地悲剧的思想已经深入人心，不仅在学术界影响深远，而且对人们思考问题的方式也是一种“改造”，以致在政府部门的决策中也具有相当重要的现实影响力。利用公地悲剧思想来分析某一现实问题的文献，包括学术论文、政府工作报告和报纸文章，可谓多如牛毛。而且随着时间的推移，其涉及的领域逐渐从“海洋生物、森林、地下水”等“传统领域”拓展至“全球气候变化、网络安全、太空垃圾、社会保障系统、金融危机”等“非传统领域”。所谓“兼听则明，偏听则暗”，一些从理论上对公地悲剧思想进行某种讨论和拓展的文献，或者利用这一思想来分析某一现实问题的文献，仅仅抓住该思想有利于证明自己观点的方面来展开讨论，有意或者无意地将其他方面忽略掉了。

再考虑现实背景。20 世纪中期，人类所居住的星球——地球出现了各种各样的生态环境问题，比如人口爆炸式增长、包括 1952 年的伦敦烟雾事件在内的“八大公害事件”[④]、DDT 等有机氯杀虫剂的大规模使用引起许多

---

① 罗宾・巴德、迈克尔・帕金：《微观经济学原理》(第四版)，张伟等译，北京：中国人民大学出版社 2010 年版，第 274—327 页。

② 泰勒・考恩、亚历克斯・塔巴洛克：《微观经济学：现代原理》，王弟海译，上海：上海三联书店 2013 年版，第 333—347 页。

③ 详细阐述请参见本书的“国内外研究历史和现状”部分，在此不做详细展开。

④ 据邹瑜(1991)，“20 世纪 30 年代至 60 年代，发生了 8 起震惊世界的公害事件：(1)比利时马斯河谷烟雾事件(1930 年 12 月)，致 60 余人死亡，数千人患病；(2)美国多诺拉镇烟雾事件(1948 年 10 月)，5910 人患病，17 人死亡；(3)伦敦烟雾事件(1952 年 12 月)，短短 5 天致 4000 多人死亡，事故后的两个月内又因事故得病而死亡 8000 多人；(4)美国洛杉矶光化学烟雾事件(二战以后的每年 5—10 月)，烟雾致人五官发病、头疼、胸闷，汽车、飞机安全运行受威胁，交通事故增加；(5)日本水俣病事件(1952 年—1972 年间断发生)，共计死亡 50 余人，283 人严重受害而致残；(6)日本富山骨痛病事件(1931 年—1972 年间断发生)，致 34 人死亡；280 余人患病；(7)日本四日市气喘病事件(1961 年—1970 年间断发生)，受害人 2000 余人，死亡和不堪病痛而自杀者达数十人；(8)日本米糠油事件(1968 年 3 月—8 月)，致数十万只鸡死亡、5000 余人患病、16 人死亡。”——来源于“百度百科”：https://baike.baidu.com/item/八大公害事件/2871456?fr=aladdin#reference-[1]-159035-wrap。

物种的灭绝[①]等等。

进入21世纪,尽管人类的生态环境保护意识在不断增强,对导致生态环境问题的原因以及应对策略的认知也在不断进步,但是伴随着技术进步,人类对生态环境的破坏能力也在不断增强。21世纪的今天,我们的星球无时无刻不在上演着一幕又一幕的公地悲剧。海洋渔业的枯竭、物种多样性的破坏、全球气候变暖、海洋生态环境遭受破坏、我国华北和东北地区频繁发生的雾霾污染、矿产资源开采不当导致的地表塌陷、环境污染和破坏问题、跨区域河流湖泊的治理问题等等,无不与公地悲剧或者"公共资源治理失当"密切相关。

例如2004年,全国政协人口资源环境委员会和中国发展研究院共同组织的"保护长江万里行"考察活动发出警告:长江的"生态寿命"只剩下10年时间。[②] 2005年4月,央视《经济半小时》对黄河上、中、下游的水质环境进行了一次全方位的扫描,结果更加不容乐观。该节目播出时用的同样是"黄河还能活几年?"这样颇具忧患色彩的标题。[③] 2006年《科学》杂志的一篇文章估计:如果以目前的趋势长期持续下去,那么到2048年,世界上所有的主要海鲜食品种类都会崩溃。而且如果以捕捞量下降90%为界限,那么有近30%的海鲜类资源已经崩溃了。当海鲜类食品资源下降时,那些在食物链中依赖于这些海鲜种类的所有其他物种也会减少。过度捕捞正在造成海洋鱼类资源的枯竭。然而过度捕鱼问题仅仅是公地悲剧的一个例子,任何所有权不确定的资源都有被过度使用、维护不足的趋势。[④]

无独有偶,2014年4月10日浙江新闻网发布了题为《无鱼之渔:东海公地悲剧》的报道:"上世纪[某]年代,舟山渔场的中心嵊泗列岛周围,整装待发的渔船曾桅立如林、壮观至极。但正是在那个时期,过强的捕捞能力使得东海大黄鱼、小黄鱼、带鱼、墨鱼等渔汛逐一消失。至世纪末,东海渔业资源已过度开发,油尽灯枯。尤其这十多年来,众多渔船采用拖网、灯光围网、流刺网、电虾等方法进行'灭绝性'捕捞,更是给东海鱼类带来一场惨痛浩劫。近年来,东海虾蟹类产量稳中有升,今年还因白蟹产量过大导致白蟹

---

① 大规模使用DDT给生态环境造成的危害可参见1962年科学家蕾切尔·卡尔森所著的《寂静的春天》一书。

② 中国水网:《污染治理却成纸上谈兵·长江生态寿命只剩十年》,2005年3月16日,http://www.h2o-china.com/news/35451.html,2014年3月21日。

③ 人民网:《黄河水质污染日击续:黄河还能活几年》,2005年4月11日,http://env.people.com.cn/GB/1073/3310394.html,2014年3月22日。

④ 泰勒·考恩、亚历克斯·塔巴洛克著:《微观经济学:现代原理》,王弟海译,上海:上海三联书店2013年版,第338—339页。

‘卖出了白菜价’。但渔业专家指出，近海虾蟹的大量繁殖，是由于吃虾蟹的鱼少了，带鱼、小黄鱼、鲳鱼等大宗传统经济鱼类资源严重萎缩，是海洋渔业营养级下降、资源结构恶化的表现。”①

此外，世界银行在《2020 年的中国》研究报告中指出：“在过去的 20 年中，中国经济快速增长、城市化和工业化，使中国进入了世界上空气污染和水污染最严重的国家行列。”(李礼、汤跃军，2015)。

据 2019 年 5 月 7 日的一份报道，“联合国旗下权威机构生物多样性和生态系统服务政府间科学政策平台(IPBES)发表报告指出，地球上 800 万种物种中，有 100 万种因人类活动面临灭绝威胁，这是有史以来对全球自然损失最全面的评估……人类是生物多样性破坏的罪魁祸首，自工业化时代以来，人类改变了地球 75%的土地和 66%的海洋生态系统。世界三分之一以上的土地和 75%的淡水供应用于农作物或牲畜生产……报告作者之一科尔多瓦大学生态学教授桑德拉·迪亚兹告诉 CNN，‘地球上几乎没有一片土地是没有被人类改变过的’……2015 年，三分之一的海洋鱼类捕捞超出其可正常繁衍的水平；自 1970 年以来，原始木材的采伐量增加了近一半，其中多达 15%属于非法砍伐；自 1980 年以来，海洋塑料污染增加了 10 倍，平均每年有 3—4 亿吨垃圾排入公海；沿海生态系统的污染已经产生 400 多个海洋‘死亡区’，其总面积超过英国，这些海域缺氧严重，几乎无法维持海洋生物的生存。”②而 2020 年 10 月 25 日，新华网发布的一则题为《环保组织警告：日本福岛核污水入海或影响人类 DNA》的报道，更是表明：由于某些国家及其政府不负责任的行为，人类的未来仍将处于严重的公地悲剧威胁之中。③

然而，上面列举的案例可能还只是全部公地悲剧问题的冰山之一角。人类的不当行为和不恰当的制度安排，尤其是产权制度和治理结构，导致局部利益与整体利益不相容，从而造成了越来越多且日益严重的公地悲剧。虽然人类在治理公共资源上(主要是地区性小范围内的公共资源)取得了重大进展，但是对于大范围，尤其是全球，乃至太空范围的公共资源问题尚未

---

① 浙江新闻：《无鱼之渔：东海公地悲剧》，2014 年 4 月 10 日，http://zjnews.zjol.com.cn/system/2014/04/10/019960276.shtml，2014 年 6 月 11 日。

② 中国环境(要闻频道)：《联合国权威报告：地球上 1/8 物种因人类活动面临灭绝危险》，2019 年 5 月 7 日，https://www.cenews.com.cn/news/word/201905/t20190507_898381.html，2019 年 5 月 22 日。

③ 新华网客户端：《环保组织警告：日本福岛核污水入海或影响人类 DNA》，2020 年 10 月 25 日，https://baijiahao.baidu.com/s?id=1681528426154654048&wfr=spider&for=pc，2020 年 10 月 28 日。

找到完全令人满意且切实可行的解决方案：在可预见的未来，人类仍将持续不断地与公地悲剧作斗争。

一方面，公地悲剧理论本身的重要价值（而且其地位还在不断上升），但是国内外（尤其是国内）还没有专门系统梳理公地悲剧思想发展脉络的论著。另一方面，无论是学术界，还是政府决策部门，抑或媒体，对公地悲剧理论的运用非常普遍，而且其使用范围逐渐从资源环境等“传统领域”扩展至“非传统领域”。然而本书研究发现许多这种应用的恰适性是有争议的——公地悲剧理论存在被滥用和误用的嫌疑。① 因此，本书择从思想史角度对公地悲剧进行研究，力图促进人们正确和恰如其分地理解公地悲剧理论：它的假设条件、证明过程、拓展和深化、最新发展以及适用边界等，并期望对现实中公地悲剧问题的解决有所助益。

第二节 公地悲剧研究的历史和现状概述

一般认为公地悲剧思想或理论起源于欧美国家，现已在世界范围内得到了广泛运用。最早有文字记载的公地悲剧萌芽思想是欧洲亚里士多德的《政治学》和修昔底德的《伯罗奔尼撒战争史》；而理论的正式提出和形式化则主要是在美国；今天包括我国在内的所有国家和地区几乎都接触并吸收了公地悲剧思想或理论，且纷纷借助它来分析某些现实问题。

一、国外研究历史和现状

公地悲剧思想起源于欧美国家。西方最早有文字记载的带有公地悲剧萌芽性质的应当是修昔底德的《伯罗奔尼撒战争史》，其次是亚里士多德的《政治学》。在近代涉及公地悲剧思想的经典文献主要是1833年威廉姆·福斯特·劳埃德（William Forster Lloyd）在牛津大学出版的《关于人口问题的两堂讲座》（*Two Lectures on the Checks to Population*）等。与公地悲剧理论正式提出最近的是Gordon和Schaefer于1954—1957年对渔业问题的研究，相关研究成果后来被奥斯特罗姆等学者称之为“G－S模型”。

明确提出公地悲剧思想并使其得到广泛关注和流传的学者是美国著名

① 例如正文详细阐述的，人们倾向于将所有带有“公地”性质的事物都与“悲剧”联系起来，并主张要么对其实行私有化，要么采用政府集中管理和控制的方式，并导致了包括反公地悲剧等在内的一系列不良后果。

生态学家 Hardin(哈丁)教授。Hardin 于 1968 年在《科学》杂志上发表了著名的《公地悲剧》一文。Hardin 让读者设想一个对所有人都开放(open-to-all)的公共牧场。由于每一位牧民每增加一头羊将获得这头羊的全部收益,但是只承担其成本(过度放牧,或牧场退化)的一部分,因此每一位自利的牧民的理性选择都是增加放牧数量,最终导致牧场退化,资源租金耗散,甚至所有人都走向毁灭的公地悲剧。《公地悲剧》发表以后产生了极其广泛的学术影响,公地悲剧成为一个成语式的名词广为流传。

通常人们认为公地悲剧的原因在于资源产权的公共属性导致资源的竞争性太强,而排他性缺失或者太弱。然而,1998 年美国法学教授迈克尔·赫勒(Michael A. Heller)在《哈佛法律评论》上发表了长达 68 页的论文——《反公地悲剧:从计划经济到市场化转型中的产权》(The Tragedy of the Anticommons: Property in the Transition from Marx to Markets)对这种看法发起了挑战。在这篇近 70 页的长文中赫勒教授指出,如果产权过度细分也会造成公地的另一种类型的悲剧——"反公地悲剧"(tragedy of the anticommons)。它是指资源的排他性太强(存在多个产权主体,这些主体可以对某种资源的使用行使类似于一票否决权的特殊权利)导致资源得不到有效利用的悲剧,这是一种资源利用不足的悲剧。根据具体原因的不同,反公地悲剧有两种不同的类型:法律型反公地悲剧和空间型反公地悲剧。布坎南(2000,2001)和舒尔茨(2002,2005)等人则对赫勒提出的反公地悲剧进行了模型化处理,并讨论了公地悲剧和反公地悲剧之间的对称性。

再者,2000 年亨利·E. 史密斯(Henry E. Smith)在其代表性论文《半公地产权与敞田中的分散化》(Semicommon Property Rights and Scattering in the Open Fields)中提出的"半公地悲剧"理论,则是 20 世纪西方学术界对传统公地悲剧理论的又一项新发展——尽管目前其影响力不及赫勒教授的反公地悲剧。

自从 1968 年哈丁的《公地悲剧》发表之后,学术界关于公共财产资源的研究迅猛增长。早期学术界倾向于认为要么通过政府或者其他外部强制力量的控制(即"利维坦"),要么通过私有化才能有效地破解公地悲剧。由于奥斯特罗姆(Ostrom)夫妇等人的长期坚持和努力,这种格局逐渐被打破。埃莉诺·奥斯特罗姆通过对大量现实案例的实地考察,发现许多公共池塘资源(common pool resource)在不借助外界强制力量和私有化的条件下也得到了很好的治理。由于奥斯特罗姆等人的长期坚持与努力,证明了"社区自主组织与自主治理"模式也是消除公地悲剧的一种有效手段,这种手段被人们称之为有别于市场和政府的"第三种方式",并为主流经济学所认可和吸收。由于埃莉诺·奥斯特罗姆在公地治理方面的杰出贡献，她获得了2009年诺贝尔经济学奖，并成为了世界上第一位获得诺贝尔经济学奖的女性学者。

西方学者主要热衷于对公地悲剧进行理论创新和应用，从思想史的角度专门研究公地悲剧的文献则罕见——从我们掌握的文献资料来看，尚未发现哪一部专著是以思想史的视角来研究公地悲剧的。

由于本书主要目标在于从思想史的角度，对公地悲剧思想做一项系统梳理和深入挖掘，因此这一思想的起源、兴起、成熟和最新发展等就构成了全书本身的主体内容。故在此处仅介绍国外公地悲剧研究的梗概，详细内容见后续章节的论述。

二、国内研究历史和现状

从本书作者有限的考证能力来看，国内较早研究公地悲剧的是，1989年王锐生教授在《哲学动态》上发表的《关于环境整体主义的一场争论》。王教授将哈丁的公地悲剧思想作为其论文的第一部分"生态学家对公共利益的关心"中的典型代表做了介绍。在论文中对公地悲剧思想进行过较早介绍的还有：朱国宏(1990)《全球人、资源、环境与发展》、王丽萍(1995)《导致外部性的条件与环境政策》、彭希哲和戴星冀(1996)《传统文化与我国的环境与可持续发展》、王锐生(1997)《21世纪的人将有什么价值观?》、冯德连(1997)《可持续发展的外部经济战略》、何新华(1998)《当代国际政治中的全球环境问题》等。它们之间存在一个共同的特点：都只是对公地悲剧理论进行简单的介绍和运用。1999年何雪松的《外部性、公地悲剧与中国的环境污染治理》和金学群的《公地悲剧与市场结构》，是国内较早以公地悲剧理论为主要理论工具进行研究的文献。

进入20世纪以来，关于公地悲剧的文献数量则出现了"爆炸式"增长，而且直到今天依然呈继续增加的趋势。运用公地悲剧理论来解释和研究诸如"环境保护、土地、水域、牧场、旅游资源"等"传统"资源环境问题的文献可谓不胜枚举，本节对这些领域比较有代表性的文献进行了分类整理：

运用公地悲剧或公共资源治理理论研究我国河流湖泊等与"水"有关的文献。王晋(2006)和张果等(2006)研究了我国农村地区的集体用水问题。王晋强调明晰产权的重要性，张果等则主张采取"内部市场化"的方案来解决农村供水问题。吴亦竹(2000)的《评浙江永嘉的江河承包》指出了一个"悲剧性"的事实：地方政府将永嘉河的养鱼权承包给私人后招致了当地民众的不满，偷鱼毒鱼案件不断，直至"死鱼飘浮在江面上，绵延两公里"的惨剧。这一现象引起了人们的关注。随后胡铭(2000)撰文指出江河治理的困境,并在理论上主张采用布坎南提出的“俱乐部物品”来代替政府管制和私有化(承包)行为。胡铭的主张实质上属于奥斯特罗姆所倡导的“社区自主组织与自主治理”方案。于立等(2007)则研究了我国海洋渔业问题。他指出我国的海洋渔业资源属于“资源公有+私人捕捞”模式,因而难以避免公地悲剧问题。白洋(2011)深入研究了海洋渔业中的配额管理制度。他指出:“配额制度的实质内涵是一种资源极限下不得超越总可捕量的共同义务,配额中的权利必须在总可捕量设定的极限值内行使。建立在共同义务基础上的权利具有公法属性,其外在表现形式是一种行政许可。”晏维龙和袁平红(2009)介绍了美国和欧盟国家在应对海岸带自然资源开发与保护问题上的国际经验,主张我国应当加强对海洋资源管理的科学研究和立法管理。杨发坤(2010)和高翔(2014)等则研究了我国跨行政区的大型湖泊、水库和河流污染严重而且治理难度大的问题。

伊丽娜(2013)、杨春学(2014)、营刚(2014)、张保国(2014)等借助公地悲剧理论分析了我国某些牧区过度放牧导致草原退化的问题。其中杨春学教授的研究通过“专家主观评估”的方法,对导致藏区草场“超载”的原因进行了量化评估和排序,这种量化方法尽管是主观性的,但在“过牧”的定量研究方面具有重要的探索性意义。杨教授指出:“使用权承包到户”只能解决利益的初始分配问题,并不能自动消除公地悲剧现象;只有“因地制宜”,尊重牧民根据“特定时空”的经验知识所进行的理性选择,产权制度的改革才可能实现其政策初衷。

运用公地悲剧理论研究我国农村土地(包括森林)资源开发问题的文献。姚俊等(2009)认为:为了避免我国集体土地产权制度改革走向公地悲剧,单纯的国有化或者农民私有化都将面临很大问题,应当构建“国家和农民共同控制”的所谓“复合产权制度”。柯西和柯华庆(2012)认为:目前我国法律关于农村集体土地所有权的主体因集体内涵的模糊,和集体的多层次造成了实际上的农地产权是不明晰的“三有”,阻碍了我国农村经济的进一步发展。据此他们主张对农村土地的产权做进一步明晰化,实现产权主体真正的“实至名归”才能解放农村生产力。肖建武和陈洪(2012)认为:林权的明晰并不能完全避免公地悲剧现象的发生;只有在明晰林权的基础上再利用市场化机制才能真正治理森林的公地悲剧。刘远风(2014)认为:我国农村土地改革面临“公地”和“反公地”的双重困境,在一定程度上支持了柯西与肖建武等人的观点。

运用公地悲剧理论研究我国旅游资源的文献。曾坤生(1997)、冯涓

(1998)较早将公地悲剧思想运用到我国旅游资源的过度开发问题中。崔凤军(2006)研究了我国的乡村旅游资源,认为:为了避免公地悲剧,实现乡村旅游资源的可持续发展,应当妥善处理好乡村旅游与城市旅游之间的关系、大力发展乡村旅游与发展机遇的关系、市场主导与政府引导之间的关系、旅游开发与生态和历史文化保护的关系、公共利益与个体利益之间的关系、宣传造势与乡村接待能力之间的关系、"农家乐"与"乡村旅游"七项关系。刘旺等(2008)运用田野式调查和案例分析("丹巴县甲居藏寨")的方法,对我国少数民族旅游资源问题进行了研究。他们主张:为了避免公地悲剧,应当重视当地居民自身的能动性,通过清权、责、利,实现奥斯特罗姆倡导的"社区自主组织与治理"。胡北明和雷蓉(2014)研究了我国遗产旅游地管理体制改革,认为:我国的遗产类旅游资源同时存在"公地"和反公地两种悲剧——公地导致旅游资源的过度开发,反公地则导致旅游资源得不到充分有效利用。针对这种局面,他们主张理顺产权关系,建立统一协调的管理体系。苍山洱海,驰名中外;洱海是大理的名片,更是我国著名的旅游景点。然而据 2009 年 4 月 13 日《中国青年报》的报道:"洱海正在遭受破坏性的开发——极目望去,到处是高耸林立的别墅群,这个世界级的旅游景点正在日益变成富人的后花园。"陈一舟(2010)指出:洱海成为富人的"后花园"并非个案,香山、泰山、白云山等许多风景名胜之地,都在沦为富人们的"后花园"。因此他呼吁"有关部门"应当进行反思。或许正是带着这一问题,学者们继续进行探讨。譬如丛艳国和蔡秀娟(2013)以广东省为例,研究了集体林权制度改革对自然保护区生态旅游社区参与的影响。这一研究发现:集体林权制度改革,切实落实农民以社区成员的方式参与决策与管理,方能避免资源收益落入有权势的特殊利益集团之手。她们非常自信地认为"社区集中控制的旅游开发是理想的终极模式"。然而这一模式究竟能否堪称"终极模式"恐怕还有待更长时间的检验。

随着时间的推移,公地悲剧理论的运用范围进一步扩大至"非传统领域"和"时髦"的热点话题。其中比较具有代表性的有:郭谊(2003)《对公地悲剧的反思》(公共教育体制腐败问题)、黄昌富(2005)《中国股市:一个公地悲剧例证》、张玉萍(2009)《高职辅导员人力资源公地悲剧现象》、张新民等(2009)《金融危机的公地悲剧现象解析——兼论资产负债表对企业边界的界定功能》、程群(2009)《太空安全的公地悲剧及其对策》、陈正辉和曹倩(2010)《论广告的公地悲剧现象》、李钢和于国辉(2010)《论网络公地悲剧及其解决方式》、易宪容(2010)《影子银行与公地悲剧》、朱中仕和陈华(2012)《由赴港生子到生育公地悲剧的认识》以及朱海就(2014)《雾霾问题背后的公地悲剧》等。

2021 年 11 月 18 日以中国知网搜索，在“篇名”项下输入“公地悲剧”，就出现了多达 5.53 万个结果；其中学术期刊 4.56 万篇，图书 9448 部。然而令人费解的是，这 5 万多个结果中中文仅占不到 500 个，该结果应当是有误的。[①] 同一天利用百度学术，在“位于文章标题”项下输入“公地悲剧”得到 638 个结果；在“文章任何位置”项下输入“公地悲剧”则可获得约 1 万个结果。同一天利用 Glgoo 学术搜索，直接输入“tragedy of the commons”出现的结果是 32.3 万个；直接输入“公地悲剧”出现 1920 个结果。

通过系统梳理，我们发现国内关于公地悲剧的文献绝大多数集中于利用这一理论来分析某个现实问题，从学理或者思想史角度对这一理论本身进行全面总结和梳理的文章寥寥无几。截至 2021 年 11 月 18 日，通过广泛搜索，我们发现标题中包含公地悲剧或类似字眼的中文书籍仅有 3 本。一本是 2013 年社会科学文献出版社出版的《公地的悲剧？——气候变化问题的认知比较研究》。作者王璟珉博士将其 2007 年的博士论文《全球气候变化问题的认知比较研究》加以整理和更新完善，并冠之以新的标题以专著的形式出版。该书论述的主题在于对各界近乎公认的主流观点“全球气候变化是公地悲剧”进行质疑和否定。在对全球气候变化问题的认知进行比较研究的基础上，提出上述主流观点是一种“冥王星现象”。[②] 一本是傅剑清博士的《论环境公益损害救济——从公地悲剧到“公地救济”》，虽然该专著的副标题出现了公地悲剧字样，但其研究的核心问题是环境公益损害的法律救济问题，并不是针对公地悲剧思想本身。还有一本是 2013 年廖振良编著的《共有地的悲剧：环境与发展的故事》。作为一本科普读物，该书主要整理了人类历史上著名的生态环境类公地悲剧事件。因此，国内仅有的标题中涉及公地悲剧的几本书籍讨论的重点并不是公地悲剧思想本身，而是其他内容。由于主题的关系，本书不准备展开讨论这几部书籍的具体内容。

不得不承认，国内在公地悲剧理论研究方面做出重大原创性贡献的文献似乎并不多见。通常情况是，当国外（主要是美国）公地悲剧或公共资源

① 在搜索到的结果当中，阿拉伯语占据极高的比重，但是通过向能够看得懂阿拉伯语的朋友请教，以及借助 google 翻译，出现的结果当中很多阿拉伯语文献标题并无公地悲剧之意。这极有可能是知网搜索引擎未能准确识别包括阿拉伯语在内的某些外国语言所致。因此如果仅从中国知网得出的数据来看，实际上题目中包含公地悲剧的文献少于 5 万。但是想必知网不可能将世界上所有文献都收录进去。因此标题中包含公地悲剧的文献的准确数字是很难获得的，但是结合 Glgoo 数据来看，我们确实可以相信这一数字非常大。

② 所谓“冥王星现象”即曾经公认为正确但是后来被推翻的认知现象。

领域出现新的理论,随着其影响逐渐显现,国内便会在其后几年进行理论上的跟进——对新理论加以引进并用来解释中国本土的问题。比如,哈丁(Hardin)1968年在Science上发表的《公地悲剧》,从中国知网收录的文献来看,国内大约二十年之后有学者陆续对其思想进行介绍,详见上文的概述。①

奥斯特罗姆1990年出版的成名专著《公共事物的治理之道》(Governing the Commons: the Evolution of Institutions for Collective Action),在相当长的时期内并未引起多少国内学者的重视。从中国知网收录的文献来看,国内最早介绍埃莉诺·奥斯特罗姆夫妇关于公共事物治理思想的是江峰和张昕两位学者,他们早在1995年就在《中国行政管理》上发表了题为《奥斯特罗姆夫妇与当代制度分析理论——美国印第安纳大学政策分析中心评介》的文章,一年之后,江峰又在同一期刊上发表了题为《构建一种"自我管理"的社会——奥斯特罗姆夫妇学术思想评述》的文章。2000年该专著被翻译成中文版《公共事物的治理之道:集体行动制度的演进》。但是它们并未引起研究奥斯特罗姆夫妇学术思想的热潮。然而自从2009年埃莉诺·奥斯特罗姆获得诺贝尔经济学奖之后,介绍和研究她的学术思想,尤其是公共池塘资源的社区(民间)自主组织与治理方案的文章就突飞猛进式地增长了(例如,匡小平、肖建华,2009;高轩、神克洋,2009;柴盈、曾云敏,2009;王宁,2009;张克中,2009;杨春学,2010;王群,2010;蔡绍洪、向秋兰,2010;谭江涛、王群,2010);此外,2012年上海译文出版社又重新翻译了奥斯特罗姆的专著。②

自从1998年法学家赫勒(Michael A. Heller)重新提出并论证了反公地悲剧思想之后,国内学者陆续进行了介绍与应用(例如,李晓峰,2004;陈新岗,2005;胡燕京,2005;严荣,2007;王彦东,2007;阳晓伟等,2016;阳晓伟、杨春学,2019)。

总而言之,人们对公地悲剧思想的运用已经非常普遍,甚至到了近乎"疯狂"的程度。虽然存在对公地悲剧以及与之联系密切的"公共财产资源治理"思想进行零星介绍的文献,但是一方面,从数量上来看并不多见,而且

---

① 考虑到当时国内的特殊时代背景和技术条件,中国知网收录公地悲剧的研究滞后于西方二十年之久是不难理解的。

② 事实上,奥斯特罗姆获得诺贝尔奖也引起世界范围内研究公地治理问题的热潮。比如奥斯特罗姆作为创始成员之一的"国际公地研究协会"(The International Association for the Study of the Commons),在其成立的1984年仅有大约200名成员,在奥斯特罗姆获得诺贝尔奖之后,其成员在21世纪头十年时间里迅速增加到1000多人。资料来源:国际公地研究协会官网 https://iasc-commons.org/history/。

多集中于对少数几位知名度最高的“头部”西方学者及其思想的介绍之上，国内文献相互之间的交叉重叠程度比较高，对公地悲剧思想的介绍缺乏连贯性和系统性；另一方面，以博士论文或者其他专著的形式专门对公地悲剧思想进行全面系统梳理的文献则可能处于空白状态——至少从公开发表或者被网络收录的文献来看确实如此。而且从笔者能够搜索到的全部文献来看，国外专门致力于这项工作的文献也不多见。[①] 因此为了避免人们对公地悲剧思想的误用，本书将从经济思想史的角度对这一理论的来龙去脉、适用边界等，做一个比较全面和系统的梳理与总结。

第三节　基本思路和结构安排

一、基本思路

从经济思想史的角度对某种理论的研究，通常遵循将其划分为“萌芽期、成熟期和最新发展”的范式。本书对公地悲剧理论的研究大体上也“依例”采用这种研究范式。1968 年哈丁《公地悲剧》一文的发表是公地悲剧理论诞生的标志，Moxnes、Burke、Heller 和 Smith 等学者在各自研究的方向上对公地悲剧理论进行了发展，因此将这两个阶段分别命名为“成熟期”和“最新发展”是比较合适的。以下四点是与一般范式稍有出入或者因为其他原因值得说明的情况。

第一，“萌芽期”，由于在 Hardin(1968)之前公地悲剧思想的酝酿和演进涉及的历史时期长达数千年，而且已经有学者对公地悲剧思想进行过比较正式的论述，因此将这一阶段称之为“哈丁之前的公地悲剧思想研究”似乎比“萌芽期”更合适。第二，尽管走出公地悲剧的新方案也是公地悲剧研究的重要内容，但它不同于一般意义上的理论发展，故而将奥斯特罗姆关于“公地”的研究成果——公共池塘资源的社区自主组织与自主治理，以及本书作者总结的“政府引导下多中心协同治理”单独提出来作为与前三个阶段相并列的第四个阶段。第三，如果可以将缺乏排他性但竞争性为负的

① 林肯大学 Polsky(1989)的硕士论文“Tragedies of the commons” and tragedies of the private: a reconsideration of property types and environmental outcomes 和 McCay et al (1990) “*The Question of the Commons*”, University of Arizona Press 是我们搜索并获得的仅有的两项，但也不是从思想史角度进行的研究；当然我们不能完全排除文献遗漏的可能性，尽管我们已经进行了最大努力地搜索。

物品视作一类特殊“公地”的话，那么倘若善加利用或治理，这类特殊公地带来的将是“公地喜剧”的效果；这一点暂且作为一种对传统公地悲剧理论的创新，即第三阶段“最新发展”的一个组成部分，置于第七章。第四，本人整理的前辈学者们在公地悲剧理论方面作出的贡献，通常已经得到学术界的公认；而本人总结或提出的某些所谓的“理论创新”（比如“负竞争性”、政府引导下多中心协同治理等）充其量还只是一种“初生牛犊不怕虎”的大胆尝试，我当然不认为它们有资格和前辈名家们的重要贡献相提并论，但是为了保持全书在体例上按照某种统一的标准一以贯之，也斗胆将它们和前辈名家们做出的理论贡献放在了一起，而不是以某种单独形式（比如附录）出现。

二、结构安排

作为一篇思想史类专著，本书的结构安排基本上以时间的先后顺序和理论的发展演进的体例来展开，它的全部内容包括九章，分别为：引言，哈丁之前的公地悲剧思想研究，公地悲剧理论的成熟期，对公地悲剧理论适用边界的反思，反公地悲剧及其形式化，“半公地”理论及其形式化，负竞争性、平台物品与公地喜剧，传统“二元模式”到社区自治，政府引导下的多中心协同治理。详见图 1－1：

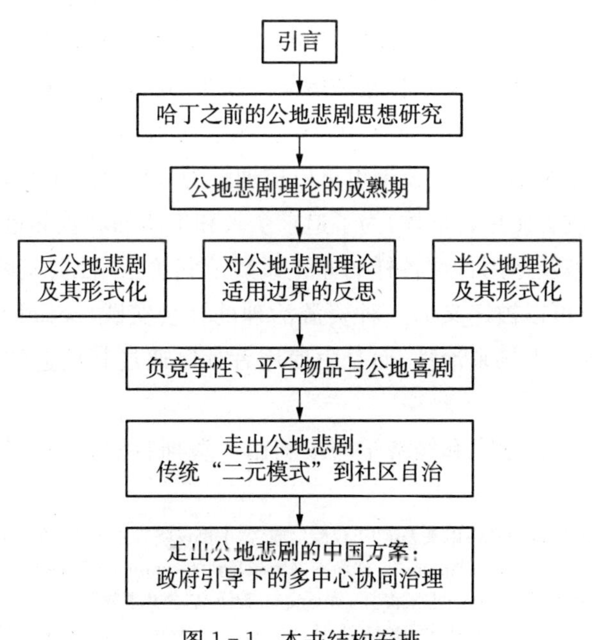

图 1－1　本书结构安排

第四节　核心概念界说

本书涉及的核心概念主要有：公地、公共资源、公共财产资源、公共池塘资源、公地悲剧、外部性、搭便车者以及竞争性、负竞争性、排他性、生产型消费(使用)等。为了便于正文论述和避免误解，有必要对它们做一个简要的辨析和界定。由于后四个核心概念构成了第七章的主体内容，为了避免重复，在此不做过多介绍。

一、公地/公共资源

公地的英文是 the commons。[①] 它最初是指欧洲中世纪的一种土地利用模式：封建领主划出一片土地供他的臣民放牧和获取薪柴之用，臣民们在这种土地范围内放牧或者砍柴不需要向其领主支付额外的费用。自从1968 年哈丁的《公地悲剧》发表以后，公地概念所指代的内容已经远远超出了土地的范畴。在 Hardin(1968)之后的学术文献中，公地一般直接用来代表公共资源(common resources)。而公共资源在 Gordon(1954)之后也被称为"公共财产资源"(common property resources)，它所代表的实际内容或者对象与"公地"或者"公共资源"并无二致，只是更加突出财产的公共属性而已。

发展到今天，关于公地概念的理解存在多种不同的版本。比如维基百科就提供了如下几种定义："公地是指某一社会的所有成员都能获得的文化资源和自然资源，包括自然物质，如空气、水和可宜居的土地。这些资源是共同持有的，而非私有的。公地也可以被理解为一种自然资源，该资源由一些群体(社区或者使用者群体)为了追求个人和集体的利益而进行管理。典型地，这通常涉及运用各种各样的非正式规范和价值(社会实践)作为治理机制。公地也可以被定义为一种资源治理的社会实践(social practice)，它不是由政府或者市场来治理，而是由使用者社区通过其创造的制度来自主治理资源。"[②]

在著名的政治学家和经济学家埃莉诺·奥斯特罗姆的文献当中，大量

① Commons 一词通常还用来表示"下议院"，或者"平民议院"，比如英国的下议院对应的英文名称就是"house of commons"。然而本书所涉及到的 commons 都是指"公地"的意思。王亚华教授(2017, p. 100)主张将 the commons 翻译成"公共事物"。

② 维基百科：《公地》，2019 年 12 月 12 日，https://en. wikipedia. org/wiki/Commons # cite_ref-2，2019 年 12 月 18 日。

使用“公共池塘资源”(common pool resources)的概念,并使得这一概念被学术界接纳和广为流传。和公共财产资源一样,它所代表的内容还是公地或者公共资源,只是用一个形象的比喻更加突出资源的自然或物理属性——类似于一个池塘。[①]

许多学者将“公共池塘资源”视同为“俱乐部物品”(club goods),但这种等同存在一些争议。比如Apesteguia&Rigaud(2006)通过博弈论和实验经济学手段的研究发现:由于二者之间在“竞争性”程度方面存在较大差异——公共池塘资源的竞争性更强,并导致这两种博弈类型的“内部纳什均衡”(interior Nash equilibria)是不一致的。尽管这两个概念存在很大的共通性,但还是存在着差别:公共池塘资源主要强调资源的物理或自然属性,而俱乐部物品强调的是“人的因素”,指经过治理并带有特定制度安排的公共池塘资源——未经任何治理的公共池塘资源可能会走向悲剧的结局,而俱乐部物品却通常不会如此,这说明二者最为本质的区别在于“竞争性”方面的差异,俱乐部物品在使用上的竞争性较弱,它类似于一个小范围封闭式的公共物品,因此,在特定条件下当公共池塘资源在使用上的竞争性较弱,使用者感受不到“拥挤”时,与俱乐部物品就变得十分接近了,[②]但是这种状况往往并不是公共池塘资源的一般形态,而是特例。

有必要指出的是,本书研究的公地和我们生活当中所讲的公共资源含义也是有明显区别的。它并不是指一般意义上的“公共土地”,也不是指“公有财产”或“公有资源”,更不是指“国家所有”“全民所有”或者“集体所有”,而是指没有或缺乏排他性但是具有使用上的竞争性——既包括正竞争性也包括负竞争性的公共资源(common resources)。[③] 日常生活中所讲的公共

---

① 公地和公共池塘资源之间以共性为主,它们之间的差别是非常细微的。之所以有不同的命名是因为它们各自的现实原型有所区别,公地的最初原型是“公共牧场”;而公共池塘资源的最初模型是“公共渔业”,它至少可以追溯到1911年Jens Warming用丹麦语发表的文章(英文翻译版:Andersen, P. “‘On rent of fishing grounds’ a translation of Jens Warming's 1911 article, with an introduction”, *History of Political Economy*, 1983,15(3):391-396.)和Gordon(1954)的文章。此外,按照国内学者王亚华教授(2017, p.68)的说法,“这是比较独特的一个概念。好比是一个池塘的水,这个池塘作为整体是不排他的,但是作为池塘里面的资源系统,就是水本身是可以分割的。所以把这种资源叫作‘公共池塘资源’。”因此从某种意义上来讲公地这一隐喻的适用范围似乎比公共池塘资源更加广泛。

② 比方说,对于一个收取门票的公园或者一段收费的高速公路,在游客较少或者车辆不多的情况下,人们通常不会感受到“拥挤”,使用者之间几乎不存在竞争关系,这时将它们视为“俱乐部物品”更合适,然而当使用者过多,超过“舒适”或者“合理”的边界时,使用者之间就存在竞争关系,此时将它们称之为“公共池塘资源”更恰当。

③ 在遵循其基本划分标准之外,本书在第七章将负竞争性也纳入物品分类理论的分析当中,对新古典经济学物品划分标准和哈丁式公地悲剧理论发起挑战和发展。

资源既不强调是否有排他性，也不强调是否有使用上的竞争性。比如公共财政、国有土地、国有企业等等往往就容易在日常生活中被称为“公共资源”，虽然可能会有交叉重合地带，但这类资源并不直接等同于本书论述的公地。

公地通常是指自然资源，尤其是可再生资源，但是并不局限于它们。本书论述的公地在全面吸收历代先贤所提出理论（尤其是新古典经济学物品划分理论）的基础之上，又做了进一步的拓展和完善。本书在梳理前人关于公地悲剧理论的贡献和不足时，所指的公地在没有特别说明的情况下，与公共资源、公共财产资源和公共池塘资源含义相同或相近。但是本书作者在第七章对前人的物品划分理论发起了挑战和完善，在第七章中的公地不仅包括新古典经济学意义上的公共资源，还包括缺乏排他性且存在负竞争性的公益性平台类物品。

二、公地悲剧

中文名词公地悲剧起源于 Hardin（1968）的论文《公地悲剧》（The Tragedy of the Commons）。除了公地悲剧这一最常见的译法之外，还有北京大学张维迎教授的“公共地悲剧”、武汉大学朱志方教授的“大锅饭悲剧”等译法。经济学中关于公地悲剧的定义有许多种不同的版本，不同学者对公地悲剧的表述方式存在一定的差异，现在本书仅摘取其中比较有代表性的几种予以考察。

科斯等人认为：公地悲剧是指“公地”作为一项资源或财产为共同体所拥有，共同体中的成员都有使用权，但没有人有权阻止他人使用，且在公地上活动的人不会考虑他的活动对邻里或后代的影响，结果造成公地资源因过度使用而枯竭的现象。

泰勒·考恩和亚历克斯·塔巴洛克则认为：公地悲剧是指在任何一种无人具有所有权，因而不具有排他性的资源都倾向于面临过度使用和维护不足的局面。如果对某项资源的维护的缺失太严重，以致对它的滥用超过了这种资源能够自然再生的程度，我们一般就称它是一种公地悲剧。[①]

而根据公共资源治理领域的诺贝尔经济学奖获得者埃莉诺·奥斯特罗姆编写的《新帕尔格雷夫经济学大辞典》公地悲剧词条则认为：当很难和将能够产生无限期收益流（flows of benefits）的公共池塘资源的潜在使用者排

① 泰勒·考恩、亚历克斯·塔巴洛克著：《微观经济学：现代原理》，王弟海译，上海：上海三联书店 2013 年第一版，第 338 页。

除出去的成本太高时，就会出现公地悲剧现象，最终这些资源将会被理性的、效用最大化的个体所消耗殆尽，而不是为了所有人的利益而将它们保留下来。对资源使用者能够自愿合作以避免过度使用的可能性的悲观主义，导致对公共池塘资源实行集中控制大肆蔓延。但是这种控制本身却经常导致资源的过度使用。在实践当中，尤其是当他们能够进行沟通的情况下，资源使用者们经常能建立起限制资源使用和保护资源的规则。①

关于公地悲剧定义的版本虽然很多，但是它们的实质含义却是相通的。我们认为：总而言之，公地悲剧一般是指资源（通常是，但不局限于可再生自然资源）的排他性不足或者缺失，而使用上的竞争性又过于强烈而导致资源枯竭，资源所蕴含的经济租金耗散，资源使用上的低效率或者无效率，甚至威胁到生态环境、人类社会和经济可持续发展的情形。

三、外部性

（一）外部性的含义

外部性是指某一行为对第三方福利的副作用。它通常被分为正外部性和负外部性。负外部性是指当个人或者集体行动所造成的成本（或者负面效应）由其他人“无补偿”地承担时所造成的外部性。由于存在负外部性，社会边际成本（MSC）大于私人边际成本（MPC），市场产出会大于社会最优化产出。因为市场过度生产了产品，市场就被认为失灵。社会最优化产出是考虑了所有收益（私人的和外部的）和所有成本（私人的和外部的），并作了相应调整情形下的产出水平。

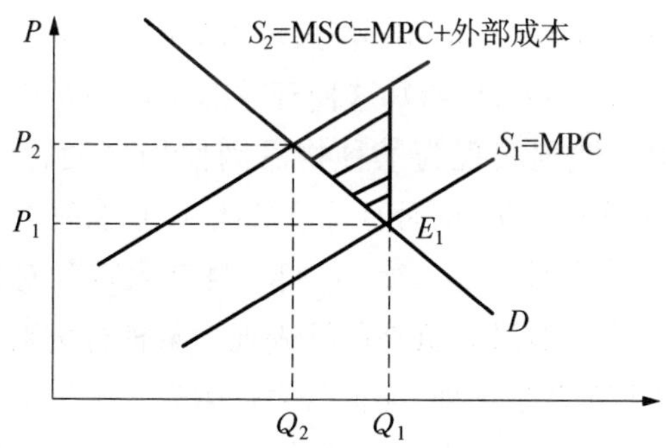

图 1－2 负外部性对产出量的影响

① Ostrom，E. Tragedy of the Commons，*The New Palgrave Dictionary of Economics* (2nd Edition)，Eds. Steven N. Durlauf and Lawrence E. Blume，Palgrave Macmillan，2008。

图1-2表示：由于负外部性的存在，导致生产某一物品的个人或集体仅承担全部成本中的一部分，即私人成本；对社会公众造成的不利影响（视为外部成本）则由其他人承担，对于这部分成本此人或者集体在做出决策时是不予考虑的。这就使得市场实际产量（Q_1）大于社会最优产量（Q_2），其市场价格（P_1）并不能足以反映全部生产要素的稀缺性，因而市场价格低于社会最优时的价格（P_2）。图1-2中加阴影的三角形表示由于负外部性的存在而造成的社会无谓损失（或者净损失）。

而当某个人或集体的行为产生的收益（有益的副作用）被其他人“免费”获得时，就会产生正外部性。由于正外部性的分析框架和逻辑与负外部性刚好相反，在此不再作图讨论。容易理解，当存在正外部性时，纯市场机制下的实际产出水平将会低于社会最优水平，对社会而言这实际上也是一种福利损失。

公地悲剧问题不仅涉及负外部性，还涉及正外部性，但是通常人们只注意到公地悲剧与负外部性之间的密切关系。正外部性与公地悲剧的关系主要在于公地悲剧的解决层面——当公地悲剧规避行为的成本完全由该行为人承担，而收益却由所有成员无条件（通常是自动的）获得时，就存在正外部性和“搭便车者”问题，这是导致公地悲剧难以得到有效克服的经济学原因。

（二）外部性与竞争性概念辨析

尽管外部性和竞争性不常被学者们放在一起进行比较，但是在作者看来这两个概念却存在很大的相关性，甚至容易发生混淆。如前所述，无论是外部性还是竞争性，应该都是可为正也可为负的。具体而言，我们有必要澄清正外部性与负竞争性、负外部性与正竞争性之间的关系。

外部性与竞争性的联系。正外部性表现为某种行为对旁观者（bystanders）带来的有益的副作用（side-effect），这种有益的副作用是由旁观者自动和免费获得的；而负竞争性则表现为某种物品因使用而使得该物品在数量及（或）质量上发生增益性变化，从而有益于其他人（或者他本人未来）的使用。假如不考虑行为人未来激励的改变，它们本身都表现为对他人福利的一种现实的改进或者潜在的改进。负外部性表现为某种行为对旁观者带来的有害的副作用，它对旁观者是一种“损害”，而行为人却无需对这种损害承担责任或给予补偿的情形；正竞争性则表现为某种物品因使用使得该物品在数量及（或）质量上发生减损性变化，从而不利于其他人（或者他本人未来）的使用。假如不考虑行为人未来激励的改变，它们本身都表现为对他人福利的一种现实的损害或者潜在的损害。

外部性与竞争性的显著差异。第一，是否强调被使用物品本身数量及

(或)质量的改变。竞争性的讨论始终离不开对被使用物品数量或质量发生何种改变;而外部性的讨论则并不必然需要将被使用的物品自身性状的改变纳入效用函数的自变量之中。这一点是外部性与竞争性最大和最根本的区别。第二,竞争性中,物品的使用给其他人带来的影响,这种影响是“靶向性”地指向其他使用者(直接影响)和物主(间接影响);而外部性中,既有生产的外部性,也有消费的外部性,即便是消费产生的外部性,也与竞争性存在明显区别——消费(或使用)过程中产生的某种外部性影响是向四周散发出的类似于“辐射”的“副作用”——通常依照离外部性行为的物理距离而递减或者与行为人关系的亲密性程度而递增。

第三,是否需要付费。外部性概念下的利益相关者福利的增益或减损均不需付费。负外部性的制造者不需对旁观者的损失付费,正外部性的制造者也没有从旁观者的福利的增益中获得补偿。然而,假设在没有存在外部性,物品具备完备排他性的前提下,某种物品的使用对后来者福利的影响并不直接相关,因为他们的使用往往需要向物品所有权人付费。

四、搭便车者

搭便车者(free-rider)是指消费公共物品但并不承担其成本的人。由于公共物品缺乏排他性,不付费的人也可以免费或自动获得公共物品带来的好处,那么理性且追求个人利益最大化的个体将有隐藏或故意对外低估自己对公共物品的真实偏好或需求的动机,仅仅基于自愿或者自由市场将会导致囚徒困境。如果说公地悲剧产生原因在于竞争性资源的排他性缺失或不足,以及过度开发引发的负外部性问题,那么公地悲剧治理难题的一个重要症结就在于搭便车者问题。对资源的过度使用或者掠夺性开发问题是发生在公共资源领域的公地悲剧,而采取必要措施对这种过度使用或者掠夺性开发加以制止,转而采取可持续或者保护性开发策略,即克服公地悲剧问题,则属于公共物品的供给问题。

马斯格雷夫较早认识到了公共支出中一些人群的搭便车者问题:“我们标注自愿交换理论的一个理论困境,一些社区成员可能会试图获取公共服务的好处,但是在贡献自己应承担的份额时却不积极。……如果一项公共服务的全部成本可以由许多捐赠者来承担,那么任何一名捐赠者削减捐赠数量都不会明显地降低公共服务的资金供给——无论是在该捐赠者本人看来,还是在其他捐赠者看来。因此,决定削减捐赠的行为不会受到报复。问题是如果所有捐赠者都决定减少捐赠数量的话,公共服务的规模就会萎缩,结果会导致供给不稳定的状态。”(Musgrave, 1939)

这被认为是英文世界里，对后来被称为“搭便车”假设最早的明确阐述(Desmarais-Tremblay，2017)。据 Desmarais-Tremblay(2017)推测，尽管财政学领域最先使用“搭便车者”的 Buchanan(1964)并没有引用 Musgrave(1939)，但是他肯定读过这篇文章。而作为搭便车者问题研究集大成者的 Olson(1965)则在其论著的开头就明确提及了马斯格雷夫的“非排他性”。

第二章　哈丁之前的公地悲剧思想研究

公地悲剧理论是许多现代经济学教材的重要内容，而且具有突出的实践指导意义。虽然这一理论的雏形和正式证明在 Hardin(1968)之前就已存在，然而学术界对公地悲剧思想的认识大都锁定在 Hardin(1968)及其之后的文献，对哈丁之前人们关于公地悲剧思想的认识则较少有人提及——即使偶尔提到也只是零散而非系统性的。这段漫长的公地悲剧思想史并没有得到学术界的足够重视。众所周知，任何理论或思想的提出都必然受到前人研究的影响。哈丁的公地悲剧自然也不例外。

事实上在 Hardin(1968)之前，西方思想史中已经存在着若干关于公地悲剧思想的早期认识。为了能够尽可能地将 Hardin(1968)以前的公地悲剧思想还原出来，从而有助于人们获得对公地悲剧思想史更加完整和清晰的认识，我们对哈丁以前与公地悲剧有关的历史文献进行了比较系统的考察。根据时间的先后顺序，同时也是对这一思想的认识程度，本章将哈丁以前的研究大体上分为三个阶段：古代、近代和 1968 年以前的 20 世纪。此外，中国古代也存在与公地悲剧类似的思想火花。尽管对现代公地悲剧理论的影响不那么直接，但是考虑到思想史梳理本身的完整性，以及便于和西方公地悲剧思想的横向对比，本章第一节对中国古代与公地悲剧类似或者关系较密切的思想也做了一番考察和梳理。步入近现代，由于东西方学术界、思想界基本上不再处于隔绝状态，对近代以后公地悲剧思想的梳理则不必在章节标题上将中国和西方分开。

第一节　古代中、西方的"准公地悲剧"思想

西方思想史中类似于公地悲剧的早期思想，最早可以追溯到大约 2500 年前古希腊历史学家修昔底德的《伯罗奔尼撒战争史》和 2400 年前哲学家亚里士多德的《政治学》。我国古代虽然很难找到与哈丁式公地悲剧理论完

全匹配的证据，但是有大量证据表明，数千年前我国古人在与之联系密切的“集体行动困境”“生态环境保护”等方面已经具有相当深刻的认识。譬如，有文献认为我国早在舜帝时期就设立了专门的生态环境保护机构——虞，这被认为是世界上最早的环境保护机构。

一、西方的“准公地悲剧”思想

(一) 修昔底德的《伯罗奔尼撒战争史》

发生于公元前431—公元前404年的“伯罗奔尼撒战争”是斯巴达与雅典之间的一场战争，它是整个古希腊历史当中最大的两次战争之一，[①]最后以斯巴达的胜利而告终。《伯罗奔尼撒战争史》的作者修昔底德(Thucydides)本人不仅亲身经历了这场战争，而且在公元前424—公元前423年间担任雅典方面的将军。

这部著作中的第141部分关于伯罗奔尼撒人战斗力的论述中闪现出了与公地悲剧颇为类似的思想火花：

“在一场单独的战役中，伯罗奔尼撒人与他们的同盟者或许能够抵抗其他所有的希腊人；但是他们却不能跟一个和他们完全不同的强国作战。他们缺乏能够做出迅速而有力的行动的必要条件——一个唯一的中央决策机构；相反，他们处于一种充满各式各样竞争角力的状态，因为他们都有平等的代表权，他们来自各个不同的国家，每个代表只关心自己本国的利益，有些国家强烈希望对他们的敌人采取报复措施，而其他国家为了避免使自己受到伤害却无动于衷，导致最终不能组织起任何有效的(集体)行动。而且他们疏于组织起来召开会议。他们仅投入极少的时间来考虑任何公共事务(public object)，大部分时间都是用于处理他们自己本国的事情。同时，每个人都妄想着不会有什么害处是由于自己(对公共事务)的疏忽所致，其他人会替他照料这事或那事；因此由于所有代表彼此都抱有的这种观念，公地(the common)会潜移默化地腐朽。”[②]

可见，早在两千四百多年前修昔底德就已经认识到，如果没有合适的制度，人们在面对公共事务时，往往会成为搭便车者。有必要指出的是，修昔底德所讨论的“公地”是指“国防”，因而更主要的是公共物品(public goods)，而不是与公地悲剧直接相关的“公共资源”。因此，修昔底德的上述思想与公地悲剧理论只是比较接近——可以被视为公地悲剧的“孪生姊

① 另一次是发生于公元前500—公元前449年间的希波战争。

② 资料来源：Thucydides. *The History of the Peloponnesian War*. bk. I, sec. 141。

妹”——集体行动困境，而非严格意义上的公地悲剧思想。尽管如此，它与公地悲剧思想已经有点接近了。

（二）亚里士多德的《政治学》

亚里士多德关于公地悲剧的早期思想，是在批驳他老师柏拉图在《理想国》中提出的主张“妻子和孩子应当公有”等问题上体现出来的。亚里士多德从“人的本性”的角度对柏拉图的这一主张进行了反驳。亚里士多德认为总体而言，人们对“共同所有”之物的关心程度远远低于个人私有之物：“用以达成这一统一目的的手段也值得批评：(1)从总体上来说，而不是就每一个个体来说，公有制之下的公父、公母们绝对不会有真感情，有的只是普遍的冷漠；(2)亲属只是部分意义上的亲属（当一个孩子有 1000 个公父时，每一个父亲也就只能算是 1/1000 的父亲）；(3)人的自然本性并不会消失，发挥作用之后，会将这一制度摧毁。”①

亚里士多德认为实行“妻子儿女共同所有”将会给社会造成不必要的麻烦和损害，具有某种“悲剧”性的色彩：“这一学说不仅不能导致众人的和谐，还会引起实际上的损害。一件事物为越多的人共有，人们对它的关心就会越少。人们最关心的是自己的事物，对公共事物则很少顾及。或者说，对于公共的一切，他们最多只关心其中与个人利益相关的事物。即使没有其他的原因，若是人们认为某一事物已有其他人来管理，便会更多地倾向于忽略这一事情。这正如家庭中的情况一样，成群的奴仆往往不如少数几个更得力。柏拉图所构思的制度意味着，每个公民都有 1000 个儿子，可是这些儿子并不是个体公民的儿子。其结果只能是每个儿子同样地被每个父亲所忽略。”②

除了“妻子和孩子公共所有”问题之外，亚里士多德关于公地悲剧的早期认识还体现在他对财产制度的理解上。亚里士多德强调了两种不同意义上的“所有”——共同所有状态下的“所有”和个人私有状态下的“所有”——之间的差别。他批评了将这两种“所有”混为一谈的做法，因为这两种“所有”的实际意义是不一样的——个人私有意义上的“所有物”得到的关心程度要远远高于共同所有意义上的“所有物”：“在此，我们得出一个结论，全体的人们对同一事物说‘我的’若是采用了第一层意思（‘一个一个个体的和’的意思③），这样说，诚然是好事，但不符合实际；若是在其他意义（‘整体而不

① ［古希腊］亚里士多德著．《政治学》，高书文译，北京，九州出版社 2007 年版，第 99 页。

② 同上，第 101—103 页。

③ 指对多人共有之物的看法，认为共有之物是每一个成员的所有物之和；方括号内容为本书作者所添加。

分’的意义）上说，这种一致性也不能导致和谐的出现。”①

更加难能可贵的是，早在2400年前的亚里士多德就已经认识到“民间智慧”或者特定时空的“经验知识”在应对“公地”方面的重要意义。亚里士多德写道：“还有一件事情不能被忽略，那就是真实生活经验的教育作用。我们应该关注一下过去漫长的历史岁月，在此，如果是真正好的（被柏拉图鼓吹为新发现的）东西，人们就不可能对它们一无所知。几乎每一件事情都已经被发现出来，虽然还有一些发现物还没有被汇集起来；还有一些，虽然已经发现，还没有被投入使用。”②亚里士多德强调被忽视的民间智慧和民众力量，在某种程度上来讲，他的这一思想也是奥斯特罗姆所提倡的“公共池塘资源自主组织与自主治理”模式在思想基础上的萌芽。由此可见，亚里士多德已经认识到了“公地”会导致无人关心或者缺乏足够照管的问题和尊重民间智慧的重要性。

（三）阿奎那的《神学大全》

公地悲剧或者与其类似思想的发展在时间上并非严格连续，而是时断时续，跳跃性地分散于历史长河之中的。尽管上文指出早在两千多年前的古希腊就依稀有了对公地悲剧的模糊认识，但其后漫长的中世纪有关公地悲剧思想的论述似乎很少。然而，中世纪意大利神学家托马斯·阿奎那（1225—1247）的《神学大全》则是一个例外。在《神学大全》中为了证明私有制的必要性，尤其是“使人类处于比较和平的境地”时，有过如下论述：“在那些联合地和共同地占有某种东西的人们中间，往往最容易发生纠纷。”③

不难看出，无论是修昔底德、亚里士多德，还是阿奎那，他们作品中的公地悲剧思想依然是比较“隐蔽”和“间接”的，且并不是专门针对公地悲剧思想本身的阐述或者证明，而是运用公地悲剧的另一面——集体行动困境——来分析各自所关注的某些现实问题。综上，我们不妨将修昔底德、亚里士多德和阿奎那与公地悲剧有关的思想称之为“准公地悲剧”思想。

二、中国古代与公地悲剧间接相关的思想与实践

与西方类似，我国古代似乎也找不到像哈丁那样专门论述公地悲剧思想的文献，但是不乏与之有一定关联的思想火花，其中比较突出的是与集体

---

① ［古希腊］亚里士多德著：《政治学》，高书文译，北京：九州出版社2007年版，第101页。

② 同上，第121页。

③ ［中世纪］托马斯·阿奎那著：《神学大全》，第2部分之2第66题第2条；转引自姚开建主编：《经济学说史》（第二版），北京：中国人民大学出版社2011年版，第20页。

行动困境和生态环境保护有关的思想与实践。

（一）关于集体行动困境的思想

中国人应当很早以前就认识到集体行动困境的道理。比如一个流传甚广，但是出处难以考证的民间故事《三个和尚》，就特别生动地表明人们对集体行动困境的认识。该故事的大意是这样的：从前有一座山，山上有一座庙，庙里有一个和尚，他常常非常勤劳地到山脚下去挑水，念经礼佛，虽然辛苦，但是寺庙里大大小小的事务却被打理得井井有条，寺庙水缸里的水经常是满满的，从来都没有为缺水喝而发过愁；后来庙里又来了一个和尚，一开始他们会为到底谁去挑水喝而争吵，争吵到最后的结果就是两人同意一起到山脚下去抬水喝，抬水喝的效率可能还不如原来一个和尚挑水喝那么高，但是和尚喝水的问题也还能够得到解决，日子也还算过得下去；直到后来寺庙里又来了一个和尚，这三个和尚经常会为究竟应该谁去挑水喝而争执不休，他们三个人谁也不愿意独自去挑水喝，也不愿意去抬水喝。所以当庙里住了三个和尚之后，并没有带来“人多力量大”的结果，反而出现了那句“一个和尚挑水喝，两个和尚抬水喝，三个和尚没水喝”的经典名言。

如果说上面的民间故事难以考证，那么成语“乌合之众”则确凿无疑可在南朝宋著名史学家范晔（398 年—445 年）所撰的《后汉书》中找到出处。[①]《后汉书·列传·卷十三·公孙述》记载：“邯曰：‘今东帝无尺土之柄，驱**乌合之众**，跨马陷敌，所向輒平。不亟乘时与之分功，而坐谈武王之说，是效隗嚣欲为西伯也。’”[②]《后汉书·列传·卷十九·耿弇》记载：“弇按剑曰：‘子舆弊贼，卒为降虏耳。我至长安，与国家陈渔阳、上谷兵马之用，还出太原、代郡，反复数十日，归发突骑以辚**乌合之众**，如摧枯折腐耳。观公等不识去就，族灭不久也。’”[③]而后，**“乌合之众”**为许多大家所援引。比如唐代姚思廉（557 年—637 年）《梁书·羊侃传》：“今驱乌合之卒，至王城之下，虏马饮淮，矢集帝室，岂有人臣而至于此？”唐代令狐德棻（583—666 年）主编的《周书·贺拔岳传》：“岳报曰：‘王家跨据三方，士马殷盛，高欢**乌合之众**，岂能为敌？’”南宋名臣李纲（1083—1140）《乞差发军马札子》：“惟是军马单弱，不足

① 也有版本认为“乌合之众”出自班固等人的作品。例如，说词解字辞书研究中心《成语大词典》在第 966 解释“乌合之众”词条时指出：“语见汉·班固等《东观汉记·公孙述转》：‘今东帝无尺土之柄，驱乌合之众，跨马陷敌，所向辄平。’”

② 范晔撰：《后汉书·人物全传》[传记版二十六史]，周殿富主编，北京：北京时代华文书局，2014 年版，第 350 页。

③ 同上，第 453—454 页。

为一路防守之具，自非朝廷应副，则新招**乌合之众**，何足倚仗？"[①]明代罗贯中(约1330—约1400年)《三国演义》四十三回："孔明曰：'曹操收袁绍蚁聚之兵，劫刘表**乌合之众**，虽数百万不足惧也。'"[②]

"乌合之众"的意思自诞生到现在可以说都没有发生明显变化，都是指像一群乌鸦一样聚集起来的人群，由于缺乏一定的组织或者纪律，个人行动因缺乏"选择性激励"而导致整个群体难以采取有效的集体行动。乌合之众就好比奥尔森在《集体行动的逻辑》当中论述的被组织有序的小集团剥削的松散大集团。

上述有关我国古代认识到集体行动困境的案例只是众多案例当中的九牛一毛，类似的案例还有很多。比如春秋战国时期秦惠王借助张仪的"连横"策略，破解公孙衍与苏秦等人在六国之间建立的"合纵"策略。张仪正是借助了六国各有自家的利益打算和"私心"，合纵国之间的联合很难真正稳固，无法真正做到长时间地团结一致对抗秦国，因而秦国可以通过连横策略对它们各个击破。各种道理和西方经济学教科书在论述"寡头"之间达成的"卡特尔""辛迪加""托拉斯"等合谋组织成员由于存在强烈地绕过联合组织行事的激励，因而容易变得难以在长时间内持续下去的情形相类似。此外中国的成语或俗语"各人自扫门前雪，莫管他人瓦上霜"[③]"各自为政"[④]等，也表明中国人应该早就认识到了人类的集体行动困境。

春秋战国时期，周王朝的统治日渐式微，不只是"礼崩乐坏"，而是群雄并起，天下大乱。诸子百家们对集体行动的逻辑有了相当深刻的洞察和理解，并利用各自学派的知识提出相应的解决方案，以结束这种混乱的战争局面，重新向有秩序的集体行动状态回归。墨家提出的思想和主张具有很强的代表性。《墨子·尚同》对集体行动困境有精辟论述："子墨子言曰：古者民始生，未有刑政之时，盖其语，人异义。是以一人则一义，二人则二义，十人则十义，其人兹众，其所谓义者亦兹众。是以人是其义，以非人之义，故交相非也。是以内者父子兄弟作怨恶，离散不能相和合。天下之百姓，皆以水火毒药相亏害。至有余力，不能以相劳，腐朽余财不以相分，隐匿良道不以

---

① 中国汉语大词典编辑委员会、汉语大词典编纂处编纂：《汉语大词典》第7卷，上海：汉语大词典出版社，1986年版，第67页。

② 罗贯中：《三国演义》，北京：人民文学出版社，1973年第3版，第357页。

③ 语出明代文人张凤翼《灌园记·后识法章》："进去罢，各人自扫门前雪，莫管他人瓦上霜。"——说词解字辞书研究中心：《成语大词典》第271页。

④ 语出《左传·宣公二年》："将战，华元杀羊食士，其御羊斟不与。及战，曰：'畴昔之羊，子为政，今日之事，我为政。'"——载秦川主编：《四书五经·第四卷·春秋左传》第1595页。

相教，天下之乱，若禽兽然。”[①]

在没有建立起行政统治秩序和赏罚规章制度时，每个人都有各自不同的意见，甚至会走向人与人之间关系破裂、水火不相容，乃至人如禽兽、天下大乱的局面。这就类似于霍布斯笔下的无政府主义、丛林法则，乃至一切人对一切人的战争。因此墨子主张建立起以天子为最高领导者，三公、诸侯、其他各级行政官员为主体的科层组织，和从上到下一以贯之高度集权和统一的思想体系。《墨子》原文：“夫明虖天下之所以乱者，生于无政长。是故选天下之贤可者，立以为天子。天子立，以其力为未足，又选择天下之贤可者，置立之以为三公。天子三公既以立，以天下为博大，远国异土之民，是非利害之辩，不可一二而明知，故画分万国，立诸侯国君。诸侯国君既已立，以其力为未足，又选择其国之贤可者，置立之以为正长。”[②]

为了解决天下各自为战的混乱局面，采用统一的思想、统一的道德体系和建立中央集权的科层组织，在当时无疑具有很大现实意义，因此在当时墨家也顺理成章地成为了一门显学。考虑到人也有犯错误的可能，墨子主张底层的善和恶都应该层层上达，以便及时纠偏。在“谁来监督监督者”的问题上，墨子认为天子本人也会受制于“天”，如果逆天而行，就会招致老天的报复。但是这种监督和信息上达往往要么太过空洞虚幻，要么和严格统一的思想相违背而显得软弱无力，毕竟规则的制定和解释权会层层收紧到上层手中，最终容易走向过度集权甚至独裁统治。[③] 尽管具有中国第一位农民出身的哲学家之称的墨子，在主观上应当并不希望看到统治者走向不受约束的境地，比如他本人就是践行墨家思想的典范，他“以自苦为极”，但是后来者（比如哲学家冯友兰）认为如果按照墨子的理论，国家的性质必然是极

---

① 参考译文如下：“墨子说：古时候人类刚刚产生，还没有刑法和行政管理的时候，他们所说的话，意思因人而异。所以一个人就是一种道理，两个人就是两种道理，十个人就是十种道理，人越多，所谓的道理也就越多。所以每个人都肯定自己的道理，而否定别人的道理，故而互相非难。所以在家庭内部，父子兄弟之间互相抱怨憎恶，分别离散，以至不能再次和睦相处。天下的百姓，都用水火毒药相互损害，以至于有多余的力量而不能相互帮助，有多余的财物到腐烂也不拿来分给别人，隐藏经世良方而不传授给别人，天下的混乱，如同禽兽一样。”（张永祥、肖霞，2016，p. 86）

② 参考译文：“明白天下混乱的原因在于没有行政长官，所以选拔天下贤能并可任用的人，拥立他做天子。天子确立以后，因为个人精力有限，又选拔天下贤能并可任用的人，立他们作三公。天子、三公确立以后，因为天下幅员辽阔，远方国家以及异地人民各自是非利害的区别无法一一辨别清楚，所以把天下划分为许多诸侯国，设立诸侯国君。诸侯国的国君确立以后，又因为他们的精力有限，所以又选择他们国家中有才能并可任用的人，置立为各级行政长官。”（张永祥、肖霞，2016，p. 87）

③ 譬如《墨子・尚同上》中说道：“天子发政于天下之百姓，言曰：‘闻善而不善，皆以告其上。上之所是必皆是之，所非必皆非之。”大意是：对最高领导要事事同意，而不要跟随下面的人。

权主义的,国君的权力必定是绝对化的。总之根据我国当代著名哲学家、教育家冯友兰先生的研究,墨家在论述国家的起源时,也已经认识到了集体行动的困境问题。

(二) 关于生态环境保护的思想与实践

中国在很久以前就有了朴素的环保思想,并且随着时间的推移逐步发展完善。我们将从环保思想、环保立法和环保机构三个方面概括性地阐述我国古代的生态环境保护。

1. 环保思想

早在远古时期,我们的祖先就开始有了保护自然生态环境的思想。这些思想常常以神话传说为载体,比如女娲补天、精卫填海、后羿射日以及后来现实世界的大禹治水等等。这个阶段的环保思想,常常是不自觉的,甚至带有浓厚的自然崇拜和图腾文化的色彩。

从夏朝开始到秦朝建立的历史时期里,中国的古人们经历了由盲目、不自觉的自然崇拜到有目的性、积极主动的生态环境保护思想的转变。根据司马迁的《史记·本纪第一》记载,我国早在黄帝时期,就开始注重尊重自然规律,善待自然万物,节约资源,"时播百谷草木,淳化鸟兽虫蛾,旁罗日月星辰水波土石金玉,劳勤心力耳目,节用水火材物。有土德之瑞,故号黄帝。"[①]《史记·殷本纪第三》则记载了一个关于商汤王"网开三面"[②]的故事:"汤出,见野张网四面,祝曰:'自天下四方皆入吾网。'汤曰:'嘻,尽之矣!'乃去三面,祝曰:'欲左,左。欲右,右。不用命,乃入吾网。'诸侯闻之,曰:'汤德至矣,及禽兽。'"[③]大致意思是说:商汤做诸侯时见野外有人四面张起了罗网,祈祷从天上到地下和四面八方来的都进入自己的网中,汤则要求此人把网的三面都打开只保留一面,鸟兽们愿意往左的就往左,愿意往右的就往右,不愿意逃走的就留在网中。商汤对鸟兽都能如此仁德,何况对人呢?据说他的这种仁德之心引起了众多诸侯国的支持和归顺。

据《逸周书·文传第二十五》记载,周文王认识到动植物资源是人类赖以生存的根本,在临终之前特地嘱咐他的继任者周武王要加强对山林川泽的管理,尊重动植物的生长规律和时令,不在树木的生长期进行砍伐,不猎捕繁殖季节的野兽鱼鳖,土地的使用应该因地制宜,种上合适的植物等等。其原文为:"山林非时不升斤斧,以成草木之长;川泽非时不入网罟,以成鱼

---

① 司马迁著,许嘉璐主编:《史记》(第一册),上海:汉语大词典出版社,2004年版,第2页。

② 网开三面是指把网的三面打开,只留一面,和"网开一面"是同一个意思。

③ 司马迁著,许嘉璐主编:《史记》(第一册),上海:汉语大词典出版社,2004年版,第24页。

鳖之长；不卵不蹀，以成鸟兽之长。畋猎唯时，不杀童羊，不夭胎，童牛不服，童马不驰。不骛泽，不行害，土不失其宜，万物不失其性，天下不失其时。土可犯，材可蓄。湿润不谷，树之以竹、苇、莞、蒲；砾石不可谷，树之葛、木，以为絺绤，以为材用。故凡土地之间者，圣人裁之，并为民利。是鱼鳖归其渊，鸟兽归其林。孤寡辛苦，咸赖其生。”[①]《诗经·周颂·时迈》：“怀柔百神，及河乔岳。”[②]表明周武王听从了其父文王的嘱咐，对百神、河川和大山加以善待。西汉时期淮南王刘安等在《淮南子·主术训》中提出：“春生夏长，秋收冬藏”，[③]“清静无为，则天与之时；廉俭守节，则地生之财”，[④]以及“教民养育六畜，以时种树；务修田畴，滋植桑麻；肥墝[⑤]高下，各因其宜；丘陵阪险不生五谷者，以树竹木。春伐枯槁，夏取果蓏，秋畜蔬食，冬伐薪蒸，以为民资。是故生无乏用，死无转尸。故先王之法，畋不掩群，不取麛夭；不涸泽而渔，不焚林而猎；豺未祭兽，置罦不得布于野；獭未祭鱼，网罟不得入于水；鹰隼未挚，罗网不得张于溪谷；草木未落，斤斧不得入山林；昆虫未蛰，不得以火烧田；孕育不得杀，鷇卵不得探；鱼不长尺不得取，彘不期年不得食。是故草木之发若蒸气，禽兽归之若流泉，飞鸟归之若烟云，有所以致之也。”[⑥]类似的，秦国丞相吕不韦主持编写的《吕氏春秋·义赏》记载：“雍季曰：‘竭泽而渔，岂不获得？而明年无鱼；焚薮而田，岂不获得？而明年无兽。’”[⑦]表明在春秋战国和秦汉时期，我国古代的有识之士就已经认识到对自然资源不能无限制地开发或损坏的道理。

自从汉武帝采纳董仲舒“罢黜百家独尊儒术”开始，儒家思想就上升为官方的意识形态，也是士大夫阶层当中最具影响力的思想。因此，我国古代的生态文明思想也深受儒家思想的影响。被儒家奉为核心经典的《尚书》(大禹谟)中就有关于“好生之德”的记载，“皋陶曰：‘帝德罔愆。临下以简，御众以宽；罪弗及嗣，赏延于世；宥过无大，刑故无小；罪疑惟轻，功疑惟重；与其杀不辜，宁失不经，好生之德洽于民心，兹用不犯于有司。’”[⑧]这被认为

---

① 张闻玉译注：《逸周书全译》，贵阳：贵州人民出版社 2000 年版，第 91—92 页。

② 王秀梅译注：《诗经》，北京：中华书局 2015 年版，第 751 页。

③ 刘安等著：《淮南子·主术训》，陈广忠译，北京：中华书局，2014 年版，第 208 页。

④ 同上，第 218 页。

⑤ 原书中“墝”(qiao)写作“土+尧”，由于本人电脑打不出该字，好在通过查证此处的“墝”也在其他版本中出现过，而且在《现代汉语词典》(商务印书馆第 7 版第 1051 页)中这两个字是通用的，都表示“(土地)不肥沃”。

⑥ 刘安等著：《淮南子·主术训》，陈广忠译，北京：中华书局，2014 年版，第 244—246 页。

⑦ 方勇主编，刘生良评注：《吕氏春秋》，北京：商务印书馆，2015 年版，第 357 页。

⑧ 秦川主编：《四书五经·第一卷·尚书·大禹谟》，北京：北京燕山出版社 2007 年版，第 358 页。

是关于“好生之德”的最早记载(冯文娟,2011)。儒家最具代表性的作品《论语》《孟子》《荀子》等,就有不少关于生态环境保护的记载或者言论。有证据表明,儒家的创始人孔子及儒家早期代表性人物荀子等就已经认识到大自然具有客观运行规律,不以人的意志为转移的道理。比如据《论语·阳货》记载,孔子在回答学生子贡时表示:“天何言哉?四时行焉,百物生焉。天何言哉?”[①]在《荀子·天论》的开篇,荀子就指出:“天有行常,不为尧存,不为桀亡。应之以治则吉,应之以乱则凶。强本而节用,则天不能贫;养备而动时,则天不能病;循道而不贰,则天不能祸。”[②]

此外,儒家创始人孔子、被尊为“亚圣”的孟子,以及荀子等人都曾主张君主应该尊重万物生长规律,不误农时,奉行节俭等。比如在《论语·学而》中,孔子与学生曾子的对话时说道:“节用而爱人,使民以时。”[③]据《礼记·祭义》记载:“曾子曰:‘树木以时伐焉,禽兽以时杀焉。’夫子曰:‘断一树,杀一兽,不以其时,非孝也。’”[④]在《孟子·粱惠王上》中孟子建议粱惠王,“不违农时,谷不可胜食也。数罟不入洿池,鱼鳖不可胜食也。斧斤以时入山林,材木不可胜用也。谷与鱼鳖不可胜食,材木不可胜用,是使民养生丧死无憾也。……五亩之宅,树之以桑,五十者可以衣帛矣。鸡豚狗彘之畜,无失其时,七十者可以食肉矣。百亩之田,勿夺其时,数口之家,可以无饥矣。”[⑤]《荀子·王制》中指出:“圣王之制也:草木荣华滋硕之时,则斧斤不入山林,不夭其生,不绝其长也;鼋鼍鱼鳖鳅鳝孕别之时,罔罟毒药不入泽,不夭其生,不绝其长也;春耕、夏耘、秋收、冬藏,四者不失时,故五谷不绝,而百姓有余食也;汙池渊沼川泽,谨其时禁,故鱼鳖优多而百姓有余用也;斩伐养长不失其时,故山林不童而百姓有余材也。”[⑥]

在《论语·述而》中记载了孔子“钓而不纲,弋不射宿”[⑦]的言论,表明孔子极有可能已经认识到不应该对兽类和鱼类过度捕杀,而是应该给它们留下可持续发展空间的道理,[⑧]也从侧面反映出孔子“仁爱万物”的思想。孟子继承和发扬了孔子“仁爱万物”的思想。《孟子·尽心上》指出:“君子之于物

① 秦川主编:《四书五经·第一卷·论语·阳货》,北京:北京燕山出版社2007年版,第139页。
② 荀子等著:《荀子》,北京:团结出版社2017年版,第119页。
③ 秦川主编:《四书五经·第一卷·论语·学而》,北京:北京燕山出版社2007年版,第42页。
④ 许嘉璐主编,钱兴奇译注:《礼记》,江苏人民出版社2019年版,第797页。
⑤ 史靖妍主编:《孟子》,桂林:漓江出版社2017年版,第10页。
⑥ 梁启雄著:《荀子简释》,北京:中华书局1983年版,第110页。
⑦ 大意是钓鱼时只用一个鱼钩,射鸟时不射夜晚在鸟巢中休息的鸟。
⑧ 此外《国语·鲁语上》中“里革断罟匡君”的故事从另一个角度表明我国古人应该很早以前就具有可持续利用资源的意识。

也，爱之而弗仁；于民也，仁之而弗亲。亲亲而仁民，仁民而爱物。”[①]孟子主张应当从亲爱自己的亲人过渡到爱护百姓，从爱护百姓进一步过渡到爱护世间万物。这既是孟子提出的人际道德，也是一种生态道德——对动物的生命也能够爱惜和“心怀不忍”。《孟子·梁惠王章句上·第七章》孟子与齐宣王对话时表示：“无伤也，是乃仁术也，见牛未见羊也。君子之于禽兽也，见其生，不忍见其死；闻其声，不忍食其肉。是以君子远庖厨也。……今恩足以及禽兽。”[②]

孔子、孟子一生都极力倡导“仁政”，“仁”者“爱人”也。在此基础上，西汉董仲舒在《春秋繁露·仁义法》中把“仁”“爱”的对象从“人”延伸到鸟兽昆虫，他说：“质于爱民，以下至鸟兽昆虫莫不爱。不爱，奚足以谓仁？”[③]

除儒家之外，我国传统文化还深受道教和佛教思想的影响。本土的儒家、道家和外来的佛家三者之间，尤其是儒家和佛家之间经历了长期的斗争和融合，三者之间甚至还出现过“儒释道”三教合一的局面。自道家鼻祖老子开始，道家就有“人法道，道法天，天法地，地法自然”的传统。《周易·文言传·乾文言》提出应当顺应自然、使自身行为合乎自然木性的道德规范，“夫‘大人’者，与天地合其德，与日月合其明，与四时合其序，与鬼神合其吉凶。先天而天弗违，后天而奉天时”。[④] 这段话的参考译文是：“九五爻辞所说的‘大德大才之人’，它的德行像天地一样华育世间万物，其英明像日月一样光照天地，其行为像四时一样井井有条，其赐吉降凶像鬼[神]一样毫无私心杂念。他先于天时而行动，天不违背他；他后于天时而做事，也能遵奉天的变化规则。”[⑤]

到后来的道家经典中还有很多更加具体的有利于生态环境保护的教义。比如六朝时的道经《太上洞玄灵宝智慧定志通微经》“十戒”中的第一戒就是，“不杀，当念众生。”刘宋道士陆修静在其《洞玄灵宝斋说光烛戒罚灯祝愿仪》中，把“守仁不杀，悯济群生，慈爱广散，润及一切”作为“十戒”的第二戒。《老君说一百八十戒》中的第四戒规定：不得杀伤一切物命；第九十五戒规定：不得冬天发掘地中蛰藏虫物；第九十七戒规定：不得妄上树探巢破卵；第九十八戒规定：不得笼罩鸟兽。在道教其他版本的戒律当中，也大都

---

① 史靖妍主编：《孟子》，桂林：漓江出版社 2017 年版，第 385 页。

② 秦川主编：《四书五经·第一卷·孟子·梁惠王章句上》，北京：北京燕山出版社 2007 年版，第 160—161 页。

③ 张世亮、钟肇鹏、周桂钿译注：《春秋繁露》，北京：中华书局 2012 年版，第 316 页。

④ 秦川主编：《四书五经·第二卷·周易·乾文言》，北京：北京燕山出版社 2007 年版，第 564 页。

⑤ 同上，第 567 页。方括号文字为本书作者所添加。

有不允许随意杀害生命的规定。除"戒杀生"之外，许多道教戒律还规定必须爱护植物等一切有生命之物。道教认为植物和人一样也是具有灵性的，通过一定程序的"修炼"还可以幻化成人形，甚至变成"神仙"。比如，东汉中晚期方士于吉创作的《太平经》专门对禁止烧山林做出过理论解释。而佛教更是主张"众生平等"，诸戒律当中的第一条便是"戒杀生"，并且提倡"吃素"。可见，我国历史上最具影响力的儒家、道家和佛家，都在一定程度上包含着生态环境保护的思想。

除此之外，我国古代的文人墨客们的诗歌作品中也不乏劝导人们爱护动植物的思想。其中比较典型的有唐代著名诗人白居易。他在七言绝句《鸟》中写道：谁道群生性命微？一般骨肉一般皮。劝君莫打枝头鸟，子在巢中望母归。

2. 环保立法

环保思想要想对人们的行为产生足够的现实约束力，往往需要将其合理且可行的部分以立法的形式明确下来。[①] 虽然有学者认为我国乃至世界最早的环保法律是西周时期的《伐崇令》或者秦朝时期的《田律》，但是有证据表明我国古代关于生态环境保护的法律应当不晚于夏朝的大禹时代——据《逸周书・大聚解》记载："禹之禁，春三月，山林不登斧，以成草木之长夏三月，川泽不入网罟，以成鱼鳖之长。……五谷不时、果实不熟，不粥于市木不中伐，不粥于市禽兽鱼鳖不中杀，不粥于市。"[②]后来公元前 11 世纪，西周王朝颁布的《伐崇令》规定："毋坏屋，毋填井，毋伐树木，毋动六畜。有不如令者，死无赦。"(胡北，2009)。表明我国早在三千多年前的执政者已经非常重视保护房屋、水井、树木和牲畜，对拒不遵守命令者将被处以极刑。

而《管子・八规》记载春秋时期的齐国非常重视对森林资源的保护，"故曰，山林虽广，草木虽美，禁发必有时。"[③]而且《管子・八规》还提出了捕鱼的网眼大小要有一定的标准，应当是规定网眼不能过细，否则会影响到鱼类的繁殖再生，"江海虽广，池泽虽博，鱼鳖虽多，罔罟必有正[④]，船网不可一财而成也"。[⑤] 管子能够在两千多年前就提出这类观点，即便在今天看来也是具有实用性。《管子・地数》记载，齐桓公问计于国相管仲如何获得"天财"和

① 虽然我国古代的所谓"法律"和今天的形态存在较大差别，很多"法律"往往没有现在的法律那么正式和正规，但是从最广义的角度而言，把它们当作法律来加以理解应当问题不大。

② 黄怀信等译注：《逸周书・大聚解》，上海：上海古籍出版社 2007 年版，第 15 页。

③ 李山、轩新丽译注：《管子・八规》，北京：中华书局 2019 年版，第 243 页。

④ "正"是"标准"的意思，即网眼大小有规定(李山、轩新丽，2019，p. 244)。

⑤ 李山、轩新丽译注：《管子・八规》，北京：中华书局 2019 年版，第 243 页。

“地利”，管仲建议如果山上出现矿苗，国君就要严密封山，对擅自进入“禁区”者将被处以极刑，“苟山之见荣者，谨封而为禁。有动封山者，罪死不赦。有犯令者，左足入，左足断；右足入，右足断”。[①] 管子主张，不能妥善管理山林川泽等自然资源者，没有资格担任一国之君，“故为人君而不能谨守其山林菹泽草莱，不可以立为天下王”。[②]

据秦相吕不韦主持编撰的《吕氏春秋》记载，战国末年的秦国也非常重视对山川湖泊等自然资源的保护，并且颁布法令按照季节时令对各类动植物资源进行有计划的开发和保护，违反禁令者同样会受到严厉的惩罚。例如，《吕氏春秋·上农》规定：“然后制四时之禁：山不敢伐材下木，泽人不敢灰僇，缳网置罦不敢出于门，罛罟不敢入于渊，泽非舟虞不敢缘名，为害其时也。”[③]对应的译文是：“然后制定各个季节的禁令：不到适当的季节，山上不得伐木取材，泽中不得割草烧灰，捕鸟兽的罗网不得出门，渔网不得下水，不是管理舟船的官员不得缘河行船或横渡，因为这些都会妨害农时。”[④]

《吕氏春秋》的“十二纪”中将一年依次分为“孟春、仲春、季春、孟夏、仲夏、季夏、孟秋、仲秋、季秋、孟冬、仲冬、季冬”，对应一年当中的十二个月，并要求根据不同季节月份的特点安排相应的活动，其中就有很多有益于生态环境保护和可持续发展的规定。总的思想大体上是“春多生，夏多长，秋多收，冬多藏”（刘生良，2015）。[⑤] 这些思想在下列文字片段中体现得尤为突出。

《吕氏春秋·孟春》规定：“孟春之月，……命祀山林川泽，牺牲无用牝。禁止伐木，无覆巢，无杀孩虫、胎夭、飞鸟，无麛无卵；无聚大众，无置城郭，掩骼霾髊。”[⑥]对应的译文是：“孟春正月，……命令祭祀山林川泽，不要用母牲为祭品。禁止砍伐树木，不许捣毁鸟巢，不许杀害幼虫、乳兽和雏鸟，不许捕捉小兽和掏取鸟卵；不得聚集民众，不得修建城郭，还要掩埋枯骨和尸骸。”[⑦]

---

① 李山、轩新丽译注：《管子·地数》，北京：中华书局2019年版，第1000页。需要注意的是，管仲的封禁政策客观上对被封禁地区的动植物资源可以起到保护作用，但此处他的出发点并不是为了保护生态环境，而是为了防止老百姓“盗挖”矿产资源。

② 李山、轩新丽译注：《管子·轻重甲》，北京：中华书局2019年版，第1043页。

③ 方勇主编，刘生良评注：《吕氏春秋》，北京：商务印书馆2015年版，第815页。

④ 同上，第818页。

⑤ 同上，第1页。

⑥ 同上，第2页。在《礼记·月令》中也有非常类似的规定：“孟春之月……命祀山林川泽，牺牲毋用牝。禁止伐木，毋覆巢，毋杀孩虫、胎夭、飞鸟，毋麛毋卵”。（许嘉璐、钱兴奇，2019，P. 248）

⑦ 同上，第6页。

《吕氏春秋·孟夏》规定:“孟夏之月,……继长增高,无有坏隳。无起土功,无发大众,无伐大树。……驱兽无害五谷,无大田猎。”[①]对应译文:“孟夏四月,……万物继续成长壮大,不要毁坏它们。不许大兴土木工程,不许征发民众,不许砍伐大树。……要驱逐野兽,别让它们损毁庄稼,但不要大规模进行狩猎。”[②]

《吕氏春秋·仲夏》规定:“仲夏之月,……令民无刈蓝以染,无烧炭,无暴布。”[③]对应译文:“仲夏五月,……命令百姓不要割蓝草染布,不要烧木炭,不要晒布匹。”[④]

《吕氏春秋·季夏》规定:“季夏之月,……树木方盛,乃命虞人入山行木,无或斩伐。”[⑤]对应译文:“季夏六月,……树木正茂盛生长,于是命令掌管山林的山虞进山视察林木长势,禁止砍伐。”[⑥]

《吕氏春秋·孟秋》规定:“孟秋之月,……凉风至,白露降,寒蝉鸣,鹰乃祭鸟,始用行戮。”[⑦]对应译文:“孟秋七月,……凉风吹来了,白露降下了,寒蝉鸣叫了,鹰于是捕杀鸟雀排列为祭,这时开始使用刑罚和杀戮。”[⑧]

《吕氏春秋·季秋》规定:“季秋之月,……草木黄落,乃伐薪为炭。”[⑨]对应译文:“季秋九月,……草木枯黄凋落,可以砍伐林木烧制木炭。”[⑩]

《吕氏春秋·仲冬》规定:“仲冬之月,……山林薮泽,有能取疏食田猎禽兽者,野虞教导之;其有侵夺者,罪之不赦。……日短至,则伐林木,取竹箭。”[⑪]对应译文:“仲冬之月,……山林薮泽中,有能采获野菜、野果和捕猎禽兽的,主管山泽的野虞要教育和引导他们;若有人侵夺他们的劳动成果,一定要加以惩治,绝不宽贷。……冬至到来,可以砍伐林木,割取竹子。”[⑫]这段文字不仅体现出古代的生态环境保护意识,而且也表明我国早在两千多年前的政府,就已经意识到人们对野生动植物资源,比如野菜、野果、野兽等的开采或者捕获会因为产权不够明晰而存在潜在的竞争和纠纷,因此要求

---

① 方勇主编,刘生良评注:《吕氏春秋》,北京:商务印书馆2015年版,第74页。
② 同上,第76页。
③ 同上,第97页。
④ 同上,第99页。
⑤ 同上,第121—122页。
⑥ 同上,第123—124页。
⑦ 同上,第146页。
⑧ 同上,第148页。
⑨ 同上,第196页。
⑩ 同上,第198页。
⑪ 同上,第245—246页。
⑫ 同上,第248—249页。

主管官员加强教育和引导，并对肆意侵占他人劳动成果的人严加惩罚。想必当时这些规定应该可以在很大程度上解决本书所论述的公地悲剧问题。

1975年12月湖北云梦睡虎地出土秦简共两百零一枚简、律文一百零八条，包括田律六条。该《田律》当中就有如下规定："春二月，毋敢伐材木山林及雍堤水。不夏月，毋敢夜草为灰，取生荔麛卵谷，毋毒鱼鳖，置井罔，到七月而纵之。唯不幸死而伐棺享者，是不用时。邑之近皂及它禁苑者，麛时毋敢将火以之田。百姓犬入禁苑中而不追兽及捕兽者，勿敢杀其追兽及捕兽者，杀之。"它是我国最早的以文字形式定下来的，并由政府不折不扣执行的环境保护法（冯文娟，2011）。[①] 这段文字的大意是："春天二月，不准到山林中砍伐木材，不准堵塞水道，不到夏季，不准烧草作为肥料，不准采刚发芽的植物，或捉取幼兽、卵，不准……毒杀鱼鳖，不准设置捕捉鸟兽的陷阱和网罟，到七月才解除禁令。只有因死亡而需要伐木制造棺椁的才不受季节限制。居邑靠近牛马的皂和其他禁苑的，幼兽繁殖时不准带着狗去狩猎。百姓的狗进入禁苑和捕兽的，不准打死；如追兽和捕兽的要打死。"

甘肃敦煌悬泉出土的简牍记载了西汉末年的四时月令，该法令对一年中的四季禁行及对幼鸟树木的保护非常全面。原令的大意是："过了八月之后才能伐应当伐的树木（意指死枯及过密者）；禁止摘鸟巢，空巢过了夏季才可摘，而实巢一年四季都禁止摘。全年都禁止杀害怀孕的动物。全年都禁止射杀飞鸟。禁止杀害幼虫，因为幼虫对人没有危害；禁止捕捉麑鹿等动物；禁止食取飞鸟与鸡禽等蛋卵，只有过了九月才解禁"（南玉泉，2005）。上述规定与现代社会为了解决海洋渔业过度捕捞问题而规定的"休渔期"具有相似之处。

唐朝时期，据《唐律》记载，当时的政府也非常重视对动植物资源的保护利用。《唐律疏议·杂律》规定："诸部内有旱、涝、霜、雹、虫、蝗为害之处，主司应言不言，及妄言者，杖七十……诸弃毁官私器物及毁伐树木、庄稼者，准盗论。"该法条不仅对自然灾害中主管官员的行为进行了规范，而且规定对私自砍伐树木，损坏庄稼的行为将以盗窃罪论处。

由于唐代城市已极具规模，长安城居住人口已达百万之众，是当时世界上最大的城市，因此每日产生的垃圾数量不在少数。为了保证大城市的环境卫生，唐代对倾倒垃圾的管理十分严格，《唐律疏议》记载："其穿垣出秽污

① 余文涛等(1987，p.29)甚至认为《田律》是我国最早的环保法律。

者，杖六十；出水者，勿论。主司不禁，与同罪。疏议曰，具有穿穴垣墙，以出秽污之物于街巷，杖六十。直出水者，无罪，主司不禁，与同罪。谓'侵巷街'以下，主司合并禁约，不禁者与犯人同坐。"唐代对于随便倾倒垃圾者，处以刑罚，有关管理部门如果没有履行职责，将同样获罪，并受处罚。唐代环境保护的法令不仅比较完备，而且也非常严格。《唐律》是继《秦律》之后第二个将保护自然资源作为正式法典列入国家法律体系的（冯文娟，2011）。

宋代法律《宋刑统》的内容与《唐律》基本是一致的，宋代对自然资源的保护仍然保持积极的态度（冯文娟，2011）。地处我国北方地区的西夏王朝由于干旱缺水，自然环境比较恶劣，植物资源非常稀缺，其统治者非常注重对林木的种植和保护。比如其《天盛律令》第十五章《地水杂罪门》就对树木种植和保护做了比较具体的规定。大意是：沿唐徕、汉延诸官渠等租户、官私家主地方所至处，应沿所属渠段植柳、杨、榆及其他种种树，令其成材，与原所植树木一同监护，除按照时节剪枝条及伐而另植以外，不许任何人砍伐。转运司人中间应当派遣胜任的人去监察。如果违律不植树木，有官阶的人罚马一匹，庶人十三杖。树木已经种植而不护理，及无心失误致牲畜入食时，畜主人等一律庶人笞二十，有官阶的罚铁五斤。其中官树木及私家主树木等被他人所伐时，计价以偷盗罪论处。诸人检举之时，检举赏赐应当依偷盗检举赏赐的法律赏给。彼监护树木者自己捕获砍伐树木之人并告发，则赦免其罪。自伐之时，无论树数多少，一律庶人十三杖，有官罚马一匹。沿渠斡官植树木中，不许剥皮及斧斤斫刻等。如果违律，与全伐树木相同论处，检举赏赐也按照相同的法律（南玉泉，2005）。

虽然元朝时期的游牧政策对我国的自然环境造成了严重的破坏，但是该时期的《成吉思汗法典》却是非常具有环保精神的一部法典。比如以下诸条文："第五十六条保护草原。草绿后挖坑致使草原被损坏的，失火致使草原被烧的，对全家处死刑。第五十七条保护马匹。春天的时候，战争一停止就将战马放到好的草场上，不得骑乘，不得使马乱跑。打马的头和眼部的，处死刑。第五十八条保护水源。不得在河流中洗手，不得溺于水中"（张莽，2017）。

明清也基本上沿袭唐律。在不准向街道上抛弃垃圾，排放污水，以及对影响市容等方面的规定也相当完备（冯文娟，2011）。《大明会典》记载，"其穿墙面出污秽之物于街巷者，笞四十，出水者勿论……凡侵占街道，而起盖房屋，及为园圃者，杖六十，各令复旧……京城内外街道若有作践，掘成坑坎，淤塞沟渠，盖房侵占，或傍城行车纵放牲口，损坏城脚，及大明门前御道棋盘并护门栅栏，正阳门外，御桥南北，本门月城、将军楼、观音堂、关王庙等处，作践损坏者，俱问罪，枷号一个月发落。”这些规定对于避免城市公共区域，比如街道、道路、城墙、庙宇等陷入公地悲剧的困局具有重要意义。

3. 环保机构

对于生态环境保护，有了相关的法律规定，还必须有配套的政府机构负责执行。据《尚书》记载，早在舜帝时代我国就有了专门负责生态环境保护的官员和机构，“帝曰：‘畴若予上下草木鸟兽？’佥曰：‘益哉！’帝曰：‘俞，咨！益，汝作朕虞。’益拜稽首，让于朱虎，熊罴。帝曰：‘俞，往哉！汝谐。’”[①]大意是：舜帝想要物色人选管理山林川泽中的草木鸟兽，大家认为“益”是合适的人选，而益则谦虚地表示应当让朱虎、熊罴担任，于是舜帝让这两个人协助益一起工作。这是有关典籍中最早关于环保官员任命的记载，这成为以后负责生态环境保护的官员常常被称作“虞官”的渊源。舜帝设置的“虞”被认为是世界上最早的“环境保护部”，而伯益则是最早的“环保部长”（余文涛等，1987）。后来，又设立了虞部下大夫，大司徒等，我国设官职——虞的历史已有四千多年（王海滨，2016）。

周朝时期，在原来的基础之上我国环保管理机构的设置更加系统化，虞、衡管理的对象更加具体化和专业化。据《周礼·地官·大司徒》记载，周朝设立的诸官之中就有“地官”这一机构，负责管理农、林、牧、渔等生产部门。该机构的最高长官是大司徒，属于六卿之一，地位很高。大司徒的“职位说明”中就有因地制宜地保护和开发自然资源的记载。《周礼》中规定大司徒“以土宜之法……以阜人民，以蕃鸟兽，以毓草木，以任土事”，考察动植物生活状态，使之正常繁衍（胡北，2009）。在地官下面又有各自相对应的分属机构，其中就有负责生态环境保护的机构。比如“迹人”就专门负责管理禁猎政令的。除了动植物保护之外，有证据表明我国很早以前就有关于城市卫生环境管理的机构和官员。其一，在出土的商周文物中就有专人打扫城市道路的图案。其二，据《周礼·秋官·条狼氏》有言：“条狼氏下士六人，胥六人，徒六十人。”[②]其中的条狼氏就是周朝掌管清理道路，驱避行人的官员。

---

① 秦川主编：《四书五经·第一卷·尚书·舜典》，北京：北京燕山出版社2007年版，第354页。

② “条狼氏”的发音是“dí láng shì”。

表 2-1 先秦环境保护机构

机构 \ 编制人数		中士	下士	府	史	胥	徒	备注
山虞	大山	4	8	2	4	8	80	
	中山		6		2	6	60	
	小山		2		1		20	
泽虞	大泽大薮	4	8	2	4	8	80	同山虞
	中泽中薮		6		2	6	60	
	小泽小薮		2		1		20	
林衡	大林麓		12		4	12	120	
	中林麓		6		2	6	60	
	小林麓		2		1		20	
川衡	大川		12		4	12	120	同林衡
	中川		6		2	6	60	
	小川		2		1		20	

资料来源：余文涛、袁清林、毛文永(1987)，p. 22。

到了秦朝，山林川泽的事务归九卿之一的少府及其下设的苑官、林官、湖官、坡官等部门负责。汉朝时期，汉承秦制、稍有变化，环保机构改为“水衡都尉”。东汉设有司空一职，“掌水土事。凡营城起邑，浚沟洫，修坟防之事，则议其利，建其功。凡四方水土功课，岁尽则奏其殿而行赏罚”(胡北，2009)。

隋唐以后，除元朝设置有专门的虞衡司外，其他各朝都由工部负责环保的工作，主管山林川泽的开发和保护(曹素芳、屈迎昕，2007；胡北，2009)。另外负责生态环境保护的“虞”“衡”的职权也有所扩大(王海滨，2016)。根据记载唐朝专门设有虞部，“虞部郎中一员，(从五品上。龙朔为司虞大夫。)员外郎一员，(从六品上。)主事二人，(从九品上。)令史四人，书令史九人，掌固四人。郎中、员外郎之职，掌京城街巷种植，山泽苑囿，草木薪炭，供顿田猎之事。凡采捕渔猎，必以其时。凡京兆、河南二都，其近为四郊，三百里皆不得弋猎采捕。殿中、太仆所管闲厩马，两都皆五百里内供其刍藁。其关内、陇右、西使、南使诸牧监马牛驼羊，皆贮藁及茭草。其柴炭木橦进内及供百官蕃客，并于农隙纳之。”①

① 诗词名句网：《旧唐书·卷四十三·志第二十三·职官二》，2020 年 3 月 16 日，http://www.shicimingju.com/book/jiutangshu/47.html，2021 年 5 月 17 日。

值得一提的是，宋代的开封和杭州这类大城市由于人口逾百万，日常的垃圾数量非常庞大，因此专门设置了一个城市管理机构——街道司来管理城市卫生环境。《宋史·职官志》载：街道司，掌辖治道路人兵。街道司的专职环卫工人主要是士兵，每名环卫工人给予月薪“钱二千，青衫子一领”。连马可·波罗都不禁感叹杭州城的卫生程度，他发现杭州四处的道路都被铺上石板进行“硬化”，而且打扫得非常干净，不会有泥土黏脚。

在明清时期，由虞衡清吏司、都水清吏司和屯田清吏司在工部管理下共同开展环保工作。此外还有专门管理皇家苑囿的官吏，即上林苑监，并设左右监正各一人（王海滨，2016）。我国不仅最早设立了环境保护机构——舜帝时代的“虞”，而且我国环保机构的设置对现代也具有参考价值。比如自周朝开始，我国负责山林川泽的虞、衡等环保机构往往与负责其他事务的机构（通常也牵涉到生态环境）一道同属一个权威的上级部门管辖。周朝，环保机构由位列六卿之一的大司徒领导；秦汉时期生态环保事务则归九卿之一的少府管辖；隋唐以后生态环境事务则统归六部之一的工部负责。所属的这些上级部门除负责环保禁令的发布以外，往往还兼管农林渔业、手工业、各项工程、屯田、水利、交通等与之相关的部门（胡北，2009）。这种将生态环境及与生态环境保护有密切关联的其他部门统一归一个权威上级部门管辖的做法，有利于协调不同部门之间的冲突和矛盾，避免同级部门陷入本书第五章详细阐述的反公地悲剧。

第二节　近代关于公地悲剧的思想

根据产权学派的理解，人们之所以对“公共事务”缺乏关心，进而导致“公地”的腐朽，是因为共同所有下的产权模糊。从这个意义上来讲，完全无产权就可以被视为“极端的公地”，或者哈丁假设的“对所有人完全开放的公地”。那么托马斯·霍布斯（Thomas Hobbes）在他1651年出版的名著《利维坦》中事实上就已经构建了一个极端条件下的公地悲剧模型。霍布斯假定在没有国家的“自然状态”下，不存在政府或法律的概念，因而没有任何有价值之物是受产权保护的，此时的人们必然陷入“一切人反对一切人”的混战状态或者“丛林法则”。

霍布斯及其之前学者们关于公地悲剧的早期“思想火花”并不是为了分析公共资源的过度使用或者经济租金耗散问题，而是为了分析他们各自关心的诸如“战争”“共妻共子”或者“国家的必要性”之类的问题。从我们所掌握的资料来看，西方世界最先认识到公共资源过度或者不当开采应当是19世纪初期法国的自然主义者马尔赛(Marcet)。马尔赛在她的《关于政治经济学的对话》一书[①]中指出："假设土地自动生长出现需要耕种的全部作物，在没有产权制度的条件下它们仍然得不到有效利用，水果在成熟之前就会被人们所采摘，动物也会在成年之前被杀死，因为谁会保护不属于他自己的东西呢？谁又会珍惜免费供他使用的自然物呢？……比如，在这个国家，唯一以公共财产(common property)形式存在的树篱坚果(hedge-nuts)和黑莓，它们在成熟之后才被采摘的情形是多么的罕见啊……"[②]

然而，对哈丁《公地悲剧》一文的诞生启发性最大和影响最为直接的并不是马尔赛，而是英国业余数学家兼受命教长威廉姆·福斯特·劳埃德(William Forster Lloyd)[③]1833年发表的《关于控制人口的两堂讲座》[④](Dietz et al., 2002)。

在《讲座》中，劳埃德引入了"公地"和"公地使用者"(commoners)的概念，原创性地阐述了一个初步的公地悲剧理论。首先，劳埃德假设两个人同意共同劳动，且劳动成果为两人的共同财产(common property)。[⑤]那么，无论何时不管其中某人再怎么努力，他都只能获得一半的劳动成果；而如果他偷懒的话也只需承担一半的损失。如果每个人劳动的努力程度仅仅取决于他所能获得的劳动成果的话，[⑥]那么此时两个人劳动的努力程度将只有彼此"单干"时的一半。类似的，当三个人合伙时，激励机制将为"单干"时的三分之一，四个人合伙时为四分之一……随着合伙人数的增加，努力工作的激励迅速递减，当增加到一定程度时，每个人都会认为自己努力与否对未来产量的影响非常微弱，正如他认为自己对整个社区(community)而言无关痛痒一样；亦即激励将会趋向于零，当这种激励衰减到无法被人类的心灵所感

① 这本书的英文名是"Conversations in Political Economy"，它是最早的经济学教科书之一，采用对话体的形式，作者马塞尔是大卫·李嘉图的朋友。

② Marcet, J. H. *Conversations on Political Economy* (3rd ed), London, 1819, pp. 60 - 61。

③ 劳埃德借助"公地"模型发展了马尔萨斯的人口学说，直接影响了哈丁《公地悲剧》的创作；此外，他还是"边际效用理论"的原创性贡献者之一，但不幸的是人们通常只记住了"边际革命三杰"，对劳埃德的贡献却长期被遗忘了——详见"Lloyd, W. F. "Lloyd on the Checks to Population", *Population and Development Review*, 1980, 6(3), pp. 473 - 496"档案(ARCHIVE)部分。

④ 该书的英文名是"Two Lectures on the Checks to Population"，为了简便，以下简称《讲座》。

⑤ 至于这种共同财产如何分配，劳埃德认为不必假设事实上的平均分配，只要假设这种未来的分配是未知的，两个人对共同财产的预期方面是对称的就行了；在三人及多人合作时，也遵循此例。

⑥ 在没有其他特殊情况的条件下，这通常是能够成立的。

知时，激励机制就彻底失去了意义。

此外，劳埃德还假设了两个人拥有一个共同基金(a common purse)，且他们两人都可以自由地从该基金中支取金钱的情形。劳埃德认为，对于一个经济体而言，增长的动力源泉与未来享受(储蓄)的减少是息息相关的，而储蓄又取决于每个人当前的花销。如果一个人从他自己的钱袋子中取出一基尼(guinea)，[①]那么他以后可消费的钱就减少了一基尼。但假如他是从一个和别人享有同等支取权利的共同基金中取钱的话，情况就不一样了：损失会落到两个人的头上，他花费基金中一基尼时的考量程度和他平时花费半基尼时是一样的；每个人在支出决策上，就好像整个共同基金都完全属于他自己一样。当涉及多人基金的情形时，每个成员各自的支取行为对整个基金的侵蚀会微妙得难以察觉，而且人们会把时间和其他资源花费在非生产性的"分利"行为中，生产性资源的份额受到抑制，最终造成整个经济体增长动力的消失。

同样值得重视的是，劳埃德对公地的"拥挤性"也进行了比较深刻地分析。在《讲座》第一部分的末尾，劳埃德为了使自己的分析更加形象，设计了两个虚拟国家的案例并进行了对比分析："其中一个国家的社会制度是这样的，家庭的负担完全由父母来承担，而在另一个国家小孩在年幼的时候就自己养活自己；[②]前者(的牲畜)在围起来的土地上维生，而后者(的牲畜)则在公地上维生；两国的人口密度都很大。"

劳埃德认为：公地上的牲畜必然会变得孱弱瘦小，公地会变成荒丘；而与之毗邻圈起来的牧场却能得到很好的维持；从物理或者物质资料生产的角度，这是由于公地的拥挤性；从社会结构的角度来看则归咎于自然或者后天生育方面的平等性。

无论是围起来的牧场还是对所有人开放的公地，都必然会存在一个饱和点(a point of saturation)。[③] 如果在牧场上投入更多的牲畜，则它们借以维生之物(比如牲畜)就会以原有牲畜牧草份额的减少为代价，从而影响它们的成长环境。

虽然两个国家增加牲畜饲养量时都会存在走向"拥挤"或者"饱和"的趋

---

① 基尼货币出现在1633年，是英国第一代由机器生产的货币，它于1816年退出了流通货币行列，不再进行面值交易。

② 当然这仅仅是劳埃德的一个非真假设，他的意思是指小孩通过他们自己的劳动去换取日常所需的面包。

③ 劳埃德指出"饱和点"是一个取决于利益权衡的界限，超出了这一点后审慎的人将不会再增加饲养量。用今天经济学的术语来刻画就是边际成本等于边际收益的点。

势，但是在方式上却是有所区别的。劳埃德写道："如果他在公共牧场上饲养更多的牲畜，牛羊可以啃食的牧草就会减少，而这种减少是由牧场上所有牲畜共同忍受的，除了他自己的牲畜受到影响之外，其他所有人的牲畜也会受到影响，而且他自己本人的牲畜遭受的影响仅占全部损失的一小部分。"①对于几个已经满载且毗邻的牧场，如果突然将它们的围栏打开连成一片，从而变成开放式的公地，则其饱和点的位置立刻就会被改变。

这几块牧场的围栏被打开并成为开放式公地前后的情形是这样的：仅就物理空间或自然属性而言，被围起来独立成块的小牧场显然比将它们连起来变成大公地时更容易遭遇"围栏效应"，当进一步考虑到牧草的生长周期以及土壤肥力的恢复周期等因素时，将各个独立牧场的最大可承载量加起来必然要小于范围更广阔的公地（假设总面积相等）；但当我们将劳埃德所原创性强调的"社会结构"性因素考虑进来时，情况就变得不一样了——用围栏围起来的牧场意味着产权得到良好界定和保护，开放式公地则意味着产权模糊甚至不存在，因而对于"审慎"的行为主体而言，在圈起来的牧场内他们会有意识地将牛羊数量保持在不超过"饱和点"的范围内，而在开放式公地上则会竞争性地扩大自己的饲养量，从而加速"饱和点"的到来。

最后，劳埃德将他阐述的公地悲剧理论应用到人类劳动力市场的分析当中。"现在，对于已经出生的及尚未出生的，地球上现有的居民和所有等待入场的未来居民而言，劳动力就业市场的情形就是一种事实上的公地——对所有人都开放的牧场。在牲畜们的公地上，幼兽凭借着它们一整套的牙齿独立地加入啃食大军当中。在人类的公地上，儿童将来也会类似地用自己可以劳动的双手加入就业大军。除了公地以外，没有哪一个地方的'入场券'能够如此轻而易举地获得。在这两种情形中，（无论是牲畜还是人类都）必然会被锁闭在一个极度饱和的点上。"②

有必要指出的是，虽然 Hardin(1968)及以前关于"公地"的研究大都持悲观态度，但却并非全都如此。比如缅因（Maine，1889）已经认识到公共财产资源的结果不止有"悲剧"这一种，如果加以管理它也可以很好地造福人类，他研究了在许多条件下村民社区利用私有财产与公共财产资源相结合的模式是相当合理的。

---

① 资料来源：Lloyd，W. F. "Lloyd on the Checks to Population"，*Population and Development Review*，1980，6(3)，pp. 473－496。

② 同上。

第三节　1968年以前的20世纪关于公地悲剧的正式论述

虽然在哈丁(1968)之前的20世纪仍然没有学者明确提出公地悲剧的术语,但事实上这一理论已经得到了初步模型化论证。在这段时期内,对公地悲剧理论做出突出贡献,而且影响最大的是戈登(Gordon, 1954)和谢弗(Schaefer, 1957)。[①] 他们以海洋渔业为例对公地进行了正式分析。他们将捕鱼力度(fishing effort)对渔业在生态上的可持续性和不同捕鱼力度水平下的经济效益进行了简单的模型化处理。自20世纪50年代以来,戈登-谢弗模型(Gordon-Schaefer model)占据了渔业管理和研究的主导地位(Dietz et al., 2002)。两位学者都认为对于一个开放式的渔场在捕鱼力度很小的条件下,关于捕鱼力度的产出函数会迅速增加,但是随着捕鱼力度增加到一定程度,鱼类的储量下降,搜寻并捕捞到额外一单位鱼所需的成本会上升,从而经历一个边际报酬递减的过程。[②] 当超越"最大可持续产量"时,继续加大捕鱼力度不仅不经济,而且会对海洋生物的可持续性造成破坏和威胁。[③] 他们假设鱼和捕鱼投入品的价格保持不变,[④]捕鱼的总收入等于渔获量乘以鱼的价格。由于捕鱼力度带来的产出受边际报酬递减的影响,总收入曲线呈"倒U形";他们假设成本函数为具有正斜率的线性函数。净收入就是总收入与总成本之间的差额。用图2-1表示如下:

图2-1中,A点的总收入函数斜率与总成本函数相等,两者的差额最大,因而表示净经济收益最大化;B点表示就资源本身而言,实现可持续开采的最大化;C点表示开放进入条件下,渔业的实际状态,此时的经济利润(租金)为零。至于为何实际状态会如此,图2-2的描绘更加清晰。

---

① 尽管在1911年丹麦哥本哈根大学经济学教授延斯·沃明(Jens Warming, 1873—1939)就研究了公共渔业,并且得出结论:开放式的渔业会导致租金耗散;渔业规制可能有助于渔业资源的维持,但是对渔业资源在经济上的过度开发却无能为力。他的结论与43年之后的Gordon带有几分相似之处,但是由于他的文章是以丹麦文写就的,直到1983年被翻译成英文之前对国际学术界的影响有限,而这距离Gordon文章的发表已长达近30年之久了。

② 虽然戈登本人对海洋渔业边际报酬递减持谨慎的态度,但他的"替代性假设"对模型分析而言,与边际报酬递减并没有本质上的区别。

③ 在戈登之前,尤其是在捕鱼技术还不发达的时代,相当一部分"达尔文主义"学者(主要是生态学家和生物学家)认为人类只是自然界中的一个组成部分,在生态上和其他肉食动物没有本质区别,海洋生物资源是永不枯竭的。

④ 他们假设自己分析的只是地区性小规模的渔场,捕鱼力度的大小并不会对鱼价和捕鱼投入品价格造成影响,只是价格的接受者。

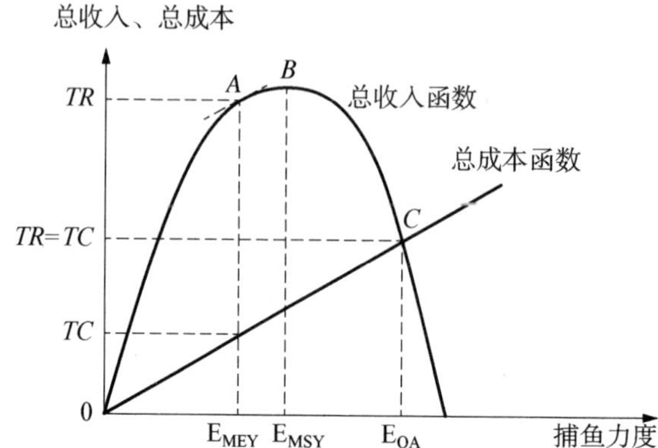

图 2-1 捕鱼力度、成本和收入的关系(戈登-谢弗模型)

资料来源：根据 Townsend，R. & Wilson，J. A.(1987)，p. 317，稍有调整；注：*TR* 表示总收入，*TC* 表示总成本，*E* 表示捕鱼力度，*MEY* 表示最大化经济收益，*MSY* 表示最大化可持续产出，*OA* 表示开放进入(open access)。

根据戈登-谢弗模型，由于海洋渔业中产权的公共性，或者开放进入(open access)的性质，渔民之间会竞争性地开发渔业，投入更多的劳动，使用更多、更大和更先进的渔船及其他捕鱼设备，一方面造成资源的过度开采(overexploitation)；而另一方面又造成过度投资(overcapitalization)的后果。大自然的免费馈赠本应给人类带来丰富的经济租金(economic rent)，但是由于缺乏合适的产权安排或者管理制度，不仅这种经济租金会耗散，甚至连海洋生物本身的可持续性都会遭到破坏，从而造成公地悲剧的结局。

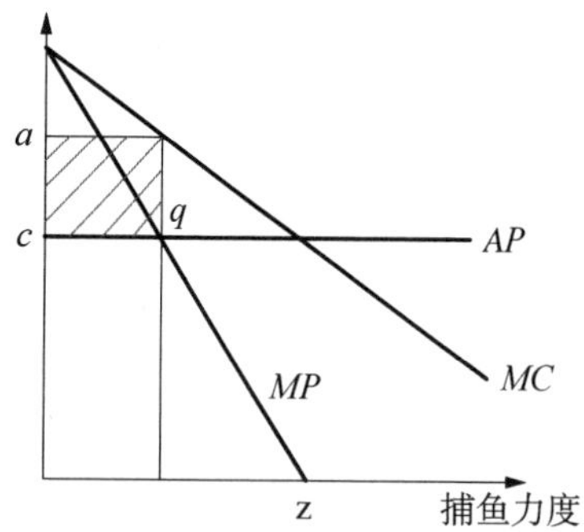

图 2-2 公地悲剧的图解

注：*MC* 表示边际成本，*AC* 表示平均成本，*MP* 表示边际产品，*AP* 表示平均产品；资料来源：Gordon，H. (1954)p. 130。

图 2－2 清晰地表明：社会最大租金点是边际产品曲线（MP）[1]和边际成本曲线（MC）的交点。租金矩形 apqc 是社会最大化租金，因为在 x 点如果再多增加一单位捕鱼力度，边际成本会大于其边际收益。然而，在开放进入的条件下，捕捞者们的捕捞行为不会停止于租金最大化的 x 点。他们会继续进入，因为进入者捕获份额是 AP（“捕鱼力度”的平均产品），而不是 MP（增加一个单位付出的产出），所以产出会进一步扩大到 AP＝MC 的点为止，然而此时的经济租金完全消失了——这就是典型的公地悲剧。

戈登-谢弗模型不仅影响了（人文）生态学，还影响了微观经济政策设计。一个非常明显的推论就是：如果整个渔场垄断性地归同一个人或者组织长期所有或控制的话，经济租金就不会因大量渔民的竞争性捕捞而消失。受戈登渔业公地悲剧模型的影响，许多学者主张独有权的目标（sole-ownership）[2]：要么将公共资源私有化，要么实行政府控制，尤为盛行的是政府主导下的私有化。

早期学者们对公地悲剧问题的认识和探索不仅给以哈丁为代表的“现代版”公地悲剧理论奠定了基础，促使其进一步成长为现代主流经济学的一个重要理论组成部分，而且为人类克服公地悲剧问题提供了简洁的分析框架。尽管他们提出的解决方案存在这样或那样的不足和疏漏，甚至在人类应对公地悲剧的实践中还产生过不良的“副作用”，但这恰好体现了历代学者们在探索真理过程中的艰难性和曲折性。

第四节　本章结语

本章比较系统地梳理了 Hardin（1968）之前的公地悲剧思想。无论是西方的古希腊时期，还是我国的夏、商、西周时期，人类就有了关于公地悲剧的早期认识。或许由于我国古代关于公地悲剧进行直接论述的文献比较匮乏，但更有可能是我们的考证能力有限，因此本章采取了退而求其次的折中办法，仅将我国古代与公地悲剧有密切关联的生态环境保护思想、政策和制度等做了一定的梳理和总结。

---

① 因假定了鱼价为单位价格，因此边际产品就等于边际产品价值和边际收益，平均产品也是如此。

② 比如 Scott，A. “The Fishery：The Objectives of Sole Ownership”，*Journal of Political Economy*，1955，63(2)：116－124。Heller(1999)认为独有权只是一种理想当中的状态，在现实中从未出现过。

在近现代，霍布斯的《利维坦》、马尔赛的《关于政治经济学的对话》，以及劳埃德的《关于控制人口的两堂讲座》等文献，都不同程度地体现了学术界对公地悲剧或与之相类似思想的认识。在 Hardin(1968)之前的 20 世纪，一些学者甚至还对公地悲剧的思想进行了早期的形式化论证，其中最有代表性的当推戈登-谢弗模型。但是直到 Hardin(1968)《公地悲剧》一文的诞生，公地悲剧的概念才迅速地引起人们的注意，也才标志着公地悲剧理论真正由萌芽走向成熟。

第三章　公地悲剧理论的成熟期

本章将阐述公地悲剧理论由正式诞生、形式化，再到实验验证的发展历程。经过博弈论专家的模型化，再被实验经济学家进行实验检验之后，公地悲剧模型走向了成熟阶段，并为主流经济学所吸收。

第一节　理论正式诞生的标志：哈丁的《公地悲剧》

1968 年加勒特·哈丁在《科学》杂志上发表了西方科学界引用率极高的经典论文《公地悲剧》，正式提出了公地悲剧的术语、假设和推论，从而标志着公地悲剧理论的正式诞生。哈丁的《公地悲剧》为学术界提供了一个“杰出的分析框架，在该框架下社会科学家们可以分析环境和资源问题”(Godwin & Shepherd, 1979)，而且公地悲剧成为“环境研究的中心”(O'Riordan & Turner, 1983)。在哈丁 1968 年的《公地悲剧》发表之前，标题包含诸如“公地”(the commons)、“公共池塘资源”(common pool resources)或者“公共财产”(common property)的文献是极其少见的(van Laerhoven & Ostrom, 2007)。

一、哈丁的假设条件

哈丁在论证他的主题公地悲剧时，借助了一系列前提假设。在全部假设中，有的是现实的，有的是纯理论的；有的是哈丁直白地表达出来的，有的是他的文章中隐含的。根据哈丁本人的《公地悲剧》一文及其他相关论著，再加上后来学者们对《公地悲剧》的回应，本书将哈丁的公地悲剧理论前提假设归纳整理为十一条，这些前提假设并不是完全并列或独立的，而是存在一定程度的交叉重合、并列、递进或部分因果的关系。这些前提假设可以划分为两大类：关于“公地”性质的假设和关于“人”(公地使用者 commoners)的假设。

(一) 关于"公地"性质的假设

第一个假设：公地是"相对封闭且有限的"(limited)——存在资源和空间硬约束，技术进步并不是万能的。人类赖以生存和发展的资源和空间存在一个终极"上限"，那就是地球。这一假设是哈丁在驳斥"技术进步主义者"对技术进步"宗教信仰式"崇拜的过程中体现出来的。技术进步主义者认为未来人类能够在无限的宇宙空间中寻找到地球的替代物，但遭到了哈丁的反驳，盲目崇拜技术进步非但不能解决现实问题，反而贻害无穷——"有人可能会提出一个反对意见，我们的世界是无限的或者我们并不确知它并非如此。但是，从现实的角度来看，我们接下来的几代人，在可预见的技术水平条件下，如果我们在不远的将来假设对于地球上的人口而言资源是无限的话，那么我们必将极大地增加人类的痛苦。'太空'不是避难之所。"(Hardin, 1968, p. 1243)对于该假设，哈丁还在另一篇影响重大的文章《评论：活在生命之舟上》提出了"生命之舟"的比喻，反对Boulding(1966)将地球比作"太空飞船"，并主张用"生命之舟"来取而代之，以强调资源和空间不足问题的紧迫性。

第二个假设：公地是"开放进入式的"(open access)——任何人都可以不受限制地开采公地上的资源。在表达这一前提假设时，哈丁举了一个"公共牧场"的例子。人们引用最多的一段话："设想一个对所有人都开放的牧场。可以预见，牧民会尽可能多的在公地上放养牲畜……公地固有的逻辑将会无情地导致悲剧。"(Hardin, 1968, p. 1245)哈丁式公地悲剧理论中的资源产权属性其实是二元的，要么是完全开放进入式公地，要么是纯私有财产，两种属性之间不存在交叉重叠。

第三个假设：公地是"未加管理的"(unmanaged)——制度真空状态。公地不仅是开放进入式的，而且是"未加管理的"，这就相当于认为公地管理制度的缺失。Hardin(1968)因没有明确提出这一假设而遭到了广泛的批评，因为缺乏该条件的"公地"未必导致"悲剧"。这迫使30年之后，哈丁又在《科学》上撰文指出，应当在1968年文章中的公地前面添加"未加管理的"(unmanaged)限定词(Hardin, 1998, p. 682)。

第四个假设：公地的使用仅具有正竞争性——完全忽视负竞争性的存在。在哈丁的论著中，我们是找不到他对这一假设的任何直接表述的，因为他在分析公地的性质时，遵循的是新古典经济学的物品划分理论。而在新古典经济学物品划分理论中，理论家们丝毫没有考虑到负竞争性的存在。

(二) 关于"公地使用者"的假设

第五个假设：人口必然会不断和过度增长。[1] 即使满足了第一个条件，即资源和空间是有限的，如果地球上的人口足够稀少的话，人们一般也不会感受到"拥挤"。尽管哈丁承认定义"最优化人口数量"是非常困难的，但是他认为地球上的人口实际上已经"超载"了，而且增长速度过快，不会停歇。对于人类而言，即使只维持生命，平均每一个体每天也需要大约 1600 千卡路里的能量，而如果还要从事其他的工作和活动，所需要的能量还远不止这些。即使核能的出现也不能彻底解决能源问题，因为哈丁秉承的是马尔萨斯和劳埃德式的忧患主义人口论："正如马尔萨斯所说的，人口倾向于呈'几何级数'增长，或者我们现在所讲的以指数形式增长。"(Hardin, 1968, p. 1243)

为了使地球上人口不致"过量超载"，哈丁坚持主张人口的增长率必须等于零。在哈丁发表《公地悲剧》的年代世界上的人口处于迅速增长的态势："即使只在直觉层面，目前有哪个文化群体解决了这一实际问题了吗？简单的事实就是：没有。当今世界上没有哪一个繁荣的人类群体实现了，或者曾一度实现过零的(人口)增长率。任何在直觉上定义过他们的人口最优点的人，很快就会认识到，在人口增长率变成并且保持在零的水平时就达到了人口规模的最优化。"(Hardin, 1968, p. 1244)

哈丁驳斥了"将正的增长率可能被视为尚未达到最佳规模的证据"的观点。因为"以任何合理的标准来看，通常来讲，当今地球上人口增长最快的地区也是最为悲惨的地区。这种联系对那种认为正的人口增长率是因为还没有达到最佳人口规模的乐观主义产生了怀疑"(Hardin, 1968, p. 1244)。

人口超载(overpopulation)和过度增长不仅是哈丁在《公地悲剧》中的一个前提假设，同时也是哈丁毕生研究和力图做出改变的重点。哈丁的大部分论著是关于这一主题的。他不仅在理论上鼓吹"控制人口"，而且身体力行，他热衷于为墨西哥希望堕胎的孕妇和美国愿意为她们实施堕胎手术的医生之间建立联系。疾病缠身的哈丁夫妇 2003 年选择在圣巴巴拉家中双双自杀或许是对他自己的学术主张的一种终极践行。[2]

第六个假设：自利、理性的经济人假设。哈丁本是美国加州大学圣塔芭芭拉分校著名的人类生态学(human ecology)教授，他的《公地悲剧》却在

---

① 为了便于下文的讨论，关于"公地使用者"的假设将与上文的编号保持连续，而不是重新编号。

② 哈丁夫妇在自杀之前早就加入了一个俱乐部，这个俱乐部主张人应该自主选择如何结束自身的性命。

经济学界引起了巨大的轰动，他的公地悲剧理论和《公地悲剧》论文被写进国内外许多经济学教科书当中。这与他清晰地采用了经济学，尤其是基于成本-收益分析、个体利益最大化的经济人分析范式是分不开的。在原文第3页(杂志的第1245页)哈丁写道："作为一个理性的个体，每一位牧民都想寻求自身收益的最大化……或明或暗，或多或少，他会问，'增加一头牲畜对我而言有多大的效用?'这种效用有一个消极的和一个积极的成分。积极的成分是增加一头牲畜的函数。既然牧民可以获得额外一头牲畜的全部收益，积极的效用直接就是+1。消极的成分是额外增加一头牲畜造成额外一单位牧场过度放牧的函数。但是过度放牧的危害是由全体牧民来承担的，那么对于某一特定决策的负效用而言，该牧民仅需承担-1的一部分。进行成本收益分析之后，理性的牧民发现，明智的选择是增加一头牲畜，再增加一头……但是每个理性的牧民都会得出这种结论……每个信奉公地自由使用的人都追求自身利益的最大化，所有牧民都会拥挤着走向毁灭的目的地。"

关于"理性"，经济学存在多种版本和争议，其中最有代表性的就是"完全理性"和"相对理性"，作为生态学家的哈丁并没有明确他笔下的理性具体是指哪一种。但是以我们的理解，哈丁笔下的理性应当包含以下含义：资源使用者清楚自己对公地采取的各种行为及后果，明白"公地"的性质，在造成公地悲剧这一结局上不是因为自己的"无知"所致。自利的理性人就构成了哈丁笔下的资源使用者的基本行为特征。

第七个假设：资源使用者之间缺乏信任。除了理性和自利之外，从哈丁的作品还能看出他对于人与人之间，尤其是资源使用者之间信任的缺失，即使存在信任，那也是不够充分的。在哈丁看来，公地上的资源开采者最终难逃"全部毁灭"的悲剧。因此就哈丁的视角而言，公地上每一位资源开采者从公地上竞争性获取资源的"好处"，也远远不能和所有使用者共同开发并善加管理公地的结果相媲美。如果他们能相互信任的话，即便是"自利"的经济人也能保持合作和长远考虑。哈丁的文章中所透露的是使用者之间信任的严重缺失，尽管他并没有明确地将这一假设用文字表述出来。

第八个假设：道德对于公地悲剧而言是软弱无力的——它不仅会"自我消除"，还会导致"精神分裂"。《公地悲剧》一文对道德的作用论述较多，但在哈丁看来，道德在公地悲剧问题上是极其脆弱的："如果我们以伦理道德的名义要求某个正在开采公共资源的人停止其行为，那么我们应该说些什么呢？他所听到的又是什么呢？——不仅当时，而且在他晚上半睡半醒时的哪怕极短暂的一刻，他不但会想起我们所使用过的词语，还有我们无意中暗示给他的非语言信息。有意或无意，他迟早会感觉到自己有过两种交流，并且它们之间是互相冲突的：1.（有意的交流）'如果你不按我们说的去做，我们会公开谴责你没有按照一个体面的公民所应该做的那样去行事'；2.（言外之意的交流）'如果你听从我们的建议，我们只会暗地里嘲笑你这个笨蛋，让你羞恼地站在一边看着除你之外的所有人攫取公地资源'。"（Hardin，1968，p. 1248）

最终，理性和自利的个体都不会甘愿充当被耍的"笨蛋"，道德对于人们竞争性开发公共资源的约束力，在利益的诱惑下将变得不堪一击。此外，道德的脆弱性还体现在它的"自我消除性"（self-eliminating）。哈丁的论证过程还带有比较浓厚的达尔文主义"基因决定论"色彩。他认为就道德而言，人类在先天的基因上是存在差异的，有的人天生道德比较高尚，而有的人则天生比较自私自利，不负责任。而偏偏那些道德水平低、不负责任的群体更加倾向于多生和早生孩子，而讲道德、负责人的群体则刚好相反。此外，尽管哈丁并没有明说，但却暗含的一个理念就是：道德与非道德，负责任与不负责任，主要是由遗传来决定的，后天的教育和经历难以改变一个人的品行。[①] 因此，随着时间的推移，不道德、不负责任的人群占总人口的比例会愈来愈大，而讲公德、负责任的群体所占的比例则会愈来愈小，通过上述与"劣币驱逐良币"相类似的机制，道德是"自我消除"的。

在哈丁看来，道德本身不仅软弱无力，自我消除，而且还具有某种致病性的影响（pathogenic effects）。面对开放进入式公地，人们在决策过程中将受到 Bateson et al（1956）所说的"双重束缚"的影响——要么做一个"自私鬼"，攫取大家赖以生存的公共资源；要么做一个"笨蛋"，眼睁睁地坐等别人竞相开采公共资源，而自己却无动于衷。哈丁认为，所有理性和自利的个体，不论他道德是否高尚，最终都会趋向于选择做第一种人。也就是说，不管讲不讲公德，最终人们还是会选择竞争性地开采公共资源，但是这个决策过程必然要经历一番思想斗争，在做出自私的选择之后往往又会为"内疚"所困扰，最终导致"精神分裂"（Batesonet al.，1956）；但是如果连内疚之心都没有的话，就是"没良心"（bad conscience），而德国哲学家尼采（Nietzsche）认为"没良心是一种疾病"。

第九个假设：资源使用者不仅无互动，而且是鼠目寸光的。尽管哈丁并没有明说，但在他的公地悲剧模型中，资源使用者之间的关系与囚徒困境

① 对哈丁的这种观点本书虽不敢苟同，因为它过于强调基因的决定性作用，貌似与常识不符，但哈丁的原意确实如此。

博弈中的囚徒是非常类似的——牧民之间没有，或者缺乏有效和足够的交流，每个人都只顾着拼命地扩大放牧量。尽管资源使用者就每一单个的个体而言是理性的，但是这种完全自利而又缺乏信任的个体理性，在"公地"条件下只会导致集体的非理性，他们的行为必然是目光短浅的。在一定程度上，资源使用者"鼠目寸光"既是导致公地悲剧的原因，又是公地悲剧安排造成的一种后果，从而陷入一种缪尔达尔式的恶性循环累积因果之中难以自拔。

第十个假设：在生育后代上的"动物精神"——"生得越多效用越大"。在生态学家哈丁的笔下还隐含着这样一种观点：之所以存在人口持续过度增长，并导致贫困问题，就在于人类抱持着一种"生得越多，基因延续成功的几率越大，从而效用越大"的观念。[①]

第十一个假设：资源使用者和资源本身的同质化假设。虽然哈丁在《公地悲剧》原文中有"人跟人之间是有差别的"（People vary）[②]话语来说明人们在道德水准方面的不同，但是在公地背景下，理性和自利的人们最终的选择却都是一样的，那就是争先恐后地加入到攫取公共资源的大军当中，不论他是否高尚。因此从总体上来看，哈丁的公地悲剧模型中资源开采者在行为表现上并没有什么本质上的差异。

二、哈丁的结论和政策导向

或许是为了扩大公地悲剧理论的解释力和适用范围，哈丁在后来的专著《生活在极限之内》又提出了所谓的"CC－PP 游戏"。它对应的英文单词是"Commonized Cost-Privatized Profits"，即"公共化的成本-私有化的利润"。"CC－PP 游戏"会导致人类行为广泛的负外部性，而福利政策、对外援助、特殊利益集团等则进一步助长了这种趋势。在人口问题上，哈丁认为事实上抚养孩子的全部成本并不会完全由家长来承担，对于那些"不负责任"的家长而言更是如此，因此抚养孩子的一部分成本就交给了"全体纳税人"，从而导致人类集体非理性的过度生育行为。

（一）哈丁的结论

哈丁的结论是简洁而明确的，就是他的论文题目：公地悲剧。作为现代微观经济学的组成部分，学界对一般意义上的公地悲剧的含义已经有了

① 生活当中确实有人秉持这类观念，比如"存钱不如存人"已经成为百度百科中的一个词条，截至 2021 年 11 月 22 日，该词条的浏览次数已经高达 108933 次。详见百度百科：https://baike.baidu.com/item/存钱不如存人/16696942?fr=aladdin。

② Hardin, G. The Tragedy of the Commons, *Science*, 1968(162), p. 1247.

相当明确的定义，那就是第一章所说的“资源过度使用，过度资本化，经济租金消失”等内容，在此不再赘述。

哈丁眼中的公地悲剧比人们通常理解的要严重得多和悲观得多。如果只是涉及到案例中“公共牧场”的过度放牧问题，那么公地悲剧理论也就不值得如此众多的学者来研究了。在哈丁看来，公地悲剧发生的范围远远不止公共牧场，几乎所有的生态环境问题都与它密切相关。而且如果不采取措施，人类必将被锁闭在一个竞争性开采的系统当中，拥挤着走向毁灭的目的地。在《评论：活在生命之舟上》，[①]哈丁更是认为：如果不采取措施，地球这个“大公地”，连同包括人类在内的所有生物都会由于人类的过度开发而走向毁灭。

（二）哈丁的政策导向

哈丁的结论是相当悲观的，因此为了避免这种极端悲惨的公地悲剧的结局，哈丁的政策导向也是非常激进甚至极端的。其政策主张大体上可以被总结归纳为如下几条：

第一，“不择手段”地控制人口增长。为了实现这一目标，哈丁的态度是相当坚决和极端的：他主张人类放弃生育自由，反对《世界人权宣言》中生育自由的观点(Hardin, 1968)并且认为生育自由权是一种“自杀性的权利”(哈丁，2007)，因为“人类是地球上的癌症”；反对发达国家对穷国家的任何援助(Hardin, 1974)；认为穷国的人不负责任、懒惰、不控制生育率，因而认为自然灾害、战争等都是有利的，甚至不反对种族灭绝政策(Hardin, 1974)；主张美国等发达国家对穷国的移民严加控制，并给予移民低于本地人的权利(Hardin, 1974)。

第二，对“公地”实行私有化。尽管奥斯特罗姆的著作《公共事物的治理之道：集体行动制度的演进》，将哈丁当做主张“利维坦”为公共池塘资源唯一治理方案的代表(奥斯特罗姆，2012)，但只要仔细地研读哈丁的《公地悲剧》原文就不难发现：“私有化”也是哈丁治理公地的政策导向之一。

第三，“彼此认同的相互强制”(mutual coercion mutually agreed upon)。对于哈丁的这句话，学者们的解读存在一定的差异。最主流的一种解释是把它理解成用政府控制或者“利维坦”的方式来管理公地。虽然没有明说，但是哈丁应该已经认识到了有些“公地”，比如他一贯强调的生育问题，在技术层面上是很难，或者完全不能被私有化的。当“公地”不能被私有

① 对应的英文原文：Hardin, G. “Commentary: Living on a Lifeboat”, *BioScience*, 1974, 24(10): 561-568。

化时，国家对公地实行外部控制（即霍布斯的“利维坦”），并辅之以相应的法律法规乃是必要之举。

但是也有少部分学者认为，哈丁的这句话其实已经包含了奥斯特罗姆等人强调的“社区自主组织与自主治理”的元素。本书对这种解读持保留态度，因为从哈丁的论著来看，他是一位极端和激进的“生态原教旨主义者”，他的笔锋处处透露着政府强制干预的光芒，不太可能相信公地使用者的“自主治理”；而且在哈丁对其批评者的回应中也找不到这方面的内容。因此这种观点很可能存在“过度解读”和“穿凿附会”的嫌疑。

第二节　公地悲剧思想的形式化

通常在现代经济学体系中，一旦某种思想或者学说以严格的数学形式呈现和证明，就表明它蜕变为“标准”的经济学理论，从而使其便于被主流经济学所吸收。公地悲剧思想的形式化是许多学者共同努力的结果。事实上，很难清晰界定公地悲剧思想的形式化具体是哪些学者的功劳。这是因为在哈丁 1968 年《公地悲剧》发表以后，一方面，在被形式化之前公地悲剧思想已为不少学者所认识和接受；另一方面，进入 20 世纪后期以来，经济学中的数学和博弈论的应用已经相当成熟与普遍，利用数学工具将公地悲剧思想加以形式化和证明并非难事，很难找出谁是最早将公地悲剧进行形式化的人。①

因此，本书干脆直接给出将公地悲剧加以形式化的比较成熟和完备的一个版本，它就是哥伦比亚大学博弈论教授杜塔（Dutta）1999 年出版的博弈论教材《策略与博弈：理论及实践》。在该书中，Dutta 教授利用博弈论相当系统地表述和论证了公地悲剧思想。具体见下文的阐述。②

一、简单静态博弈下的公地悲剧

本部分将介绍 Dutta（1999）利用简单静态博弈模型展现对公地悲剧的形式化和证明过程。

① 本书第二章介绍的“戈登-谢弗模型”可能是对公地悲剧进行模型化表述最早的尝试。

② 为了“原汁原味”地呈现 Dutta 的推理和分析过程，本节的主体内容大部分摘自 Dutta（1999）的原文，为了保持书本的畅通性和可读性，不在每一处都做引用标记；尽管我并没有照搬，但施锡铨教授 2005 年翻译的中译本确实为本节的写作提供了很大的便利，在此特别表示感谢和缅怀。

（一）“公地”使用的静态博弈模型

在原著的第七章当中，杜塔建立了一个关于公共财产资源使用的简单模型：存在1项公共财产资源，$y>0$；两位局中人，他们从该资源中提取的数量分别为$c_1 \geqslant 0$，$c_2 \geqslant 0$；且$c_1+c_2 \leqslant y$；该资源是非再生性的，即它不会随时间而增长；存在两个博弈阶段，阶段一和阶段二。显然当两位局中人消费的总和等于y时，消费就结束了。当$c_1+c_2<y$时，剩下的数量$y-(c_1+c_2)$，就构成了未来的资源基础，从中可以实现未来的消费。

首先来考察第一阶段。该阶段是指当前的情形，如果局中人I在该阶段消费了c_1，从而获得$\log c_1$的效用，[①]他的效用函数如图3-1。[②] 局中人I必须决定在总可用资源中消费多少。他的效用与局中人II的消费量是密切相关的，因为他（部分地）决定了资源基础的剩余量。通常，局中人I会对局中人II的消费量有一个预期，并在此基础之上选择自己的消费量。换言之，局中人I的最优反应问题是：

$$\mathrm{Max}_{c_1}\left\{\log c_1 + \log \frac{y-(c_1+\bar{c}_2)}{2}\right\} \qquad 式(3.1)$$

$\bar{c}_2$是局中人I对局中人II在第一阶段消费量的预期。根据一阶条件，作为回应，局中人I的最佳消费量是：

$$c_1=y-(c_1+\bar{c}_2). \qquad 式(3.2)$$

从而，局中人I的反应函数是：

$$R_1(c_2)=\frac{y-c_2}{2}. \qquad 式(3.3)$$

由模型的对称性可知，局中人II的反应函数是：$R_2(c_1)=\frac{y-c_1}{2}$。

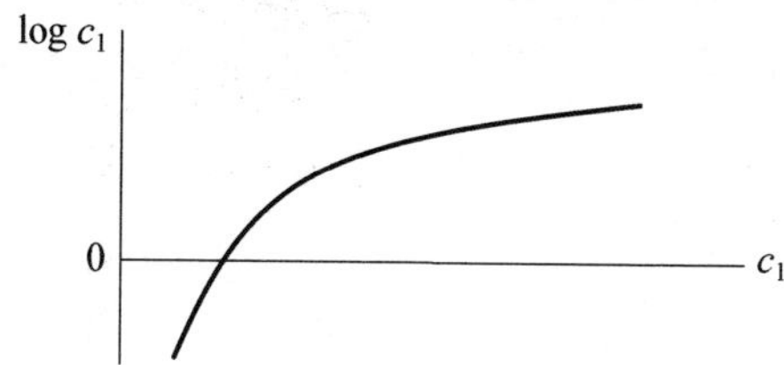

图3-1　消费的冯·诺依曼-摩根斯坦效用函数

① Dutta沿用了冯·诺依曼-摩根斯坦效用函数形式。

② 该博弈对于两位局中人而言是完全对称的，因此只要以某一位局中人为例进行分析，另一位局中人的情形也就相应得出了。

这两名局中人的反应函数如图 3－2。因此在纳什均衡条件下的消费水平分别为 $c_1^*=R_2(c_1^*)$ 和 $c_2^*=R_1(c_2^*)$。将其代入反应函数,可计算出纳什均衡时的消费水平：$c_1^*=c_2^*=\frac{y}{3}$。

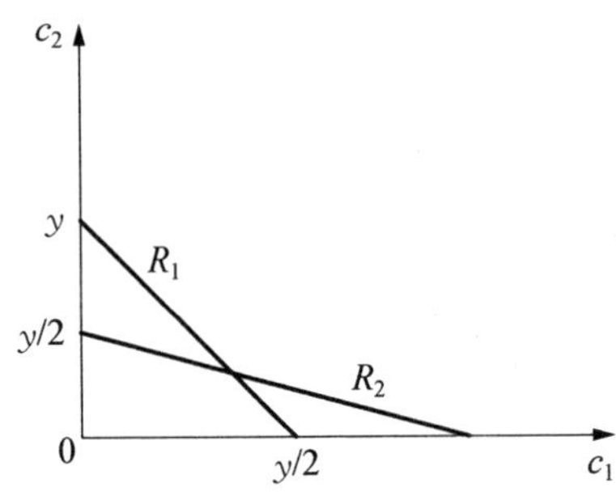

图 3－2　两位局中人的反应曲线

至于第二阶段,由于它是最后一轮博弈,因此两位局中人都没有任何理由(比如出于对未来消费的考虑)不在此阶段将剩余的全部资源消费完毕。因此,在第二阶段,剩余资源总量在他们之间进行分配,每个人都获得一半,即 $\frac{y-(c_1+c_2)}{2}$。

因此,能否证明公共财产资源是否为过度开发的公地悲剧,完全取决于将第一阶段的总消费量与社会最优时的消费量进行对比。换言之,第二阶段与是否为公地悲剧并无直接关联。

(二) 社会最优化时的消费量

为了确定上面的纳什均衡是否导致过度开采(overexploitation)的公地悲剧,就必须将它和社会最优化时的情形进行对比。Dutta(1999)将社会最优化定义如下：假设仅由这两名局中人组成的社会,对他们两个人来说为了“共同利益”(common good)每个人应该消费多少。所谓“共同利益”就是确保总效用最大化：

$$\text{Max}_{c_1,c_2}\left\{\log c_1+\log c_2+2\log\frac{y-(c_1+c_2)}{2}\right\},\qquad 式(3.4)$$

通过计算可以求得社会最优化时的解为：

$$\hat{c}_1=\hat{c}_2=\frac{y}{4}.\qquad 式(3.5)$$

注意在社会最优化时,第一阶段只有恰好一半的资源被消费掉,而在纳什均衡条件下这一比例为 2/3。因此在这个意义上，纳什均衡时确实存在对公共资源的过度消费，因而推导出了公地悲剧的结局。

而造成这种过度消费行为的原因恰好就是引言部分已经介绍过的外部性。注意如果局中人 I 在第一阶段少消费一个单位，留到第二阶段再消费，但是到了第二阶段他只能获得自己在第一阶段放弃的那个单位的一半，另一半会被局中人 II 所消费。对局中人 II 而言，他所面临的情形和局中人 I 是完全一样的。因此，在第一阶段，两名局中人都会尽量扩大自己的消费量，从而造成过度消费。而如果不单独考虑两名局中人彼此在两个阶段中的效用，而是将它们合起来作为一个整体，即“社会”时，第一阶段少消费的资源可以完全被“社会”所消费，因而不涉及“外部性”扭曲消费选择的问题。

（三）人数的增多会使公地悲剧更加严重

为了更加强劲地讨论这一问题，Dutta(1999)进一步考虑使用人数增加的情形。如果局中人 I 预期其他人在第一阶段的消费数量为 $\bar{c}$，则他消费行为的效用最大化问题就是：

$$\mathrm{Max}\left\{\log c_1+\log\frac{y-[c_1+(N-1)\bar{c}]}{N}\right\}. \qquad 式(3.6)$$

根据一阶条件，局中人 I 的最佳回应消费是：

$$\frac{1}{c_1}=\frac{1}{y-[c_1+(N-1)\bar{c}]}. \qquad 式(3.7)$$

在纳什均衡条件下，每一名局中人都将消费同等的份额，即 $c_1=\bar{c}$，再根据(3.7)式，均衡时的消费水平为：

$$c_1=\bar{c}=\cdots=\frac{y}{N+1}. \qquad 式(3.8)$$

此时，在纳什均衡条件下，总消费水平为 $\frac{N}{N+1}y$。经历了第一阶段之后，剩下的资源基础为$\frac{y}{N+1}$。随着 N 的增加，留给第二阶段的资源基础变得越来越少，因而公地悲剧的严重程度不断加深。

二、动态博弈下的公地悲剧

在上文的分析中，假设资源的规模不会随时间而增长（即不可再生资源），虽然得出了公地悲剧的结论，但是它与公地悲剧理论很多时候用于研究可再生资源的事实不符，因而使其解释力可能受到影响。为了使模型的适用范围一般化，Dutta(1999)在《策略与博弈：理论与实践》第十八章利用动态博弈模型重新考察和证明了公共资源下的公地悲剧。

(一)“公地”使用的动态博弈模型分析框架

为了分析得简便，仍然假设局中人仅为两人：局中人 I 和局中人 II。t 表示时间，$c_{it} \geqslant 0$，$i=1,2$。消费给局中人带来的效用仍然采用冯·诺依曼—摩根斯坦效用函数。$y_t \geqslant 0$ 为可再生资源的规模，显然，在任何给定的时期 t 内，都必须满足：

$$c_{1t}+c_{2t} \leqslant y_t. \qquad 式(3.9)$$

如果资源总量中存在未被消费的数量 x_t(可视为投资)，即 $x_t=y_t-(c_{1t}+c_{2t})>0$。在可再生资源条件下，在 t 阶段未被消费的资源 x_t 会随时间而增长，即 $y_{t+1}>x_t$；而在静态博弈中 $y_{t+1}=x_t$。因而资源随时间而增长就为博弈模型提供了一个动态的博弈“环境”，模型由原来的静态博弈转化为动态博弈。对于这种可再生资源的生产函数，Dutta(1999)采用了“列夫哈利—米尔曼生产函数”①：

$$y=10x^{0.5}. \qquad 式(3.10)$$

更高的投资产生更高的存量，但是随着投资基础的规模逐渐增大，额外投资的生产力逐渐变小。生产函数可以用图 3-3 来表示：

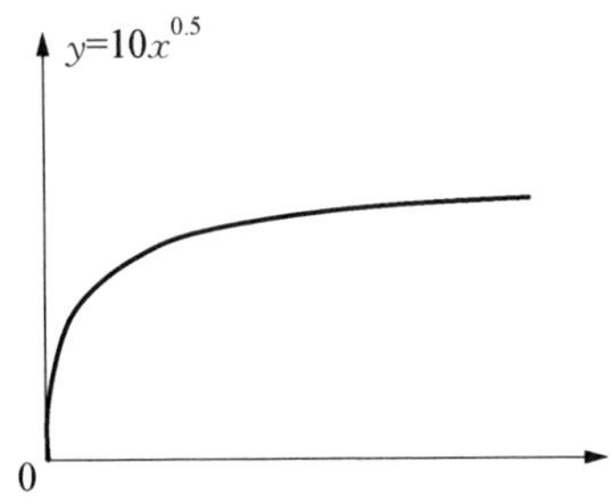

图 3-3　可再生资源的“列夫哈利—米尔曼生产函数”

注意，如果任何一期投资 x_i 等于 0，则它下一期的存量 y_{t+1} 也为 0。但

① 这种特殊的生产函数首先由戴维·列夫哈利(David Levhari)和隆纳得·米尔曼(Leonard Mirman)得出；参见 Levhari, D. & Mirman, L. J. “The Great Fish War: An Example Using a Dynamic Cournot-Nash Solution”, *The Bell Journal of Economics*, 1980, 11(1): 322-334。

是只要 $x_i > 0$，资源基础就能够永远持续下去。[①] 问题在于：资源存量 y_t 是如何随着时间而演化的，是否存在一个最终可以维持的规模？社会最佳可持续资源存量是什么？策略性的互动会导致资源的过度开采吗？在接下来的两部分将回答这些问题。

（二）社会最优化

从上文的分析可知，要想实现社会最优化就必须使两名局中人从社会（他们两人的总和）的角度（而不是纯粹从自身利益最大化的角度）来选择消费策略。在 Dutta 的论著中，所谓"社会最优化"就是指两位局中人在长期资源消费中实现效用总和最大化。为了寻找"社会最优化"的均衡，Dutta 采用了博弈论中的"逆向归纳法"（backward induction）。假如开始的时候，只存在两个时间段。博弈的展开型可以用图 3－4 来表示：[②]

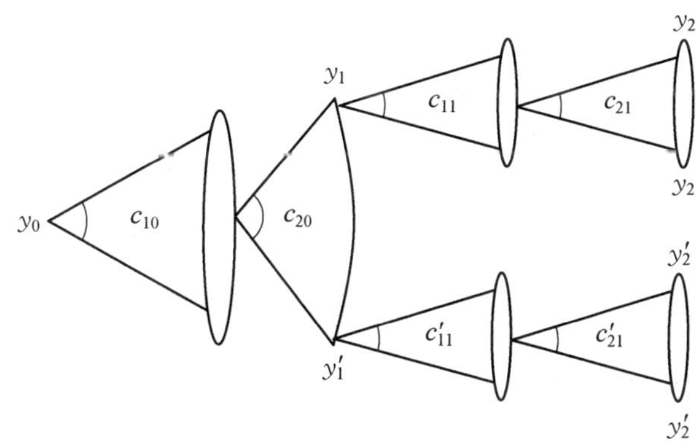

图 3－4　动态博弈的展开型

如果处在博弈的最后一个时间段，存量为 y，那么就需要求解

$$\max_{c_1+c_2\leqslant y}\{\log c_1+\log c_2\}. \qquad \text{式(3.11)}$$

由于这是最后阶段，局中人必然将全部资源都加以消费，而非弃之不用；即，必然满足 $c_1+c_2=y$。因此，最大化问题就可以被写为：[③]

$$\max_{c_1}\{\log c_1+\log(y-c_1)\}. \qquad \text{式(3.12)}$$

---

① 尽管在现实当中，当某种可再生资源的数量（比如鲸）下降到一定程度时它就不再可持续了，但从纯数学模型的角度 Dutta 的说法却是成立的。

② 注意，连接两根枝之间所有中间的选择也都可以使用。例如，如果消费 c 导致未来存量 y（c'导致 y'），那么，弧形表明 c 与 c'之间所有的消费量都是可行的，并且将导致 y 与 y'之间的存量。

③ 始终假设 $c_{it}\geqslant 0,\ i=1,\ 2$。

通过求解一阶条件可得 $\frac{1}{c_1}=\frac{1}{y-c_1}$；即两名局中人均分所有可用的资源存量：

$$c_1=c_2=\frac{y}{2}. \qquad \text{式(3.13)}$$

结果，当还剩下一个阶段且可用的(available)存量由：

$$V^1(y)=\log\frac{y}{2}=\log y+A(1), \qquad \text{式(3.14)}$$

给定时，每一名局中人就符合社会最优化效用，$A(1)$是常数“$-\log 2$”的简写。

此时折回图 3-4 中的博弈树。当还剩下两个阶段时，社会最优化开采量可以通过求解：

$$\max_{c_1+c_2\leqslant y}\{\log c_1+\log c_2+2\delta V^1[10(y-c_1-c_2)^{0.5}]\}, \qquad \text{式(3.15)}$$

得出。在此，δ 是折扣因子，$c_1+c_2\leqslant y$。由于 $V^1[10(y-c_1-c_2)]^{0.5}=\log[10(y-c_1-c_2)^{0.5}]+A(1)$，它等于 $\log 10+\frac{1}{2}\log(y-c_1-c_2)+A(1)$，此时可以将常数项 $\log 10$ 和 $A(1)$ 隐去，[①]从而把该问题简化为：

$$\max_{c_1+c_2\leqslant y}\{\log c_1+\log c_2+\delta\log(y-c_1-c_2)\}. \qquad \text{式(3.16)}$$

式(3.16)的一阶条件是 $\frac{1}{c_1}=\delta[y-c_1-c_2]^{-1}$ 和 $\frac{1}{c_2}=\delta[y-c_1-c_2]^{-1}$。由该博弈的对称性或者此处的一阶条件都可以得出：$c_1=c_2$。进而解出两位局中人的共同消费为：$\frac{y}{2+\delta}$。在归并整理之后，社会最优化人均效用 V^2 可以记为：

$$\left(1+\frac{\delta}{2}\right)\log y+A(2). \qquad \text{式(3.17)}$$

式(3.17)式中的 $A(2)$ 表示常数项的累积。如果消费阶段大于两个又当如何呢？在找出一般规律之前，不妨再做一次归纳以找出求解方案。假设存在 3 个阶段的资源使用，在第一阶段需要求解下式：

---

① 因为这样做能使分析稍微简洁一些，且并不影响最终结论。

$$\max_{c_1+c_2\leqslant y}\{\log c_1+\log c_2+2\delta V^2[10(y-c_1-c_2)^{0.5}]\}. \quad 式(3.18)$$

将 V^2 代入并省略所有常数项之后，表达式可以整理为：

$$\max_{c_1+c_2\leqslant y}\{\log c_1+\log c_2+\delta\left(1+\frac{\delta}{2}\right)\log(y-c_1-c_2)]\}. \quad 式(3.19)$$

式(3.19)的一阶条件是 $\frac{1}{c_1}=\frac{1}{c_2}=\delta\left(1+\frac{\delta}{2}\right)[y-c_1-c_2]^{-1}$，它也满足对称性：$c_1=c_2$。

此时，社会最优消费量是：$\frac{y}{2}\left(1+\frac{\delta}{2}+\frac{\delta^2}{4}\right)^{-1}$。对于每一名局中人而言的社会最优化为：$\frac{y}{2}\left(1+\frac{\delta}{2}+\frac{\delta^2}{4}\right)\log y+A(3)$，$A(3)$ 为常数项的累积。

至此，求解该博弈的规律就变得很明显了。综合上述讨论和归纳法，可得如下结果和推测(conjecture)：

剩余的阶段数	不同阶段剩下的消费(关于 y 的比例)
1	$\frac{1}{2}$
2	$\frac{1}{2\left(1+\frac{\delta}{2}\right)}$
3	$\frac{1}{2\left(1+\frac{\delta}{2}+\frac{\delta^2}{4}\right)}$
…	…
T(预期)	$\frac{1}{2\left[1+\frac{\delta}{2}+\cdots+\left(\frac{\delta}{2}\right)^{T-1}\right]}$

在这一猜想的基础上再往前一步，就可以求解无限阶段的动态博弈模型：每一个阶段的消费比例将会是相等的，因为在每一种情形中都有完全相等的剩余阶段数。这一均等消费函数可记为 $c(y)$，随着 T 趋向于无穷大，$c(y)$ 将被最大化消费的极限所给定。由于 $1+\frac{\delta}{2}+\cdots+\left(\frac{\delta}{2}\right)^{T-1}+\cdots=\frac{1}{1-\frac{\delta}{2}}$，从而可以判定：

$$c(y)=\frac{1-\frac{\delta}{2}}{2}y. \qquad 式(3.20)$$

(三) 动态博弈的纳什均衡

假设两个局中人单边性地开采资源。每一名局中人只需要考虑他自己的效用,并寻求能使自己效用最大化的开采比率。

与社会最优化类似,该博弈均衡也可以通过逆向归纳法来求解。假如,一开始,恰好只有两个阶段。展开型为图 3－4。

假如现在处于最后一阶段,资源存量为 y。既然消费能增加效用,而且在此之后就再也没有其他阶段了,那么每一个局中人都会尽可能多地消费剩下的全部资源。因此,阶段博弈均衡(stage-game equilibrium)是这样一种情形:每一位局中人最终的消费是$\frac{y}{2}$。结果,每一名局中人的均衡效用由 $W^1(y)=\log\frac{y}{2}=\log y+B(1)$ 所给定,此处的 $B(1)$ 是一个常数"$-\log 2$"。

现在折回图 3－4 的博弈树。当剩下两个阶段,局中人 I 面临如下最佳对策问题:

$$\max_{c_1\leqslant(1-\theta)y}\{\log c_1+\delta W^1[10(y-c_1-\theta y)^{0.5}]\}. \qquad 式(3.21)$$

此处 θ 是局中人 II 在第一阶段预期的消费比例。[①] 既然 $W^1\{10[(1-\theta)y-c_1]^{0.5}\}=\log 10+\frac{1}{2}\log[(1-\theta)y-c_1]+B(1)$,说明可以将该式重新写为:

$$\max_{c_1\leqslant(1-\theta)y}\left\{\log c_1+\frac{\delta}{2}\log[(1-\theta)y-c_1]\right\}. \qquad 式(3.22)$$

此处,隐去了常数项 log 10 和 B(1)。式(3.22)的一阶条件是:$\frac{1}{c_1}=\frac{\frac{\delta}{2}}{(1-\theta)y-c_1}$。因此,最佳消费方程就是$\left(1+\frac{\delta}{2}\right)c_1=(1-\theta)y$。如果将消费记为资源存量的一部分,即将它写为 $b(\theta)$,那么就可得到:

---

① 注意,假设局中人 I 的消费不会超过其可用值,即 $c_1\leqslant(1-\theta)y$。此外,在最后任何一个局中人都没有消费量,当效用由对数函数确定时,局中人在任何阶段总是避免零消费,即他在第一阶段中在可用值的范围内进行消费。

$$b(\theta)=\frac{1-\theta}{1+\frac{\delta}{2}}.\qquad 式(3.23)$$

在一个对称均衡中，每一名局中人会选择相同的开采比率，且 $b(\theta)=\theta$。换言之，开采比率 $\frac{1}{2+\frac{\delta}{2}}$ 是对称均衡。在归并整理之后，当存在两个剩余阶段时，均衡效用 W^2 可以被写为 $\left(1+\frac{\delta}{2}\right)\log y+B(2)$，此处 $B(2)$ 代表一个常数。

接下来考察三个阶段的资源使用情形。在代入有关 W^2 的公式之后，局中人Ⅰ在第一阶段的最佳回应问题是：

$$\max_{c_1\leqslant(1-\theta)y}\left\{\log c_1+\frac{\delta}{2}\left(1+\frac{\delta}{2}\right)\log[(1-\theta)y-c_1]\right\}.\qquad 式(3.24)$$

这个问题的一阶条件是 $\frac{1}{c_1}=\frac{\frac{\delta}{2}\left(1+\frac{\delta}{2}\right)}{(1-\theta)y-c_1}$，可以求得每一名局中人的消费比率等于 $\frac{1}{2+\frac{\delta}{2}+\frac{\delta^2}{4}}$。

与社会最优化情形类似，动态纳什均衡下消费比率的规律如下：

阶段数	消费(关于 y 的比例)
1	$\frac{1}{2}$
2	$\frac{1}{2+\frac{\delta}{2}}$
3	$\frac{1}{2+\frac{\delta}{2}+\frac{\delta^2}{4}}$
T(预期)	$\frac{1}{2+\frac{\delta}{2}+\cdots+\left(\frac{\delta}{2}\right)^{T-1}}$

在无限期模型中，均衡消费函数 $c^*(y)$，将由 T 趋向于无穷大时均衡消费的极限所给定。由于 $2+\frac{\delta}{2}+\frac{\delta^2}{4}+\cdots+\left(\frac{\delta}{2}\right)^T+\cdots=1+\frac{1}{1-\frac{\delta}{2}}$，从而可

以判定：

$$c^*(y)=\frac{1-\frac{\delta}{2}}{2-\frac{\delta}{2}}y. \qquad \text{式(3.25)}$$

(四) 社会最优与纳什均衡结局的比较再次证明了公地悲剧

如果社会最优化时的消费比率小于纳什均衡时的消费比率，就说明确实存在过度使用的公地悲剧。将式(3.20)减去式(3.25)可得：

$$c(y)-c^*(y)=\frac{1-\frac{\delta}{2}}{2}y-\frac{1-\frac{\delta}{2}}{2-\frac{\delta}{2}}y=\frac{3\delta-4}{4(4-\delta)}y<0. \qquad \text{式(3.26)}$$

从而 Dutta(1999)从动态博弈的角度再次证明了公地悲剧的结论，而且他认为在惩罚威胁缺失的条件下，这一结论是非常稳健的。从纯数学的角度来看，这是因为折扣因子 δ 为[0,1]范围内的数所决定的。而其背后的逻辑基础则是 Hardin(1968)指出的：在公地条件下，资源使用者为未来而"节约"现在消费的动力不足，因为他不能确保自己今天节约的部分到明天还能为自己所获得。

第三节　公地悲剧的实验经济学证明

在正式介绍本节的主体内容之前，有必要暂时岔开一下话题。在利用实验室仿真模拟方法检验公地悲剧之前，实验经济学和心理学领域首先做的是大量与公地悲剧密切相关，但又不完全一致的实验：社会陷阱实验。社会陷阱(social traps)一词的提出者是美国著名心理学家普拉特(Platt)(Brechner, 1977)，他 1973 年发表在《美国心理学家》上的论文《社会陷阱》阐述了一种在诸多社会领域中广泛存在的社会难题：人们由于受到短期个体利益的诱惑，而做出有损于社会长期利益之行为的现象。[①] 继 Platt(1973)之后，西方许多学者就"社会陷阱"做了进一步研究(比如 Schelling, 1971; Forrester, 1971; Myers, 1976)。其中就包

① 除了社会陷阱之外，Platt 还提出了另外一种陷阱：个体陷阱(individual traps)。它表示某种持续的个体行为最终导致将他本人陷入个人危机的现象，比如因吸烟而导致的肺炎。

括本书的研究主题——公地悲剧，此外还包括囚徒困境博弈、斗鸡博弈等内容。

西方学者利用实验的方式研究社会陷阱问题从 20 世纪 70 年代开始盛行，主要是关于囚徒困境博弈的实验检验，直接研究公地悲剧的实验研究相对较少。但是到 20 世纪 70 年代末期和 80 年代，利用实验模拟验证公地悲剧的研究就逐渐变得丰富了起来。其中直接针对公地悲剧（或者公地困境）进行实验检验的开拓性成果是 20 世纪 70 年代末的研究：Dawes et al (1977)、Brechner(1977)、Cass & Edney(1978)、Edney & Harper(1978a, 1978b)等。而专门利用实验的方式对公地悲剧做更进一步验证的，则当推多伦多大学著名俄裔心理学家拉波波特（Rapoport，1988b）的研究。接下来本书将对 20 世纪 70—80 年代公地悲剧的实验证明过程和结果加以总结和介绍。

Dawes et al(1977)研究了公共资源博弈的情形，他们将被试者分成小组，并要求被试者个体自行选择合作或者背叛，最后根据被试者博弈结果的不同给予不同的货币报酬。他们证实进行讨论可以促进小组成员之间的合作。然而，Dawes 等人研究的是不可再生资源，对公地悲剧问题的代表性相对较差。利用实验的方式研究可再生公共资源问题的文献至少可以追溯到 Brechner(1977)的研究。Brechner 允许被试者独自从一个资源池中抽取资源，这一资源池会以某种上限阶段性再生，他发现即使不对被试者的抽取行为加以限制，初始资源池越大，它所能持续的时间也会越长；此外他还发现允许局中人进行交流可以提升他们之间的合作程度，这与 Dwawes et al(1977)的结论是一致的。尽管这两项研究确实也包含和支持了资源过度开发的公地悲剧结论，但仅仅是隐含其中，并不是很清晰。

一、Cass & Edney(1978)的公地实验

从 Cass & Edney(1978)等人的研究开始，证明公地悲剧结论的清晰度就逐渐提高了。他们从亚利桑那州立大学招募了 96 名选修高级心理学课程的学生作为被试者，这些被试者被随机地分配成 24 个小组，每小组 4 人，按照规定他们的成绩将由各自博弈的最终结果来决定；[①]他们的实验仪器是 4 套彼此相隔 4 英尺远的阴极射线管电脑终端设备（cathode ray tube,

① 但是他们最终没有这样做，而是给了所有参加该实验的学生 A 等成绩。

CRT),[①]实验过程中每个被试者都只能看到自己的屏幕和申请情况。这个电脑终端设备上有两排按钮:分别为字母 A-F 和 G-L,各为 6 个字母按键。每个字母表示能够单独产生资源点(resource points)的单元,在博弈开始时每个按钮都被"充满"资源点——4 个资源点。要从设备中收获一个点,被试者需要按下终端设备上相应的按钮,此时电脑就会将一个点从被请求的单元中扣除,重新排版这两排字母,并将这个点加入到被试者的资源库当中(显示在电脑屏幕的下方),然后,被试者可以进行下一次申请。

被试者收获的点数会被转换成他们心理学课程的额外加分,因此资源点对被试者而言是很有价值的。电脑程序将被试者的字母单元设定为每隔 3 分钟原有的资源点就自动翻倍(但是不能超过"4"这个最大限度)。只要任何一个单元上的资源点降至零,就表示资源枯竭,从而该单元就会在剩下的整个实验过程中都保持为零。

(一) 实验过程

在实验正式开始之前,被试者被告知设备是如何操作的,以及如何获得资源点。他们还被告知:(1)每个人都需要拿到 30 个资源点才能在课程上获得 A 等成绩;(2)本博弈有一个固定的时间限制(但具体多长时间是不被告知的);(3)在博弈开始之前总共有 48 个点(12 个字母键,每个都充满 4 个资源点),被试者需要采取一定的策略以在整个实验过程中尽可能多地获得资源点。该策略被清晰地写在实验说明书上,"获得最大化资源点的策略是在更新之前使所有单元(即字母键)都保持在 2 个点的水平上"。被试者被告知偏离这一策略将会导致较少的资源更新数量,而如果采用这一策略的话每个被试者都能轻松地获得 30 个资源点。

实验的持续时间是 15 分钟(资源点最多可进行 5 次翻倍),但是如果所有单元在中途都被过度开采至零时,整个实验就提前结束了。

变量设置包括自变量和因变量。该实验的自变量包括:能产生资源点的单位的消耗情况的可见性(分为可见和不可见两种情形),资源单位的确权与否(两排字母,共 12 个,如果确权则将它们划分为 A-B-C、D-E-F、G-H-I、J-K-L 四组并分别分配被试者个人;如果不确权则让 4 名被试者共同分享这 12 个字母键,代表资源单元)。至于因变量,虽然 Cass & Edney(1978)设置了 3 个彼此容易混淆的因变量——收获量(harvest)、生产量(production)和供应量(supply),但是其中真正重要的是每个被试者在

① 实验过程中被试者不允许佩戴手表,以免他们核对时间。

整个实验过程中收获的资源点数，即收获量(harvest)。

（二）实验结果与意义

表 3－1　四种不同情形下资源的开发绩效

项目 类别	平均得分	采用集体理性策略时的理想得分临界值	资源开采模式是否合理	是否为公地悲剧
未确权，不可见	14.88	30.00	不合理	是
未确权，可见	25.75	30.00	不合理	是
确权，不可见	20.00	30.00	不合理	否
确权，可见	30.13	30.00	合理	否

资料来源：根据 Cass & Edney (1978)，pp. 271－386，计算整理而成，保留两位小数。

本书将 Cass & Edney(1978)的实验结果整理成表 3－1。由表 3－1 可以清楚地看出：被试者在个体利益最大化原则的诱导下“鲜有人采取实验前已被告知的集体最优化策略”(Cass & Edney，1978，p. 371)，这从实验室实验的角度进一步说明公地悲剧确实是存在的。当这种公共资源的变化(通常是减少)不为资源开采者(被试者)亲眼所见时，他们就更加有可能过度开采公共资源，此时的公地悲剧最为严重；当他们能够清楚地看到公共资源数量的变化时，这种悲剧的严重性则有较大程度的降低。虽然在 Cass & Edney(1978)的实验中资源被确权但资源变化不可见时，资源的开采模式也是相当不合理的，但是却不能将它也视为公地悲剧，因为此时它已经不再是“公地”，而是“私地”了，它是一种由于资源开采者看不见资源数量的变化而盲目过度开采的“私地悲剧”现象。

虽然 Cass & Edney(1978)的实验确实验证了公地悲剧的存在性，但是他们的实验设计过于繁琐，规则略显复杂。资源数量变化的可见性(visibility)在实验设计上不太直接，被试者只有按下 Z 键，或者在提出资源申请(按下资源申请键)之后才能自动显示在屏幕上，这对急于获取个体最大化资源点数的被试者而言是不太方便的。此外，实验的被试者全部是选修高级心理学课程的学生，他们是受过心理学专业训练的群体，全部以他们作为被试者在代表性方面将会大打折扣——样本是有偏的。然而最大的问题或许还在于他们给出的所谓“最优化策略”，在资源数量不可见的情况下其实是很难真正把握的；也就是说，即使被试者希望且愿意采取合作的态度，但是这种合作的策略(在更新之前使所有单元——字母键——都保持在 2 个点的水平上)在实际操作中难度较大，被试者很可能难以在一次实验中就真正掌握这种“合作技术”。因此，其结论的可信度和说服力难免受到一些学者的批评和质疑。

二、Edney & Harper(1978)的公地实验

就在同一年，Edney 和另一位合作者 Harper 做了信息对公共资源使用情况结果之影响的实验。他们利用 120 名选修某一门课程的本科生进行了实验研究。这 120 名被试者被分配为 40 个小组，每小组 3 人。再分四种情形进行实验，每 10 个小组参加一种情形的实验，这四种情形是：(1)基本博弈，即哈丁意义上的公共资源使用博弈；(2)提供信息的博弈，即被试者被告知公共资源使用困境原理的情形；[①](3)不仅提供信息，而且被试者被告知并建议了一种能够实现共赢的"好的策略"的情形；[②](4)基本博弈，但是在实验过程中被试者可以进行口头交流的情形。[③] 其中第(4)种是所有实验中唯一一种被试者被允许进行交流的情形。

(一) 实验过程

小组成员被安置在一排相邻的 U 形小隔间内，面对着 U 形隔间的开口处，以使得每个被试者看不到其他被试者。在每个被试者前面都坐着一位实验师(experimenter)进行辅助和指导。首先，由实验师朗读实验规则并对博弈进行解释。被试者应当从一个可以再生的资源池中获取尽可能多的资源点(resource points)，在实验结束之后这些资源点会被折算成课程的学分(course credit)。接下来规定，如果被试者获得"足够"的资源点，那么他获得的学分就能翻倍。[④] 每个被试者桌上摆着一些卡片，上面标着"0，1，2，3"当中的一个数字，被试者获得资源点的方式是举起手中的卡片，卡片上的数字是多少就表示从资源池中开采多少个点的资源量。被试者的选择被记录在实验师身后墙上的计分表上，每个被试者都可以看到自己的积分，每一轮博弈资源池中的资源点也显示在这张计分表上。

资源池中初始资源点数为"15"。每过两轮之后，资源池中的资源点会

---

① 实验师的原话为："如果你们从资源池中开采比较少量的资源点，它就有时间进行繁殖，那么长期资源池中可供开采的资源点就会更多。而如果你们从中开采了过量的资源点，那么开采者本人确实可以迅速增加自己的积分，但是资源池将没有足够的时间进行繁殖，并且它可能很快就会枯竭。"

② 实验师的原话为："现在我将告诉你们进行好本博弈的一种'好的'方式。那就是你们在大多数时间(most of the time)从资源池中开采 1 个点或者 2 个点；这将使博弈进行的时间延长；但我只是告诉你们玩好本博弈一种'好的'策略而已。"

③ 实验师的原话为："在我们开始之前，我想让你们花几分钟的时间在一起共同讨论一下你们马上就要进行的博弈。在整个博弈过程中，你们彼此之间都可以进行交流；换言之，你们随时都可以进行交流，但是请不要走出自己的小隔间。"

④ 最终仅有一名被试者获得"足够"的资源点。

自动翻倍，但是不能超过“15”这个最高上限。每一种博弈情形（共四种）最高可以持续 12 轮，但是被试者并不知道该限度，如果资源池中的资源点被开采殆尽，那么博弈就提前结束了。

（二）实验结果与意义

Edney & Harper(1978b)的实验结果如表 3 - 2 所示：

表 3 - 2　四种情形的平均得分(资源点数)

衡量标准	情形				F (df=3，36)	P
	第(1)种	第(2)种	第(3)种	第(4)种		
获得点数	34.20	41.20	37.60	59.70	14.75	<0.01
博弈轮数	6.40	12.00	7.60	18.90	10.60	<0.01
再生点数	4.10	13.90	6.60	37.10	13.41	<0.01
得分跨度/轮数编号	0.72	0.46	0.45	0.19	7.22	<0.01

资料来源：Edney & Harper (1978b)，p. 392。

最终结果显示，在 Edney & Harper(1978b)全部的四种博弈情形当中，最终仅有 1 名被试者获得了“足够”的资源点。也就是说，从严格意义上来讲（与资源的最佳使用方式对比），这四种情形几乎都没有逃脱公地悲剧的命运。[①] 人们很可能会怀疑这种结果高估了现实当中发生公地悲剧的可能性，这样推测主要基于两点理由：第一，通过对 Edney & Harper(1978b)及相关文献的仔细分析不难看出，他们所谓的“关于进行本博弈‘好的’方式”本身其实是很难把握的，因为它是一种非常模糊的建议——“大多数时间”是一个太过模糊的词汇，它甚至带有某种误导性，从第(3)种情形被试者获得的平均资源点 37.60 低于第(2)种情形的 41.20 就可见一斑；第二，Edney 和 Harper 设定的“足够”资源点很可能是不合理的，它可能过于严苛。

因此尽管实验经济学家们（其中部分是心理学家），从实验经济学的角度证明了哈丁的公地悲剧理论，但是他们的证明还存在较多的不足之处，这就使得进一步设计能够对上述缺陷进行弥补的实验成为了一项值得继续研究的课题。

---

① 尽管实验表明，允许资源使用者进行交流确实可以改进资源使用的最终结果（第四种情形获得的平均资源点是 59.7，远远高于第一种情形下的 34.2）。

三、Rapoport(1988)的公地实验

为了克服上述问题，十年以后多伦多大学心理学教授拉波波特(Rapoport)在 Cass & Edney(1978)，尤其是在 Edney & Harper(1978b)的基础上对公地实验进行了某些改进。Rapoport(1988b)再次利用实验的方式研究模拟了公共资源的使用问题，他得到的结果仍然是公地悲剧，再一次验证了公地悲剧的现实存在性，且结论的可靠度得到大幅提高。

(一) Rapoport(1988)在实验设计上的改进

Rapoport(1988b)与 Edney & Harper(1978b)的实验方式基本相同，但是在如下几个方面做了相应的调整或改进：

第一，前者的实验每个小组的成员为 3 人；后者实验每个小组成员为 4 人(有三种例外情形)。①

第二，前者最大化的持续周期是 12 轮，但这一限制不为被试者所知；后者实验的持续周期是 7 轮，实验师在实验之前将此条件明确地告知被试者。

第三，前者的实验中，资源更新方式为每两轮一次，每次增长最多不能使资源池超过 15 个点；后者则是每一轮结束之后都会进行一次加倍，其最高上限不受某个绝对数额的限制，仅受最大局数的限制。

第四，前者的实验中，关于最优化策略的信息采用一个建议的形式发布，他们的建议相当含糊而不容易真正为被试者所掌握。后者的“信息条件”不仅非常明确具体，而且对其进行了着重强调：“理性策略是每个局中人在前 6 轮博弈中都抑制自己不从壶②中申请资源(代金券)，让壶内的资源增长 2 的 6 次幂，最终达到第 7 轮(最后一轮)的 38.4 美元③之后再进行资源申请，并且每个人都申请 $1/n$ 的份额(即均等份额)。”此外，Rapoport 的“信息条件”还包含了对最糟糕社会困境情形的说明，即“拿了钱就跑”的策略。这一条被 Rapoport 本人称之为“完全说明”(full instruction)。

第五，前者的实验中，报酬(payoff)是被试学生的学分；而后者则是现金，每个小组最多可以挣 38.4 美元，如果获得这一数额就说明该组实现了资源利用的最佳博弈，这一点也比前者更加明确。

---

① 被试者是通过海报的形式从多伦多大学校园招募的。他们被随机分配为四个小组。起初 76 名被试者被随机分配为 16 个小组，每个小组由 4 名成员构成。但是后来有 3 个小组的成员由于某些原因未能实际参加实验，其中一个小组只剩下两名成员，另两个小组每组只有三名成员。因此，最终的被试者(共 72 人)构成情况为：16 个四人小组，2 个三人小组和 1 个两人小组。

② Rapoport(1988b)的资源池为一个壶(pot)。

③ 说明资源壶中的初始金额为 0.6 美元。

上述第一点在 Edney & Harper(1978b)的基础上做了些许改进——将每个小组的人数从 3 人扩大为 4 人,但这一点的"改进"程度十分微弱,因为十年前 Cass & Edney(1978)采用的也是每个小组四人。但是其余四点,尤其是第四点,确实是在原有研究基础上做出的实质性改进,它们能够解决被试者不能理解和掌握实验师建议的所谓"好的方式"问题,因此 Rapoport 实验结果的可信度会得到较大幅度的提升。

Rapoport(1988b)的实验只有两种情形:最低说明情形(minimal instructions)和完全说明(full instructions)情形。最低说明情形是指:在每一轮,被试者获得一张卡片,卡片上面的信息仅为"本轮为整个博弈的第几轮,壶里还剩下多少钱,如果取完之后还有剩余,那么余款将加倍"。完全说明情形是指:被试者除了获得最低说明之外,还被告知如何做才是最优策略,以及"拿了钱就跑"乃是最糟糕的社会困境(在上文与 Edney & Harper(1978b)的对比中已经做了详细介绍)。在全部的 19 个小组中,8 个组(包含 32 个被试者)属于最低说明情形;11 个组(包含 40 个被试者)属于完全说明。①

(二) 实验过程

首先,被试者彼此之间不进行交流,他们被迅速地分配到分离(separate)的隔间里,他们要直到全部游戏结束之后才被告知结果。其次,被试者在阅读完说明文件之后,实验师(两名助手)进入每一个隔间回答他们可能提出的任何疑问,在每一轮,被试者都可以获得一张信息卡(其内容上文已做过介绍)。再次,被试者通过一张写有数字的卡片,告知实验师他在那一轮要取出多少钱,然后实验师离席收集取钱申请,计算壶里面留给下一轮的钱(如果有的话),接下来再回到隔间发放被试者应得的代金券,或者宣布游戏结束(如果壶里面的钱已经为零了的话)。最后,被试者被集合起来,将代金券兑换成现金,实验师与被试者进行交流与总结。

(三) 实验结果与意义

为了清晰地显示 Rapoport(1988b)的两种情形(最低说明和完全说明)之间在资源开采绩效方面的差异,现将"最低说明"和"完全说明"情形的博弈结果进行如下五个方面关于"合作程度"的比较:(1)被试者在第一轮没有提出取钱申请的比例;(2)每个组中没有提出取钱申请的人数;(3)第一次提出取钱申请发生在第几轮的平均数;(4)博弈共进行的轮数的平均数;(5)每个组的平均收益。

---

① 最低说明情形对应的被试者全部为四人组;而完全说明则包括了剩下的 8 个四人组、2 个三人组和 1 个两人组。

表 3-3　用五种指标衡量的两种不同情形下的资源开采绩效

类别＼指标	(1)	(2)	(3)	(4)	(5)
最低说明	0.31	1.9	4.1	1.1	1.88
完全说明	0.58	3.0	6.3	1.7	6.40

资料来源：Rapoport(1988b)，p. 484；表格布局略有调整。

Edney&Harper(1978b)没有发现在进行公地悲剧实验时，被试者是否被建议"好的方式"在开采绩效上有何区别。在几个关于社会困境的实验中，Rapoport(1988a)发现对社会困境的解释和关于集体理性行动的建议会使所有被试者受益，并导致合作程度持续增加，但是其效果是相当微弱的(slight)，在大多数情况下缺乏统计上的显著性。但是从表 3-3 却可以清晰地看出，无论从以上五种指标中的哪一种来看，告知被试者最优化策略和社会最糟糕策略对资源的开采绩效确实有明显的改善。从经验直觉来看，Rapoport(1988b)结论的可信度更高。

更重要的是，Rapoport(1988b)又一次强劲地证明了公地悲剧的存在——不论是"最低说明"还是"完全说明"情形，全部的 16 个四人组、全部的 2 个两人组都没有采用最优化策略；有且仅有 1 个两人组采取了集体理性策略，最终壶中初始资金经过 6 次翻倍，增长到了 38.4 美元，每一位局中人获得 19.2 美元。和预期的一样，实现最优化的两人组属于"完全说明"的小组。这仅有的一组实现最优化的事实并不能否定公地悲剧的结论，主要有以下两个方面的理由：理由一，人数太少，仅为两人，与哈丁意义上的公地使用情形相去甚远；理由二，两位局中人在博弈开始之前已经获得了"完全说明"，并非典型的公地开采类型。

此外，在四人组中有一组的行为相对而言比较接近集体理性策略：4 个成员在前 5 轮博弈中都没有提出取钱申请，当然它也属于完全说明的小组。但是进行到第 6 轮的时候就有人开始偏离集体最优化策略了，有个局中人提出了 10 美元的取钱申请；这样留给第 7 轮可供分配的资金为 18.40 美元(9.20 美元的 2 倍)。在最后一轮(第 7 轮)中，有一个局中人申请了 4.6 美元(即刚好每个人获得全部金额的四分之一)。显然，这名被试者仍然在继续着合作模式，尽管上一轮出现有人提取 10 美元的"背叛"(double cross)行为。然而其他两个人申请的金额为 9.6 美元和 5 美元，都大于 4.6 美元，这使得"资源壶"被过度支取，导致(最后一轮)什么都得不到。出乎意料的是：在第 6 轮提出 10 美元取钱申请的局中人，在最后一轮却没有再提出任何取钱申请，这背离了他(或她)的个体理性倾向。Rapoport(1988b)猜测此人之所以在最后一轮放弃"分钱"申请是出于对自己在第 6 轮"多拿"的补偿，这生动地展现了人性的多面性。

从对上述实验研究的介绍不难看出：虽然还存在这样或那样悬而未决的问题(比如被试者总是集中在大学生这一群体，实验样本较小等)，但是截至 20 世纪 80 年代末，实验经济学界已经比较充分地证实了哈丁的公地悲剧理论，而且还进一步充实了该理论的心理学基础。

第四节　本章结语

本章比较系统地梳理和总结了公地悲剧理论走向成熟的历程。Hardin(1968)公地悲剧一文的发表标志着公地悲剧理论的正式诞生。从此，公地悲剧不再仅仅是一种思想和比喻，而且还以一种"正式理论"的身份登上了经济学的舞台。公地悲剧理论的形式化或者模型化是由一系列学者共同完成的，尽管很难将其严格归功于某一位或者若干位学者，但是哥伦比亚大学博弈论教授杜塔(Dutta)应当是完成公地悲剧模型化(主要是博弈论化)的代表性学者之一，他不仅撰写了若干利用博弈论研究公地悲剧的论文，[①]而且于 1999 年出版了博弈论教材《策略与博弈：理论及实践》。这部教材非常突出的一个特点就是：运用博弈论系统地论证和阐述了公地悲剧思想——既有简单静态博弈模型，又有动态博弈模型；既有有限次数博弈，又有无限次数博弈模型。与公地悲剧的模型化(博弈论)情形相类似，公地悲剧的实验经济学验证也是由一系列学者共同完成的。一个非常明显的事实是：在实验研究中或多或少涉及到公地悲剧的文献可谓异常庞杂，要想将所有实验经济学家对验证公地悲剧的贡献全部呈现出来，可以说是一项不现实，同时也是不必要的工作。本书仅将我们认为的利用实验研究手段验证公地悲剧的早期开拓者和"集大成者"的相关研究成果梳理出来。美国著名心理学家普拉特(Platt, 1973)的《社会陷阱》一文是该领域的奠基性作品；Dawes et al(1977)、Brechner(1977)、Cass & Edney(1978)、Edney & Harper(1978a，1978b)等上承普拉特，下启加拿大著名数学心理学家拉波波特(Anatol Rapoport)，对公地悲剧理论的实验经济学证明也起到了非常重

① 比如 Dutta & Sundaram. "The Tragedy of the Commons?", *Economic Theory*, 1993, 3(3): 413 - 426。

要的作用。然而公地悲剧理论实验经济学验证过程的基本完成，应当是以 Rapoport 于 1988 年发表的论文《N 人社会陷阱的实验：公地悲剧》[①]为标志的。总而言之，由于人类生态学家、博弈论专家和心理学家、实验经济学家等多学科领域学者的共同努力，从 1968 年到 20 世纪 90 年代末，历时 30 年左右，公地悲剧思想最终得以成为一种能够跻身于主流经济学大家庭的成熟理论。

① Rapoport, A. "Experiments with N-Person Social Traps II: Tragedy of the Commons", *The Journal of Conflict Resolution*, 1988b, 32(3): 473-488.

第四章　最新发展之一：对公地悲剧理论适用边界的反思

本章的主要目的在于系统地阐述一个问题：与公地有关的悲剧都可以用公地悲剧理论来解释吗？答案是否定的。本章将系统论述这种“否定”答案背后的深层次原因，从而对公地悲剧理论的适用范围进行探讨与界定。

由于受人类认知偏差、经济人假设的局限性、制度的广泛存在性、现实问题的复杂性和资源机会成本经常被忽视等因素的影响，公地悲剧理论在许多情况下其实并不适合于分析公地的悲剧。[①]

第一节　人类认知的局限性

公地悲剧理论的核心在于过度开发或者侵占行为的收益归该行为主体所得，而成本却由全部集体（甚至全社会）来承担。因此公地悲剧代表的是一种理性人基于“成本-收益”核算的自利行为所导致的结局。然而人类历史上许多公地的悲剧并不能被上述公地悲剧理论所解释：在公共资源（公地）开发或治理过程中，人类的认知本身也是造成公共资源开发利用达不到“最佳”效果的重要原因；换言之，由于这种认知上的有限性或局限性，即便资源以“私有财产”的形式存在，它的开发利用依然存在沦为“次优”的风险。

较早具有这种认识并且以公开发表的形式呈现的思想家有奥斯特罗姆（E. Ostrom）和克拉克（Colin W. Clark）等学者。Clark（1985，p. 11）指出，“……除非将它归结为生态经济系统可能存在真实的误解，否则渔业方面缺

---

① 本书中如果没有特别说明，“公地的悲剧”是指“在公地上发生的悲剧”或者“与公共资源开发利用有关的悲剧”，即现实中公共资源开采不当（过度）现象；而公地悲剧则既可以表示公地的悲剧现象，又可以表示“公地悲剧理论（或思想）”，究竟取何种含义由具体语境决定。

乏对自身长远利益的关心仍然很难解释清楚。”类似地，在奥斯特罗姆看来资源治理其实是一个相当复杂的过程。即使公地问题解决了，资源治理问题依然存在，如果采用专业术语，资源治理可以被描述为一种在不确定条件下的动态、非线性的最优化问题；最先进的(state-of-the-art)技术和管理手段不一定为资源治理者所知所用，资源治理其实只存在近似最优化的解决方案(Ostrom，1990)。在理性问题上，奥斯特罗姆赞同这种观点，“个人是容易犯错误的学习者(fallible learners)，他们在长期内试图借助行为规范和启发法(heuristics)来做出即时决策，以便做到最佳。”(Ostrom，2005)。

除此之外，还有文献认识到，在公共资源使用者之间获得关于资源使用的成本与收益方面的相互理解(mutual understanding)将有利于公共资源使用效率的提高(Ostrom，1992；Ostrom & Schlager，1996；Palmer & Sinclair，1996)。而Fox(2015)则总结了三种最有影响力的决策制定哲学，列出了其优缺点和适用范围等等。从表4-1中可以看出，无论是哪一种哲学或者方法都具有其内在的缺陷，不能保证人类在做出决策时一定是最优的。

表4-1　三种决策制定哲学

	主要观点	优点	缺点	适用范围
决策分析 decision analysis	即使面临不确定性，也必须系统性地做出决策	一致性、理性、可传授(teachable)	该方法并不能总是考虑到决策时缺乏时间、数据和人类认知能力的情形	诸如在拥有可靠的数据和长期投资计划的石油、天然气和制药业，做出重大决策的情形；是否读研究生；以及谈判和集体决策领域
启发法与偏见 heuristic and biases	当人们在不确定条件下，做出决定时，他们依赖经验法则和启发法，有时能够产生合理的判断，但有时会导致重大错误	基于观察到的人类行为	对于如何使用以解决现实决策制定问题上，并非总是清楚的	设计出更好的制度，警告我们自己避免犯低级错误(dumb mistakes)，更好地理解他人的优先次序(priorities of others)
跟着感觉走 going with your gut	人们用来做决策的启发法通常是非常有效的	简单，不需要额外信息(extraneous information)	很难提前知道一项启发法是否有效	有学习机会的可预知情形——消防、飞行、体育。还可适用于高度不确定性情形，在此情形中决策者未必能够依赖数据做决策

资料来源：Fox (2015)，p. 16。

一、实验研究

关于人类认知与公共资源治理绩效之间关系的早期文献已经认识到：在实验室环境下，被试者个体对公共资源的使用行为受到他（她）对资源基础（resource base）和其他使用者的认知模式的影响。O'Connor & Tindall（1990）指出，虽然被试者通常能够意识到自己在个人利益最大化和避免集体毁灭之间面临困境，但是他们还是会在“应该如何破解该困境”上犯理解错误。大部分被试者认为自己已经在保持合作以保护资源基础，然而事实上他们的总消费量却总是会超出资源的可持续范围。Stern（1976）的实验表明，对公共资源使用者进行“如何使用以避免过度开发”方面的教育可以提高资源的可持续性。

尽管从实验经济学角度对认知（perception）与公共资源管理之间关系进行的早期研究不少，但是从实验经济学的角度对Clark（1985）和Ostrom（1990）的“推测”进行验证的代表性作品，当推1998年发表在管理学顶尖期刊《管理科学》（Management Science）上的《不仅仅是公地悲剧：生态经济学的错误认知》一文。[①] 它的作者埃尔林·莫克斯（Erling Moxnes）当时是挪威卑尔根经济学与商业管理研究基金会的高级经济学家，现任挪威卑尔根大学地理学系全职教授。[②] 在1998年的文章中，莫克斯从心理学、实验经济学和管理学的角度证明了：人类在渔业这种典型性公共资源管理当中，在排除“公地问题”之后，由于参与者本身对生物经济学认知上的谬误也会导致资源利用上的非最优结果——确切地说就是，过度捕捞和过度投资。

为了克服现实经验数据的不足和种种缺陷，莫克斯从挪威渔业部门招募了83名资深的从业人员作为被试者，以提高实验数据的可信度。莫克斯的实验原理如下：利用计算机系统模拟出一片渔场，[③]分别赋予每个被试者以完全排他性产权，从而排除了公地问题；在这种条件之下研究被试者对该

---

① Moxnes, E. “Not Only the Tragedy of the Commons: Misperceptions of Bioeconomics”. *Management Science*, 1998(44): 1234－1248；根据作者Moxnes本人，《不仅仅是公地悲剧：生态经济学的错误认知》是最早对存量性资源（stock resources）管理问题进行实验研究的文献，之前对公共资源进行的实验研究针对的是流动性资源（flow resources）——在一个阶段，资源的可获得性与过去的开采无关，因此这类文献并没有研究资源使用的动态复杂性（Moxnes, 1998）。

② 资料来源Moxnes（1998）与网站 http://www.researchgate.net/profile/Erling_Moxnes/info。

③ Moxnes假设该模拟渔场是鱼类价格的接受者；渔场中的鱼类和现实当中的情形类似，假设它们有一个固定的死亡率、非线性的资源补充量和CPUE（catch per unit effort，单位捕鱼力度的渔获量），并且假设它们与其他物种不存在交互影响。

渔场的管理和利用情况，并与理论上的最佳情形进行对比，以判断在私有产权状态下渔场是否发生过度投资和过度捕捞的“悲剧”。由于计算机故障，有 1 名被试者的数据缺失，其余 82 名被试者在现实中的身份和样本分类信息、测试结果如表 4－2 所示：

表 4－2　不同情境下的样本容量与测试结果(船队最大规模的均值)

	U	C	M	R	I	合计(均值)
N	5 (4.6)	5 (3.8)	3 (2.7)	4 (3.5)	3 (5.3)	20 (4.0*)
W	2 (6.5)	2 (4.0)	2 (6.0)	0 (—)	2 (4.5)	8 (5.2*)
B	4 (4.8)	4 (5.5*)	3 (4.3)	3 (7.0)	4 (3.0)	18 (4.8*)
F	3 (12.3*)	3 (3.3)	1 (4.0)	3 (4.3)	3 (9.7)	13 (7.2*)
O	5 (4.8)	4 (6.0)	6 (4.3)	4 (4.3)	4 (7.3)	23 (5.2*)
合计(均值)	19 (6.1*)	18 (4.6*)	15 (4.2)	14 (4.7*)	16 (5.9*)	82 (5.1*)

注：(1)N－北部渔民，W－西部渔民，B－(渔业)管理当局，F－研究者，O－其他，U－不确定(信息)，C－特定信息，M－最大可持续产量(MSY)信息，R－(鱼类)随机更新，I－无信息；(2)不带括号的数字表示样本容量(即被试者人数)，括号内数字表示相应实验和检验结果(即船队最大规模的均值)；(3)加“*”表示在 5%的水平下显著高于 3.2。

资料来源：根据 Moxnes (1998)，pp. 1238－1241 整理而成。

从表 4－2 至少可以获得两条关键信息：(1)是否过度投资，绝大部分被试者选择了过度投资行为。[①] (2)显著性检验，从不同身份被试者的角度来看，他们在五种不同信息条件下的均值都通过了显著性检验；从不同信息条件来看，除了在信息条件 M(最大可持续产量)未通过之外，其他四种信息情形对应五种被试者的均值都通过了显著性检验。

莫克斯(Moxnes)的最终实验结果可以总结如下：当采用完全产权(即纯私有化)模式时，被试者依然持续过度投资，最终导致大约 60%的过度投资(与理论上的最优投资规模相比)，并且存在过度捕捞行为——平均而言资源(鱼类)本身的数量被削减为最优数量的大约 85%。因而从实验经济

① 在 Moxnes 设计的实验中，船队规模 3.2(艘)为临界值，当数值大于 3.2 时就表示发生了过度投资(从而过度捕捞)现象。

学的角度证实了：除了公地问题之外，对资源系统本身（以渔业为例）认知的偏差或者谬误也会导致资源过度开采的“悲剧”；至少就短期而言（以掌握资源系统足够信息为长期），即使将公共资源私有化也并不必然确保（可再生）资源管理的完全成功。

二、现实案例分析

与莫克斯的实验研究和实证分析不同，2001 年华盛顿州立大学社会学系布莱恩·伯克（Bryan E. Burke）发表的《再论哈丁：对公地逻辑和认知的批判性审视》，[①]则从现实的角度为我们提供了由于人类认知的局限性（或者干脆是无知）导致公地的悲剧的丰富案例；为完善，尤其是厘清公地悲剧理论的适用边界做出了重要贡献。[②] Burke 将人类“认知”的局限性总结为两个方面：宿命论式信仰带来的无知，和现代科技与环境问题的高度复杂性导致的认知困境。这种“无知”或者“认知困境”主要是指：人类难以或者根本就没有意识到自己的行为会对“公地”（尤其是生态环境）造成破坏的情形。

（一）宿命论式信仰造成的无知

宿命论是一种带有强烈宗教色彩的唯心主义世界观，它通常是指将自然过程或者现象完全取决于某种不受人类控制的外在精神力量（如神灵）所主宰的信仰。在尚未开化的西方世界，以及在近当代某些土著文化当中甚为流行（Berkes，1987；Carrier，1987；Brightman，1987；Stocks，1987；McCabe，1990；Worster，1994）。

下面讨论两个关于土著居民的宿命论导致他们对环境破坏认知错误的经典案例：一个是 19 世纪早期阿尔冈琴北部地区（boreal Algonquians）[③]，另一个是 20 世纪 80 年代的巴布亚新几内亚。先来看阿尔冈琴的案例。据 Brightman(1987)，19 世纪早期欧洲人和其他地区的商人将现代化狩猎技术，如枪支、钢制捕兽夹等带到阿尔冈琴北部地区，于是当地土著人很快就掌握并“迷上”了这些现代化狩猎工具，他们利用兽皮换取西方人的商品。不难想象，现代化捕猎技术与市场化商品交易的结合（在没有限制性措施的

---

① Burke，B. E. “Hardin Revisited：A Critical Look at Perception and the Logic of the Commons”，*Human Ecology*，2001(29)：449－476.

② Burke 指出，当人们对资源环境（公地）缺乏认识时，他们就不能获得个体行动造成的集体成本或者损失方面的信息，因而就不能被归结为公地悲剧或者公地困境，在 1997 年 11 月 5 日 Burke 与《公地悲剧》的作者哈丁本人的个人交流中，哈丁对他的这种理解方式也表示赞同（Burke，2001，p. 450）。

③ 又译作“阿尔贡金”现在位于加拿大西南部。

情形下)不可避免地导致了动物的大规模杀戮,以及动物存量的锐减。在对生态环境造成严重破坏的情形下,阿尔冈琴人并没有停止对动物的过度猎杀,其理由在今天看来是相当滑稽的,他们认为"猎物在被猎人杀死之后立刻就会获得重生,猎杀行为反而会增加猎物的数量"!

即便到后来阿尔冈琴人注意到猎物的不断减少,但是他们却将这种减少归结为某种神灵的力量,而不是他们自身的过度猎杀行为。而且他们拒绝采纳哈德逊湾公司(Hudson Bay Company)提出的保护措施,也不停止对其他部落猎人们的侵略(这也是造成当地动植物减少的原因之一)。相反,他们选择迁徙到其他破坏相对较轻的地区(Burke, 2001)。正如 Brightman (1987, p. 135)所言:

"在考虑到认为动物数量锐减、外族入侵都是神灵主宰的看法之后,认为战争或者保护措施具有现实意义的观点就是令人怀疑的。一套有效的保护制度(以避免"公地的悲剧")需要关于实用技术的知识和一种信念作为前提,这种信念包括两个方面:(1)随意猎杀会导致猎物数量下降;(2)有控制的或者选择性的狩猎有助于维持可靠的猎物数量。但是似乎上述条件在1850 年前后完全不存在。"

再来考察巴布亚新几内亚的案例。这个案例来源于 Carrier(1987),在书中的第 153 页 Carrier 写道:

"(波南人(Ponams)相信)由于人类对环境的影响是如此微不足道,以至于保护措施其实是不可能的……波南人反对政府的计划,因为放弃捕猎和享用海龟的代价太高了,而且他们觉得这不能带来任何回报。如果就像政府所说的,海龟已经濒临灭绝,那也是上帝的旨意。停止猎杀海龟并不会使上帝收回成命,然而这对于波南人而言却要承受巨大的代价。"

显然,北阿尔冈琴地区和巴布亚新几内亚这类案例具有相当程度的特殊性,它们延续的历史时期应当是相当短暂的。一方面,在现代化捕猎技术进入之前,土著居民近乎滑稽的"宿命论"与他们的生活方式是相容的,原始的捕猎技术和自给自足的自然经济显然不足以对野生动物种群的延续构成威胁;另一方面,原始观念与现代捕猎技术的融合需要一个过程,但是有理由相信这个过程持续的时间不至于太久,从(Burke, 2001, p. 460)的话语——"这并不是说所有的土著文化都存在并且继续保留宿命论的信仰体系",便可以得到一定程度的佐证。

(二) 现代科技与环境问题的高度复杂性导致的认知困境

如果说"宿命论式信仰造成的无知"不具备普遍性和显著的现实意义,那么接下来将要阐述的案例则几乎完全相反。现当代人类所面临的环境问题的复杂性已经远远超出了“部落渔猎”和中世纪“公共牧场”之类的情形，在科技进步、工业革命、城市化、经济社会全球化等现代化进程中，人类不断创造出日益复杂的生态分布(ecological distributions)，生态环境中所蕴藏的因果关系在时间、空间和人际跨度都非常大，以致造成环境问题的许多原因和中间环节很难被人类所察觉。这种急剧变化使得公众，甚至科学家们，都很难完全理解环境问题(Beck，1992，1996；Ornstein & Ehrlich，1989；Giddens，1990，1991；Weale，1992；Dunlap & Catton，1994；Burke，1995；Dickens，1996；Burke，2001)。

Burke 进一步将这种变化分成两大类：生物物理学(biophysical)变化和社会学(sociological)变化。生物物理学变化是指我们面临许多新的以区域性或全球性公地为主要内容的环境问题，比如酸雨、臭氧层空洞、温室效应等。社会学变化是指现代劳动分工(如雨后春笋般崛起的跨国公司、国际贸易和其他跨地区、跨国界的经贸往来)改变了公共资源和公共资源使用者之间的关系，从而导致公共资源的使用成本难以准确界定。

表 4-3　古今环境问题的社会生态学复杂程度对照表

历史上的环境问题	现代环境问题
环境问题中的因果关系通常是显而易见的	环境问题中的因果关系很复杂，很难通过常识进行判断
危险在时间、空间和人员之间的分布都是地方性的	危险在时间、空间和人员之间的跨度非常大
商品的消费群体通常也是这些商品的生产者，消费者导致的生态变化易于察觉	商品的消费人群通常不是商品的生产者，难以准确判定究竟谁是环境问题的责任人
凭借简单的思忖就可以对问题做出解释，因为环境问题的原因和结果在时间、空间和人员之间具有高度一致性，因此仅凭常识就可以找出问题的来源	简单的思忖难以解释最现代化的环境问题。如果不是非做不可，对发生危险的可能性的计算和社会辩论变得更加重要了
社会内部价值冲突的潜在空间较小，因为社会的同质性程度较高	社会内部发生价值冲突的潜在空间很大，因为社会结构已经变得高度差异化了
通常凭借常识就能够理解和管理资源退化的结果和机制	现在存在一个高度差异化和独立的专家知识体系来解释环境问题，与常识具有显著的差别

资料来源：Burke (2001)，p. 462。

有人可能会质疑，“虽然民众的常识不足以洞察复杂的现代环境问题，难道专业的科学家们还会无法破解这些难题吗?”作为回应,Burke 重点介绍了两种现代化环境问题：臭氧空洞和温室效应。Burke(2001, pp. 465 - 466)写道：

“在 20 世纪早期氟利昂被当作制冷剂使用时,它被认为是致命性氨气的可靠替代品(Stern et al., 1992)尽管臭氧层消耗在 20 世纪 60 年代就已经引起了人们的注意,但是直到 70 年代人类才怀疑氟利昂对臭氧层的破坏性。更严重的是,在温室气体的聚集已经经历了好几个世纪之后的 1938 年,人类才开始怀疑它们会导致全球气候变暖,而且直到 20 世纪 80 年代才引起人类的广泛重视(Newton, 1993)。……就算到了 20 世纪七八十年代,还有大量民众将全球变暖和臭氧层空洞混为一谈。有研究表明,大部分人认为温室效应和滥伐森林是造成臭氧空洞的主要原因,而全球气候变暖则是核能所导致的(Kempton, 1993; Dunlap, 1995;康涅狄格大学罗普中心在线民意调查,未注明日期)。”

由此可见,无论是较久远的历史时期,还是近当代都存在公共资源被人类所破坏,而破坏者却浑然不知的情形。可以将这种情形下的资源破坏行为称之为“公地”上发生的悲剧,①但是却不能用哈丁式的公地悲剧理论来解释,因为无知的“破坏者”并不知道自己的行为会对他们赖以生存的自然资源(公地)造成破坏,他们的决策不能算作基于“个体获得全部收益却只承担部分成本”的评价或者计算而做出的——他们了解“破坏行为”的个人收益,但对由此造成的社会损失却并不知情。

第二节　重新考察以“经济人”为主要内容的“人性”假设

作为主流经济学教科书重要内容的公地悲剧理论,其立论最重要的人性假设就是经济人假设。② 而众所周知,作为新古典经济学大厦重要基石的经济人假设本身具有相当大的争议,它大体上经历了一个从绝对化到吸纳批判者的思想,向相对化演变的过程。重新考察经济人假设对于界定公地悲剧理论的适用边界是不可或缺的重要环节。

---

① 在“公地”(广义)上发生的悲剧并不等同于因“公地”而导致的悲剧。

② 对公地悲剧模型的假设条件进行系统考察和批判的代表性文献有 Feeny et al(1996)的“Questioning the Assumptions of the Tragedy of the Commons Model of Fisheries”一文,以及杨春学教授的《经济人与社会秩序分析》《经济人的“再生”:对一种新综合的探讨与辩护》《利他主义经济学的追求》等对经济人的系统考察和论述。

鉴于学术界对于“经济人”假设的研究已经相当充分和翔实，本书并不打算详细展开对它本身进行全面考察，而是仅大致地介绍它的梗概；此外，本书的侧重点在于论述“经济人”与公地悲剧有关的方面。主流经济学通常具有模型精妙，内部推导精确等显著特征，而这很大程度上正是受益于对人的“本性”的高度抽象和概括。和主流经济学家一样，Hardin(1968)事实上将公地上的牧羊人假定为同质化、自利的理性人，并推导出一个单一的确定性的结论——公地悲剧。然而，同质化、自利的理性人假设也使高度数学模型化的主流经济学在很大程度上损失了解释力度，并因此而备受批判。

一、理性假设

“理性”一词的涵义，即便在最崇尚“理性”的经济学中，也充满争议(董志强，2018)。许多经济学家将其定义为：偏好满足完备性和传递性(贝克尔，1995；Mas-Collel et al.，1995；平新乔，2001)。偏好的完备性是指参与人能就所有备选方案逐一比较，任意两个方案之间要么有优劣之分，要么没有差异；偏好的传递性则是指参与人可就所有备选方案进行排序，且任意两个方案之间的优劣关系应该与这两个方案在所有方案中的优劣关系是一致的(董志强，2018)。在奥斯特罗姆看来，完全理性的个体具有如下特征：知道在特定情景下能够使用的所有可能的策略；在一个情境下，给定他人的可能行为，知道哪种结果和哪种策略是联系在一起的；知道根据效用衡量的个体偏好对这些结果进行的等级排序(奥斯特罗姆，2017)。[①]

给反对者以最大“把柄”的是传统经济人假设100%的完全理性，这与现实的脱节程度非常明显：现实当中几乎不可能存在完全理性的决策者，人脑的信息处理能力本身是有限度的——毕竟“人非圣贤孰能无过”。[②] 而且很显然在某些场合，诸如感动、冲动和愤怒等“情感因素”，也会对人脑的理性决策施加不同程度的干扰。即使不考虑人脑的信息处理能力，由于现实世界正的交易费用，使得“天下没有免费的午餐”，获取信息自然也是需要付出成本的，这就不可避免地导致“信息搜寻悖论”问题。考虑到这些因素，部分经济学家逐渐放弃或者至少放松了完全理性假设，转而接纳了“有限理

① 奥斯特罗姆的诺贝尔讲座稿：《超越市场与政府：复杂经济系统的多中心治理》，收录于王亚华著《增进公共事物治理：奥斯特罗姆学术探微与应用》，北京：清华大学出版社2017年版，第6页。

② 假如“圣贤”是“人”而非“神”，那么即便“圣贤”充其量也只能保持主观上不犯错误；客观上，当人类有限的计算能力面对复杂多变的外部环境时总是难免不出差错的。

性”，[①]不再强调经济人目标函数的“最优解”，而是追求“满意原则”，这一转变的实现在很大程度应当归功于1978年诺贝尔经济学奖得主，美国经济学家赫伯特·西蒙(Herbert A. Simon)的研究。[②]

在与本书研究的公地悲剧有关的公共资源开发问题上，资源开采者(不排除管理者)对资源系统本身的了解往往是不充分的，他们的许多决策遵循的是“拇指法则”(Feeny et al.，1996；Moxnes，1998)。事实上从很大程度上讲，本章第一节关于“人类认知的局限性”已经构成了对理性假设的反思，为避免重复，此处不做过多阐述。

二、自利假设

经典公地悲剧模型之所以能够推导出“过度使用的悲剧”这个确定的单一结论，还在于它基于人性“自利”的假设：每个牧民都只顾自己的利益，在公地上尽情地扩大自己的放牧量；每个渔民都只考虑自己的利益，在公共渔场上尽情地扩大自己的捕获量。紧随完全理性假设之后，100%的完全自利假设也备受诟病：现实当中的人怎么会完全自利而全然不顾及他人(甚至他物)的利益和感受呢？即使有，那也一定是极少数。现实生活体验和直觉告诉我们，“恻隐之心人皆有之”，现实中的人很难做到全然不顾及他人，而将自己的喜乐完全独立于旁人之外。比如成语“一人向隅，满座不乐”[③]就是对这种情形非常形象的写照。

杨春学(2001)将利他之心区分为“有条件的利他”[④]和“无条件的利他”[⑤]两类。杨春学教授认为“有条件的利他”，可以被视为一种“开明的自利”，仍然可以被纳入广义上自利的经济人模型分析当中，并构建了一个能够容纳“对他人福利的关心”的个人效用函数模型：$U_i = u_i(c_i) + \delta u_j(c_j)$。[⑥]

---

① 有限理性(bounded rationality)是指行为人表现出对外部事件或其他人行为的系统性的偏见，或者行为人系统性地偏离能够最大限度满足其偏好的行为的情形(Camerer & Fehr，2006)。

② 基于“有限理性”的“满意原则”显然更加贴近现实世界，但是它也不可避免地导致了一个新的问题：“与最大化分析工具相比，满意假设可用的分析工具是不完备的……尽管基于‘完全理性’的最大化不完全符合现实，且该工具存在过度使用的风险，但它往往能够确保有效地完成分析工作。”(杨春学，2005，第26页)。

③ 语出我国宋代李昉等人在《太平广记》卷二八一援引《河东记·独孤遐叔》的话：“方见一少年，举杯嘱之曰：‘一人向隅，满座不乐，小人窃不自量，愿闻金玉之声。’”——说词解字辞书研究中心编《成语大词典》，北京：华语教学出版社，2018年版，第1131页。

④ 比如企业以公开和大张旗鼓的方式进行的社会公益捐助行为。

⑤ 诸如雷锋式人物和捐款不留名等情形。

⑥ 其中，j是i关心的另一个人；δ是利他主义参数，且$0 < \delta < 1$。显然，当$\delta = 0$时，上述函数是一个自私的个人情形。我们可以令$\delta = 0$，运用“个人的私人偏好”分析市场交易行为，而令$0 < \delta < 1$，分析非市场领域的利他主义经济行为(杨春学，2005，第23页)。

但是对于后者是否适合纳入经济人假说，学界尚存争议：在经济学帝国主义者（比如加里·贝克尔）看来，即便是毫不留名的慈善行为也可以被纳入经济人假设当中，理由是他们通过这种善举可以使自己获得内心上的“精神效用”，贝克尔等人的这种行为试图将经济学基于“成本-收益”计算的思维方式拓展到人类的几乎全部行为分析当中，这确实有助于扩大经济学的研究范围和影响力，但也存在许多问题并招致了众多社会科学家的不满，他们因此而得到了一个不太好的名声——“经济学帝国主义”；对于将“无条件的利他”也生拉硬拽地纳入经济人假设的做法，许多经济学家持保留甚至完全否定的态度（如杨春学，2005）。反对将“无条件的利他”纳入经济人模型也是本书作者秉持的观点。

从自然科学的角度，已经有研究成果显示：人类在基因层面，除自利基因之外，确实还存在着利他性质的基因。例如杨春学教授写道：“由以色列希伯来大学心理学家爱伯斯坦领导的研究小组，通过长期研究，从遗传学角度，首次发现了促使人类表现‘利他主义’行为的基因，其基因变异发生在11号染色体上。调查发现，大约有2/3的人携带有‘利他主义’基因。但研究人员认为，一定还有其他‘利他主义’基因有待发现。‘利他主义’基因可能是通过促进受体对神经传递多巴胺的接受，给予大脑一种良好的感觉，促使人们表现利他行为。这意味着多巴胺在忠实于社会道德准则的利他行为中发挥着十分重要的作用。”（转引自杨春学，2005，第23页）。类似地，关于囚徒困境中合作的神经生物学研究结果表明：个体可以从相互合作中获得一种特殊的主观回报（subjective rewards）（Rilling et al.，2002）。当一个被试者从另一个被试者处获得相互合作的结果时，他的大脑的奖赏回路（reward circuit，中脑边缘多巴胺系统的组成部分，包括纹状体和眼窝前额皮质）将会被激活；而当一个人选择合作对方却选择背叛时，将会引发多巴胺系统的负向反应（Fehr & Fischbacher，2003）。

在行为经济学实验方面，许多学者借助“最后通牒博弈”“公共物品博弈”“独裁者博弈”等博弈模型，对行为人的自利行为进行了研究。众多实验经济学研究者的结果大同小异，都证实了行为人并不是完全自私自利的。[①] 比较有趣的发现是：年龄更小的孩子表现得更加自利，随着他们的成

---

① 本书作者在课堂上，在征得所有参与者同意的前提下，针对大学生和研究生们（包括在职研究生）开展过非正式的“最后通牒”博弈实验，所得出的结论与学者们公开发表的结论保持了方向上的一致性——很少有被试者像纯粹经济人那样作出决策，大部分被试者提出的分配方案留给对方相对“公平”的份额，当分配者留给自己的份额过低时，多数回应者选择了拒绝。

长，到22岁左右时，他们变得更加具有公平意识（Harbaugh & Krause，2000；Harbaugh et al.，2002；Murnighan & Saxon，1998）。Hill & Sally（2004）发现大约1/3的自闭症儿童和成年人，在最后通牒博弈中表现得更加自利；可能他们缺乏一种能力，这种能力能够使他们在做出决策（分割提议）时会对反应者（responders）造成什么样的影响，然而有趣的是这类人群反而更加符合经典的经济人假设（Henrich et al.，2005）。后天学习（习得）对人的利己利他等心理偏好函数具有重要影响，实验研究表明人的偏好倾向一般在22岁之前形成，之后则很难改变，二年级的学生往往是最为自私的阶段（Henrich et al.，2005）。

由于之前关于最后通牒博弈的实验研究，被试者的选取大多是在校大学生。为了扩大样本选取范围，扩大该博弈的现实解释力，美国埃默里大学、加州大学洛杉矶分校、哈佛大学、宾夕法尼亚大学、瑞士苏黎世大学、意大利锡耶纳大学等高校组成国际研究团队（Henrich et al.，2005），从多文化的视角，在不同国家和地区选取了15个小型（文化）社群，对他们的行为动机展开实验研究。他们的研究结论与之前学者们针对大学生所做的实验研究，依然保持了一致性——现实社会场景中的行为人仍然不是100%自利的。比较有意思的是，Henrich et al(2005)发现，在最后通牒博弈中，有时分配者竟然会提出留给对方更高份额（参见图4-1），而且这时竟然会遭到反应者的拒绝。

Henrich et al（2005）的研究还证实，在同样的收益结构（payoff structure）下，不同的实验暗示，行为人的表现却大不相同。比如在华尔街实验中，合资实验（joint venture）和社区实验（community），明明它们的收益结构完全相同，但是被试者表现出来的合作性程度却大不相同。

在最后通牒实验中，富人并没有表现出少拿（给对方更多份额）的倾向，而在公共物品实验中，则表现出更多的利他倾向（捐献更多）。这就类似于某些企业家在自己经营的企业里，可能并不会像慈善家那样非常慷慨地给他（她）的员工更多的报酬，但他（她）却有可能用经营企业赚的钱去做社会公益。这似乎还可以用2017年诺贝尔经济学奖得主理查德·塞勒（Richard Thaler)）提出的"心理账户"理论来解释。比如"盗亦有道"，人们对贪官贪污"扶贫款"、抢劫犯抢劫"看病救命的钱"会表现出更大的痛恨——钱虽然是一样的，但是它们归属于不同的心理账户。

此外，国外还有大量研究（除经济学之外，还有社会学、心理学和政治学等）支持利他性动机在人类行为决策方面占据着重要一席之地的看法。迈尔斯（2016）指出："的确还有一些研究表明可能存在真正的利他主义：当人

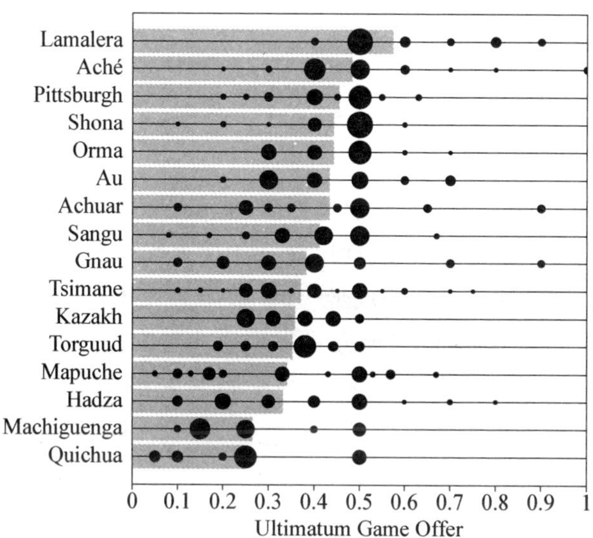

图 4－1　最后通牒博弈中分配者的提议

注：图形纵轴表示各个文化社群(group)；横轴 0—1 表示分配者决定“留给对方”的比例，圆圈大小表示在不同比例上被试者人数的多寡，圆圈越大表示选择该分配比例的被试者人数越多；可见多数分配者选择留给对方 50%或者更少的比例，但是还有少部分分配者提出留给对方远远超过 50%的比例；左边灰色柱状图表示该文化社群分配者分配比例的平均值。

资料来源：Henrich et al. (2005)，p. 801。

们的同理心被唤起后，即使他们了解自己的帮助行为不被人所知，他们也愿意提供帮助，直到受助者已经获得了帮助(Fultz & others, 1986)。如果他们的帮助不成功，哪怕并不是他们的错，他们也会感到沮丧(Batson & Weeks, 1996)。有时候，即使人们认为自己的痛苦情绪源于‘情绪调节剂’，但他们仍会坚持帮助那些处于困境中的人(Schroeder & others, 1988)。但是，在做了 25 个考察利己主义和利他的同理心实验之后，巴特森(2001, 2006,2011)和其他一些研究者(Dovidio, 1991; Staub, 1991; Stocks & others, 2009)指出，人们有时候的确是为了帮助别人而不是为了自己。”①

从博弈论的角度来看，在重复博弈中，搭便车行为并非人类行为方式的全部，更不能说是放诸四海而皆准的(Brechner, 1977; Cass & Edney, 1978; Marwell & Ames, 1979, 1980, 1981; Alfano & Marwell, 1980; Dawes, 1980; Messick & Brewer, 1983; Kim & Walker, 1984; Isaac, Walker & Thomas, 1984; Isaac, McCue & Plott, 1985; Wilson, 1985; Mestelman & Feeny, 1988; Andreoni, 1988; Gardner, Ostrom &

① 戴维·迈尔斯著：《社会心理学》，北京：中国邮电出版社，2016 年，第 450 页。

Walker，1990；Ostrom，Gardner & Waker，1994；Feeny，Hanna & McEvoy，1996；Burke，2001）。

三、同质性假设

为了分析的便利，尤其是数学化处理，主流经济学家的模型假设通常将经济决策者高度抽象化为“代表性厂商”或“代表性消费者”，有些学者甚至以“效用”为尺度将这二者统一成唯一的“效用最大化者”。并不奇怪，在公地悲剧模型中，这种抽象的建模方式表现得非常突出——无论是牧民，还是渔民、地下水抽取者、排污者……统统是非人格化的个体利益最大化者。这种抽象虽然极大地简化了分析过程，并且能够轻易地获得均衡解，但却大大削弱了理论的现实解释能力，由此得出的结论有时甚至是误导性的。

在理论研究方面，大量行为经济学实验（包括实验室实验和场景实验）表明人类的行为倾向是丰富多彩的。行为人并不是纯粹只关心自己（self-regarding），同时还会考虑他人的利益（other-regarding）。比如 Camerer & Fehr（2006）将行为人分为纯自利的经济人和有限理性（会考虑其他人感受或利益）的人，并探讨这两类行为倾向之间的相互影响，在何种条件下，哪一种行为倾向会占据社会互动行为的主导地位。纯自利的经济人只关心自己的利害得失，即自身的净利润或者效用最大化，他人的利害得失完全不在他们考虑的范围之内。而有限理性者则除了关心自身利害得失，还会考虑对其他人的影响，即他们的行为具有“涉他偏好”（other-regarding preference），为了维护他们认为的“公平”“正义”“知恩图报”等等，他们宁愿让自己承担损失也在所不惜。Camerer & Fehr（2006）的研究表明：在一个社会中，即使利己者只占少数，涉他偏好者占多数，当利己者的行为能够产生足以让涉他偏好者模仿（比如以牙还牙）的激励时，少数利己者也能触发总的“不合作”结果；类似地，在一个社会中，即使涉他偏好者只占少数，利己者占多数，当涉他偏好者的行为能够产生足以让利己者模仿的激励时，少数涉他偏好者也能催生总的“合作性”结果。

或者更具体地，在某种博弈结构下当行为人的策略具有互补性（表现为方向上的一致性）时，有限理性或者涉他偏好者将会通过影响理性自利者的预期，而使最终结果偏离纳什均衡。反之，在某种博弈结构下行为人的策略具有替代性（表现为方向上的相反性）时，有限理性或者涉他偏好者的行为倾向将会被理性自利者的行为所“抵消”，从而使得最终博弈结果向纳什均衡趋近。比如在“选美博弈”(beauty contest)[①]中，参与者达成的最终结果与纳什均衡结果(所有人都选择 0)相去甚远；而在“厂商进入博弈”[②]中，参与者达成最终结果则与纳什均衡结果高度近似(Camerer & Fehr, 2006)。这一方面是因为，选美博弈中，参与者的策略是互补性的，而后一种博弈则是替代性的；另一方面，还需要借助“认知层次理论”(cognitive hierarchy)来解释——选美博弈下的“理性”要求参与者进行多次(甚至是理论上的无穷多次)迭代推理，才能报出“0”的数值，实验表明多数参与者并没有考虑得“那么复杂”去采用多次迭代，而且就算是有人提前掌握了该博弈的“正确”方法，他们也不得不考虑许多其他参与者极有可能不会像他们那样采用理性策略，从而会把自己报出的数值调高；[③]而厂商进入博弈则要简单直白得多，而且属于替代性策略博弈，因此最终结果会和理论上的纳什均衡高度趋近。

Camerer & Fehr(2006)的研究表明，无论是政府政策还是企业管理，在设计制度方案时，应当考虑到具体人群的特殊性，不可一概而论。而且还应当考虑到制度背景，如果能够将人的偏好类别和具体的制度背景相结合，则可以有效地提高制度效率。

在实证研究方面，Feeny et al(1996, p. 191)通过对美国加利福尼亚州渔业历史的研究发现：“在加利福尼亚州渔业的历史上，生态系统和社会生态系统(social ecological system)都是高度复杂化的。这一区域的生物资源具有丰富的多样性，包括资源存量的相互影响、资源存量与捕捞之间的相互作用，还包括资源存量与环境之间的关系。这一地区的社会生态系统也是复杂多样的——既有美国印第安人、华人、葡萄牙人、日本人、意大利人、盎格鲁血统美国人，还有其他民族的人种，他们都在加利福尼亚州工作，每一个族群都有属于自己捕获的目标物种，自己的技艺，以及对资源开发的某种非正式控制。……船长们在捕鱼经验、受教育程度、船龄、捕鱼模式等方面具有很大差异：拖网渔船船长们的捕鱼经验从 1—44 年不等；接受正规教

---

① 选美博弈通常被认为是梅纳德·凯恩斯在其名著《就业、利息与货币通论》中最先提出来的。其大意是指每人任选 0—100 之间的一个整数，再对所有人的数求平均值，最后看谁报出的数最接近该平均数的 2/3，谁就可以获得最高的报酬(payoff)。

② 厂商进入博弈是指当参与者选择不进入某一市场时的报酬是 0.5，当进入者总人数不超过 C 时，所有进入者均可获得 1.0 的报酬，当进入者人数超过 C 时，所有进入者的报酬为 0。

③ 现实中的理性自利者在考虑到其博弈对象有可能不是那么理性或自利时，也会根据他们对非理性、非自利者出现的比例和程度做一个评估，从而调整自己的策略。比如 Forsythe et al(1994)通过对比最后通牒博弈和独裁者博弈，发现最后通牒博弈中分配者提出的分配方案，留给响应者的份额就要高得多。

育的程度差别迥异——从小学文化到博士；船长的年龄在 26—65 岁之间；船龄在 1—70 年之间；捕鱼模式则既有所有鱼都捕捞的，也有专门只捕捞几种特定鱼类的（Smith & Hanna，1993）。只捕捞特定几种鱼类的渔民与所有鱼都捕捞的渔民相比，在收入上的波动性大一些（Hanna，1992）。”

Feeny et al（1996）的案例表明加州渔民和渔业公司在经营范围和规模、种族、教育程度、能力和技术等方面都存在着显著的异质性。而且现实当中公共资源开采与美国加州渔业案例中的异质性情形相类似的，可谓不胜枚举。如果将本身千差万别的公地使用者（commoners）抽象成同质化的决策者，难免会对走出公地悲剧的路径选择，尤其是政府管制政策产生误导（Hackett，1992；Ward & Sutinen，1994）。

四、无交流、不信任和短视化假设

经典公地悲剧模型对“人性”的高度抽象还表现在公共资源利益相关者（stakeholders），尤其是竞争性使用者之间缺乏，甚至完全没有交流和彼此之间的信任，以及资源使用者过度追求短期利益等方面。首先可以肯定的是，在公地背景下，由于个人收益和成本之间的比例关系失调，在很大程度上人们确实表现出了上述倾向。但是经济学训练告诫我们不要忽视了“另一只手”（the other hand）的作用——在现实场景中，无交流、不信任和短视化显然并不是 100%绝对的。人与人之间的信任通常建立在持续不断交流的基础之上，在某些情况下，如果信任度足够高，人们也有可能走出“囚徒困境”。[①]

日裔美籍学者福山（2001）和国内学者顾江洪（2013）等人的研究表明信任是一种无形的“社会资本”，而且它在经济社会发展中具有非常重要的作用。据此我们可以推断：如果公共资源使用者之间具备足够多的信任，那么即使产权缺失或者没有外界强制，避免公地悲剧也存在现实可能性。尽管不能就此判定交流必然能够达致信任的结果，但是在考虑到人与人之间的交流互动，以及道德因素之后，“不合作”或者“背叛”就不再是博弈的确定和唯一解了。博弈论常识告诉我们，经济人的一次性博弈中，“囚徒困境”几乎是必然和唯一的结果；在无限期重复博弈背景下，即使是标准的经济人也能成功走出困境；而在有限期重复博弈背景下则要分两种不同场景，在局中人确切知晓博弈将于何时结束的场景下，局中人无法走出困境，因为根据“逆向归纳法”可以推导出对于经济人而言，这种博弈与一次性博弈本质上是相同的，而当局中人不知道博弈将于何时结束时，有限期重复博弈倾向于

① 囚徒困境可以看作公地悲剧模型最简化和最极端的一种博弈形式。

和无限期重复博弈类似，保持“合作”符合他们的最大化利益。

奥斯特罗姆等人通过严谨设计的实验研究，对结构变量的精确组合加以检验，发现：孤立的、匿名的个体会过度使用公共池塘资源，但是如果允许他们简单沟通，或者“简单交流”，就能让参与者减少过度开采并增加总收益，这与博弈论的预测结果恰恰是相反的（奥斯特罗姆，2017）。[①] 许多其他学者的研究表明，交流对克服搭便车者问题是有帮助的——人们为公共事务贡献力量的可能性随着交流的增长而增长（Isaac et al.，1984，1985；Dawes & Thaler，1988；Frank et al.，1993）。Seguino et al(1996)认为这可能是因为交流可以增进群体内部的身份认同感，从而增加相互合作的动力。

在不少现实公共资源利用情形中，公地使用者不仅有可能进行交流，甚至可以制定出规则对不合作者实施报复或者惩罚。尽管这些可能并不足以确保避免公地的悲剧，但是至少为解决公地悲剧保留了达成“合作”的可能性（Godwin & Shepard，1979；Bardhan，1993a，1993b；Berkes，1986；Ostrom，1990；Ostrom & Gardner，1993；Seabright，1993；Feenyet al.，1996）。在长期交流互动情境中，简单的“以牙还牙”策略也能增进资源使用者之间的合作（Fehr & Fischbacher，2003；Camerer & Fehr，2006）。再者，Hirshleifer & Rasmusen(1989)证明了：在有限期博弈当中，只需要一点点道德感，比如背叛行为将会被社会所不容（social ostracism），就足以使得“合作”变成一个占优策略。此外，在多期博弈背景下，许多公共财产资源管理的情形为规则的学习和演化提供了余地，新的制度安排有可能会使刻板的一次性博弈下的“背叛”转变成“合作”（Feenyet al.，1996）。最后，内生性的合作伙伴选择和对追求声誉的动机，也能对人类的合作行为产生重大影响（Fehr & Fischbacher，2003；Brown et al.，2004）。详见图 4-2。

接下来分析资源使用者的“短视化”假设，例如 Feeny et al(1996，p. 189)指出：“他们的模型认为个体是短视的，总是倾向于只做短期考虑。因此推导出来的结论是，利润最大化的‘理性人’会无视自己的行为对他人和未来的长期影响。”哈丁等学者的公地悲剧模型，即使不需要完全依赖于行为人的“短视化”假设，但至少他们赋予了这种假设过多的权重。经验研究发现，现实当中公共资源的使用者通常并不像哈丁等学者所假设的那么短

① 奥斯特罗姆的诺贝尔讲座稿：《超越市场与政府：复杂经济系统的多中心治理》，收录于王亚华著《增进公共事物治理：奥斯特罗姆学术探微与应用》，北京：清华大学出版社 2017 年版，第 4 页。

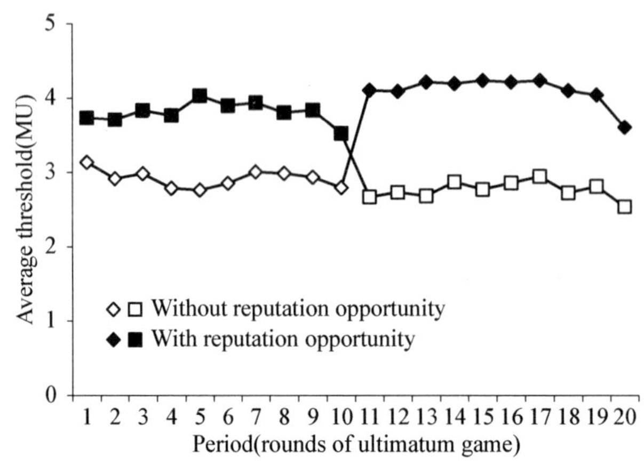

图 4-2 声誉对最后通牒博弈中反应者愿意接受的临界值(最低份额)的影响

注：Fehr & Fischbacher(2003)的实验中分配者可以分配的总货币单位(MU)是 10，在连续多次博弈中，当反应者有机会释放声誉时，他们愿意接受的临界值会显著增加。

资料来源：Fehr & Fischbacher (2003)，pp. 785－791。

视，比如根据 Feeny et al(1996，pp. 190－191)，俄勒冈拖网捕鱼船长对于自己将会有多长的时间从事捕鱼行业的回答为“从 20 年到永远不等”的区间；大部分渔民预测自己将从事渔业直到退休，或者死亡的那一刻，“据受访者称，他们还是希望对渔业提供一种能够维持长期可持续的管理”。一般来讲，使用者对于资源可持续性的关注(长远眼光)应当与资源本身对使用者的重要性程度关系密切，对于那些足以影响到他们生存的公共资源而言，使用者大多不会表现得那么短视，而对于那些重要性程度一般，甚至是微不足道的公共资源而言，使用者则倾向于表现得“不在乎”或者“短视”。

奥斯特罗姆(2017)认为，实验证明不管是在获取决策(harvesting decision)、贡献决策(contribution decision)、还是制裁决策(sanctioning decision)中，个体的行为动机是存在异质性的。[①] 对于公地(公共池塘资源)使用者，Ostrom et al(1999)按照采取合作态度由弱到强的顺序将他们归纳为四种类型：(1)总是以狭隘、自利方式行事，在困境情形中绝不合作者(搭便车者)；(2)除非能够确保不会被搭便车者所“剥削”，否则拒不合作者；(3)期望换回别人的合作态度而首先发起合作行为者；(4)或许还存在一小部分无条件的利他者，他们总是追求集体的更大利益。

---

① 奥斯特罗姆的诺贝尔讲座稿：《超越市场与政府：复杂经济系统的多中心治理》，收录于王亚华著《增进公共事物治理：奥斯特罗姆学术探微与应用》，北京：清华大学出版社 2017 年版，第 23—24 页。

第三节 制度的广泛存在性：现实中极少存在完全开放进入式的公地

在经济思想史中，学者们（包括许多经典理论家）一度将公共财产资源与完全开放进入式公地混为一谈，因而造成了“公地即悲剧”的假象。除Hardin(1968)和Gordon(1954)之外，著名产权经济学家哈罗德·德姆赛茨(Harold Demsetz)在其1967年的经典论文《关于产权的理论》[①]第356页中写道：“公共的(communal)产权允许每个人使用该土地。”但实际情形通常是，某种公共资源往往只是在一定范围内（比如一个自然村落）的资源使用者们(commoners)才有权使用，对于该范围之外的所有人而言，它其实是一种排他性程度很高的资源，而且公共资源使用者之间往往存在一定的管理规则，甚至排他性产权安排（但通常是轻微和非正式的），这也是许多公共牧场和渔场等区域性“公地”得以长期延续的重要原因(Smith, 2008)。

即便作为哈丁式公地现实模型之一的中世纪英格兰公共牧场，也并非完全开放进入式公地。事实上，在中世纪的英格兰，所谓的公地并未对一般公众(general public)开放，而是只对特定佃户(tenants)开放，并且他们是在严格的管理制度下使用和管理公地的(Yundannima, 2017)。还有学者指出：“实际上，翻看中国经济史、不难看到，即使在私有制占据主导的过去，中国农村的祖宗祭祀、神道寺庙、教育类（如学田）以及社会公益类（如桥会）等公地（在南方省份通常约占全部土地的20%—30%），也没有出现所谓的公地悲剧。”[②]将公地与完全开放进入式情形(open-access situation)混为一谈引起了许多学者的不满和批判，并试图就排他性产权的强弱程度对公地进行分类，比如Netting(1972)、Ciriacy-Wantrup & Bishop(1975)、McCay & Acheson(1987)、Buck(1989)、Larson & Bromley(1992)以及Ferguson(1997)等等，不胜枚举。

从排他性程度来看，现实中的公地至少可以分为两大类：完全开放进入式公地(open access commons)和半开放式公地(semi-open commons)[③]。

---

① Demsetz, H. “Towards a theory of property rights”, *American Economic Review*, 1967, 52(2): 347-379.

② 资料来源：国家社科基金后期资助项目《公地悲剧的思想史研究》(19FJLB017)某匿名评审专家的立项评审意见。

③ 注意与第六章半公地概念的重要区别。

接近完全开放进入式公地的例子很少，在缺乏国际合作的历史时期，大气、专属经济区以外的公海或许符合 Hardin(1968)意义上的“公地”。[①] 半开放进入式公地有时也被学者们称之为“群体开放进入式公地”(group access commons)(如 Heller, 2013)，它表示资源在特定群体，比如一个村落、一个家族等的内部成员之间倾向于“自由使用”，但是对于该群体之外的人员而言则具有相当明显的排他性。此外自 Hardin(1968)以后，大量关于公共资源的实地研究表明：即便是“半开放进入式公地”，资源在群体内部也不是完全自由使用的，因为公地上或多或少存在着管理制度(例如 Rose, 1986; Feeny et al., 1990; Ostrom, 1990; McCay, 1995; Rieser, 1999; De Moor, 2009 等)。

新制度经济学家，比如诺斯(2008)，将制度分为正式制度和非正式制度两大类。[②] 我们通过大量文献研读发现：给人以“开放进入式”公地印象的大多是传统社会，或者近现代经济落后地区。而越是在经济落后的地区，由于资源使用者的文化水平(比如识字率)较低、信息闭塞、缺乏流动性等因素，他们往往很少就公共资源(比如牧地、渔场、灌溉用水、林地等)的管理订立“白纸黑字”式的正式制度。但这并不意味着当地的公共资源(公地)是没有管理和完全开放式进入的。传统社会的人们大都倾向于利用“习俗、惯例、宗族、意识形态”等“乡规民约”之类的非正式制度来管理公共资源。虽然我们不能断定，非正式制度足以确保公共资源的长期有效利用(这需要具体问题具体分析)，但是确实有大量研究表明非正式制度可以对“搭便车”产生不同程度的抑制，从而对集体行动的达成发挥促进作用(McKean, 1982, 1992; Rose, 1986, 1990; Brann & Foddy, 1987; Andreoni, 1988; Mestelman & Feeny, 1988; Buck, 1989; North, 1990, 1994; Bardhan, 1993a, 1993b; Feeny et al., 1996; 诺斯, 2014)。

除此之外，即使是某些发达地区的公共资源(比如欧美国家的渔业)也存在被理解为“缺乏制度”或者“开放进入式”的情形(比如 Gordon, 1954)。与 Hardin(1968)类似，Gordon(1954)其实也过度强调公共资源使用的竞争性，而忽视了“非正式制度”对“排他性产权缺失”的某种弥补效果，比如 McEvoy(1986)和 Feeny et al(1996)的研究表明：19 世纪，美国加利福尼亚州的大部分渔业受到非正式制度的约束，这些非正式制度是由种族式生产

① 从某种意义上来讲，完全开放进入式公地就是哈丁意义上的公地，二者之间没有本质上的区别。

② 国内学者闭明雄(2013)提出，除了正式制度和非正式制度之外，还有一种与之并列的“第三类制度”，即“潜规则”，而且这种类型的制度在我国尤为盛行。

者结成的联盟来负责实施的。某一特定族群的渔民会对他们"熟悉"的水域执行排他性权利，防止外来者的闯入；并通过市场化合作的方式来组织捕捞和售卖。

对于胆敢违反这些非正式规则者的惩罚是及时、确切和严肃的(Feeny et al., 1996)。据报道："如果有人妄想一个华人或者其他任何非印第安种族者也可以在这个海湾捕螃蟹卖的话，那就让他们试试吧，如果有人认为一个意大利人可以在未加入该联盟就捕螃蟹卖的话，那也请让他们试试吧。"(旧金山纪事报 1907 年 9 月 8 日，转引自 Feeny et al., 1996, p.192)此外，美国缅因州的龙虾捕捞业也有一套与加州渔业类似的排他机制(Acheson, 1975; Feeny et al., 1996)。

忧患主义的公共资源理论(如哈丁等人的公地悲剧理论)倾向于认为资源使用者都是无能为力的(powerless)，他们不能提出和创造合适的制度安排来规避资源的消亡(Feeny et al., 1996)。诚然，创造和执行新制度的成本确实很高，尤其是在公地背景下，资源使用者不得不面临正、负双重"外部性"和"搭便车"问题(Johnson & Libecap, 1982; Anderson & Hill, 1983; Lawry, 1990; North, 1990,1994; Rose, 1991; Feeny et al., 1996)。但是当资源使用者参与制度建设(集体行动)的预期收益(尤其是个体收益)大于预期成本时，我们就有理由相信资源使用者们的制度创造潜能有望得到开发。一系列调查结果表明，近海渔民已经对某些管理方案进行了制度创新(Berkes, 1986; Feeny et al., 1996)。Feeny et al(1996, p.195)写道："在俄勒冈……拖网船队最早对渔业开发的合理化作出了贡献，他们于 1988 年提出了限制捕捞措施的议案。这项议案促使 1994 年一个更加全面和综合性计划的出台。"

奥斯特罗姆等人通过荟萃分析，明确提出使用公共池塘资源的个人可能拥有五项产权：第一，进入(Access)——进入特定财产的权利；第二，使用(Withdrawal)——从资源中获取特定产品的权利；第三，管理(Management)——转变资源形式和规范内部使用形式的权利；第四，排他(Exclusion)——决定谁可以拥有进入、获取和管理的权利；第五，转让(Alienation)——出租或销售以上四种权利的权利。[①]

① 奥斯特罗姆的诺贝尔讲座稿：《超越市场与政府：复杂经济系统的多中心治理》，收录于王亚华著《增进公共事物治理：奥斯特罗姆学术探微与应用》，北京：清华大学出版社 2017 年版，第 16 页。

第四节 "囚徒困境"不是公地博弈的唯一模型

囚徒困境理论最先由美国兰德公司的梅里尔·弗勒德和梅尔文·德雷希尔于1950年提出,后来由艾伯特·塔克以囚徒方式阐述,故称之为"囚徒困境"(艾昆鹏、徐雅杰,2017)。"囚徒困境"是指两个被警察分别监押且共同作案的囚犯,警察对他们进行单独审讯,在审讯的过程中两个囚犯之间不能进行任何信息沟通,以致两名理性的囚犯选择揭发彼此罪行的博弈。其规则如下:首先,警方已经掌握了甲、乙两名囚犯的部分犯罪证据,根据这些证据只能将两名囚犯关押较短时间,比如2年。如果甲供出乙的其他犯罪事实,且乙保持沉默,则甲将仅被关押1年,而乙则将被关押6年;对乙而言,该规则同样适用。如果两名囚犯都保持沉默,则双方都将被关押2年;如果两人都选择坦白,则都将被关押4年。很多情况下,学者们使用"囚徒困境"博弈来解释哈丁的公地悲剧,并且认为公地使用者就像"囚徒困境"博弈中的囚徒一样,出于个人利益最大化的考虑最终却必然造成集体非理性的结局。

囚犯出于个体最优的考虑,最终都会选择其占优策略"坦白",从而都将被关押4年。然而对于两个囚犯而言,其集体最优策略是都选择沉默,这样他们每个人都将仅被关押2年。这说明在某些条件下,个体理性反而会导致集体的非理性。

		乙	
		坦白	不坦白
甲	坦白	(4, 4)	(1, 6)
	不坦白	(6, 1)	(2, 2)

图4-3 "囚徒困境"博弈

然而,在Ostrom和Todd Sandier等学者看来"囚徒困境"并不是公地博弈的唯一形式。在有限进入式(limited access)公地情形下,可以使用诸如"斗鸡博弈"(chicken game)、保证型博弈(assurance game)与合作博弈(cooperation game)来解释,这些模型与公地使用者的合作与集体行动是相容的，因而其结果并不一定是悲剧性的。Sandier(2010)构建的“6 位牧民的公地博弈”模型，即使不改变原有的基本假设，仅仅更改某些变量，就可以得到完全不同的博弈类型，而且它们不再属于“囚徒困境”型公地博弈。详见表 4 - 4：

表 4 - 4　6 位牧民的公地博弈

(1) $b_i=13$，$c_i=10$

	除 i 之外其他放牧者在公地上的放牧数量					
	0	1	2	3	4	5
i 不放牧	0	−10	−20	−30	−40	−50
i 放牧	3	−7	−17	−27	−37	**−47**

(2) 增大的外部成本，$b_i=15$

	除 i 之外其他放牧者在公地上的放牧数量					
	0	1	2	3	4	5
i 不放牧	0	−10	−22	−36	−52	−70
i 放牧	5	−7	**−21**	−37	−55	−75

资料来源：Sandier (2010)，p. 320。

假设有一个包含 6 位牧民的公共牧场，这些牧民对于此公共牧场仅有两种策略：要么在公共牧场上放牧，要么不放牧；牧民们是同质化的，他们只能独立行动，无法左右或者干预其他牧民的策略选择。

在表 4 - 4 的(1)部分，假设每一位牧民的放牧行为都会产生 60 个单位的成本，且这些成本会均匀地由这 6 名牧民共同承担，即包括选择放牧的牧民 i 在内的所有牧民，每人都承担 10 个单位的成本。先看 i 不放牧时的“报酬(payoff)”[①](对应“i 不放牧”一栏)。此时 i 不能获得任何收入，只是承受其他牧民放牧给自己造成的损失，假定该边际外部成本以固定不变的比例(10 个单位)增加，那么 i 对应的报酬就是“0，−10，−20，……，−50”。如果 i 选择放牧，那么他的报酬可用事先设定的公式“b_i-nc_i”进行计算，其中 n 为公地上放牧者的人数(非负整数 n＝0，1，……，6)，对应的报酬就是“3，−7，−17，……，−47”，综合性计算公式见式(4.1)。在该博弈中，纳什均衡是加粗的报酬“−47”，即 6 位牧民都选择放牧，共造成“−282”的净损失。对于牧民集体而言的最大化收益是所有人都不放牧，即净收益之和

① 对于 payoff 国内也有不少人将它翻译为“支付”，但似乎译作“报酬”可以避免误解，因此本书统一使用“报酬”一词，它相当于扣除成本之后的“净收益”。

为零。[①] 这是一个典型的公地悲剧博弈模型；显然，随着牧民人数的增加，纳什均衡结果与社会最优结果的偏离程度会越来越大。

$$Payoff_i=\begin{cases}0-nc_i,\ \text{i 不放牧}\\ b_i-nc_i,\ \text{i 放牧}\end{cases}\qquad 式(4.1)$$

接下来考察表 4-3 的(2)部分。在保持其他条件与(1)相同的情况下做两点调整：第一，假设在不考虑成本时，选择放牧可以获得 15 个单位的收入(即 $b_i=15$)；第二，随着放牧人数(对应同质化的畜群规模)的增加，对公共牧场施加的边际成本不再固定不变，而是以 2 为单位累加，即当只有一个人放牧时，对每一位牧民(包括 i)施加的成本为 10，当增加到两个人放牧时第二个人的边际成本为 12，依此类推，当所有人都放牧时，第六个人的边际成本为 20。代表性牧民 i 报酬的计算公式设定为式(4.2)：

$$Payoff_i=\begin{cases}0-\sum_{n=0}^{n=6}c_n,\ \text{i 不放牧}\\ b_i-\sum_{n=0}^{n=6}c_n,\ \text{i 放牧}\end{cases}\qquad 式(4.2)$$

根据该计算公式，可以得出当 i 不放牧时，随着其他放牧者人数的增加，其报酬为“0，－10，－22，…，－70”；当 i 放牧时，随着其他放牧者人数的增加，其报酬为“5，－7，－21，…，－75”。此时的纳什均衡有 20 种(C_6^3)，但是从公共牧场的角度来看它们都属于同一种类型：3 位牧民选择放牧，另外 3 位牧民选择不放牧，对应 i 的报酬为加粗的“－21”。显然这时的博弈不再是“囚徒困境”类型。假如在不考虑成本时放牧的收入(b_i)增大，那么均衡时放牧者人数将会增加。但是如果放牧的边际成本递增的速度加快，则意味着放牧导致牧场退化的速度加快，那么均衡时放牧者的人数将会减少。

再来考虑一种新的与现实更加接近的公地情形：假设在达到一定的临界值(threshold)之前，放牧的边际成本保持不变(或者以不显著的速度递增)，只有当超越了这一临界点时放牧的边际成本才会迅速增加。在这种情况下的博弈也未必属于“囚徒困境”，因为只要稍微改变一下潜在的收益或者成本结构，就会对博弈的结构施加显著影响。例如，额外的交易成本就具

① 尽管所有牧民都不放牧时公共牧场的价值为零的假设不符合现实，因为公共牧场并非只有放牧的功能，除此之外，得到良好维持的牧场能够为所有牧民改善生态环境等等，这显然是具有正收益的，但是这种假设并不影响模型本身的结论。

备这种效应。Ostrom 意识到这种潜在的结构(configuration)可以归因于自然，例如，治理 CPR 的物理法则(physical law)，或者制度性规则(institutional rules)。在后一种情形当中，制度非常重要，它们可以使共同所有者去设计公地的治理制度——公共池塘资源的多中心治理或者自主组织与自主治理结构，而且这种结构具有优于私有化和中央集权管理(centralization)巨大的潜在可能性(Sandier, 2010)。除此之外，如果放松某些不现实的假设，诸如“无交流、不信任、短视化”等等，还可以得到均衡时接近社会最优的结果。

第五节　公地悲剧的反例研究

本节将重点介绍两个现实案例，讨论公地悲剧理论与事实不符的情形，从而达到进一步界定其适用边界的目的。

一、人口密度增加“私地”反而变成“公地”的悖论

许多主流经济学倾向于赞同“私地”必然优于“公地”，主张采用完全私有化来解决公地的过度开发问题(Cheung, 1970; Demsetz, 1967; Hardin, 1968; Johnson, 1972; Smith, 1981)。比如 Smith(1981)指出：“在自然资源和野生动植物问题上，要想避免公地悲剧，其唯一方法，就是创立一种私有产权制度来取代资源公有制度。”哈丁对公地的看法更是非常悲观，“公地，如果存在一丝的合理之处的话，也只能是在人口密度较低的条件下才可能成立。随着人口增加，公地会确凿无疑地被抛弃。”(Hardin, 1968, p. 7)

但是也有为数不多的学者分析过人口变动与资源产权安排形式之间的动态关系(例如 Field, 1989)。Field(1989)主要从外部性的治理、集体行动的成本等角度，分析了资源使用者人数对资源产权形态的动态影响。事实上，影响外部性和集体行动成本的因素有很多，但是 Field(1989)主要分析了两种因素：交易成本和排他成本。此处的交易成本是指在公共资源使用者社区内部制定和执行管控公共资源使用协议的成本，[①]与新制度经济学通常对交易成本的理解存在一定出入。在假设其他条件一定的条件下，当交

① 注意此处 Field(1989)所谓“交易成本”与通常新制度经济学家认为的“交易成本”含义的区别。在新制度经济学中，交易成本一般是指技术上可分割的物品(服务)产权让渡过程中引发的成本(Williamson, 1981)，是与生产成本相对应的一个概念。

易成本增加的速度大于排他成本时,产权安排向私有化方向演变有助于效率的提升;反之,则向公共产权演变更有效率(Field, 1989)。

Rahman(2009)提供的案例则为我们对该问题的了解提供了详实的现实案例。巴基斯坦欧迪村(Odier Village)冬季草料"栓翅芹"(Prangospabularia,当地叫"moshin")由人口密度较小时的私有制,到后来人口密度增加时"自动"变成"共同所有"的案例对上述主流学者的观点构成了质疑,表明他们的观点存在绝对化和过于武断的嫌疑。正如 Rahman(2009, p. 19)写道:"几十年前,当时住在村里的人还比较少,自然资源原来的所有者是单个家庭户,栓翅芹采用私有制的管理办法;随着资源使用者的不断增加,栓翅芹就自动(automatically)变成了各自所在家族共同所有了。"

(一) 背景介绍

Odier 村是巴基斯坦东兴都库什地区的一个高寒山区村庄,海拔为 2800—4000 米。根据巴基斯坦白沙瓦大学 Rahman 于 2001 年所做的实地调查,全村共有 120 户人家,人口约为 1100 人。总共有 6 个家族居住在 7 个相对独立的区域。其中,Somalay 是最大的家族,拥有 55 个家庭户;其次是 Bulay 家族,31 户;Shaipay 家族,16 户;以及三个次要家族 Nasketek(10 户),Khushay(3 户)和 Shadeyay(5 户)。对于所有居民而言,畜牧业和种植业是他们维持生计的主要经济来源。在村子里仅有极少量非农业经济活动。限于地形地势、过高的海拔和没有可用的灌溉用水,适合耕作的土地面积非常有限。该村子一般家庭的平均土地面积还不到 1 公顷(Rahman, 2007),仅为巴基斯坦北部种植业地区的三分之一。在食物方面,他们主要依靠购买;薪柴和饲料则主要从村庄的公地上获取。

畜牧业是 Odier 村非常重要的经济和生活来源。由于当地冬季时间漫长,每年大约有一半的时间需要将牲畜关在畜舍内饲养。因此饲草资源的多寡对于每个家庭能够饲养牲畜的数量具有决定性意义。由于当地自然环境的制约,可耕作面积极度匮乏,因此可用作冬季饲草的种植业副产品非常有限。当地可供牲畜过冬的饲草主要是栓翅芹。

栓翅芹是一种多年生植物,在整个 Torkhow 地区通常都用来作为漫长冬季喂养牲畜的饲料。它生长在海拔约 2900 米的高海拔村庄耕地四周、夏季定居点和高海拔牧场。它是一种耐寒植物,通常不需要任何照料和保护。它的收割需要特制的镰刀和技巧,而且将它扎把的方式也与其他饲草有所不同。

村子的三个主要家族在主牧场拥有栓翅芹地块。这些栓翅芹地块是连接成片的,利用不同的标记来将它们的产权界定给不同的家族。收割栓翅芹并搬运至冬舍(winter house)是很费劳力的，对于缺少男性劳动力的家庭而言，其成本相当高昂。大部分这类农活是在非互惠的(non-reciprocal)劳动力分享制度的安排下，由他们的亲戚或者邻居来协助完成的(Rahman，2007)。

在40—50年之前，[①]Odier村的栓翅芹产权都是分配到户的，即实行纯私有制。当家庭中的男孩长大成家之后，户主又会将其栓翅芹土地划分给他们。出嫁的女儿则不享有栓翅芹土地的继承权，除非她是采取招赘的形式结婚。随着人口不断增加，栓翅芹地块就要进行不断细分，这就使得维护和收割栓翅芹的经济效益大大降低。继续划分下去甚至会导致收割小块栓翅芹的边际成本高于其边际收益，最终陷入Heller(1998)提出的空间型反公地悲剧。[②]

(二) 饲草利用的轮流使用模式

为了解决地块过度细分问题，Odier村逐渐变革了栓翅芹的产权安排。土地的最终所有权让渡给了村民各自所在的家族，由家族对栓翅芹进行统一管理和分配。在人口较少的时候，由家族制定规则，将栓翅芹采用“轮流坐庄”的方式分配给下面的小组，小组再按照一定的规则将资源分配给各个家庭，实行两级“轮转制”。[③] 到后来随着人口的进一步增加，原来的小家庭繁衍成大家庭，于是原来的轮转系统就自动增加一层，变成了三级轮转制。可以预见，以后随着人口的持续增长，层级还会继续增加。每一个家庭轮转到的栓翅芹收割权可以在本家族内部自由转让和交易。

这种轮转体系能够确保栓翅芹在一定的规模上经营。这是因为最终所有权是归家族共同所有的，每一级轮转主要是通过延长家庭占有某一地块栓翅芹收割权的等待时间，而不是简单地将地块进行物理空间上的细碎化分割。对于那些繁衍最快的家庭而言，轮到一次的时间长达半个世纪。然而Rahman(2007)的调查表明：在实行家族所有的轮转制度之后，Odier村的村民在栓翅芹的使用上却从来都没有发生过争执或者含混不清的情况。更为重要的是，在人口迅速增长的条件下，当地村民很好地解决了公共资源(栓翅芹)的长期延续性问题，而不是像Hardin(1968)断言“人口增加会导致公共资源变成私有产权资源，否则这种公共资源将会走向毁灭”的悲剧。

---

① 以Rahman发文的2007年作为时间基点。

② 关于反公地悲剧，可参见本书第五章的详细介绍。

③ 所谓“轮转制”即轮流使用的制度，下同。

该案例以事实为依据证明了：第一，随着人口密度的增加，公共资源不一定会变成私有财产，也有可能反其道而行之，随着人口密度的增加原来的私有财产可能会自然地演变为公共资源；第二，妥善管理的公共资源与哈丁设想的开放进入式公地具有本质上的区别，[①]如果说后者很难逃脱公地悲剧的话，前者则并不必然如此，甚至有可能是"公地喜剧"；[②]第三，与哈丁断定的"必须借助外部力量（主要是指政府控制）才能妥善管理好公共资源，以避免公地悲剧"的看法不同，Odier 村的村民通过改变自己的行为和制度建设，自主地解决了公共资源长期延续和有效利用的问题。

遗憾的是，Rahman 只是做了较长时期的调研和介绍性描述，对于"悖论"的深层次原因并没有给出进一步的解释，在指出"随着资源使用者的不断增加，栓翅芹资源就'自动'（automatically）变成了各自所在家族（或者家族）共同所有了"之后并没有对这种"自动"转变做出合理的说明。尽管 Rahman（2009）的研究与诸多主流学者（比如哈丁、德姆赛茨和张五常等）的预测恰好相反——随着人口的增加，资源不仅没有从"公地"向"私地"转变，反而由"私地"变成了"公地"。但是有趣的是，如果进一步思考不难发现，这种现象本身其实并没有违背经济学基于"边际成本-边际收益"的分析套路。[③] 问题是上述"主流"学者们往往只看到事物的某一面，却忽视了它的另一面。我们可以大胆地判断，在极端情形下（比如原始社会），[④]相对于极少的人口而言，自然资源大部分情况下并不构成稀缺资源，真正稀缺的是如何通过协作提高围捕猎物、采摘野果的效率。因此在这种情况下，人们不会将资源私有化，而是让它们以"公地"的形式存在。然而当人口增加到一定程

---

① 在时隔 30 年之后哈丁教授 1998 年又在"科学"杂志发表了一篇名为"Extensions of 'The Tragedy of the Commons'"的文章，部分地回应了他 1968 年"The Tragedy of the Commons"的批评者，他承认应该在 1968 年文章中的"Commons"（公地）前面添加定语"unmanaged"（未经管理的）；但是他对人口过度增长，以及人口密度增加背景下的资源产权类别转换方向问题的看法，与 30 年前并无二致。

② 西方学术界持公地悲剧观点者确实是公地问题方面的大多数，但与此同时也有不少学者对"有管理"的公地持"公地喜剧"的看法；而 Dietz 和 Ostrom 等人则利用"公地戏剧（the drama of the commons）"的概念将这两种观点统一起来，参见他们的著作 Dietz, T., Dolsak, N., Ostrom, E. & Stern, P.. *The Drama of the Commons*, Washington, DC: National Academy Press, 2002。

③ 尽管 Odier 村特殊的文化和宗教背景可能也是造成这种"悖论"的替代性解释因素，但是这些因素并不是必不可少的。

④ 这方面的经典案例可以参见哈罗德·德姆赛茨关于"海狸"的阐述：Demsetz, H. "Towards a theory of property rights", *American Economic Review*, 1967, 52(2): 347－379。

度，以及其他因素[①]的作用，将“公地”划分为私有财产就属于“边际收益大于边际成本”的理性选择了，而这也恰好是主流经济学家们所做的“预测”。问题在于，随着人口的进一步增加，当人们将某种资源（比如长有饲草的地块）进行过度细分时资源本身对于它的所有者而言将变得毫无价值，因为对于许多资源而言，达到一定规模的“下限”是它能够成“有用之物”的基本条件。因此，Odier 村的村民后来不再使用简单私有化分割的方式，而是创造性地利用时间差的“轮转制”，就很好地解决了这一难题。

（三）类似的案例——山塘养鱼的不同模式及其绩效

对与此类似的轮流使用制度，作者对湖南省隆回县 LT 村的集体鱼塘制度做过长时间的实地跟踪考察。隆回县位于湖南省中部偏西，地形以丘陵山区为主。LT 村是隆回县一个海拔 600 米的高寒山村，全村户籍人口两千人左右，常住人口一千人左右，除少数山间小盆地之外，几乎都是高山或者丘陵，而且远离大江大河。该村庄的山间小盆地多被开垦为水稻田，缓坡地带则被开垦为旱地。该村庄在漫长的历史过程中，形成了以种植水稻为主要粮食作物的传统。由于该村庄夏季经常发生干旱，因此村民在地势较高处修建了若干山塘用来储水灌溉稻田。根据该村子的惯例，在包产到户时，这些山塘并不直接作为分配对象，而是作为附属品与其灌溉的水稻田一起进行打包分配，即谁家分配到了某一山塘灌区内的稻田，谁就享有该山塘的使用权和收益权（下文简称“权益山塘”）。这些山塘根据其储水量的大小和位置，其灌溉的稻田也不一样。通常，微型山塘仅够灌溉一两亩稻田，中型的可以灌溉数亩稻田，而相对大型的山塘则可以灌溉十几亩甚至几十亩稻田。[②]

为了最大限度地利用山塘水利资源，村民们通常会在其权益山塘内养鱼。村民们对于养鱼权的分配模式主要有三种：(1)小微型山塘，养鱼权大多归 1 个农户所有；(2)中型山塘，养鱼权一般归 3—5 个农户所有；(3)大型山塘，养鱼权归数十个农户所有。

通过多年的跟踪调研，我们发现该村庄上述山塘资源在养鱼的绩效方面，第一种由于没有任何产权上的纠纷，每到过年都能收获数量较为可观的渔获。最后一种，大型山塘，由于有权养鱼的农户数量太多，加上缺乏有效的管理机制，村民们往往并不会投入成本（鱼苗、饲料等），也不会对非权益

---

① 比如对土地资源规模要求较高的现代化生产技术，和便利化的生产要素流动。

② 当地属于湖南中西部雪峰山支脉丘陵山区，连片的大型农田较少，因此沿用当地“丘”而不是“亩”的度量单位来衡量山塘的灌溉能力更加合适；大型的山塘在当地被称为“水库”，但实际上其面积和一般意义上的水库相比要小得多。

户(non-commoners)的侵占行为进行干预。一位村民如是说:“反正都是大家的鱼塘,抬头不见低头见,我去说人家(侵占者),大家也不会感谢我,我干麻去得罪人呢?”在交给私人承包之前,这类鱼塘经常发生毒鱼、电鱼,甚至用炸药炸鱼的情形。其中有一处名为“稿子冲”的山塘,就因村民多次炸鱼而将池底损毁,导致该山塘的水全部漏光,池塘干涸状态持续超过十年——直到后来当地获得烟草种植灌溉工程项目资金,将该山塘用水泥彻底硬化才在一定程度上获得修复,重新蓄水。

大型山塘最后往往演变成无人管理的开放进入式鱼塘,或者被个人承包的私人鱼塘。对于开放进入形态,几乎没有人为定期捕捞渔获的情形。最为常见的情形是,当遭遇特大干旱时,由于村民大量抽水灌溉稻田,使得山塘水位下降严重,但通常不至于干涸(避免塘底被晒干丧失蓄水能力),这时村民们就会拿上各自的简易捕鱼工具捕鱼。对于渔获的分配,草鱼归权益农户所有,但因为缺乏有效管理,草鱼数量极为有限;对于其他鱼类(比如鲤鱼、鲫鱼和其他小型杂鱼)的分配则通常并无特殊规定,谁捕到就归谁所有。因此这类鱼塘如果没有承包给私人经营的话,其渔获量往往十分有限。这进一步导致某些权益山塘养鱼权出租的租金也非常低廉。以该村庄最大的山塘(当地人口中的“水库”,水域面积约为 4 亩)为例,2019 年村民曾某长期承包其养鱼权,每年仅需支付 100 元租金。[①]

对于第二种,则存在两种不同的使用和管理方式。同时养鱼模式,每年都由共同的权益人(3—5 户农户)养鱼,并各自口头约定一定的管理方式——比如投放饲料(通常以投放当地新鲜的草料为主),遇上山洪时负责管理山塘水坝,以免鱼儿逃跑。轮转制,采用轮流养鱼的办法,抽签决定养鱼的先后顺序,以每相连的两年为一个养鱼周期,[②]每个周期只允许一户农户养鱼。调研结果表明轮转制模式效果非常理想,平均渔获量和只有一户农户承包的私人鱼塘没有明显差别。而共同养鱼模式则非常糟糕,平均渔获量总体上比第二种大山塘情形稍微好一点,但是并不明显。比如一位受访村民抱怨:“在一次发大水的时候,×××并没有按照约定去及时管理好水坝,而是趁机去抓跑出来的鱼,我怀疑他可能趁我不在故意破坏水坝让鱼儿(随大水)流出来进入他自己提前布置在水坝口的渔网里……而且他经常

① 数据资料来源:2020 年年初本书作者的实地调研;调研编号:LTC20200213。

② 一开始的周期为一年,但是后来村民们发现一年不够鱼儿生长,于是将每位农户的养鱼“档期”自动加倍。当地人最在乎的主要鱼类品种是草鱼,他们极少购买可以使鱼迅速生长的饲料,而是投放人工采集的鱼草,因此鱼儿生长速度比较慢,但是口感和品质很好。

不打草。[①]”于是后来该村民在与山塘的共同权益人协商之后，最终采用轮转制模式。同一处山塘，在将共同养鱼改为轮流养鱼模式之后，保守估计，平均每年的渔获量增加了至少 5 倍。

二、美洲野牛的案例：资源的机会成本不容忽视

将美洲野牛的大量杀戮作为公地悲剧的案例比比皆是。例如生态学家哈丁认为：“在 150 年以前，一个美国平原地区居民在杀死一头美洲野牛之后仅仅把它的舌头割下来，而将其他部位弃之荒野，却丝毫不会感觉到任何‘浪费’；而今天这种野牛的数量仅仅只有几千头，我们不得不为这种行为感到无比的惊讶。”(Hardin，1968，p. 4)十年之后，Cass 和 Edney 在论文《公地困境：对资源可见度和确权效果的仿真测试》中将美洲野牛的杀戮作为公地困境的案例：“关于暴殄天物(mishandling)众所周知的案例有很多，诸如对多种燃料、木材、地下水的过度使用以及空气污染、某些地区的水污染。其他的例子还有那些在生物上的影响比经济因素更大的问题，包括对海洋鲸类的过度捕杀，对某些野兽的过度猎杀，譬如美洲野牛。”(Cass & Edney，1978，p. 372)

Brechner(1977)在其论文《社会陷阱的实验分析》一开篇就将(美洲)野牛的数量锐减作为“历史性悲剧”的首要案例：“野牛濒临灭绝、牧场退化、1927 年广播法(Radio Act)颁布之前调频波段的拥堵、1929 年的银行挤兑、夏季用电限制，至少都有一个共同的特点：在每一个案例中这些历史性的悲剧(灭绝、退化、拥堵、萧条和能源枯竭)都是在未经审视的短期利益(可售卖的野牛皮、扩大的牧群、商业广告、现金和使用家用电器)驱使下的反应。在每一种案例中，人类只考虑个人的短期收益，却忽视了社会长期损失的增加。Platt(1973)把这些反应模式称之为‘社会陷阱’。”

近期文献中与哈丁、卡西(Cass)、布列奇内(Brechner)持类似观点的学者亦不在少数。随意搜索环境和自然资源方面的教材就能发现，野牛是作为开放性资源问题最寻常的案例。例如，一本关于环境问题的主流教科书是这样描述的：“开放性资源所导致的问题可以用野牛命运的案例来阐明。野牛是一种公共池塘资源。公共池塘资源是以非排他性(non-exclusivity)和可分割性(divisibility)为特点的……在所有猎人都完全无限制地猎杀野牛时，配置的结果是无效率的。没有哪个猎人有动力为维持宝贵的经济租金而对猎杀的强度加以限制……能够为排他性所有者避免进一步开发造成

① “打草”指投放草料的意思。调研编号：LTC20200213。

的损失——因过度开发造成稀缺经济租金的丧失——并不是开放环境下狩猎者决策制定过程的一部分。”(Tietenberg & Lewis, 2012, pp. 29–30)

最完整讨论野牛濒临灭绝的是Taylor(2011)。Taylor认为,之所以会发生野牛的迅速猎杀是因为1870或1871年德国和英国制革技术的创新。这项创新带来了对野牛皮的大量需求,猎人的反应是为了获得兽皮而杀死野牛并将牛皮售往国际市场。Taylor关注的焦点在于技术进步和剧增的市场需求导致野牛的大规模猎杀。尽管他的分析很透彻而且颇具说服力,但是他的不足甚至错误之处在于,和其他学者一样将野牛的杀戮定性为“因开放进入(open access)而导致资源过度开发的戏剧性案例”(p. 3166)。他总结道:“北美野牛的屠杀无疑代表了美国环境史上最为悲惨的一章。”(Taylor, 2011, p. 3171)

此外,Copeland(1990)和Higgs(2005)也做过类似的论证。可见,在论述开放进入式资源的过度利用问题时,野牛是屡见不鲜的案例,甚至有人(例如Hill, 2014)认为:在分析公共资源过度开采的全部案例当中,根据使用的频繁程度,野牛的大规模杀戮是排名第二的例子。①

(一)美洲野牛数量锐减不是公地悲剧

针对上述观点,美国惠顿学院荣誉教授希尔(Hill)进行了强劲的反驳。Hill(2014)认为上述学者在分析过程中都忽视了机会成本。如果将机会成本考虑进去,许多看似悲剧的事物其实并非真正的悲剧。他将某种资源(比如野牛,用B表示)的过度开发进行了公式化:

$$DPV(B)_t > H(B)_t. \qquad \text{式(4.3)}$$

$DPV(B)_t$ 是指在存活于某一时间点 t 的单位资源的贴现值,$H(B)_t$ 是指在年份t收获某一单位资源的价值。未来资源流的贴现值可以用公式表示为:

$$DPV(B) = \frac{\sum_{t=1}^{n}(R_t - C_t)}{(1+i)^t}(t = 1, 2, \ldots, n). \qquad \text{式(4.4)}$$

R代表某一资源在年份t的市场价值,i是贴现率,C是在那一年生产该资源必须付出的机会成本,也是本案例研究的关键之所在。毫无疑问,北美大平原的草场是具有机会成本的资源,它既可以用来生产野牛(bison)也可以用来生产家畜(cattle)。

① 排名第一的是公共海洋鱼类被过度捕捞的案例。

学者们通常认为19世纪美洲野牛的迅速杀戮是由于产权不清造成的。虽然当时野牛是一种类似于完全开放进入式的资源，但其实导致它们被迅速和大规模杀戮的主要原因并不在于野牛是无主的。当考虑到草场的机会成本时，即使当时野牛是得到良好界定和保护的私有财产，它们也同样难逃被主人迅速杀戮，直至最终被家畜所取代的历史命运。

作为一种能够将牧草转换成肉类和兽皮的"生产工具"，野牛与家畜相比处于明显的劣势。野牛是一种季节迁徙性动物，需要的活动范围非常广阔，要想将它们圈养起来难度很大。美国国家野牛保护组织建议，使用不低于6英尺高的栅栏才可以将野牛圈养起来。虽然大型农场能够解决将野牛进行私人圈养的难题，但是这样做的成本十分高昂，在野牛并非稀罕物的时代私人圈养野牛的收益无法弥补成本。

此外，野牛的屠宰和加工方面也存在非常高的难度和成本。野牛性情暴躁、力气巨大，很难被人类驯服，而且容易伤人。一位野牛历史专家指出，即使从幼年期就开始饲养，野牛也很难被驯服，"野牛早晚会攻击它们的主人，一些驯牛者就死于其驯养的野牛的攻击之下"。这就意味着，野牛往往必须进行现场宰杀。在交通不便和缺乏冷藏保鲜技术的时代，野牛通常在被猎杀剥皮之后就弃之荒野，任其腐烂。在1872—1874年间，被杀死后使用铁路运送至市场的野牛肉仅占被杀死野牛总数的0.7%—1.7%(Allen, 1876, p.190; Hornaday, 2002, p.498)。在19世纪80年代，将一张野牛皮运到蒙大拿州Miles城的售价仅为3美元，而将一头家牛送至同一地点却值20—25美元(Anderson & Hill, 2004, p.100)。即便后来交通条件和冷藏保鲜技术的发展，野牛肉被运送到消费市场时的新鲜度也会有所减损，而且这些处理程序本身也需要一定成本。在美国19世纪将一头野牛"即时杀死"搬运至火车站的平均费用大约是30美分，而将家牛送达火车站的平均成本仅为1.67美分(Hill, 2014, p.12)。

与家畜相比，野牛在将牧草转换成牛肉和牛皮方面是低效而不经济的，它们不仅占用了经济效率更高的家畜的生存场所，而且还会对草原家畜饲养业造成威胁。①

1870年以后，随着与印第安人达成"和解"，以及铁路的铺设，大农场主看到了在草原上保留野牛的机会成本急剧增加。骤升的机会成本将野牛的未来价值抵消掉了——因为在不远的将来售卖野牛制品的收益将会低于其机会成本，在草原上保留野牛而不是家畜的损失意味着杀死野牛，为采用一

① 比如野牛可能会攻击牧场上的人类和牲畜。

种新的更加有效率的肉类和兽皮的生产方式铺平道路，成为了历史的必然选择。

（二）即使考虑到野牛的非消费性价值也不足以改变结论

质疑者必然会指出，除了为人类提供牛肉和牛皮之外，野牛还具有其他价值。当下非常流行的观点认为，维持野牛物种的存续本身就可能存在巨大的潜在价值。比如人们可以利用野牛进行科学研究，仅仿生学的案例就足以表明维持野牛物种的存续，也许能在将来为人类重大发明创造的实现提供某种条件。此外野牛还可以供人类观赏，以获得精神上的满足感。

供求原理告诉我们，野牛存量变少的过程也是野牛边际价值上升的过程，当野牛的数量下降到一定程度时，其边际价值（从而价格）就会大大上升。一方面，圈养野牛的成本有所下降，[①]但更重要的是其收益大大增加，于是对于实力雄厚的大农场主而言圈养野牛就变得有利可图了。事实证明：即使不借助国家资源，市场力量自发作用也能很好地解决野牛种群的存续问题。美国目前就有许多大型农场在养殖野牛，有些甚至还能为市场提供野牛肉。公共自然保护区也有大量野牛的身影，比如黄石国家公园、美国国家野牛保护区和卡斯特州立公园。美国野牛协会公布的数据显示：现存[②]北美野牛的总量估计达 362406 头；根据 2017 年美国国家农业部普查数据，美国私人牧场和农场野牛存栏量为 183780 头；根据 2016 年加拿大农业普查数据，加拿大私人养殖的野牛数量为 119314 头；而在 1900 年之前，未获得人们努力保护之前的野牛数量估计少于 1000 头。[③] 在本书即将出版之际，超过八成的美洲野牛是由私人养殖的，足见市场力量的强大。

综上，19 世纪在美国西部大草原上保留过多野牛的收益 R_t 非常小，而其机会成本 C_t 却很高昂，在某些特殊时期二者之差，即 $DPV(B)$ 甚至可能是负的。因此，认为野牛的杀戮过度，即 $DPV(B)_t > H(B)_t$，是不成立的。即使将非消费性价值考虑在内，野牛的大量杀戮也并非经济学家们通常认为的公地悲剧，而且如果从边沁式功利主义哲学视角来看，结论尤其如此。

（三）反对生态原教旨主义

在关于生态环境保护的辩论中，经常存在一种生态原教旨主义倾向。它是指“将环境保护置于绝对优先的地位。这样的环境保护与基本的人类

---

① 技术进步可以降低私人圈养野牛的成本。

② 美国野牛协会公布的这项数据并未显示具体时间，仅仅显示“362,406: Estimated herd size in North America today.”——https://bisoncentral.com/bison-by-the-numbers。

③ National Bison Association:“Bison by the Numbers”，未注明日期，https://bisoncentral.com/bison-by-the-numbers，2021 年 11 月 29 日。

价值无关，并将其凌驾于诸如自由、繁荣、安全和公正这类人类欲望之上”的情形（柯武刚、史漫飞，2003，p. 106）。生态原教旨主义者将人类视为构成一个独立物质系统的组成部分之一，人类的需求与动植物以及物质世界的其他组成因素的需求之间作纯数量型和物理性的权衡。他们反对“将人类的关切和人类的价值作为全部人类活动的尺度”（柯武刚、史漫飞，2003，p. 105），主张将动物们的利益和生态系统的利益放在与人类利益相当，甚至更高的地位。

生态原教旨主义者宣扬生态学“预警原则”（precautionary principle）的极端解释，即不应做任何有损环境之事，无论其他目标，比如发展经济、消除贫困等是多么紧迫。[①] 他们对柯武刚、史漫飞等人赞同的环保观进行批驳，认为“所有的政策设计都是人脑的产物，而我们只能表达、评估和比较人类的价值”（柯武刚、史漫飞，2003，p. 106）。然而，如果我们不再以人类价值作为人类行为的唯一参照系，那么谁的价值可以取而代之：是吃人的北极熊，还是凶悍的美洲野牛？

如果以某种动物的价值作为替代物，那么怎样确保它们的旨意准确而有效地传达给人类呢？最终结果便是，“自然的利益”变成某些别有用心的“精英人物”主宰人类价值的工具。因此，采用生态原教旨主义的视角来看待 19 世纪美洲野牛数量锐减的现象并不可取。

第六节　本章结语

本章总结和梳理了学者们关于人类认知的局限性、人性假说的缺陷、制度的广泛存在性、囚徒困境博弈、人口增长与产权制度、机会成本视角下的北美野牛大规模杀戮等问题的研究，从而对哈丁式公地悲剧理论的适用边界进行了讨论。尽管以上因素都从不同角度压缩了公地悲剧理论的适用范围，但是各自的侧重点是不一样的。人类认知的局限性表明：部分“公地的悲剧”并不能用公地悲剧理论来解释，因为即使这种资源是以产权界定清晰的“私地”，而非“公地”的形式存在，由于人类对资源本身的认知偏误也会导致“过度投资—过度开采”的悲剧。经济人假说的缺陷和制度的广泛存在性表明：作为主流经济学构成部分的公地悲剧理论存在过度依赖“经济人”假

---

① 比如 Elliott（1997）认为：“人类伦理的首要条件就是避免公地悲剧，地球生物系统性状在道德上优先于它的任何组成部分的福利——包括人类社会和个人的需求和利益。”

说，而非基于作为特定历史和制度条件背景中的“现实人”，并进而推导出公地悲剧这个稳定单一的均衡解。

我们并不否认公地悲剧的高度抽象和概括，以及模型本身的重要理论价值，但是当考虑到人性的复杂性和制度的广泛存在性时，可以得出以下结论：现实当中发生的“公地的悲剧”往往不如模型预测的那样普遍和严重。如果说本章前四节的内容只是对公地悲剧理论进行一般意义上的批评和修正，那么第五节则以反例的形式证明：第一，确实存在“随着人口密度增加，‘私地’反而变成‘公地’且成功避免了悲剧”的现实案例；第二，当充分考虑到资源使用机会成本时，某些人们经常例举的经典公地悲剧案例其实并不成立。

尽管本章几乎都在“批判”哈丁式公地悲剧理论的种种不足，但是所有这些都不足以彻底推翻公地悲剧理论，或者对它的价值造成颠覆性的影响。即便哈丁公地悲剧模型最著名的批判者，因寻求破解公地悲剧新途径而获得诺贝尔奖的奥斯特罗姆，也承认公地悲剧模型内部逻辑的自洽性。任何经济学理论都是在特定假设的基础上得以构建的，其中有些假设与现实相符，而有些则未必相符。[①] 在理论模型的假设上，经济学家通常会面临一个两难的选择困境：简化的假设可以使模型在形式上变得简洁优美，而且易于推导出均衡解，但是这类模型往往和现实脱离比较严重；反之，如果模型假设“过于现实”，那么理论模型本身又难免丧失形式上的简洁和均衡解的含混不清，甚至是“无解”的局面，如果将所有与现实有关的细枝末节都纳入模型中的变量（事实上是不可能的），那么该理论模型实际上就成了一个“同义反复”——现实就是现实本身。所以，如果将本章内容视为对哈丁式公地悲剧理论的新发展，而不是简单否定更加恰当。对于放松哈丁式公地悲剧理论模型的某些假设，从而引申出一种新的被学界接受的理论，本书将在接下来的章节中进行详细介绍，本章只是从总体上概括性地介绍学者们对哈丁式公地悲剧理论的批判。

---

① 经济学界对于理论模型的假设是否应当与现实相符存在着长期而激烈的争论，有些经济学家主张假设应该具有现实基础，而有些经济学家（以米尔顿·弗里德曼为典型代表）则认为假设是否与现实相符无关紧要，真正重要的是理论模型本身的预测能力。而且这种争论极有可能会长期持续下去。

第五章　最新发展之二：反公地悲剧的提出、论证、争论与应用

本章将系统阐述公地悲剧理论的又一个最新发展方向：反公地悲剧理论。1998年迈克尔·赫勒(Michael A. Heller)《反公地悲剧：从计划经济到市场化转型中的产权》①的发表标志着反公地悲剧理论正式诞生；后来诺奖得主布坎南，以及诺伯特·舒尔茨、永钧等人对其进行了模型化论证，并从模型和实验经济学的角度对反公地与公地的对称性进行了广泛的讨论。

第一节　从公地悲剧到反公地悲剧：赫勒等人的原创性贡献

一、反公地悲剧理论的提出者与理论诞生背景

在展开正式分析之前，有必要先利用少量篇幅简要介绍反公地悲剧理论(the tragedy of the anticommons)的开创者赫勒教授。迈克尔·赫勒是当今私法理论研究领域的杰出学者(preeminent scholars)之一。哥伦比亚大学法学院官网公布的简历显示，1985年赫勒以优等成绩毕业于哈佛大学，获得文学学士学位；1989年以杰出的表现获得斯坦福大学法学博士学位；博士毕业之后进入世界银行工作，并担任住房政策与法律顾问和项目副经理(deputy task manager)，任职期限为1990年—1994年；他于1994—2002年任教于密歇根大学法学院，并于1999年晋升教授；自2002年至今一直担任哥伦比亚大学法学教授，现任哥伦比亚大学法学院教学副院长、劳伦斯·A·维恩房地产法教授(Lawrence A. Wien Professor of Real Estate Law)。②

① Heller, M. A. "The Tragedy of the Anticommons: Property in the Transition from Marx to Markets", *Harvard Law Review*, 1998, 111(3): 621 - 688.

② 资料来源：https://www.law.columbia.edu/faculty/michael-heller，2021年11月29日。

几乎所有经济理论的诞生都是现实问题的激发与杰出思想家的灵感相互作用的结果,反公地悲剧理论的诞生也不例外。在人类历史上反公地现象由来已久,只是在漫长的历史过程中它似乎显得并不那么明显和严重,以致人们很少关注和研究它。但是随着特殊历史现象的出现,反公地悲剧问题变得日益严重和突出,于是在具有敏锐洞察力的学者的观察和思考之下反公地悲剧理论就应运而生了。反公地悲剧理论与其提出者赫勒的一段特殊经历是密不可分的。1991 年底苏联解体之后,赫勒作为当时世界银行工作组的成员出访莫斯科。他当时的任务是,为俄罗斯和东欧国家在土地和房产方面重新创立产权提供咨询服务。最先促使赫勒认识到反公地悲剧原理的事件是 20 世纪初期俄罗斯商业地产(尤其是商店)的市场化改革困境,他在《困局经济学》一书中写道:“可惜,俄罗斯在企业私有化上的惨败,使得住房私有化的成功显得黯然无光。20 世纪 90 年代初,少数经营者拿下了国有企业的控制权;我们在新闻里听说的‘经济寡头’批发得到了俄罗斯的所有自然资源。商业地产的私有化比不上住房改革的成功,但也未到企业改革溃败的地步。我就是在这个不上不下的中层地带,首次发现反公地悲剧的。”(赫勒,2009, p. 124)

赫勒早在 1992 年就认识到了莫斯科的反公地悲剧问题,他在《困局经济学》中写道:“1992 年,俄罗斯代总理伊戈尔·盖达尔请我的团队做个调查,想弄清楚为什么人行道上满是售卖商品的金属亭,私有化后的商铺店面却仍旧空空如也。对比是鲜明的:大街上是热闹喧嚣的贸易往来,商店里却灯光暗淡,货架上什么也没有。各方说辞虽多,却都忽视了俄罗斯新的产权制度这一关键因素。我跑去与莫斯科商人聊天,发现搭建一座小棚子很容易,但开一家店却好像一场噩梦。就在那时,私人商店空空荡荡的画面,使我明确了反公地悲剧这个概念——所有者太多,彼此阻碍,使得稀缺资源利用不足,造成浪费。”(赫勒,2009, p. 124)但是直到 1994 年他进入学术界(密歇根大学法学院),才开始将反公地悲剧问题进行系统的梳理和论证,历时 3 年直到 1997 年才将论文稿件撰写出来,最后于 1998 年见刊于《哈佛法律评论》。①

---

① 关于赫勒构思和创作反公地悲剧理论过程的判定来源于两大依据:其一是他本人公开发表或出版的作品;其二是本书作者与赫勒教授的邮件沟通。在 2020 年 10 月 30 日赫勒教授回复本书作者的邮件中写道:“Indeed, I noticed the problem working in Moscow in 1992, but I did not framing the anticommons idea until I entered academia in 1994, and then crystalized the concept in 1997 when I wrote the first full draft of what became the 1998 Harvard article. Hope this is of help.”

二、反公地悲剧理论的内涵

(一) 公地悲剧理论的疏漏

自从哈丁1968年《公地悲剧》发表以来，“公共物品的竞争性过强，而排他性缺失或不足”将会导致“过度使用”(overuse，或 overexploitation)的公地悲剧思想可谓深入人心。只要一提到公共资源情形，人们的第一反应就是利用政府控制，或者私有化的形式使公共资源的产权明晰化以赋予它足够的排他权，从而避免过度使用的公地悲剧。在自由思想主导的西方世界，政府控制(通常又被称为“利维坦”)是一项非常敏感的提议，通常只有在特殊时期，以及那些私有化或者市场无法发挥作用的领域才会诉诸政府控制。因此通过私有化解决公共资源过度使用问题可以说是西方世界的主导思想和首选方案，这与西方“主流”经济学也是完全相容的。然而事实上，将公共资源转变为私有资源的过程，尤其是“过度私有化”，可能会造成一种新的公地悲剧——资源使用不足的悲剧。

从词源的角度来看，使用过度(overuse)早就是标准的英文单词了，而使用不足(underuse)却不是，充其量只是一个合成词，即“under-use”。《困局经济学》英文原版出版于2008年，其时赫勒写道：“在撰写本书第1章的时候，电脑拼写检查程序执意要把‘使用不足’(underuse)这个词画上红色波浪线，似乎世界上根本没有这个词。波浪线是一个信号：正因为它的不存在，才更能说明我们面临的问题。”(赫勒，2009，p. 22)。在作者撰写本书的时候，“underuse”已经不再被电脑标示为红色了，就连绿色波浪线也没有。[①] 这从侧面反映了赫勒反公地悲剧思想的影响之大和传播之迅速。[②]

长期以来人们对资源使用的理解方式坚持某种“二分法”：如果解决了“过度使用”，那一定是“常规性使用”。赫勒在《困局经济学》中写道：“自从17世纪以来，过度使用和常规性使用，二者只能选择其一。”他还以图形的方式加以强调：

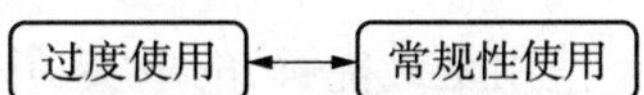

图5-1　赫勒之前对资源利用模式的二分法

---

① 本书作者2013—2020年使用Office 2013中的word办公，确实发现underuse没有被标红，然而2020年底换成WPS时，发现该词仍然被红色波浪线标出。

② 赫勒2008年出版的英文专著“The Gridlock Economy”一年以后就被翻译成中文出版出来了，但这似乎更应归功于他十年前发表的原创性论文《反公地悲剧：从计划经济到市场化转型中的产权》。

而在赫勒提出“使用不足”的反公地悲剧思想之后，上述二分法就变成三元模式了。其中“最佳使用”是介于“过度使用”和“使用不足”之间的一个中间状态，它是一个合理区间，而不是一个精确到极致的点，详见图 5 - 2：

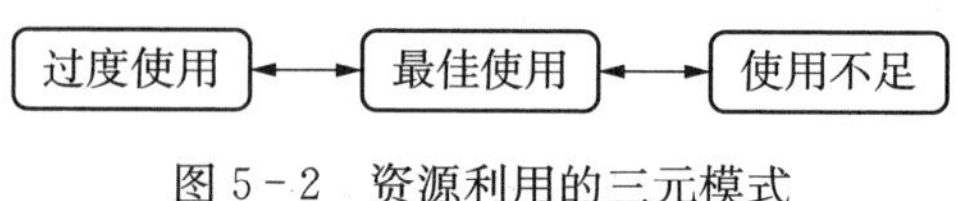

图 5 - 2 资源利用的三元模式

（二）反公地与反公地悲剧的定义

1. 反公地的定义

反公地是指，“一种产权制度，在该制度下众多(multiple)所有者对某项稀缺资源掌握有效的排他性权利。”(Heller，1998，p. 668)在 Heller(1998)以前，西方学术界已经提出了反公地的概念，并给出了至少两种版本的定义(详见本节第三部分的论述)。但是这些定义存在明显的缺陷，Heller(1998)对反公地的概念进行了关键性修正。赫勒对反公地的定义与之前学者所做的两种定义相比，大大增强了它的现实解释力。与之前两种定义相比，赫勒的定义在以下四个方面具有明显的不同：

第一，排他权的普遍性。以前学者们定义的反公地要求“每个人都拥有排他性权利”，将“近乎同时达成的全体一致”作为反公地的临界条件，但是Heller(1998)认为它们是造成反公地的充分不必要条件。在现实当中，几乎不存在每个人都具有排他性权利的领域，之前定义的反公地的现实解释力非常微弱；当存在多个行动主体具有排他性权利时就有可能导致资源使用不足的反公地现象。

第二，是否将“不使用”(non-use)作为最优解。必须引起高度重视的是：在 Heller(1998)之前的定义将“不使用”作为最优解，而赫勒的态度则恰好与其完全相反，这也是将赫勒反公地悲剧理论判定为一种原创性理论最重要的依据之一。诚然对某些“资源”而言，“不使用”是最优解，比如本节第三部分提及的“危险的核废料堆”和“自然保护区”就属于此列。但是对于某些特殊类型的资源，“不使用是最优解”的事实，并不代表所有资源的不使用都是最优的——对于绝大部分稀缺资源而言，完全闲置的极端情形显然与资源最优配置是背道而驰的。

第三，权利形式的广泛度。Michelman(1982)强调的是正式制度，即“法律秩序”的允许或禁止。但是从赫勒的定义来看，这种强调则是多余的，他列举了莫斯科金属报刊亭(kiosk)的案例进行了说明：尽管报刊亭受到的官方干预是相当微弱的，但是黑手党掌握了非正式的排他权，只有向它们缴纳“保护费”才能正常营业。作为非正式排他权占有者的黑手党也可以造成一定程度的反公地悲剧，尽管与转型期俄罗斯政治法律制度造成的反公地悲剧相比要轻微不少。

第四，反公地资源的范畴。赫勒之前对反公地的定义非常苛刻，因此现实中符合反公地的资源非常少。而赫勒认为不一定需要一套完整的反公地产权制度才会导致反公地悲剧。例如筒子楼，[①]每一个房间都可以是私有财产，但是整个筒子楼却是反公地财产。可见并不一定要求某物体全部可能的使用者，都具有反公地产权的特征，才会导致使用不足的反公地悲剧。

2. 反公地悲剧的定义

反公地悲剧是指资源或产权过度分割以致破碎化，导致资源排他性过强，进而造成资源使用不足的悲剧。反公地悲剧之“悲”通常并不表现为对产权标的物（资源）的破坏或者毁灭，而是过多的排他性所有者（以下简称“排他者”）对潜在帕累托改进的人为阻碍，使得资源使用的最大化价值无法实现，甚至造成稀缺资源完全无法利用的情形。这种状况在技术、经济和社会环境发生变化，要求对原有破碎化资源或产权加以整合利用之时显得尤为突出。

假设整合 n 个排他者（excluders）的资源或产权碎片，将创造出 $(1-\delta)\pi$ 的净收益 $(1-\delta)\pi=V-C$。假设这 n 个排他者之间没有任何区别，那么理论上似乎每个人都可以获得 $\frac{(1-\delta)\pi}{n}$ 的净收益，但在现实中这种潜在的净收益 $(1-\delta)\pi$ 很可能会因机会主义行为而大幅折损（折损率 $0\leqslant\delta\leqslant1$）。如果 n 足够大，个体理性自利的排他者将会使得资源整合的成本 C 极大增加，在收益 V 不变的条件下，$(1-\delta)\pi$ 会趋向于零（为负没有实际意义），这就相当于使 δ 趋近于 1。这是因为，虽然对于第一个被整合者而言，1/n 的份额或许是可以接受的，但是在已经成功地整合 n−1 个排他者的资源或者产权时，最后那名排他者则很可能不会接受 1/n 的份额，而是会提出诸如 1/2 甚至更大的份额——假如只有成功整合全部资源或者产权碎片才能获得 V 的收益，否则 V 等于零。[②] 由于假设每个排他者都是经济人，那么除非事先达成统一的分配协议，否则谁都不会心甘情愿地做先被整合者，尤其是做第一个被整合者。通过上述机制，潜在帕累托改进机会将化为泡影，这就是反公地悲剧的内在动因。

---

① 筒子楼（Komunalka）是 Heller（1998）中的核心案例之一。

② 这一假设在一定程度上是符合现实的，比如要开发一种新药，少了任何一项关键信息（专利）都是不可行的，要建设一座厂房，不能完整连接成片的地块是无用或低用途的。

（三）两种不同性质的反公地悲剧

根据资源利用无效率的原因侧重点的不同，可以将反公地悲剧细分为“法律型”和“空间型”两大类。其中，“法律型”侧重于强调法律和制度性因素造成资源排他性权利过强——过多所有者同时对某一标的物具有排他性产权乃至“一票否决权”；而“空间型”则侧重于强调将资源进行物理空间①上的过度分割造成的排他性权利过强——就分割后的每一单位碎片化资源而言，即使它们独自的排他性产权是适度的，但是如果它们过于细碎以致无法有效利用，那么对于由它们构成的整体而言，依然存在排他性产权过强的问题。因此，反公地悲剧可以归结为资源或产权过度分割以致破碎化，导致资源排他性过强，进而造成资源使用不足的悲剧。

为直观起见，拟用一个简单的示意图来刻画二者之间的区别。图 5－3 的左边表示“法律型”反公地，指资源在物理空间上是完整的，但是 n 个（$n \gg 1$）所有者同时拥有对资源的排他性权利，甚至每个人都对资源的使用拥有“一票否决权”的情形；右边是“空间型”反公地，表示该资源在物理空间上被分割成 n 份（$n \gg 1$），且没有任何两块相邻的碎片化资源归同一个人／组织所有的情形。当“物理空间”上的过度分割是由于法律授权引起时，只要分割后的每一小片资源内部不涉及“过度排他性”产权问题，仍然将其判定为“空间型”反公地而不是“法律型”反公地似乎更加合理。不难想象，无论是“法律型”还是“空间型”，当 n 足够小时，人们总会有各种办法整合资源，实现资源的优化配置，只有当 n 足够大，且各方对资源的价值取向差异太大，整合资源或产权的交易成本过高时问题才会变得难以解决。因此，反公地悲剧通常仅限于排他者数量 n 过大且难以达成统一意见，以致产权或资源整合变得相当困难的情形。

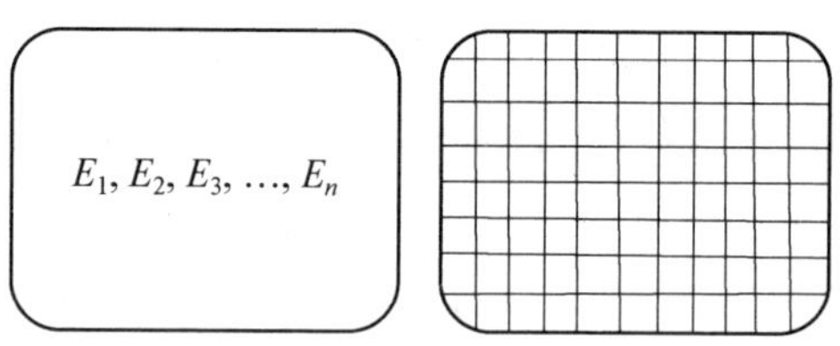

图 5－3 “法律型”反公地和“空间型”反公地

下面分别例举两个现实案例——莫斯科商铺闲置和美国基因专利碎片——进一步介绍这两种反公地。先看莫斯科商铺闲置的案例，20 世纪 90

① 本书所谓的“物理空间”是一个相当广义的概念，除有形空间之外，还包括抽象和无形的“空间”，比如下文将涉及的基因工程专利碎片就属于此类。

年代前苏联解体，叶利钦政府接受世界银行建议的“休克疗法”，实行激进的私有化，然而与政策制定者“私有化之后市场会自动发挥作用”的预期相悖，在私有化之后相当长的时间里，莫斯科街道上寸土寸金的商业铺面却“空空如也”，商人们被迫挤在条件恶劣的报刊亭中售卖各种生活用品，甚至包括服装(Heller, 1998)。这种局面归因于“法律型”反公地：激进的“休克疗法”导致商铺产权碎片化和过多排他者的出现，且这些排他者处于各自为政的状态，缺乏统一有效的协调机制。

发达的市场经济国家也存在严重的反公地问题，尤其是“空间型”反公地悲剧。譬如，自20世纪70—80年代以来美国在基因工程研究领域引进了大量私人投资，为了保障研发投资者的权利，官方组织授予这些私人公司以专利(Heller &Eisenberg, 1998)。由于基因工程如此浩大，加上专利审批不严格，在基因研发方面授予了非常多的碎片化专利。而基因工程就像一块巨大的拼图板，每一个细小的基因碎片本身几乎没有任何实质性意义，只有将它们有序地拼接在一起形成一定规模，才能在破译基因密码上获得可以付诸实践的信息。纯粹就技术层面而言，借助已经取得的研发成果，美国本来可以开发出大量能够拯救无数人生命的新药品、新疗法，然而遗憾的是，要想从众多私人公司手中购得足够多的有效基因专利的成本是如此之高，以致许多新药品、新疗法被扼杀在了摇篮之中，从20世纪70年代开始美国药品研发支出不断攀升，而药品发明却呈萎缩之势(赫勒，2009, p. 53)，无数民众只能继续忍受本来可以避免的病痛的煎熬。需要注意的是，法律和空间只是造成反公地悲剧的两种因素或者原因，现实中存在的反公地大都两者兼而有之，只是在比例上有所不同而已。

三、反公地悲剧理论的创建过程

从反公地到反公地悲剧理论的创建是一个知识累积到一定程度之后，受现实经济社会问题的刺激应运而生的过程，详见下文的论述。

(一) Heller(1998)之前关于反公地的萌芽思想与正式讨论

假如说在Heller(1998)之前没有任何关于“反公地(悲剧)”思想的雏形，显然是有失公允的。比如我国流行的古老寓言故事“一个和尚挑水喝，两个和尚抬水喝，三个和尚没水喝”，以及湖南方言“人多相挨”[①]等就和赫勒的“反公地(悲剧)”存在某种相似或相通之处。

如果说我国的上述两个小案例主要讲的是“集体行动困境”，并非资源

① 意思是人多会导致相互推诿，“磨洋工”的低效局面。

的开发和利用，与真正意义上的“反公地(悲剧)”原理还相距甚远的话，那么认为在《反公地悲剧：从计划经济到市场化转型中的产权》之前，一些学者(主要是法学家)为赫勒反公地悲剧理论的建立做了思想上的铺垫则是有据可循的。

尽管 Lopes et al(2013)认为最早提出反公地概念的是伦敦政治经济学院的 Meade(1952)。但是 Meade(1952)既没有明确提出反公地(anticommons)的字样，对这一概念的使用也与赫勒存在明显不同，他是将反公地作为一种正外部性来看待的。

在赫勒之前，西方学术界已经有学者明确提出了反公地(anticommons)的概念和定义。哈佛法学院重量级法学教授弗兰克·米歇尔曼(Frank I. Michelman)1982 年发表了一篇论文《伦理学、经济学和产权法》。[①] 这篇论文在 1998 年被赫勒“挖掘”出来的很长一段时间里都被学术界所忽视。[②] Michelman(1982)在讨论产权的类型时构思了两种制度安排[③]与私有产权做对比，以证明私有产权的高效率，这两种制度安排是“自然状态”和“管制制度”。Michelman 写道：

1. 自然状态(state of nature, SON)。在自然状态下绝不存在任何排他性权利。所有人都有特权(privilege)。对处于自然状态的物品(可想而知，也包括人)人们可以随心所欲且有能力对它们做出任何处理。

2. 管制制度(regulatory regime, REG)。自然状态的反面就是管制制度，对处于管制制度中的物品，通常每个人都有权利，结果任何人都无权使用它们，除非他获得其他所有人的授权。(当存在这种授权时决定物品使用的规则可能有如下几种不同方式：一个极端，授权需要近乎同时的一致同意；另一个极端规则将授权定义为，在同一个为期 12 个月的时间跨度内只要任何两个人达成统一意见。后面这条规则构成了一项管制制度：在该制度下，除非获得授权，否则每个人总是有权迫使其他所有人离开该物品)(Michelman, 2003, p. 665)。

Michelman 极有可能是第一个构思了反公地型的产权制度的学者(Ellickson, 1993)，事实上他的“管制制度”(REG)与赫勒教授所谓的“(法律型)反公地”已经比较类似了；而且 Heller(1998)明确指出，他在土地问题

---

① Michelman, F. I. “Ethics, Economics, and the Law of Property”, *NOMOS*, 1982(24): 3 - 40.

② 现在已经成为引用率很高的经典论文了。

③ Michelman(1982)共构思了三种产权形式与私有产权做对比，但与本书关系密切的只有前两种。

上的概念构思[①]极大地(much influenced)受弗兰克·米歇尔曼的一篇杰出(brilliant)但却未获得足够赏识的文章《伦理学、经济学与产权法》的影响。稍显遗憾的是当时 Michelman(1982)并没有使用反公地,而是"管制制度"(regulatory regime)这个似乎很难引起人们重视的术语;此外他仅仅是从法理学的对称性构思了"管制制度"的概念,并没有寻找现实案例作为支撑,而且他当时似乎并没有意识到沿着自己的构思继续研究下去的重要学术价值。

Michelman 的《伦理学、经济学和产权法》发表 11 年之后,耶鲁大学研究产权与城市法的老教授[②]罗伯特·埃里克森(Robert C. Ellickson)在他发表的论文《土地的产权》[③]中重新提到了 Michelman 的"管制制度",并给它起了一个新的名字反公地(anticommons):

"表 I 省略了反公地(anticommons)一词,它是指在某种土地制度中,集体所有者的每一个成员都具有排他权,结果导致没有人能够拥有、占有和利用它。一个经典的案例就是,'任何人'都拥有执行权(has standing to enforce)的自然保护区。由于反公地(anticommons)不会带来利润,因此它们通常要么归政府所有,要么归非营利组织所有。弗兰克·米歇尔曼第一次构思了这种土地制度,这被他称之为一种极端的'管制制度',它要求必须满足近乎同时的一致同意(simultaneous unanimous consent)才能获得授权。"(Ellickson, 1993, p. 1322)

同样遗憾的是,Ellickson(1993)并没有沿着 Michelman(1982)的思想火花和自己出色的命名进一步深入地研究下去——他在正文中竟然只字未提"反公地(anticommons)",而是在《土地的产权》的第 22 个脚注当中简略地提及了两次之后便戛然而止了。

1993 年杰西·杜克米尼尔(Jesse Dukeminier)和詹姆斯·克瑞尔(James Krier)在他们的经典教材《财产法》[④]的第 3 版中也收录了"反公地(anticommons)"的词条,并给出了如下定义:"对它而言每个人都有权排除其他每个人,并且没人有权包含任何人。"他们的这种定义来源于对耶鲁大学法学院菲利克斯·科恩(Felix S. Cohen)1954 年关于排他性(exclusion)和包容性(inclusion)的改编。科恩写道:"私有财产代表的是一种人与人之

① 想必肯定是指反公地悲剧概念的构思。

② 他从 1988 年起就在耶鲁法学院担任教授,详情请参阅:http://www.law.yale.edu/faculty/REllickson.htm,2022 年 2 月 21 日。

③ Ellickson, R. C. "Property in Land", *The Yale Law Journal*, 1993(102): 1315 - 1400.

④ Dukeminier, J. & Krier, J. *Property* (3rd edition), Little, Brown & Co, 1993.

间的关系，在这种关系中所谓的'所有者'能够将他人从某些特定的活动中排除出去，或者允许他人参加那些活动；任何一种情形都可以保障他在执行决策时得到法律的帮助。"(Cohen, 1954, p. 373)

为了探寻反公地的现实存在性，《财产法》的编写者在课堂上进行过讨论。在《反公地悲剧：从计划经济到市场化转型中的产权》发表之前，赫勒与《财产法》的第二作者詹姆斯·克瑞尔进行过交流，克瑞尔提出了一个虚构"核废料堆"的案例，"它是如此的危险以致社区当中的每个人都拥有排他权"(standing to exclude)。[①]

此外，还有一些学者在 Heller(1998)之前就已经认识到了反公地会造成低效或者福利损失的后果，尽管他们并没有提出和使用反公地这类概念。比如沙尔夫(Scharff, 2007, p. 168)总结道：Grey(1980)[②]讨论了工业化对产权瓦解的影响；Merrill(1986)[③]建议采用经济模型确定政府何时动用土地征用权(eminent domain)来整合破碎的产权；De Soto(1989)[④]讨论了秘鲁官僚机构的"合法"和腐败性索取，是如何导致大部分民众无法通过正常渠道经商而被迫转向"地下"的。

尽管在 Heller(1998)之前就已经有人提出了反公地的术语，并且 Michelman(1982)和 Dukeminier & Krier(1993)已经给出了定义，甚至还给出了一些案例，但他们都只是进行了抽象的构思，"自然保护区""危险的核废料堆"之类的案例只是一种"思想实验"，与现实中的案例相去甚远。事实上，Heller(1998)之前学者们的反公地的现实解释力是非常微弱的——如果严格按照他们的定义，推导出来的必然仅是资源全然不被使用(never be used)，而不包含使用不足(underuse)这类普遍得多的情形。

然而必须肯定的是，哈丁的《公地悲剧》、米歇尔曼的《伦理学、经济学和产权法》、埃里克森的《土地的产权》和杜克米尼尔、克瑞尔的《财产法》等为赫勒教授反公地悲剧理论的创建提供了思想或概念上相当直接的基础。而 20 世纪 80 年代末 90 年代初的"苏东剧变"和俄罗斯的"休克疗法"则为赫勒反公地悲剧理论的诞生提供了现实条件。从赫勒受到反公地悲剧现象的强烈刺激，到该理论的正式提出过程将在下文继续阐述。

---

① 参见 Heller(1998)，p. 668 注释 214。

② 详见 Grey, T. C. *The Disintegration of Property*, in PROPERTY 69, J. RolandPennock &John W. Chapman eds., 1980, pp. 74 - 79。

③ 详见 Merrill, T. W. "The Economics of Public Use", *Cornell Law Review*, 1986(72): 61 - 116。

④ 详见 De Soto, H. The Other Path: The Economic Answer to Terrorism, New York: Basic Books, 2002。

（二）赫勒正式提出反公地悲剧理论

标志着反公地悲剧理论正式诞生的是赫勒1998年发表的《反公地悲剧：从计划经济到市场化转型中的产权》，它是一篇内容相当翔实的论文，长达68页。在文章的开篇赫勒就抛出俄罗斯代总理伊戈尔·盖达尔当年问自己的那个问题“为什么人行道上满是售卖商品的铁皮报刊亭，私有化后的临街店铺却仍旧空空如也?”为了分析的便利，不妨将它称之为“盖达尔之问”。

在铁皮报刊亭(kiosk)中经营具有许多极其不便之处。比如天气就是一个严重的问题，姑且不谈炎热的夏季，在隆冬时节莫斯科的户外气温会降至零下四十多度，因此坚守在这种铁皮报刊亭中绝对不是一件舒服的差事。此外安全性也很难得到保证，盗窃者只需要把报刊亭撬走搬至城市的另一个角落就可以“开业做生意”了。再者，报刊亭的规模太小，如果业主想扩大经营规模，或者升级商业模式都几乎是不可能的事情，因为他通常只能复制原有的经营模式，再购买或者租借更多的铁皮报刊亭，因此顾客们的购物环境以及对商品多样化的需求也是很难得到满足的。总之对市民，尤其是对商人们而言，铁皮报刊亭式商铺绝对算不上“理想去处”。可就是在这种情况下，商人们也不愿意搬到物理条件优越得多的临街店铺(storefront)中去，而是让它们空着，这自然是一种令人感到非常困惑的状态，难怪俄罗斯代总理要发出“盖达尔之问”。

根据传统主流经济学，尤其是新古典经济学(如“市场出清”假说)，但也不排除科斯等新制度经济学家(如他著名的“科斯定理”)，在一项财产私有化之后将会非常“完美地”融入市场经济，“新的企业家将会购得这些商铺，创造生意，补充货架”。然而事实胜于雄辩，之前的经济理论在莫斯科“空空如也”的临街店铺问题上遭遇了尴尬。

在《反公地悲剧：从计划经济到市场化转型中的产权》发表之前，已有不少经济学家试图绕开新古典传统来回答“盖达尔之问”。其中最有代表性的是产权经济学家给出的解释，例如，Gray et al(1992)、Frydman & Rapaczynski(1994)和Shleifer(1994)等，他们往往诉诸“产权模糊、地方政府腐败、法律基础设施缺位”等因素来解释。但是诚如赫勒所言，他们“只给出了部分解释”。赫勒对“盖达尔之问”的解释是“即使初始产权得到了清晰的界定，腐败得到了控制，并且法律规则得到了遵守，临街店铺仍然会是闲置的，因为政府创造产权的方式存在问题。转型经济体通常不能赋予个体以能够代表临街店铺或者其他稀缺资源的完整所有权的产权束。”(Heller, 1998, p. 632)。相反，那些体制通常会满足苏联时代有权势者的预期，让他们在新经济体下仍然作为产权持有人。尽管产权被设计成可转让的，以希望新的所有者能够将它们转让给更有效率的使用者，但是对于一个典型莫斯科店铺而言，一位所有者最初可能被授予售卖权，另一位所有者接收销售收入，而其他人则有权租赁、接收租金、占用、和决定它的用途。20 世纪 90 年代初，莫斯科临街店铺产权的具体分割如表 5－1 所示：

表 5－1　20 世纪 90 年代初莫斯科临街店铺产权的拥有者

产权	所有者
售卖权	地方管理机构、资产委员会、建筑物与古迹保护委员会 国有企业或协会（作为资产负债表持有者）、预算组织、相关议会
接收销售收入的权利	联邦政府、州的行政机构、地方行政机构 资产委员会、建筑物与古迹保护委员会
出租权	资产委员会、国有企业或协会、维护组织
接收租金的权利	相关行政机构、资产委员会 建筑物与古迹保护委员会、国有企业或协会、维护组织
决定财产用途的权利	计划委员会、资产委员会、资产负债表持有者
占用权	工人集体

资料来源：Heller (1998)，p. 638。注：本书作者对原表格形式略有调整。

每一位所有者都有权阻止其他人将它们当作店铺来使用，没有人能够在未获得其他全部所有者一致同意的条件下开设商店。正因为这样，莫斯科的零售商们宁可挤在寒冷的铁皮报刊亭中，也“不愿意”搬到温暖舒适、宽敞明亮的临街店铺中去。更确切地说，他们不是不愿意，而是“不能够”，因为临街店铺支离破碎的产权使得购买或者租赁它们进行营业的“交易成本”实在是太高了；不仅如此，商人们甚至找不到向谁去购买或者租赁，因而这类“交易”在很多情况下甚至无从谈起。而铁皮报刊亭虽然自然物理条件极其恶劣，但却起到了“救命稻草”的作用。因此赫勒从全新的视角，深刻地回答了“盖达尔之问”。

然而作为俄罗斯经济社会转型早期的 20 世纪 90 年代初，即便是铁皮报刊亭也面临着不轻的反公地问题，只不过不如商业地产（比如临街店铺）那么严重和突出而已。Heller(1998)指出，新的经营报刊亭的企业家要向政府官员行贿，并和黑社会组织达成保护协议。通常黑社会组织还算是比较容易对付的，获得有关政府官员的批准才是最大的困难：

“通常必须向地方官员和有权势的黑社会组织支付好处费。……‘你必须行贿才能获得融资'(Karlamov，一个报刊亭主)说道。'你必须行贿才能被允许将报刊亭安置在一个有生意的地点。并且即使这些事情都处理完毕之后，你还必须继续提供贿赂才能确保他们不将你的报刊亭关掉。黑社会算是最好对付的了。他们不会索要过多，他们会在你面前明确地告诉你他们想要的东西，并以此为生。他们也不会再折回来向你索要更多……最为困难的当属如何找出到底应该向谁行贿，'他解释道。'最开始，我们完全不知道谁是正确的行贿对象，因此我们几乎每天都去拜访当地政府长官的办公室。我们送糖果和其他礼物给在那儿遇到的人，最终他们告诉我们应当向谁寻求帮助。'"

"尽管(报刊亭店主)抱怨敲诈勒索、贿赂和盗窃，但是她说支付给黑手党的月供还是'物有所值'的。"

"大部分报刊亭并不纳税。当然政府会索要贿赂，但是没有切实可行的方式来征收。税务稽查员并不能查证报刊亭的收入，因此他们不知道应该征收多少。(黑手党)会按照惯例帮助他们的报刊亭隐瞒收入，并且当税务稽查员出现时还会给他们通风报信。对报刊亭主而言，黑手党集团已经变得越来越重要了。与政府官员不同，他们表现得像勤勉的业主一样。例如，政府征收50%或者更高的营业税，而黑手党只要5%—10%就感到满意了。黑手党还会保护商人们免遭竞争性匪徒的破坏。"①

由此可见，寒冷狭窄的铁皮报刊亭充斥街头，而温暖宽敞的临街店铺却被闲置的具体原因在于：20世纪90年代初，俄罗斯在商业房地产领域向市场化转型不彻底，原来的行政命令体系已经解体，但是新的所谓"私有产权"却是支离破碎的，众多前苏联时代的行政部门(而非具体个人)对临街店铺拥有排他性权力，这种产权的分散程度严重到令商人们甚至找不到究竟该向谁去行贿，而且即使耗费巨大的精力获得某些部门的批准，那么他也很可能会被其余部门"敲竹杠"。因此，虽然宝贵的临街店铺被闲置是一种巨大的浪费，对社会整体而言是一种非理性行为，但是莫斯科的商人们选择在寒冷狭窄的报刊亭营业却完全是基于"成本-收益"分析之后做出的个体理性选择。

以上内容表明，赫勒从理论和现实两个层面破解了"盖达尔之问"；并正式创建了反公地悲剧理论。如前所述，赫勒应当在1992年之后不久在探索"盖达尔之问"的过程中就已经形成了反公地悲剧的概念，他很可能在当时对反公地悲剧原理就有了较深的认识。但是他并没有急着将自己的这种原

① 以上三段内容均转引自 Heller (1998)，pp. 643 - 645。

创性思想发表出来，而是一直等到1998年。这说明赫勒正式提出反公地悲剧理论，是经过长期酝酿和深思熟虑的。

第二节 反公地悲剧的形式化论证与实验论证

赫勒已经提出了反公地悲剧理论的完整思想体系，并列举了丰富的实例加以佐证。他在1998年的论文《反公地悲剧：从计划经济到市场化转型中的产权》的第258个注释中提出："利用博弈论将反公地模型化是未来研究的一个方向。"但是博弈论似乎并不是法学家的专长，于是这个"接力棒"就"顺理成章"地传递到了经济学家手中。

一、模型化的开端

最先对赫勒的提议做出正式回应的是1986年诺贝尔经济学奖得主，公共选择理论的创始人詹姆斯·布坎南(James McGill Buchanan)等学者。他在2000年与韩国学者永钧(Yong J. Yoon)合著的论文《对称的悲剧：公地与反公地》[①]中非常巧妙地利用代数和几何知识，在一系列假设的基础上构建了一个简洁的"公地-反公地"模型，并试图证明二者的对称性。

Buchanan & Yong(2000)首先设想了一个关于虚拟停车场的案例——临近一个乡村的一大片空地，这个停车场的价值随车辆数量的增加而单调递增，在一英里之外可以找到其他替代性停车场。模型的主要假设条件为：(1)对于该资源，公地条件下的竞争性使用者(users)和反公地条件下的排他性产权持有者(excluders)人数相等；(2)无论是公地还是反公地，使用者或者排他者都不存在合作或合谋行为；(3)该资源价值的生产函数是线性的；(4)"空地"停车场的运营不需要任何费用，即使用成本为零。

(一)代数模型

他们借助古诺双寡头思想着手构建代数模型，并讨论该停车场在公地和反公地情形中的经济效率。该停车场"价值"的生产函数为：

$$P = a - bQ. \qquad \text{式}(5.1)$$

① Buchanan, J. M. & Yoon, Y. J. "Symmetric Tragedies: Commons and Anticommons", *Journal of Law and Economics*, 2000, 43(1): 1-14.

首先考虑“公地”条件下停车场的租金情况。如果公地使用者仅为两人，则其中任意一人的最大化函数为：$\max\limits_{Q_1} PQ_1=(a-bQ_1-bQ_2)Q_1$。根据一阶条件可以解出两人的使用量为：$Q_1=Q_2=\frac{a}{3b}$。进而可以求得他们各自从停车场中获得的租金为：

$$R_1=PQ_1=\frac{a}{3}\times\frac{a}{3b}=\frac{a^2}{9b}=R_2. \qquad 式(5.2)$$

如果将使用者人数扩展为 n 个，同理可得该停车场的总经济租金为：

$$R(n)=PQ_n=\frac{na^2}{b(n+1)^2}. \qquad 式(5.3)$$

接下来考虑反公地条件下停车场的租金情况。假设两个人同时拥有对该停车场的排他性权利：要想在停车场上停车必须同时获得这两个人的一致同意。因而(5.1)式就变成如下需求曲线：

$$P_1+P_2=a-bQ. \qquad 式(5.4)$$

再求解最大化函数：$\max P_1Q=P_1(a-P_1-P_2)/b$；根据一阶条件可以求得他们对停车场征收的价格为：$P_1^*=P_2^*=\frac{a}{3}$。从而消费者必须支付的实际价格为：

$$P^*=P_1^*+P_2^*=\frac{2a}{3}. \qquad 式(5.5)$$

停车场产生的总租金为：$(P_1^*+P_2^*)Q=\frac{2a^2}{9b}$。如果存在 n 个人同时对该停车场拥有排他性权利，那么此时停车场的总租金为：

$$TR(n)=P_n^*\times Q(n)=\frac{a}{n+1}\times\frac{a}{b(n+1)}=\frac{na^2}{b(n+1)^2}. \qquad 式(5.6)$$

将(5.6)式和(5.3)式进行对比不难发现，在一系列假设的基础上，Buchanan & Yong(2000)不仅从代数和博弈论的角度给出了反公地悲剧和公地悲剧的模型化形式，而且还从代数模型的角度论证了二者之间的对称性。

(二) 几何模型

为了更加清晰直白地展示他们的模型(尤其是对称性)，布坎南和永钧还从几何图形的角度刻画了上述代数关系，详见图 5－4。很显然，当该停车场的使用权和排他权都归一个人所有时,[①]该停车场的租金将会实现最大化:最大化租金为 $P_m0Q_mE_m^*$。当两个人同时具有排他性权利时,停车场的租金为:$P_2^*0Q_2^*E_2^*$;与两个人同时具有使用权时的租金 $P_20Q_2E_2$ 相等。当拥有使用权或者排他权的人数极大时,该停车场的租金将降为零。因此,我们可以得出以下结论:Buchanan & Yong(2000)在若干假设的基础上,建立了一个关于反公地悲剧和公地悲剧的数学模型;且从纯数学的角度证明了它们之间的对称性。

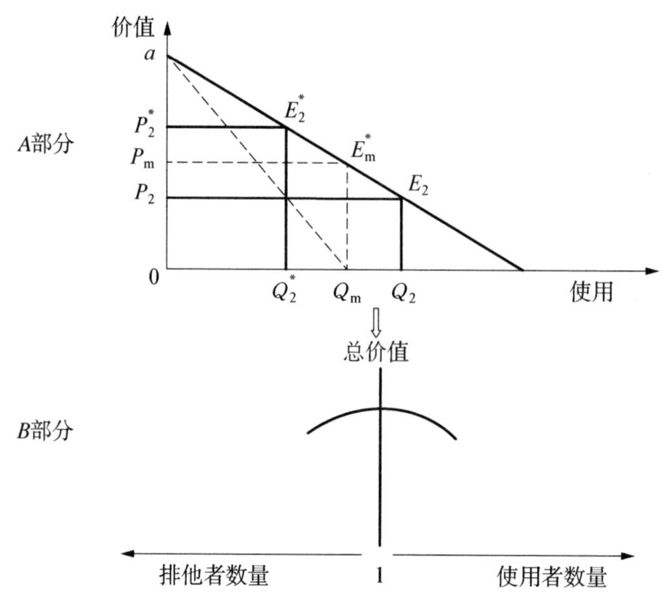

图 5-4　公地与反公地的对称性示意图

资料来源:Buchanan & Yoon (2000), pp. 6-8。注:本书作者对原图略有调整。

二、对一般化反公地悲剧模型的探索

Buchanan & Yong(2000)虽然对反公地悲剧进行了模型化分析,但是他们的模型只能算作一个特例,并非一般化的反公地悲剧模型:它要求排他者持有的产权具有完全互补性,任何希望启用这种资源的人或机构必须获得所有排他者的授权才能使用该资源,否则这项资源将完全得不到使用。正如本章第一节所提到的,在现实中广泛存在的反公地现象通常并不要求

① 除了资源完全归一个人所有的私有化方案之外,布坎南认为如果能够确保"激励相容",则有组织的集体行动也能达到与私有化相同或相近的经济效率。

排他权的绝对互补，当获得一部分而非全部授权时，资源也可能得到一定程度上的使用，尽管这种使用可能是不充分的。这就要求学术界在理论上建立一种能够反映"一般情形"的模型——继 Buchanan & Yoon(2000)之后，诺伯特·舒尔茨(Norbert Schulz)、弗朗西斯科·帕里西(Francesco Parisi)和本·第波特(Ben Depoorter)2002 年发表的《产权破碎：走向一个一般化的模型》[①]，试图以产权破碎和外部性为切入点建立关于反公地悲剧的一般模型。

Schulz et al(2002)基于造成反公地的两种因素构建理论模型。这两种因素是：(1)静态因素，某个排他性成员实施排他权的行为会降低排他权对其他成员的价值，这有点类似于交叉价格效应；(2)动态因素，对于生产性资源而言，今天对它们的使用不足可能会造成未来产出的降低。[②]

(一) 案例分析

为了引申出一般模型，Schulz et al(2002)首先构建了五个假想的案例，它们分别是：(1)在果园上建旅馆的案例；(2)食品厂主与音乐用品店主联合降低噪音和污染以提高附近写字楼租金的案例；(3)n 个零售商面临的商业大楼装饰问题；(4)Heller & Eisenberg(1998)讨论过的生物医药"专利丛林"问题；(5)作者与出版商之间的版权法问题。

在此没有必要全面铺开介绍所有案例，仅选择其中最为突出的两个案例进行重点介绍，它们代表了两种不同的反公地悲剧类型：它们是案例(1)和案例(3)。

案例(1)是一个两阶段序贯博弈。假设在遥远的过去，某甲从某乙处购得一块地用来建设一个果园，但是某乙保留了在自己果园放牧的权利。这在当时看来是合理且不会引起纠纷的，但是随着时间的推移，某甲发现了在果园上建设旅馆更加有价值的商机。由于某乙保留了在这片土地上放牧的权利，因此他有权否决这种转型，但是将果园变成旅馆确实可以大大增加土地的收益，故假设他出于理性和自利的考虑，会选择接受甲提出的"科斯谈判"，假设他们最后达成协议，允许乙在新成立的旅馆的收益中分享一定的比例，记为 $1-x_2$。假设旅馆的收益仅取决于甲付出的努力程度，将它记为 x_1，为了简便同时还令它表示经营旅馆的收益，设付出 x_1 需要的成本为 $\frac{x_1^2}{2}$。设甲经营果园和乙在果园放牧的收益分别为 v_1、v_2，那么经营旅馆的净价

① 即 Schulz, N., Parisi, F. & Depoorter, B. "Fragmentation in Property. Towards a General Model", *Journal of Institutional and Theoretical Economics*, 2002, 158(4): 594-613。

② 在此将反公地资源作为特定生产周期内的某种生产要素来理解就讲得通了。

值为：

$$V_1(x_1, x_2) = x_1 x_2 - \frac{x_1^2}{2} - v_1. \qquad \text{式(5.7)}$$

乙的收益函数为：

$$V_2(x_2, x_1) = (1 - x_2) x_1 - v_2. \qquad \text{式(5.8)}$$

这构成了一个两阶段序贯博弈模型，乙在第一阶段选择 x_2，甲在第二阶段选择 x_1。在简单结构下，该博弈的均衡解为：当 $v_1 < \frac{1}{8}$，$v_2 < \frac{1}{4}$ 时，$x_1^f = x_2^f = \frac{1}{2}$。

如果没有乙的“掺和”，经营旅馆的全部收益都归甲自己获得时（假设不考虑税收），他的努力程度和收益都会增加。如果这片土地的完整产权归甲一人所有，那么此时对他而言将果园转变为旅馆的新增净收益为：

$$V(x_1, x_2) = x_1 - \frac{x_1^2}{2} - v_1 - v_2. \qquad \text{式(5.9)}$$

V 代表这片土地的最大化价值（社会剩余），如果甲具有完整产权，那么他将付出最优化的努力，从而能够实现最大化价值；但是在产权破碎的情形下，他的付出将会降低，因而不能实现最大化价值。

案例（3）是一个涉及 n 个局中人的同步反公地博弈（simultaneous anticommons game）。假设一栋商业大楼，它共有 n 个商铺，每一个商铺都为不同的零售商所有，现在由这 n 个商人一起装修整栋大楼（包括自己的商铺和所有公共区域）。大楼装修的整体水平取决于每一个商人的投资。将商人 i 的投资记为 x_i，假设商人们对自己商铺的装修情况也会影响到其他商人（尤其是相邻商人）的效用。假设商人 i 的效用函数为线性二次型的（linear quadratic type），c 为投资数量 x_i 的固定边际成本，再令 $\theta(0 < \theta < 0.5)$ 表示其他商人的投资对商人 i 的影响，那么就有：

$$V_i(x_1, x_2, x_3, \cdots, x_n) = a x_i - 0.5\left(x_i^2 - \frac{2\theta}{n-1} x^i \sum_{j \neq i} x_j\right) - c x_i. \qquad \text{式(5.10)}$$

投资决策即为 n 位局中人的同步博弈类型。求解（5.10）式的一阶条件可得投资水平为：$x_i^f = \frac{a-c}{1-\theta}$。接下来考虑帕累托最优的情形（整栋大楼完全归一个产权主体所有），那么此时它的决策方程为：

$$V(x_1, x_2, x_3, \cdots, x_n)=(a-c)\sum_i-0.5\left(\sum_i\left(x_i^2-\frac{2\theta}{n-1}x^i\sum_{j\neq i}x_j\right)\right).$$

式(5.11)

求解可得产出表达式为 $x_i^u=\frac{a-c}{1-2\theta}$。很显然，产权破碎化的投资价值明显低于社会最大化价值。从以上两个案例可以得出如下结论：无论资源的产权是以水平形式的分割(对应同步博弈)还是垂直形式的分割(对应序贯博弈)，都会造成资源利用不足的反公地悲剧结局，它们的区别仅在于程度上的不同。

(二) 反公地悲剧的一般化模型

在研究反公地资源的价值函数 $V_i(x_i, x_j)$ 之前，Schulz et al(2002)事先明确提出了四个假设条件。

假设条件一：V_i 和 $V=V_1+V_2$ 在 x_j 处是严格凹的，且两个变量都是二阶连续可微的，对于 $i\neq j$，$\frac{\partial V_i}{\partial x_j}>0$，它表示外部性；

假设条件二：$\frac{\partial^2 V_i}{\partial x_j\partial x_i}$ 为非负，且小于 $\frac{\partial^2 V_i}{\partial x_i^2}$ 的绝对值，这个二次偏微分条件代表 x_i 和 x_j 之间的互补关系，设定绝对值条件是为了确保在同步博弈中只有唯一的均衡解；

假设条件三：$x_i\in X_i\subset R$，X_i 是凸紧集(compact and convex)；

假设条件四：$\frac{\partial^2 V_1}{\partial x_1\partial x_2}$ 和 $\frac{\partial^2 V}{\partial x_1\partial x_2}$ 为非负，且 $-\frac{\partial V_1}{\partial x_2}\cdot\frac{\partial^2 V_1}{\partial x_1^2}>\frac{\partial V_2}{\partial x_1}\cdot\frac{\partial^2 V_1}{\partial x_2\partial x_1}$。

基于前三个假设，在产权破碎(反公地)条件下将同时行动博弈(simultaneous-move game)的纳什均衡记为 x_i^f；x_i 代表策略，V_i 代表报酬(payoff)，x_i^u 代表完整产权(unified property)下对 V 的最大化价值。据此，Schulz et al(2002)推导出命题一。

命题一：在前三个假设条件下有且仅有一个纳什均衡 x_i^f；此外，如果 (x_1^f, x_2^f) 和 (x_1^u, x_2^u) 都在 $X_1\times X_2$ 以内，则对于 $i=1, 2$ 有 $x_i^f<x_i^u$。①

接下来基于假设一、假设三和假设四，构建同一问题的序贯博弈模型。让乙先行动，甲在观察到乙的策略之后再采取行动，Schulz et al(2002)推导

① 对于博弈模型的完整推导过程可参见 Schulz et al(2002)原文中的附录。

出命题二。

命题二：在假设条件一、三和四下，存在一个纳什均衡；且如果 (x_1^f, x_2^f) 和 (x_1^u, x_2^u) 都在 $X_1 \times X_2$ 以内，可以得出对于 $i=1, 2$ 有 $x_i^f < x_i^u$。

Schulz et al(2002)在一系列假设的基础上，利用严格的数学形式(博弈论)证明了：只要存在反公地(产权破碎)就会导致资源使用不足的反公地悲剧的结局，不论排他性产权的持有者们是同时行动类型的博弈还是有先后顺序的序贯博弈。

值得注意的是，这并不代表这两种博弈类型的"悲剧"程度也是相同的。如果局中人的策略是互补性质的(strategic complements)，那么在同步博弈中的反公地悲剧就要比序贯博弈下的反公地悲剧更为严重。设 x_i^{f1} 和 x_i^{f2} 分别为同步博弈和两阶段序贯博弈下反公地博弈的均衡结果，在 $X_1 \times X_2$ 以内对于 $i=1, 2$, Schulz et al(2002)推导出第三个命题。

命题三：$x_i^{f1} < x_i^{f2}$。

Schulz et al(2002)在赫勒，尤其是布坎南等人的基础上初步建立了关于反公地悲剧的一般化模型，对反公地悲剧模型的一般化进行了有益尝试，为理论的完善做出了边际贡献。

类似地，Sun & Liu(2017)则进一步考虑到公地产权之间的可替代性，利用古诺博弈构建一个产业纵向两阶段博弈模型。第一阶段，即生产阶段，考虑两种必要生产要素各自的独家供应商(sole supplier)，在不变替代弹性(constant elasticity of substitution, CES)生产函数下，他们同时并独立决定各自提供给下游厂商的生产要素的价格。第二阶段，所有最终产品供应商展开数量竞争。基于博弈分析，Sun & Liu(2017)得出结论：当产权之间的可替代性较低时，反公地安排导致使用不足的效率损失较大；当产权之间的可替代性较高时，公地安排导致使用过度的效率损失较大；而当产权替代性适中(moderate)时，公地悲剧和反公地悲剧则有望被"中和"，达到资源有效使用的结果，类似于"负负得正"。①

三、对反公地悲剧的实验论证

Depoorter &Parisi(2002)的理论分析表明：能够为某一项关键投入品定价的人数越多，那么每一项投入品所有者的要价会更高，这些资源的均衡价格也会越高。从边际分析的角度，当排他性权利所有者(holders)的人数达到一定的边界时，有价值的资源将会完全得不到利用。这意味着，无谓损

① 详细论述过程，请参阅 Sun & Liu(2017)原文。

失会随着独立所有者(他们持有的权利是互补性质的)人数的增加而单调递增。Depoorter & Vanneste(2006)通过实验研究的方式,验证了产权的破碎化程度和互补性程度越高,引发的无谓损失越大。因此他们在实验经济学角度论证了反公地悲剧的存在性。[①] 此外 Depoorter & Vanneste(2006)还发现：第一,个体权利人重视的不是资源(或产权)整合本身能产生的预期价值,而是看重在整合过程中的个体利润最大化。第二,不确定性扩大了反公地资源的定价效应(pricing effect)。第三,与整合带来比较确定性剩余但可能因整合而造成(轻微)损失时相比,整合产生价值具有更大不确定性时,(人们)合作程度更高。

Depoorter & Vanneste(2006)研究的大致思路是：招募一些被试者,他们被告知,有一项统一的资源(unitary resource),它已被划分成5份,而他(她)自己是其中一份资源的所有者,每一份资源价值50个筹码(chips);在每一个实验场景中,他们都被告知,将有一个第三方在每一场实验中规定的条款下,收购一些所有者的权利份额;他们可以将自己名下的资源出售给资源购买者以换取筹码,这些筹码在实验结束时也可以兑换成货币。通过设定不同的实验条件,借助方差分析等工具,考察这种统一资源潜在价值的实现程度,从而得到如上所述的研究结论。

第三节　关于公地悲剧与反公地悲剧对称性的争论

在展开本节正式讨论之前先做两点必要说明。第一,学者们对“公地悲剧-反公地悲剧”对称性的探讨并不是指现实世界当中公地悲剧和反公地悲剧造成的福利损失是否完全相等,事实上它们的数据在人类现有的技术条件下几乎是无法准确估算的。[②] 学者们探讨的仅仅是理论上的对称性,是建立在一系列前提假设的基础之上的：他们设定两种悲剧对应的资源种类和情形一致,资源涉及的人数(使用者或排他者)一致等。资源的使用权过强而排他权不足,会造成资源使用过度的公地悲剧;资源的排他性过强而使用权不足,则会导致资源使用不足的反公地悲剧。对于某种自然属性完全相同的资源,如果因使用权过强导致的使用过度和因排他权过强导致的使用

① 反公地悲剧属于个体理性和集体理性相背离的社会困境(social dilemma)中的一种。学者们对社会困境问题的实验研究由来已久,但是在利用实验研究方式,直接针对反公地悲剧问题进行论证的文章中,Depoorter & Vanneste(2006)是较早和较有代表性的一篇。

② 但是从主观直觉来看,似乎公地悲剧比反公地悲剧给人类造成的福利损失要大。

不足这两种情形各自在绝对数量(方向相反)上是一致的话,就说明公地悲剧与反公地悲剧是对称的,否则就是不对称的。第二,关于公地悲剧与反公地悲剧是否具备对称性的争论,主要存在于实验经济学领域。尽管存在少量争议,①但从现有文献来看,学者们大都认为从纯数学或博弈论的角度可以推导出公地悲剧与反公地悲剧存在对称性。

一、公地悲剧与反公地悲剧对称性的提出与论证

反公地悲剧理论的主要创立者 Heller(1998)提出,反公地悲剧恰好是公地悲剧在镜子中的影像。于是许多学者试图从数学模型的角度来证明这两种悲剧之间的"对称性";如上文所述,其中最早的无疑是 2000 年,诺贝尔经济学奖得主布坎南和永钧的《对称的悲剧:公地与反公地》,紧随其后的是 2002 年诺伯特·舒尔茨等学者的《产权破碎:走向一个一般化的模型》和 2005 年弗朗西斯科·帕里西(Francesco Parisi)、诺伯特·舒尔茨(Norbert Schulz)、本·第波特(Ben Depoorter)合作的《财产的二元性:公地和反公地》②等。上述学者和文献都赞同反公地悲剧与公地悲剧是对称的。这与他们的研究视角和方式关系密切——他们都从纯逻辑或理论,而非实验数据的角度来推导公地悲剧与反公地悲剧的对称性。

最早从实验经济学角度验证这种对称性的当推斯蒂文·斯图尔特(Steven Stewart)和大卫·比约恩斯丹德(David J. Bjornstad)。他们于 2002 年公布了一项题为《公地与反公地悲剧对称性的实验研究与预测》③的研究报告,试图为 Buchanan & Yong(2000)的理论模型提供实证基础。他们的实验设计沿用了 Ostrom et al(1994)④提出的方法;被试者是从田纳西大学学习经济学初级和进阶课程的本科生中招募的,总共有 278 名被试者参加了实验;被试者的酬劳采用现金支付,每个实验阶段(一个半小时)的酬劳从 9 美元到 22 美元不等。

---

① 比如 Teece(2017)在文章第 24 个脚注和 II. C 部分认为,尽管在理论上,为了使用互补资产需要多个许可,但一旦认识到定义和执行权利的局限性,这个"要求"在实践中往往不成立。

② 即 Parisi, F., Schulz, N. & Depoorter, B., "Duality in Property: Commons and Anticommons", *International Review of Law and Economics*, 2005(25): 578-591。

③ 即 Stewart, S. & Bjornstad, D. J., "An experimental investigation of predictions and symmetries in the tragedies of the commons and anticommons", Technical report, Joint Institute for Energy and Environment, 2002-07: 1-26。

④ 斯图尔特和比约恩斯丹德的脚注原文是"Elinor Ostram, Roy Gardner, and James Walker, *Rules, Games, and Common Pool Resources* (Ann Arbor: University of Michigan Press, 1994)",但经多番查证此书的第一作者是 2009 年诺奖得主 Elinor Ostrom,原引者的"Elinor Ostram"当属笔误。

Stewart 和 Bjornstad 的实验分为两类：一类为每组 2 名局中人，另一类为每组 4 名局中人。从他们的报告本身来看，他们的确从实验室实验的角度验证了 Buchanan & Yong(2000)的"对称模型"，而且他们认为其研究是相当稳健的：一方面，两种类别的实验都得出了公地悲剧与反公地悲剧对称的结果；另一方面，为了排除被试者在前几轮（总共做了 14 轮）实验中对实验本身理解不足对结论造成的干扰，他们将前 3 轮样本数据剔除之后再进行 t 检验，依然得到了"公地悲剧与反公地悲剧具有对称性"的结论。

二、对公地悲剧与反公地悲剧对称性的质疑

但是 2006 年比利时根特大学的斯文·范内斯特(Sven Vanneste)、阿兰·凡·希尔(Alain Van Hiel)和乔治梅森大学的弗朗西斯科·帕里西(Francesco Parisi)，以及比利时根特大学的本·第波特(Ben Depoorter)四人的研究对上述学者的观点发起了挑战。极有可能 Vanneste et al(2006)并不反对在数学模型上确实可以推导出二者为对称的结论，[①]但是他们利用实验经济学方法，对公地悲剧与反公地悲剧之间对称性进行的实验研究结果表明：公地悲剧与反公地悲剧之间并不具备明显的对称性——反公地悲剧比公地悲剧更加严重；正如其标题《从"悲剧"到"灾难"：公地与反公地的福利效应分析》[②]所表明的，如果说公地带来的是悲剧，那么反公地则有可能是灾难。

Vanneste et al(2006)进行了两种实验，第一种是被试者未被告知博弈原理（集体理性和个体理性）的情形，第二种是被试者被告知他们所做实验博弈原理的情形；每种实验又分为两组不同的博弈类别：公地博弈和反公地博弈。除了博弈类别不同（公地和反公地）之外，每一种实验所包含两组实验的其他实验情景都是一样的。Vanneste 等人的两种实验结果表明：无论被试者是否获得关于博弈原理的充分信息，无论是在实验室实验(lab experiment)还是在情景实验(scenario experiment)当中，公地情形确实会导致资源的过度使用，反公地情形确实会导致资源的使用不足；但是反公地造成的福利损失大于公地造成的福利损失。

---

① Vanneste et al(2006)的第三、第四作者分别是 Parisi et al(2005)的第一、第三作者；而 Parisi et al(2005)是赞成公地与反公地具有对称性的。

② Vanneste, S., Hiel, A. V. Parisi, F. & Depoorter, B., "From 'tragedy' to 'disaster': Welfare effects of commons and anticommons dilemmas", *International Review of Law and Economics*, 2006(26): 104 - 122.

由此 Vanneste 等人推断，除了已经考虑到并且被数学，尤其是博弈论模型化的因素以外，很可能还存在某些被忽略掉的重要变量，这些变量是很难被模型化的主观性心理因素。Vanneste 等人从三个层面，对这些心理因素造成反公地悲剧比公地悲剧的实验结果更加严重进行了解释：第一，在反公地背景下，资源的排他性所有者，简称“排他者(excluder)”，具有一种类似于“特权”[①]的权利，他们具有资源使用上的一票否决权，因此，每一个排他者都有可能倾向于将反公地资源视为自己应当进行“保护”的对象而加以“珍惜”，却忽视了自己的“保护”行为事实上会对其他排他者造成福利损失。而在公地背景下，全部使用者(users)都拥有资源的使用权，每个使用者可能并不会特别在乎这种使用机会，而且能够完全意识到自己的“过度使用”会对其他使用者造成福利损失(外部性)。第二，和 Schulz et al(2002)一样，Vanneste 等人认为反公地困境的隐含之意(implications)比公地困境更加模糊(ambiguous)；在对未来的影响上，反公地困境尤其如此。说得更加具体一点，人们往往对公地的破坏性具有比较清晰的认识，而对反公地的破坏性则认识不足或者低估。[②] 第三，失去和得到一笔同样数额的财物，往往失去财物造成的负效用的绝对值会大于获得这笔财物所感受到的正效用，而且这一点已经为心理学研究所证实(Kahneman et al.，1991)。即如果随着财富量的增多，人们从每新增加一单位财富量中获得的边际效用呈递减趋势，那么决策者倾向于表现为风险厌恶(risk aversion)者，详见图 5－5。反公地博弈下的资源使用者因感受到某种“特权”而倾向于将资源视为自己的财产，而公地博弈下的资源使用者则较少存在这种心理。因此，反公地博弈下的排他者会更加“珍惜”资源，并采取更加强烈的个体利益最大化行为。

范内斯特等人的研究只是推测某些未被模型化的主观“心理因素”会造成反公地悲剧与公地悲剧之间的非对称关系，但是并没有找出具体是哪些因素以及它们各自对非对称结果施加影响的权重或区间，这些还有待后续研究。最早从心理学角度对 Vanneste et al(2006)做出回应的是 2008 年的一篇文章《为什么他们会过度“索取”？因果归因在解释公地和反公地困境

---

① 特权(privilege)是指根据法律，所有者有权按照自己喜好的方式“随意”处置自身财物的情形；权利(rights)是指除非获得所有者的允许，否则法律不允许其他人侵占其财物的情形。

② 对于这一点 Vanneste et al(2006)指出在第二种实验中即使被试者获得公地/反公地博弈的完整信息，但是反公地博弈的福利损失还是大于公地博弈，因此他们本人对于这一点持谨慎的怀疑态度。但是我们认为虽然被试者被告知了所谓的“充分信息”，但是仅仅“告知”与“充分理解并用于指导实践”之间是有差距的，除非这种实验被重复多次得到的仍然是一致性的结果，我们才有充分的理由排除反公地更模糊(ambiguous)这种猜测。

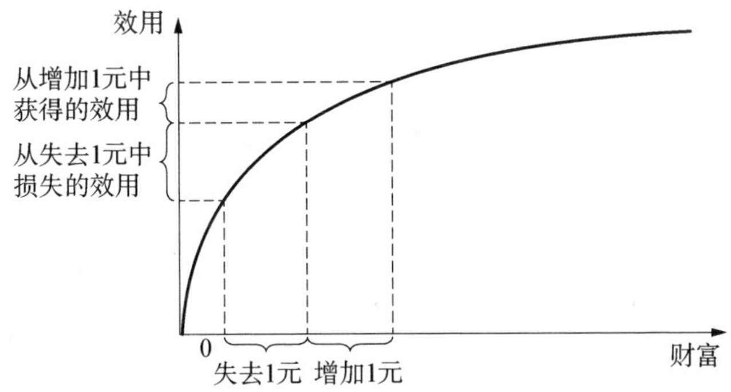

图 5－5　风险厌恶型效用函数

下合作水平中的角色》[①]。它的作者分别是比利时根特大学社会心理学系学者阿兰·凡·希尔(Alain Van Hiel)、斯文·范内斯特(Sven Vanneste)[②]与荷兰蒂尔堡大学经济与社会心理学系的大卫·德克莱默(David De Cremer)。

他们的原创性贡献在于：最先从心理学角度鉴别构成反公地困境下局中人行为基础的主观因素。[③] 他们沿用了 Vanneste et al(2006)设计的实验情景(木材公司和石油公司)[④]，利用心理学中的"归因理论"[⑤]探寻公地困境和反公地困境下被试者心理反应模式的差异。Hiel 等人实验的被试者是根特大学的 200 名学习社会心理学入门课程的大学生(68 名男生，132 名女生)，他们的平均年龄将近 20 岁(标准差为 1.8)。该实验采用 2×2×2 模式：困境(公地-反公地)、目标(合作-不合作)、情景(石油公司-木材公司)[⑥]，再利用实验数据进行方差分析。

他们主要研究了两大类(亲社会和非亲社会)共六种心理因素：担心(fear)、关心他人(concern for others)、公平(fairness)、效率(efficiency)、贪婪(greed)和无知(ignorance)。其中贪婪、关心他人、效率和无知都比较好理解，需要解释的是另外两个变量。效率指对于社会或者集体，而非个体而

---

① Hiel, A. V., Vanneste, S. & De Cremer, D., "Why Did They Claim Too Much? The Role of Causal Attributions in Explaining Level of Cooperation in Commons and Anticommons Dilemmas", *Journal of Applied Social Psychology*, 2008, 38(1): 173－197.

② Vanneste 正是 Vanneste et al(2006)的第一作者，而 Hiel 则是 Vanneste(2006)的第二作者。

③ 确实，从心理学角度鉴别构成反公地下行为基础的主观因素还处于未被探索(unexplored)的领域(Hiel et al., 2008, p. 190)。

④ Hiel et al (2008) 只采用了情景实验(scenario experiment)，不涉及实验室实验(lab experiment)。

⑤ 归因是人们对自己或者他人行为原因的推论过程，具体而言是指观察者对他人的行为过程或者自己的行为过程所进行的因果解释和推论。

⑥ 无论是石油公司还是木材公司的情景得出的结论在方向上并无差异，唯一的区别在于：木材公司实验结果的显著度更高。

言，在资源使用上的效率。担心包括两个层面，一个层面是害怕自己成为“冤大头”(sucker)；另一个层面是一般意义上的担忧(general fear)，指担心发生不愉快的博弈结果或者与他人发生冲突等心理过程。根据 Hiel et al (2008)，这 6 个变量之间的相关性如下：

表 5－2　归因度(attribution scales)之间的相关性

	均值	标准差	1	2	3	4	5
1. 无知	2.52	0.68	—				
2. 关心他人	2.39	0.68	0.05	—			
3. 担心	2.82	0.61	0.31＊	0.04	—		
4. 贪婪	3.18	0.90	0.03	－0.58＊	0.04	—	
5. 效率	3.25	0.63	－0.06	0.62＊	0.05	－0.45＊	—
6. 公平	3.11	0.71	－0.13	0.69＊	0.01	－0.46＊	0.65＊

资料来源：Hiel et al (2008)，p. 187；注：＊ $p<0.001$，带“＊”号的表示相关性显著。

从表 5－2 来看，关心他人、效率和公平之间是高度正相关的，而且这三个变量各自均与贪婪表现出很强的负相关关系。由于低贪婪、关心他人、效率和公平这四个因素都是亲社会的，而且具有高度相关性，因此 Hiel et al (2008)将它们合成一个大的叫作“亲社会倾向”的综合变量，将它与“无知”和“担心”放在一起，考察四种场景(自变量)分别对他们的影响程度(用平均值表示)。具体结果见表 5－3：

表 5－3　Hiel et al(2008)的实验结果

自变量/情景 均值 因变量	公地＋合作	公地＋不合作	反公地＋合作	反公地＋不合作
亲社会倾向 (低贪婪、关心他人、效率、公平)	3.46 (0.46)	2.42 (0.49)	2.62 (0.36)	3.04 (0.41)
无知	2.21 (0.60)	2.62 (0.70)	2.77 (0.67)	2.43 (0.60)
担心	2.64＊ (0.55)	2.76＊ (0.60)	3.09 (0.55)	2.78 (0.64)

资料来源：根据 Hiel et al (2008)，pp. 184－189 整理而成。注：均值越大表示影响越大；括号内数字表示对应的方差。

以上结果除带“ * ”之外，[1]都通过了显著性检验。作为稳健性检验，Hiel et al(2008)考虑到了参与者(被试者)自身的合作度(Participants' own cooperativeness)对结果造成偏差的可能性，但是通过将参与者的报价作为方差分析的一个协变量进行检验发现：“在所有情形当中，协变量都没有产生显著的影响，F(1, 191)<2.07, ns,[2]在将协变量纳入检验之后所有的影响依然是显著的”。此外，还存在被试者没能像理解“公地困境”那样充分地理解“反公地困境”的可能性，但是到 Hiel et al(2008)做实验的时候，反公地理论已经在西方世界流行较广了，而且两年前 Vanneste et al(2006)得出的结论也是一致的，这就在一定程度上削弱了这种可能性。再者，两种实验场景“石油公司”和“木材公司”得到的实验结果都是一致的。因而它们一起较大程度地增加了最终结果的可信度。

表 5-3 中未加粗的数据对应的结果与 Hiel et al 的预期和之前的文献(如 Van Lange et al., 1990; Hine & Gifford, 1996)在方向上是一致的，在此将不做过多解释。表格中粗体字部分是 Hiel et al(2008)的具体创新点：结果表明在反公地背景下，被试者的合作与不合作对应的心理因素和公地困境下是恰好相反的。对于“亲社会倾向”，在反公地背景下，“不合作”对应的亲社会倾向反而高于“合作”对应的亲社会倾向(3.04>2.62)，这从实验的角度印证了 Vanneste et al(2006)的猜想，“每一个排他者都有可能倾向于将反公地资源视为自己应当进行‘保护’的对象而加以‘珍惜’，却忽视了自己的‘保护’行为事实上会对其他排他者造成福利损失”。对于“无知”和“担心”，被试者在反公地背景下的心理反应与公地困境下的反应也是恰好相反的：在反公地背景下的“不合作”对应的“无知”和“担心”程度都低于它们在“合作”下的程度(2.43<2.77; 2.78<3.09)。

正如 Hiel 等人所赞同的那样，事实和研究已经多次证明了在社会困境下的合作行为可以用诸如责任(Fleishman, 1980; Enzleet al., 1992; van Dijk & Wilke, 1997; Parks & Rumble, 2001; DeCremer &van Lange, 2001)等规范性(伦理道德等)因素来进行解释。因此，反公地悲剧与公地悲剧之下合作与不合作归因相反的解释可能在于：反公地困境与公地困境所

① Van Lange et al(1990)得出这一结果是显著的，与 Hiel et al(2008)有差异。Hiel et al 的解释是，“担心”实际上包含两种类别：(1)害怕自己成为“冤大头”(sucker)的担心；(2)一般性的担心，诸如担心资源被开发殆尽、担心效率和公平或者遭到报复等。将这两种“担心”分别进行检验都得出了显著性的结果，它们对公地背景下对“合作度”的影响是恰好相反的：害怕成为“冤大头”的担心倾向于削弱合作，而一般性的担心则有助于促进合作。

② ns 是统计学中“no significant difference”的简写，表示“无显著性差异”。

体现出来的“社会准则”或者“规范”是不一样，甚至是相反的。

三、一个谨慎的结论

通过对有关文献的系统梳理和细致研究，我们可以谨慎地做出如下结论：基于对称性假设，从纯数学或博弈论可以推导出公地悲剧与反公地悲剧是对称的；而同样基于对称性假设的实验经济学研究则表明，这种对称性很可能是不存在的——反公地困境下资源的浪费程度可能比公地困境下的过度使用造成的福利损失更加严重。

结论的前半部分是肯定的，学术界几乎不存在争议。而后半部分包含至少两层含义：第一，在实验经济学内部关于“对称性”存在争议；[①]第二，在实验经济学领域，公地悲剧与反公地悲剧是不对称的命题可信度更高。理由如下，从实验经济学角度支持对称性的文献较早，而且 Stewart & Bjornstad(2002)只是一篇对外公布的“报告”，并非刊登于学术期刊的文章，其严谨程度似乎相对较低（本书第 132 页注释 4 提及的将 Ostrom 误作 Ostram 即可见一斑），而且在它之后似乎没有其他文献对 Stewart & Bjornstad(2002)提供进一步支持或佐证。而支持公地悲剧与反公地悲剧非对称的文献发表时间较晚，可利用的实验工具和手段的可靠性可能会有所改善；此外，实验类文献持“不对称”观点的数量较多，它们对应的研究成果存在继承和发展，且基本结论是一致的。综合以上考虑，本书倾向于赞同“质疑派”的观点，即公地悲剧和反公地悲剧在实验研究中是不对称的。但是要想得到更加肯定的结论，还有待实验经济学家的进一步研究。

第四节　反公地悲剧理论的实证研究：一场跨世纪的论战

反公地悲剧理论问世以后，西方学术界除了利用数理模型、博弈论和行为经济学实验等方式广泛开展对该理论的论争之外，还有许多学者利用现实中的数据对该理论开展实证研究。无论是博弈论方法、数理模型的方法，还是行为经济学实验的方法，学者们得出来的结论相似度非常高，都在不同程度上证明了反公地悲剧的存在性及其对资源配置的影响。然而与上述研究有所不同，关于反公地悲剧的现实实证研究却表现出高度差异性——不

① Stewart & Bjornstad(2002)的实验结果赞成对称性；而后续文献，如 Vanneste et al(2006)和 Hiel et al(2008)则对这种对称性构成了强烈的质疑。

同学者甚至得出完全相反的结论。这种内部的不一致性在美国生物医药领域的专利研究方面表现得尤为突出——一部分学者的研究认为美国生物医药领域确实存在反公地悲剧，而有些实证研究却认为美国生物医药领域并不存在反公地悲剧。

一、论战的缘起

在赫勒教授正式创建反公地悲剧理论的1998年，他和合作者丽贝卡·S·艾森伯格（Rebecca S. Eisenberg）在《科学》杂志发表了另一篇引用率非常高的论文。[①] 1980年美国拜杜法案（Bayh-Dole Act）生效，以及同年美国最高法院Diamond v. Chakrabarty案，[②]为知识产权研究提供了资金和制度激励，并使得美国在生物医药研发领域取得了大量的知识产权成果（Ramirez, 2004）。

Heller & Eisenberg（1998）认为，美国生物医药研究领域（上游）授予了太多碎片化的基因专利，导致下游的产品研发整合碎片化专利的交易成本过高，进而导致新药品和新疗法无法被开发出来，造成对专利成果使用不足的悲剧。

该文的发表开启了学者们对生物医药领域究竟是否存在反公地悲剧的长达二十多年的论战，且迄今为止尚未有定论。毋庸置疑，新的知识和科学技术对人类进步有着至关重要的作用。而人类在探索和获得新知的过程中往往需要投入大量的人力、物力和财力，如果他们创造出来的新知识不能得到有效保护，那么新知识的创造就会存在非常强的正外部性，从而导致市场供给小于全社会利益最大化时的供给数量。因此，专利制度和版权制度等知识产权保护制度有助于解决新知识供给不足的问题。诺斯在《西方世界

---

① 2020年11月19日15:30用谷歌学术搜索，该文的引用次数高达3487次；丽贝卡·S. 艾森伯格是密歇根大学法学院教授，主要研究知识产权、专利法等。

② 通用电气公司（General Electric）的微生物学家Ananda Mohan Chakrabarty开发了一种细菌（源自假单胞菌属，现在被称为假单胞菌），该细菌能够分解原油，并且他提出将这种细菌用于处理石油泄漏。通用电气公司以Chakrabarty为发明人向美国为这种细菌提交了专利申请。但是这一申请被审查员拒绝了，因为在那时的专利法框架下，"活的有机体"被普遍认为不属于美国《专利法》101条所规定的可专利主题。专利上诉与冲突委员会坚持之前的判决；然而，海关与专利上诉法院（CCPA）撤销了专利上诉与冲突委员会的判决，转而支持Chakrabarty。海关与专利上诉法院认为：微生物是活的这一事实并不具有法律意义（the fact that micro-organisms are alive is without legal significance）。专利商标局的委员Sidney A. Diamond上诉至最高法院。最高法院在1980年3月17日开庭审理，并于1980年6月16日作出判决。USPTO于1981年3月31日授予该细菌专利。资料来源：北京大学科技法研究中心：《Diamond v. Chakrabarty》，2015年2月4日，https://stlaw.pku.edu.cn/swjzf/4716.htm，2021年11月29日。

的兴起》当中甚至认为西方世界之所以后来居上，一个非常重要的原因就是他们更加重视对知识产权的保护，从而鼓励了人们从事发明创造。亚伯拉罕·林肯则认为："专利制度为天才之火增添了利益的燃料"。[①] 这类观点表明，现代的人们已经充分认识到了对知识产权进行保护的重要性。

知识产权保护制度旨在解决新的知识和科学技术供给不足的问题。但问题是，新的知识和科学技术被创造出来之后，需要被人们使用才能转变为现实的生产力及发挥其最大价值。而且，科学技术的进步本身是一个新知识不断积累的渐进过程，新知识的不断被披露(disclosure)出来构成了这种渐进过程的必要环节。这就引出了与之相关的另一个问题：新知识和科学技术的使用问题，或者人们对新知识和科学技术的需求问题。在其他条件不变时，使用它们的成本越高，人们对它们的有效需求量将会越少。因此，为了达到社会整体利益最大化，一方面需要解决新知识和科学技术供给不足的问题；另一方面又需要解决新知识和科学技术"价格"太高造成需求不足的问题。Heller & Eisenberg(1998)为人们注意到第二个问题提供了非常有益的帮助。理论上不难证明对新知识和科学技术的保护也有代价，需求面临权衡取舍(trade-off)。因此在进行制度设计时，应该谋求对知识产权的合理保护，以达到新知识和科学技术的供给和需求之间的最佳结合点或者区间。然而问题是，究竟现行的知识产权保护制度是否超越了"合理"的边界呢？以美国生物医药领域的知识产权保护制度为例，不同学者可谓见仁见智，莫衷一是。

二、支持反公地悲剧的实证研究

Heller & Eisenberg(1998)关于反公地悲剧在生物医药领域方面的研究，引起了美国学术管理和研究机构的广泛重视，他们的一些政策建议，比如上游研究工具在获得许可时不应太过狭窄，排他性不宜太强等获得有关部门的采纳。首先，美国国立卫生研究院(以下简称 NIH)于 1999 年采纳了赫勒和丽贝卡的建议，敦促 NIH 资助的接受者在非排他性的基础上许可专利研究工具，以促进它们的最大利用、商业化和公开可用性。其次，2007 年由美国 11 所主要研究型大学组成的一个小组效仿了这一做法，并在一套被称为"9 点"(Nine Points)的核心原则中承诺，研究工具应尽可能广泛地提供，今天，全世界有一百多家研究机构自愿加入了这"9 点"。再次，在过去

---

① 英文原文是"The Patent System added the fuel of interest to the fire of genius"，转引自 Buckley(2007)。

十年中，在保护上游生物医学创新方面，一些国家的专利法变得更弱，而不是更强，比如从 2010 年开始，美国最高法院的一系列判决明确了自然产物、心理过程和抽象概念不符合专利保护的条件(Contreras, 2018)。

Heller & Eisenberg(1998)的研究还引起了一些教材撰写者的重视。比如戴利和法利(2014)撰写的颇有影响力的《生态经济学》教材指出："很多研究已经表明，延长专利和版权保护期实际上减慢了科学和实用艺术进步的速度。"他们引用的文献就有 Heller & Eisenberg(1998)的文章。此外，2003 年 NIH 发布的研究报告也表明：美国学术界和产业界的科学家、大学技术转让专业人士以及私营企业的成员都对生物技术研究工具专利许可的困难和延误表示担忧(Mireles, 2004)。

对反公地悲剧的实证研究中，生物医药是研究的焦点和核心领域。在生物医药领域中，人类基因的增殖和关键测序过程尤为学者注意(Contreras, 2018)。Jensen & Murray(2005)的研究显示，美国的专利覆盖了已知人类基因的大约 20%。Cho et al(2003)则认为，专利对分子诊断试验的发展造成负面影响。还有一些研究担心，对人类 DNA 授予专利，以及其他的研究工具(research tools)将会阻碍多基因诊断面板(multi-gene diagnostic panels)和基因芯片(DNA chips)的开发。而它们可用于测试大数量的遗传变异体(genetic variant)，以及高通量(high-throughput)基因分型和测序平台(Verbeure, 2009)。

其他视角：基因信息产权制度对下游生物医药的研究表明，与人类基因组计划(Human Genome Project)相比，私人企业赛莱拉基因公司通过合约来保护遗传变异体(genetic variant)的有关数据，造成了经济上和统计上对下游科研和产品开发的显著制约(Williams, 2010)。

Murray & Stern(2006)通过引入"双重知识"(dual knowledge)的概念，对反公地悲剧问题进行了实证研究。所谓的双重知识，是指一项新知识或技术采用科研论文和专利两种表达方式。他们认为通常科研论文的发表在前，专利的申请在后。Murray & Stern(2006)以 169 组被授予专利的论文(patent-paper pairs)为研究对象(实验组)，以同一期刊中没有被授予专利权的其他论文为对照组，根据反公地理论的推断，论文在被授予专利之后其引用率会趋于下降。通过实证研究发现，授予专利后的论文引用率确实有所下降，降幅为 10%—20%之间，而且随着时间的推移，授予专利之后使得引用率下降的幅度越来越明显。因此，他们的研究表明，知识产权对技术进步和新知识的创造构成一定的反公地悲剧效应。

三、反对反公地悲剧的实证研究与 Eisenberg 等人的回应

在实证研究领域也有不少学者对此发表了不同的看法。首先对 Heller & Eisenberg(1998)和 NIH 观点发起挑战的应当是卡内基梅隆大学教授 Walsh et al(2003)的文章。Walsh et al(2003)收集了知识产权律师、企业经理、生物技术和制药公司的科学家、大学研究人员和技术转让官员等方面的信息,还调用了有关档案数据,以分析专利实践和法律的变化如何影响生物技术创新。研究人员得出结论,尽管研究工具和条件的专利数量增加,有利于制造反公地悲剧,但是他们认为收集到的数据表明,“药物发现并没有受到这些变化的实质性阻碍”(Mireles, 2004),而且大学科研人员在进行学术研究时即使侵犯知识产权一般也不会受到起诉。

Nicol & Nielsen(2003)利用半结构化访谈等方式,在澳大利亚就技术转让、专利对研究部门的影响、对上游专利获取的限制等方面进行研究,发现虽然有受访者因为专利知识获取方面的困难而改变甚至放弃研究项目,但总体上占比不高。这可能是因为与美国相比,澳大利亚在专利技术使用方面的限制较低。比如研究工具型专利,虽然在美国执行得比较彻底,但是在澳大利亚要么这方面申请的专利较少,要么即使有这方面的专利执行度也较低。但是在澳大利亚,尚未发现特别明显的证据表明生物医药领域存在严重的反公地悲剧,这方面的实证研究还有待进一步拓展和深化。然而 Nicol & Nielsen(2003)赞同在理论上生物医药领域是比较容易发生反公地悲剧的,并且为了避免反公地悲剧的发生,还提出了若干对策建议。

Kang et al(2009)对韩国的中小企业进行了问卷调研和统计检验,发现:生物医药界和生物技术界与其他领域相比,对专利制度的负面评价更多,获取专利技术的难度也更大,因为这些领域往往需要大量的专利技术作为支撑。他们也表达了获得专利技术的难度问题。但是他们的研究表明:回归分析(OLR 和 Poisson)并未支持专利制度阻碍创新的命题。在这一点上,他们的研究结果和 Walsch(2003)是一致的。

此外,也有学者在生物医药领域以外开展实证研究,以检验反公地悲剧的存在性问题。比如 Galetovic et al(2017)使用智能手机价值链中授权方的实际数据来估计实际的累积版税收益。研究发现,2016 年,全球智能手机价值链的累计版税收益率仅为智能手机平均售价的 3.4%。从而得出结论:专利持有者并没有行使任何有意义的垄断权力来提高全球智能手机市场的价格,智能手机行业的反公地悲剧就更加无从谈起了。

除利用直接的访谈数据(一手资料)对反公地悲剧进行实证研究之外,

还有学者利用公开数据（二手资料）开展该领域的实证研究。比如 Buckley（2007）利用官方公布的数据，对反公地悲剧进行批判。Buckley（2007）指出：（1）自 1998 年以来，上市生物技术公司的研发增长了 60%以上；（2）1995—2005 年对生物技术公司的风险投资金额增长了 300%；（3）自 1998 年以来，生物医药领域的就业增长了 21%；（4）美国食品药品监督管理局每年收到的原创试验性新药数量虽然几年来一直稳定，但在 2004 年和 2005 年出现了急剧的增长；（5）2005 年进入临床前试验的生物化合物的数量为 37%，高于 1998 年参加试验的人数；（6）接受调查的学者中没有人因为知识专利而放弃研究项目。据此，Buckley（2007）甚至在文章标题中将反公地斥责为“反公地神话”（The Myth of the Anticommons）。

在实证研究中不赞同生物医药领域存在反公地悲剧的文献中，Walsh et al（2003）的文章应当是最早也是迄今为止最有影响力的一篇。该文不但引用率较高，而且引起了 Eisenberg 本人的直接回应和反驳。Murray（2005）、David（2003）认为 Walsh et al（2003）的研究存在一些缺陷。David 教授认为 Walsh et al（2003）没有描述他们遵循的访谈协议（interview protocol），访谈问题可能会对受访者造成误导，即先入为主地引导他们并不存在（反公地）问题；David（2003）认为理性的受访者不会报告他们因为专利制度的改变而被迫放弃的项目（Mireles，2004）。David（2003）认为试图从实证角度证明反公地悲剧的存在性是困难的，因为这似乎是在做一项违反事实的工作：如果某些事情没有发生，那么就会引发某些其他事情（Mireles，2004）。①

面对实证领域的诸多反驳，Eisenberg（2008）本人作出了回应，她通过调查和访谈的方式，对生物医药领域的反公地假说的实证研究做了进一步的辩解。Eisenberg（2008）认为 Walsh et al（2003）的访谈对象主要集中于从事纯科学研究的学者，对商业性公司的研究较少。如果考虑到下游对专利技术的商业性使用，反公地悲剧的结论仍然是可以成立的。而且 Eisenberg 指出，在阻止其他人获得新知识方面，专利技术并不是最严重的。一方面，专利技术在申请时就已经公开，在一定程度上就会变成别人模仿和学习，并试图“绕过去”的对象；另一方面，专利权具有特定的保护期，保护期过了之后就可以免费使用了。因此，许多公司和研究机构为了长期掌控自己研发出来的新知识/新技术，可能会选择不去申请专利，而是将它们作为

① 原文是：“if something had not happened, then something else would have resulted.” Mireles（2004），p. 145。我们需要注意这是一个虚拟语气的句子。

商业机密保存下来。这就使得一项新技术或者新知识,即使被人类发明或者发现,但其他需要使用它的人甚至无法知道世界上有它的存在。这种情况会使得反公地悲剧更加严重,而且此类反公地悲剧问题缺乏实证研究,而且实证研究的难度和专利制度相比,也要大得多,因为研究者可能根本无从知道某项新知或者新发明的存在与否。此外,科学研究不仅需要知识或信息,有时候也会涉及承载这些信息或知识的材料的转让。当需要达成材料转让协议(material transfer agreements, MTAs)时,研究人员需要克服的困难比获取专利知识更加困难,此时使用者无法通过"侵权"的方式将这类产权"绕过去",而是必须付费才能使用。①

但是,Eisenberg(2008)的文章至少部分地撤回了十年前 Heller & Eisenberg(1998)的观点,认为需要添加一些限定词。这与 Hardin(1998)部分撤回他三十年前 Hardin(1968)的观点颇为类似。她将生物医药的研究区分为上游和下游。上游主要是科学家们的学术研究,而下游则涉及商业性的产品开发。在上游的学术研究领域,基本不太存在反公地悲剧问题。她说:"总的来说,知识产权所呈现的障碍比决策者根据早期显著争议所预测的要少。大多数科学家报告在试图获得知识产权保护的技术时没有困难,只有一小部分科学家报告说由于知识产权问题,研究工作严重拖延或不得不放弃一个项目。"

在反对反公地悲剧理论的学者当中,美国经济学家大卫·J·蒂斯(David J. Teece)可能是最有名的一位。② 蒂斯举了很多现实中的例子,对反公地悲剧理论进行反驳。比如,他写道:"波音公司举例说,'787(梦想客机)由 230 万个部件组成,从全球 135 个地点运来',可能有数百甚至数千家供应商在销售。有消息称,'A380(空客)有大约 400 万个零件,其中 250 万个零件号由来自全球 30 个国家的 1500 家公司生产。'"

---

① 即使是在拥有大量专利的领域,许多学术研究人员似乎要么对他们可能侵犯的专利漠不关心,要么对潜在的侵权责任漠不关心。这可能部分原因是专利持有者通常不知道这样的侵权(发生在研究实验室在很大程度上远离公众监督),部分原因是专利持有者通常不愿意承担诉讼的专利的成本,因为纯科学研究一般不涉及商业竞争,造成专利持有者商业利益受损的可能性较低,因此没必要花费较大代价对科研人员提起诉讼。

② David J. Teece 教授是企业理论和战略管理、技术变革经济学、知识管理、技术转让、反垄断经济学和创新等学科的权威学者。他拥有宾夕法尼亚大学经济学博士学位,曾在斯坦福大学和牛津大学担任教学和研究职务,还获得了 3 个荣誉博士学位。蒂斯博士曾就监管政策和竞争政策在国会作证,著有 200 多本书和文章。据《科学观察》报道,他是 1995 年至 2005 年《全球经济与商业》杂志上被引用次数最多的文章的主要作者。他也是近十年来被引用的经济学和商学十大学者之一,并被埃森哲评为全球 50 强商业知识分子之一。资料来源:MBA 智库·百科 https://wiki.mbalib.com/wiki/Teece,2021 年 3 月 22 日。

而且更进一步地，蒂斯认为专利保护的对象是信息。受专利制度和法院判例的影响，事实上通常专利知识侵权案件的举证责任在于专利持有者一方。而这种举证的难度和成本是相当高的。如果败诉，专利持有者还要承受很高的诉讼成本（资金支出这类显性成本和时间精力等方面的隐性成本），即专利类知识产权的执行成本非常高。而且，专利信息可以在不经所有者知晓的情况下被“盗用”，但是实物资产则不然。实物资产事实上的排他性比专利资产强很多。因为实物资产涉及某种实际物品的转让。蒂斯认为，这么复杂的航空公司零部件组装（实物资产）都没有出现反公地悲剧，那么专利资产方面就更不可能出现反公地悲剧了。

蒂斯还认为反公地悲剧的命题违背了科斯定理。他指出，科斯定理认为至少当产权得到很好定义，所有权得到一致同意，且交易成本为零时，各方将谈判以获得有效率的结果。当这些条件成立时，该定理表明私人秩序应该在不需要政府干预的情况下解决任何反公地困境。换句话说，如果科斯条件成立，相关权利的所有权是分散的，而且需要多个许可（至少在纸面上），这一事实不会导致效率低下，因此不会导致“悲剧”。而且即使科斯条件没有得到满足，私人秩序（即自愿的私人合同安排）也有其他方式可以使资源整合问题得到解决。即满足科斯定理的条件只是科斯谈判能够达成的充分不必要条件。[①]

蒂斯认为，即使在理论上可能存在反公地悲剧，但是在现实中人们也会通过某些“制度设计”和创新克服这一问题。比如标准开发组织（例如 IEEE 和 ETSI），通常采用的政策规定，他们不会将专利技术纳入建议标准当中，除非这种专利是“必不可少”的，而且专利持有者要承诺基于“合理”“非歧视”（reasonable, and non-discriminatory，简称 RAND）或者“公平、合理和非歧视”（fair, reasonable and non-discriminatory，简称 FRAND）条款，对建议标准实施者（implementers）提供不限量的许可牌照。不过蒂斯本人也承认，FRAND 条款也不是万灵妙药，特别是，有可能也确实会出现敌意的争端关于拟议的许可条款是否与 FRAND 承诺一致。最近许多关于智能手机的重大专利诉讼都涉及此类纠纷。此外，蒂斯还列举了生物医药和手机类

---

① 在论述这一观点时，蒂斯写道：“举例来说，假设不确定某一专利是否有效，是否被某一产品侵犯；假设双方同意，如果这个问题被提起诉讼，专利被发现有效和被侵犯的可能性只有50%。再进一步假设，如果已知该专利有效且被侵犯，双方将协商10%的专利使用费。考虑到这种不确定性，理性的被许可方不会支付全部的10%的专利使用费，因为专利被发现有效和被侵犯的可能性只有50%。但是双方可以就‘未经测试’的专利进行谈判，要求收取5%的专利使用费。在这种情况下，双方都比没有这种许可要好；结果是有效的。”（Teece, 2017, p. 1503）

电子产品的案例，对反公地悲剧理论进行驳斥。

蒂斯认为现在美国的法律制度（尤其是法院判例）如果有问题，也是在于对人们从事新知识、新技术的研发激励不足，而不是新知识、新技术被研发出来之后的使用不足问题。他还从正外部性的角度，对研发投入私人激励不足进行了阐述，详见表 5－4。表 5－4 中，研发投资的行业内回报率都显著低于行业外回报率，表明研发投资确实存在显著的正外部性。

表 5－4　在选定行业层面对研发投资的私人回报率和社会回报率的估计

研究	样本（地点/规模/时期）	行业内回报率	行业外回报率
Griliches & Lichtenberg (1984)	美国，193 个行业，1959—1978	11%—31%	50%—90%
Goto & Suzuki(1989)	日本，50 个行业，1978—1983	26%	80%
Bernstein & Nadiri(1989)	美国，4 个行业，1965—1978	7%	9%—13%
Bernstein (1998)	加拿大，11 个行业，1962—1989	12.8%	19%—145%
Bernstein (1998)	美国，11 个行业，1962—1989	16.4%	28%—167%
Griffith、Redding & Van Reenen (2004)	12 个 OECD 国家 12 个行业，1974—1990	47%—67%	57%—105%

资料来源：Teece(2017)，p. 1519。

四、论战的共识：基于 Contreras(2018)的总结性评论

对于这场争论，犹他大学（The University of Utah）美国总统学者奖（Presidential Scholar）获得者 Jorge Contreras 教授①在《科学》杂志上发表论文对这一论战做了阶段性的总结，论述了自 1998 年赫勒和他的合作者 Eisenberg 提出美国生物医药领域的反公地悲剧问题以来的 20 年中，学术界对该问题的实证研究。本书将在 Contreras(2018)的基础上，对反公地悲剧领域的实证研究做一个总结性评论。②

虽然本书将关于美国生物医药领域专利制度是否导致对知识财产使用

① Contreras 教授的详细信息参见：https://faculty. utah. edu/u0989706-JORGE _ L _ CONTRERAS/hm/index. hml。

② 本书作者多次通过邮件向反公地悲剧理论的提出者赫勒教授请教，都获得了他及时而热情的帮助。2020 年 11 月 19 日，我发邮件向赫勒教授请教：目前关于反公地悲剧理论的实证研究存在很大争议，似乎还没有定论，他自己本人对反公地悲剧在实证研究中的看法如何？在 2020 年 11 月 24 日回复我的邮件中赫勒教授将 Contreras(2018)的文章转发给我。因此反公地悲剧理论提出者赫勒教授本人应当是赞同 Contreras(2018)观点的。

不足的反公地悲剧，划分为正方和反方两大阵营，但是在一定程度上这两方之间也存在若干可以互相沟通和妥协的“中间地带”，甚至共识。

第一，反公地悲剧的实证研究本身难度很大，争议仍将继续持续下去。研究方法也是存在争议的，单纯通过访谈很难得出结论，到底知识产权（专利、商业机密、研究工具等）有没有阻碍后续的创新，通常很难通过问卷调查或者访谈得到真实可靠的结论。首先，受访对象应当也是具有一定理性的，出于自我保护的考虑，在商业领域，即使他们冒着风险侵犯知识产权，也会选择对这部分知识进行隐藏。而在纯学术研究领域，因为一般不涉及商业竞争，社会对纯学术研究当中的知识产权侵权问题，历来都比较宽松，对出于纯学术研究目的的知识产权侵权问题“枪口抬高一寸”，几乎是侵权方和知识产权所有者之间“心照不宣”的默契。这就不难理解，实证研究当中普遍反映出，商业领域下游的产品开发商一般比纯学术研究者认为的反公地问题更为明显。其次，如果考察的知识产权形态是某种商业机密，那么其他人可能根本无从知道世界上有这种知识的存在，自然即使因为反公地机制，使得他们客观上没能理解这类知识开展后续的研究，主观上受访者也不可能反映出自己被反公地悲剧所困扰。再次，Heller & Eisenberg（1998）的文章发表之后，知识产权领域的反公地悲剧问题引起了学术界和政策制定者的广泛关注和重视，他们为了克服反公地悲剧采取了许多有针对性的措施（Contreras，2018），这应当也是反公地悲剧的实证研究结论存在较大争议的原因之一。

第二，在理论上很难排除反公地悲剧的存在。尽管有一些对反公地悲剧在知识产权（尤其是生物医药领域）方面不利的实证研究结果，但总体上尚不足以在理论上证明反公地悲剧假说是不成立的。

第三，人是具有一定理性和适应能力的，当面对反公地悲剧（社会困境）时，他们会采用科斯谈判，但是人的理性在多大程度上可以解决反公地悲剧问题是存在争议的。个人的理性和适应能力究竟能够在多大程度和范围内克服社会困境，是一个争议由来已久的话题，反公地悲剧只是这些社会困境当中的一种。因此，我们不难理解，学术界同时存在大量认为人类理性和适应性成功摆脱社会困境的例子（比如奥斯特罗姆的公共池塘资源社区自主组织与自主治理的成功案例），和被社会困境所困的例子（最极端的，比如战争）。更加接近现实的观点可能是比较“中庸之道”的答案——有的领域人们能够克服反公地悲剧，而有时又不能。前者，比如为克服反公地悲剧而创设的人类基因组计划（HGP）百慕大协议（Bermuda accord），麦利亚德基因公司（Myriad Genetics）发起的互惠性数据共享方案，许多研究机构和公司纷纷加入数据共享方案之中，比如乳腺癌（BRCA）突变数据（Contreras，2018），还有许多电子技术行业当中遵循的FRAND条款（Teece，2017）。后者，比如尽管多年来人们呼吁对艾滋病和SARS研究建立专利池，但是在制药部门和生物技术部门，极少出现显著的建立专利池的活动，商业领域则干脆一点都没有（Contreras，2018）。

第四，为了解决或者预防反公地悲剧，人们已经进行了许多制度上的创新和改革。比如计算机领域的自由软件运动，美国国家卫生研究院（NHI）采取的改革、2007年美国一些研究型大学发起的"9点"原则，电子技术行业当中遵循的FRAND条款等等。最近对专利资格的法律要求也有所收紧（Contreras，2018）。许多认识到反公地悲剧的人试图建立知识产权领域的公共资源池塘，以实现基础科学研究成果和共性知识技术的开放共享。

第五，学术研究领域的反公地悲剧表现得不如商业领域严重。这一点几乎被所有的实证研究所证实。其中的道理是非常简单明了的，不再赘述。

第六，反公地悲剧理论对知识产权治理仍然具有价值。在今天的生物医学研究中，赫勒和艾森伯格的警告不应被忽视。在专利法之外的一些领域，专利权的扩散可能会以类似赫勒和艾森伯格最初设想的方式阻碍生物医学研究和产品开发（Contreras，2018）。由于专利具有公开性和有效期等性质，在专利授权收紧的条件下，许多商业性机构越来越多地选择不申请专利，而是将其发明设为商业机密，并希望永久性地保存下去。如果更多的数据被研发者当作商业机密来对待，那么生物医药领域的知识和生物信息公地将不会像人们预期的那样增长（Cook-Deegan & McGuire，2017）。此外，许多国家（包括中国在内），为了提升研发成果的转化率，鼓励科研院所、高校等科研机构将科研成果直接分配到科研人员个人层面。这虽然可能有利于调动科研人员的研发积极性，但是这种变化有可能会与政策设计者的初衷相违背——引发新的更多的反公地悲剧问题。之前如果知识产权所有者是研究机构，那么这些知识或技术的所有者数量相对而言是有限的，当知识产权细化到个人之后，知识产权方面的碎片化程度将会大大增加。

正如Contreras（2018）提出的："最重要的是，无论最初资产化战略的法律和商业基础是多么无可非议，我们都应该注意潜在的反公有物可能造成的下游影响。如果可能对包括生物医学研究在内的有社会价值的活动造成严重阻碍，那么就应该考虑并权衡限制此类反公有物影响的政策。"

第五节 反公地悲剧理论的现实应用与政策含义

一、反公地悲剧理论的现实应用

自从获得诺贝尔经济学奖得主布坎南等富有影响力学者的“背书”之后，赫勒教授的反公地悲剧理论很快在学术界传播开来，许多学者热衷于利用这一新的理论工具分析现实中的经济社会问题。2021 年 12 月 6 日，作者在“Microsoft Bing”网站中输入“anticommons”进行搜索，国内版和国际版得到的相关记录都超过 18000 条。中外学者们借助反公地悲剧理论对现实问题的分析可谓遍地开花、精彩纷呈。要想将对该理论加以应用的文献全部做一个介绍几乎是一件不可能也不太必要的工作。因此本书仅选择部分有代表性的文献加以介绍。学者们将这一理论广泛运用到法律经济学和公共治理等领域。

(一) 在法律经济学方面的应用

赫勒提出的反公地悲剧理论在法律经济学方面获得关注和使用大多集中在房地产、知识产权等领域。

1. 房地产领域

赫勒提出反公地悲剧的缘起就是苏联解体过程中莫斯科房地产领域的产权问题，因此利用该理论对房地产领域涉及的产权问题进行分析的后续文献是相当丰富的。在此本书首先选择一个比较理想地解决产权整合问题的案例进行简单介绍。作为太平洋上一个城市岛国，土地资源特别稀缺，人口密度特别高，新加坡的私人住宅只占 15%，85%的人住在组屋或类似的公寓当中(Sim et al.，2002)。公寓整体出售(en bloc sale)时的决策遵循多数原则和保护少数利益不受侵害的双重原则，只要有一户不同意，那么整栋楼都无法进行整体出售。[①] 这种情形与空间型反公地产权安排高度类似。据估计，在新加坡《土地产权法》(1999 年修订版，The Land Titles (Strata) (Amendment) Act (1999))获得通过之前，有 33 个项目面临业主不同意出售房产的抵制问题(Sim et al.，2002)。

---

① 作者通过访谈新加坡籍朋友获悉，新加坡的组屋所有者基本上可以随时出售自己名下的房产，整体出售只是房产买卖的一种形式，而不是唯一被允许的形式(访谈编号：XJP202011021033)。

而政府通过该法案,改变了"要求100%同意才可出售"的规则。如果房龄在10年以内,其出售需要不低于90%以上业主同意;如果房龄在10年以上,则只需要80%以上业主同意即可。对于反对者的反对是否有效,将由业主委员会(Strata Title Board, STB)进行裁决。只有反对者因出售房屋会遭受经济损失或者出售房屋的收入不足以支付剩余的房产抵押贷款时,其反对意见才会被采纳。通过该法案,新加坡政府比较成功地解决了之前组屋100%同意才能够整体出售引起的资源使用不足的反公地悲剧。这也为许多其他国家和地区房地产领域该问题的解决提供了可资借鉴的经验。比如我国香港地区,因为面临意见难以达成统一的问题,很多集体所有的楼房明明已经非常老旧,但却难以进行拆迁重建。如果对新加坡的经验加以借鉴,或将有利于该问题的解决。

国内学者陈德豪、吴开泽(2020)则将反公地悲剧理论与广州市老旧小区的案例相结合,分析了物业专项维修资金制度的使用和管理,研究了这类资金的管理困境和成因;并提出要明确小区共用部位产权归属,成立有广泛代表性的业主组织,建立规范的运作机制等政策建议。类似地,叶良海(2020)指出,城市社区公共资源往往同时存在着产权缺位或者产权破碎化的双重问题,因而出现资源利用方面公地悲剧与反公地悲剧并存的问题;并建议整合有效的政策工具以解决公共资源产权缺位或者破碎化的问题。

2. 知识产权领域

在赫勒等人之前,人们往往只认识到专利制度对人们从事发明创造的激励作用,却忽视了过多的专利也有可能阻碍新技术和新知识的创造问题。在发表反公地悲剧理论的同年(1998年),赫勒及其合作者Rebecca Eisenberg利用该理论对美国生物医药领域的知识产权问题进行了精彩的论述。他们的研究认为在生物医药领域存在严重的反公地悲剧现象。美国国立卫生研究院(NIH)2002年的研究支持了Heller & Eisenberg(1998)的结论(Mireles, 2004)。后来的学者们因循着他们的思路,也利用该理论对形形色色的知识产权反公地悲剧问题进行了研究。Mireles(2004)提出:为了保护技术发明者投身于技术发明和创造的动力,同时也为了调动资本方投资于新技术的积极性,人们对知识也赋予产权,即知识产权。在一个完美的世界中,专利法原则将反映激励发明、发明披露和创新的最有效机制,同时又能确保存在一个公共领域(public domain),在此基础上可以创建更多的发明。

Heller & Eisenberg(1998)的研究对美国,甚至许多其他国家的知识产权制度产生了广泛的政策影响。比如美国国立卫生研究院(NIH)1999年根据他们的建议，规定上游研究工具在获得专利许可(licensed)时不应太过细小或者碎片化，并且应当是非排他的，以促进它们的公开可用性，从而发挥最大价值。2007 年，由美国 11 所主要研究型大学组成的一个小组效仿了这一做法，并在一套被称为“9 点”(Nine Points)的核心原则中承诺，研究工具应尽可能广泛地提供。到 2018 年时全世界有一百多家研究机构自愿加入和遵循这“9 点”原则(Contreras, 2018)。在过去十年中，在保护上游生物医学创新方面，一些国家的专利法变得更弱，而不是更强(Contreras, 2018)。从 2010 年开始，美国最高法院的一系列判决明确了自然产物、心理过程和抽象概念不符合专利保护的条件。因此在美国，为基本生物医学发现申请专利变得越来越困难，以至于有些人开始问：在某些领域(分子诊断、个性化医学)缺乏专利本身是否会阻碍未来的创新和发现(Madigan & Mossoff, 2017)。

(二) 在公共治理领域的应用

Hunter(2003)较早将反公地悲剧理论运用于互联网空间治理领域。受传统惯性思维的影响，人们将赛博空间(cyberspace)也看作一种“地点”(place)，并延续传统思维，将赛博空间赋予私有化的产权形式，使得许多主体同时对赛博空间拥有排他性权力，最终导致赛博空间得不到充分使用的数字反公地悲剧。如前所述，陈新岗(2005)较早将反公地悲剧理论应用于分析中国的公共治理问题。

二、反公地悲剧理论的政策含义

反公地悲剧理论具有非常强烈的政策导向：仅仅明晰产权并不足以保证经济效率；对产权(或资源本身)过度细分甚至可能会降低效率，当排他性权利掌握在多个行为主体手中之时，会导致资源使用不足或者闲置。尽管大部分法学家和经济学家忽视了反公地悲剧，但事实上只要政府创造新产权都可能导致反公地问题。将公地变成反公地与将反公地变成公地，两种转变之间所面临的交易费用是不对等的——通常后者的交易费用要远远高于前者，因为将反公地转变为公地时会面临一系列策略性和机会主义行为，甚至强烈的抵抗(Heller, 1998, 2008; Schulz et al., 2002; Parisi et al., 2005)。

首先，反公地悲剧理论最突出的一条政策含义是“预防性”——应当尽量避免反公地困境的出现。它要求人们，尤其是政府部门在制定决策以改变某种财产的产权属性，或者创造新的产权时，应当尽量避免短视和盲目，充分考虑资源或财产的未来用途，避免产权的过度分散，尤其应当避免造成过多的排他性权利，以及将资源在物理空间上的“过度”细分。

其次，反公地悲剧广泛地存在于现代化国家的专利保护制度领域，以生物医药领域最为突出（Heller &Eisenberg，1998；蔡辉明，2008；Munzer，2009）。强调对发明创造给予专利保护并无不妥，但是反公地悲剧理论表明，对于生产技术链条很长，中、下游产业对上游产业技术依赖度非常高，专利之间的互补性非常强而替代性不足，且存在过多专利碎片的领域，在一定程度上打破“专利丛林”，搭建信息和技术成果共享平台将有利于技术和经济社会进步。其实赫勒早就认识到了，反公地悲剧并不是转型经济的一个特例，即使是发达的市场经济国家，比如美国，也广泛地存在着反公地悲剧。在 1998 年与丽贝卡·艾森伯格（Rebecca S. Eisenberg）发表在《科学》上的论文《专利会阻碍创新吗？生物医药的公地悲剧研究》[①]，分析了市场经济国家的反公地悲剧现象，他们认为发达的市场经济国家也存在反公地悲剧，它们表现得虽然不像转型经济体那么明显，但是其破坏性却不容小觑，比如美国生物医药界（尤其是上游研发环节）过多的私有化专利、商标和“使用即付费”（pay-as-you-go）协议等安排都容易导致反公地结构，并阻碍技术创新。

再次，反公地悲剧理论还剑指我国政出多门的行政审批和行政监管问题。该理论要求从顶层设计的层面理清不同政府机构之间错乱复杂的关系，明确各个部门之间的权力、权益和责任；防止部门之间对“有利可图”的“公益”（public good）进行争夺，而对“费力不讨好”的“公害”（public bad）却相互推脱逃避责任之类困局的蔓延；此外，它还要求政府简政放权，尤其是简化审批程序（李晓峰，2004；陈新岗，2005；Ying & Zhang，2008；Brinkhurst，2010；高杰，2012）。

最后，在土地（尤其是建设用地）反公地悲剧的解决方案方面，罗伯特·沙尔夫（Robert L. Scharff）2007 年在《公地悲剧：征用与反公地》[②]一文中进行了比较全面的总结。Scharff 比较系统地论证了“征用”（condemnation）这种传统解决方案的优、缺点，并提出了一系列替代性的解决方案——“解除管制”（deregulation）、“授予社区组织以权力”（empowering neighborhood associations）、“规制改革”（regulatory reform）和“非固定的开发权”（nonstationary development rights）。其中，规制改革又包含两个子项目——“规制功能集中化”（centralization of regulatory functiuons）和“最小

---

① Heller, M. A., “The Tragedy of the Anticommons: Property in the Transition from Marx to Markets”, *Harvard Law Review*, 1998, 111(3): 621-688.

② Scharff, R. L., “A Common Tragedy: Condemnation and the Anticommons”, *Natural Resources Journal*, 2007(47): 165-193.

化自由裁量权”（minimizing of discretion）。非固定的开发权包括设置“浮动区”（floating zone）和“可转让开发权”（transferable development rights，TDRs）。尽管以上方案都不是万能的，各种具体方案都有自身的缺陷和适用范围，但至少为克服反公地悲剧提供了若干种具有建设性意义的思路。

第六节　本章结语

本章比较系统地论述了反公地悲剧理论的产生和演进过程，包括理论诞生的思想和现实背景、模型化论证、反公地悲剧与公地悲剧在模型上的对称性、实验经济学领域对这种“对称性”的质疑与争论，并总结了反公地悲剧理论所折射出的政策含义。

几乎所有的文献都将着力点放在了反公地所带来资源使用不足的福利损失，因而将它定性为“悲剧”，但这种认识其实是不全面的。难道反公地安排就没有任何“有益”的用途吗？当然不是。当某种物品的较少使用或者暂时不使用，合乎全体利益相关者乃至全社会长远利益的条件下，反公地就不再是一种困境或者悲剧，而是一种符合“帕累托改进”的制度形式。因此该观点只要找到“较少使用或者暂时不使用”，符合公众利益的案例就可以得到证明。

比如我国历史上汉武帝刘彻为了削弱地方诸侯王势力而颁布的“推恩令”，[①]就是利用反公地机制（尤其是空间型反公地）改善国家治理的经典案例。有人可能马上就会抓住“过度细分”这个关键的字眼而否定“推恩令”涉及的封地是一种反公地。的确，如果仅从物理或者农业生产的角度（尤其是考虑到当时的传统生产方式和技术）来看，将诸侯王的封地（强制性地）分封给他的全部子嗣似乎很难对生产效率造成实质性削弱。但是如果换一个角度，从对国家统治存在潜在威胁的诸侯王的角度来看，这显然是一种“过度细分”行为——在“推恩令”颁布之前，嫡长子将继承诸侯王的几乎全部封地，对于某些“别有用心”，试图壮大自身实力，“进可举兵谋反，退可拥兵自

① 推恩令是汉武帝刘彻为削弱诸侯王势力而推行的一项重要法令。西汉自文、景两代起，如何限制和削弱日益膨胀的诸侯王势力，一直是封建皇帝面临的严重问题。文帝时，贾谊鉴于淮南王、济北王谋逆，曾在《治安策》中提出“众建诸侯而少其力”的建议。其具体办法是，令诸侯王各分为若干国，使诸侯王的子孙依次分享封土，地尽为止；封土广大而子孙少者，则虚建国号，待其子孙出生后再继续分封。

重”的诸侯王而言，如果封地只传给嫡长子一人，那么经过若干代的“苦心经营”将有可能实现其“夙愿”，但是自从“推恩令”实施之后，这种“夙愿”就很难实现了。“推恩令”一方面不至于影响土地的生产力，另一方面却还可以“名正言顺”和成本较低地化解割据势力过度膨胀的风险，因此将它视为一种对社会集体而言有效的改进自然是没有问题的。

此外，本章第一节提及的“危险的核废料堆”和“自然保护区”也是“不使用”或“少使用”（准确地说应该分别是“不接触”和“少破坏”），才符合社会公众利益选择的案例。由此可见，反公地未必给人类带来悲剧（尽管在通常情况下的确如此），在某些特殊情形下它甚至可以作为一种具有潜在“净收益”的有效制度安排而为制度设计者所采用，例如 Bertacchini et al（2008）指出：通过引进反公地制度安排，将有助于解决半公地下的集体行动问题。

第六章　最新发展之三：半公地理论的诞生、形式化与应用

哈丁式公地悲剧模型只涉及单一产权类型的资源（资源同质性假设），将共同所有和个体私有对立起来进行考察，当放松“资源同质性”假设，允许同一种资源既具有明显的“公地”特征，又具有显著的“私地”特征时，学者们又引申出了一种新的理论——半公地理论。显然，半公地理论是在哈丁公地理论基础上的新发展，它源于公地悲剧，但是与通常意义上的公地悲剧相比，又具有明显的差异和新的理论特征。

第一节　半公地理论的诞生

半公地（semicommons）概念和理论的最早提出者是美国法学家亨利·史密斯（Henry E. Smith），该理论的发轫之作是史密斯 2000 年发表的《半公地产权与敞田中的分散化》[①]一文，它也是史密斯最早的代表作。[②] 亨利·史密斯现为哈佛大学费森登法学教授（Fessenden Professor of Law）和私法基金会项目的负责人，在提出半公地概念和理论的 2000 年史密斯还只是美国西北大学法学院助理教授（assistant professor），其后不久（不超过两年）即升任耶鲁大学法学院弗雷德·A. 约翰斯顿（Fred A. Johnston）财产与环境法学教授。他拥有相当“亮眼”的教育背景——曾获得哈佛大学文科学士学位、斯坦福大学语言学博士和耶鲁大学法学博士学位。[③]

① Smith, H. E., “Semicommon Property Rights and Scattering in the Open Fields”, *The Journal of Legal Studies*, 2000, 29(1): 131 - 169.

② 判断依据：哈佛大学官网 http://hls. harvard. edu/faculty/directory/10822/Smith/publications，2020 年 12 月 3 日。

③ 关于亨利·史密斯的资料来源：Smith(2000)、Smith(2002)中作者简介部分，和哈佛大学法学院“全体教员”介绍网页 http://hls. harvard. edu/faculty/directory/10822/Smith。

在现实世界，几乎所有财产（或者资源）都包含共有和私有这两种属性，但是通常只有其中一种占据主导地位，另一种属性处于次要地位。比如在免费公共停车场上停泊的私人车辆，在某段时间内该车辆占据的那个停车位就具有“私有”的属性，但是从整体来看这种属性处于次要地位，因此该免费公共停车场可以被认为是公共资源。但是当“私有”和“共有”这两种属性同时存在于某一财产或者资源系统之中，而且这两种属性都占据着非常重要的地位时，就很难说清楚这种财产到底属于公共的还是私人的了。Smith（2000）将这种情形称之为半公地，在 Smith 之前，很少有人注意到这种特殊但很重要的产权类型。

半公地的原始模型是中世纪和近代早期欧洲北部（包括英格兰）的敞田制（open-field system）[①]。Smith 写道：“在敞田制下，农民（peasants）拥有在他们自己个人私有的不超过 1 英亩每块的条状土地上种植谷物的权利，这些条状地块分散于围绕着中心村（central village）的两到三块较大的土地之上。然而，在特定季节，农民会被责成开放条状地以供全体土地所有者放牧之用（主要是绵羊），通常牧民们会轮流（或者共同雇佣一个人）放牧所有的牲畜。这使得他们既能获得放牧的规模经济，又能保持谷物种植的私人激励（当时谷物种植本身不存在多大的规模经济）。半公地安排使得两种不同规模的经营可以同时进行。为了应对公共池塘资源下的过度使用问题（潜在的公地悲剧），经营的许多方面，比如牲畜的数量和放牧时间都处于社区严格的管理之下。但是像“敞田”之类的半公地还存在很大的潜在成本。尤其是，如果农民的“自留地”是连在一起而非分散化的，那么农民就将面临双重机会主义倾向——一方面将半公地结构下的“好处”（如粪肥）导向自己的“自留地”（private plots）另一方面将“坏处”（bads）（比如绵羊对耕地的践踏）导向其他人的自留地或者公共地。当涉及使用者的人数较多和对同一财产或公或私的使用行为之间的联系密切，这些策略性行为将很难直接监管和阻止。

为了得到更加直观的印象，我们不妨将 Smith（2000）描述的“敞田制”用一个简单的示意图（图 6－1）进行勾画。

敞田制似乎具有独特的优势：对于同一种资源，它能满足农民（兼牧民）在两种不同的规模上从事农业活动，尤其是能够实现放牧的规模经济的同时又不影响粮食种植（在无法使用现代大型机械的条件下，粮食种植业本身不具备多少潜在的规模经济）。这些确实是敞田制（一种半公地）的优势，

① 关于北欧“敞田制”的详细介绍，可以参见孙立田（2011）、向荣（2014）以及裴幸超（2015）的论述。

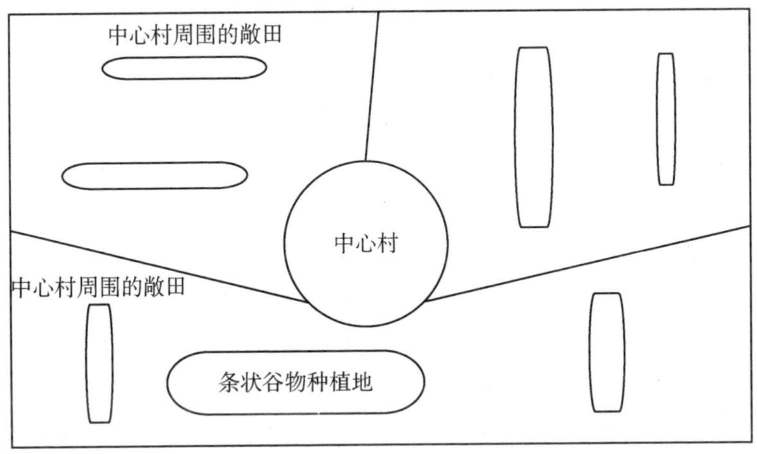

图 6－1　敞田制半公地示意图

但是半公地存在非常棘手的问题：错位的激励机制导致的策略性行为。而且理论上半公地下的策略性行为(或者机会主义行为)很可能比纯粹的"公地"更加严重。只有对比从资源使用上的规模经济获得的收益,与策略性行为和为应付策略性行为而采取措施的成本时,才能最终确定具体的半公地是否真正有效率。

接下来分析在半公地下的参与者比纯粹公地下参与者的策略性行为更加严重的原因,这也是半公地和"纯公地"最为核心的区别。与纯粹公地不同,半公地(以"敞田制"为例)下的参与者对于资源(条状谷物种植地)具有两种类型的使用方式：公共使用目的(common-use purpose)和私人使用目的(private-use purpose),而且这两种不同使用目的之间存在密切联系。在敞田制下,条状谷物种植地公共使用目的是指放牧牲畜,私人使用目的是指种植谷物。Smith(2000, p. 139,2005, p. 297)将敞田制半公地在两种不同目的下的使用(公共与私人),与两种财产属性(公共与私人)对应的激励机制,进行了分类讨论(为了简化分析过程,假设资源使用者是同质的)：

(1) 公共属性使用者(common-attribute user)会对公共所有的属性[①]施加成本。在此该行为人像在公地中那样承担该行为 1/n 的成本。

(2) 公共属性使用者会对私人所有的属性施加成本。在此存在两种不同的影响：(a)对行为人自己所有的私有财产施加成本,在此成本被内部化;(b)对其他人所有的私人属性施加成本,在此该行为人的私人使用的成本未被内部化。

① 在新制度经济学或者它的重要分支"产权经济学"中,许多学者将财产(asset)定义为"有价值的属性(attributes)的集合"。

(3) 私人属性使用者(private-attribute user)会对私有财产施加成本。同样存在两种不同的影响:(a)对该行为人自己的私有财产施加成本(被内部化);(b)对其他人私人所有的属性施加成本(未被内部化)。

(4) 私人属性使用者对共同所有的属性施加成本。在此该行为人承担他的行为成本的 1/n,这与公地是一样的。

重要的是情形(2)和(3)。在理论上,(2)和(3)虽然都存在着两种成本分担模式——内部化和外部性,但是在没有任何其他干预措施的条件下,资源使用者就可以自行干预成本的导向,那么此时不论是公共使用还是私人使用的成本,都会施加给其他人(即 2b 和 3b),而不是由行为人自己承担(即 2a 和 3a)。也就是说,在没有任何干预措施的条件下,半公地下由机会主义或者策略性行为导致的外部性将比"纯公地"更加严重,策略性行为人所承担的成本比例将小于 1/n。由于每个参与者都面临着同样的激励机制(不考虑异质性),因此与"纯公地"类似,假设管理制度缺失,且资源使用者之间不存在有效交流与信任,则半公地下的所有参与者也将陷入"囚徒困境"博弈,与纯公地下"困境"的区别在于——半公地困境比公地困境更加严重。换言之,在纯粹理论模型的角度(假设不存在任何干预措施),可以推导出半公地悲剧比公地悲剧更加严重的结果。

虽然敞田制是半公地最重要的原始模型,但是不能就此断定敞田制是无效率的。① 这主要归功于条状谷物种植地(每块不足 1 英亩)非常狭小,尤其是对它们采取的分散化(scattering)措施。尽管分散化本身也会给农业生产带来一些不便,但是它却能够有效地抑制参与者们的策略性行为。因为当小块条状谷物种植地足够分散时,牧羊人就很难人为操纵羊群对他个人的"利"和"弊"了。此处的"弊"主要是指羊群对地块的踩踏,"利"主要是指羊群的副产品——粪肥。②

第二节　半公地模型的形式化

在 Smith(2000)提出半公地的概念和文字表述型理论之后,2008 年都

① 虽然敞田制确实已经不复存在,但是它在北欧却延续了几个世纪之久。对于一项在较广泛的地区存续长达几个世纪的产权形态,若不分具体时空条件就将它判定为无效率恐怕是有失公允的。它后来的消失主要是由于技术进步(如工业革命、带刺的铁丝网等)、大规模国际贸易和耕作物种的变化造成的。

② 敞田制下的羊群在夜间被关在可折叠和可移动的羊圈里面,它们可以生产"粪肥",在缺少甚至没有化肥的条件下,粪肥是农业种植肥料的主要来源。

灵大学经济系 Enrico Bertacchini、比利时根特大学法律与经济学高级研究中心 Jef De Mot 和迈阿密大学法学院 Ben Depoorter 三人合著的《无三不二：公地、反公地与半公地》[①]首次对半公地理论进行了数学化（博弈论）处理。他们得出的模型结论与 Smith(2000)对半公地下的策略性行为猜想是吻合的。

一、模型假设

根据上文，尤其是第三章的分析，假设全部资源使用者（设为 n 名）都是同质的，那么在纯公地制度下每一位资源使用者都将承担自身开采行为造成全部成本的$\frac{1}{n}$，外部性比例为$\frac{n-1}{n}$。与纯公地不同的是，在半公地制度安排下的资源使用者倾向于进一步采取策略性行为，将自己开采行为的有益影响（比如粪肥对土壤的改良）人为地导向自己的“私地”，而将不利影响（比如绵羊对土地的践踏）人为地导向其他人的产权份额，从而导致成本的外部性比例大于$\frac{n-1}{n}$。要想得出半公地与纯“公地”制度下资源过度开采程度（即“悲剧性程度”）的差异，首先需要建立一个能将两种制度背景都容纳在一起的统一模型。为了简化分析过程，Bertacchini et al(2008)假设总共仅有两名资源使用者 i 和 j，他们在一片土地上从事农业生产活动（放牧或者耕种），并建立 2x2 的博弈模型（两名局中人，两个博弈阶段 t=1，2）。假设这片土地具有两种不同的产权形式：(1)纯公地，资源使用者们在两个阶段都进行放牧；(2)半公地，这片土地由两个均等的部分组成，在第一阶段资源使用者从事放牧活动，在第二阶段两名使用者分别在自己（均等份额）的土地上种植谷物。

除上述假定之外，他们还做了一系列其他假设。第一，“事后得知”(observable expost)假设，即在半公地安排下，局中人的策略性行为（比如让牲畜的践踏行为尽可能多地发生在对方的土地上）只有到了第二阶段（也是博弈的最后阶段）才能被对方发现；这一假定对于模型结论非常重要，尽管可能存在较大的争议。第二，代表性资源使用者 i 和 j 完全对等，牲畜之间无差别（即不同牲畜对土地践踏的破坏性等没有区别，从而免除牲畜品种、个体差异等，只需要考察牲畜的数量）。第三，贴现率 $\delta=1$，即在模型的两

① Bertacchini, E., Mot, J. D. & Depoorter, B., “Never two without three: Commons, Anticommons and Semicommons”, University of Miami Legal Studies Research Paper, No. 2008 - 36: 1 - 14.

个阶段内不考虑贴现因素。第四，如果不考虑动态过程，则从事机会主义行为不需要付出额外成本。第五，生产函数的凹形假设，即放牧牲畜的生产函数 C_i 和谷物种植生产函数 P_i（半公地第二阶段）均为凹形函数。第六，经济人假设，虽然 Bertacchini et al(2008)并没有进行明确说明，但事实上还包含“经济人”假设，该假设是经济模型（尤其是博弈论模型）赖以建立的基础。为了进一步简化分析，他们仅以牲畜对土地的践踏这一“负外部性”为例，考察半公地制度下资源使用者们的策略性行为和结果。①

二、分析和推导过程

模型的重点在于考察两种不同的制度安排下，在第一阶段（两种制度安排下的经济活动都是“放牧”）资源使用者选择放牧的牲畜数量有何不同。②

（一）公地

每一名局中人在阶段 $t=1, 2$ 选择放牧牲畜的数量，按照式(6.1)使得自身的利润流(flow of profits)最大化：

$$\prod i = C_i(A_1, x_{i1}, x_{j1}) + C_i(A_2, x_{i2}, x_{j2}). \qquad 式(6.1)$$

在此，x_{it} 表示局中人 i 在第 t 阶段选择的牲畜数量，A_t 表示第 t 阶段用于公共使用(common use)的土地的质量。在公地背景下，局中人 j 选择的牲畜数量对局中人 i 的牲畜 x_{it} 的生产率具有负面影响 $\left(\frac{\partial C_i}{\partial x_{jt}} < 0\right)$，而土地质量 A_t 对局中人的利润具有正向影响关系 $\left(\frac{\partial C_i}{\partial A_t} > 0\right)$。

假设牲畜在第一阶段对土地的践踏会导致第二阶段土地质量变差，且假设牲畜践踏是导致土地质量变差的唯一原因，则第二阶段的土地质量为函数 $A_2(A_1, x_{i1}, x_{j1})$，且 $A_2(A_1, 0, 0) = A_1$，$\frac{\partial A_2}{\partial x_{i1}} < 0$，$\frac{\partial A_2}{\partial x_{j1}} < 0$。

为了求解该子博弈完美均衡，先在第二阶段找到纳什均衡，然后进行逆向递归。在第二阶段，考虑到其他局中人（即 x_{j2}）的选择，局中人 i 选择 x_{i2} 求解：

$$\max_{x_i 2} C_i(A_2, x_{i2}, x_{j2}). \qquad 式(6.2)$$

---

① 在敞田制下放牧的“正外部性”主要在于牲畜产生的粪肥，资源使用者对于“正外部性”的策略性行为与“负外部性”的原理是一样的，因此这种简化不会影响模型的结论和恰当性。

② 为了更好地呈现《无三不二：公地、反公地与半公地》原文的论证思路，本节在模型分析部分基本沿用了 Bertacchini et al(2008)的分析过程。

考虑到初始条件的对称性假设，这两名局中人的一阶条件分别为：

$$\frac{\partial C_i(A_2, x_{i2}, x_{j2})}{\partial x_{i2}}=0, \frac{\partial C_j(A_2, x_{i2}, x_{j2})}{\partial x_{j2}}=0. \qquad 式(6.3)$$

显然公地博弈存在对称的纳什均衡，$x_{i2}=x_{j2}=x_2^c$。注意，在第二阶段表达了人们熟知的过度使用的公地悲剧，然而它还依赖于局中人在第一阶段的选择对土地质量 A_2 的影响程度；换言之，$x_2^c(A_1, x_{i1}, x_{j1})$。

现在来考察当局中人 i 意识到第一阶段的行动会影响下一阶段土地的质量时，他在第一阶段的最大化问题：

$$\max_{x_{i1}} C_i(A_1, x_{i1}, x_{j1})+C_i(A_2, x_2^c, x_2^c), s.t. A_2=A_2(A_1, x_{i1}, x_{j1}). \qquad 式(6.4)$$

假设一个内部解(assume an interior solution)，该最大化问题的一阶条件是：

$$\frac{\partial C_i(A_1, x_{i1}, x_{j1})}{\partial x_{i1}}+\frac{\partial C_i(A_2, x_2^c, x_2^c)}{\partial A_2}\cdot\frac{\partial A_2}{\partial x_{i1}}=0. \qquad 式(6.5)$$

在式(6.5)的第一部分会导致人们熟悉的静态公地效应，在此，在不考虑其他局中人利润的条件下，局中人 i 在第一阶段利润的简单最大化。式(6.5)的第二部分描述了另外两个动态效应，这些动态效应包含了来自第二阶段的利润流(flow of profits)。首先，在第一阶段对于牲畜数量选择的改变，会使第二阶段土地质量 A_2 发生改变，而它反过来又会影响第二阶段的报酬(payoff)。第二，即使局中人 i 考虑到他的牲畜对当前土地的践踏会影响未来的利润，当时他也不会考虑或重视对其他局中人施加的动态成本。结果，第一阶段的纳什均衡将会受到局中人非合作行为(uncoordinated behavior)静态和动态效应的综合性影响，导致 $x_{i1}=x_{j1}=x_1^c$。

为了便于理解为什么局中人的行为会导致在公地下平均分摊的外部性，可将该结果与 x_it 有效率的选择(将 $\prod i+\prod j$ 最大化的模型)进行对比。局中人 i 在第二阶段和第一阶段的一阶条件分别为：

$$\frac{\partial C_i(A_2, x_{i2}, x_{j2})}{\partial x_{i2}}+\frac{\partial C_j(A_2, x_{i2}, x_{j2})}{\partial x_{i2}}=0, \qquad 式(6.6)$$

$$\frac{\partial C_i(A_1, x_{i1}, x_{j1})}{\partial x_{i1}}+\frac{\partial C_j(A_1, x_{i1}, x_{j1})}{\partial x_{i1}}+$$

$$\frac{\partial C_i(A_2, x_2^c, x_2^c)}{\partial A_2}\frac{\partial A_2}{\partial x_{i1}}+\frac{\partial C_j(A_2, x_2^c, x_2^c)}{\partial A_2}\frac{\partial A_2}{\partial x_{i1}}=0. \qquad 式(6.7)$$

与非合作的一阶条件相比，有效率的选择条件下的额外元素(additional elements)，代表了在这两个阶段局中人 i 对局中人 j 生产率的静态和动态影响。考虑到这两名局中人是对称的，很容易证明 i 和 j 在这两个阶段中各自造成了所有外部性的一半。

(二) 半公地

为了给半公地产权结构提供一个简单的正式模型，可将上述两阶段博弈进行调整，使它能够适应半公地案例。现在，假设有两名同质化的局中人 i 和 j，他们在第一阶段将该资源当作公地(commons)来放牧，在第二阶段则将这片公共地划分为两份均等的“私地”，并用来种植谷物。在半公地中局中人 i 的净利润方程是：

$$\prod i = C_i(A_1, x_{i1}, x_{j1}) + P_i(a_{i2}, e_i). \qquad \text{式(6.8)}$$

式(6.8)第一部分是 i 在第一阶段放牧的收入；第二部分表示 i 在第二阶段种地的收入，它取决于土地质量 a_{i2} 和为种地而付出的努力 e_i。

在第二阶段土地质量取决于同质化的土地 A_1 的质量，它与第一阶段在该土地上践踏的牲畜数量负相关。这意味着对于 $a_{i2}(A_1, x_{i1}, x_{j1})$，有 $a_{i2}(A_1, 0, 0) = A_1$，$\frac{\partial a_{i2}}{\partial x_{i1}} < 0$，$\frac{\partial a_{i2}}{\partial x_{j1}} < 0$。

利用逆向归纳法，可以根据在第二阶段局中人 i(相应地也可以解出局中人 j)对 e_i 的选择以求解：

$$\max_{e_i} P_i(a_{i2}, e_i). \qquad \text{式(6.9)}$$

假设一个内部解(assuming an interior solution)，令 e_i^* 是给定地块的土地质量 $a_i 2$ 条件下的最优努力值。结果，最优化努力可以被定义为 $e^*(A_1, x_{i1}, x_{j1})$，它表示局中人在第一阶段的选择会影响土地质量和最佳努力水平 e_i。

在第一阶段，对于局中人 i 的最大化问题是：

$$\max_{x_{i1}} C_i(A_1, x_{i1}, x_{j1}) + P_i(a_{i2}, e_i^*)，\text{其中 } a_{i2} = a_{i2}(A_1, x_{i1}, x_{j1}). \qquad \text{式(6.10)}$$

就像在公地中那样，局中人在半公地的第一阶段会选择放牧的牲畜数量。此外，他们还必须选择在什么地方转嫁(dump)牲畜践踏造成的负面影响。为了使模型简化，我们假设局中人只有两种选择：第一，局中人选择让他的牲畜在公地上自由移动，使得公地上的两片私地践踏均等分布；第二，局中人让自己牲畜的所有践踏都发生在对方的土地上。假设局中人进行策略性行为不需要任何成本，而且这种策略性行为只有事后（expost）才能观察得到。

如果两名局中人都选择第一种方案，牲畜的践踏会均等地分布于两片土地之上，那么牲畜在对方地块上的践踏产生的动态效应就能使局中人的行为内部化。然而，很容易发现对于任何关于 x_{i1} 和 x_{j1} 的组合，每一名局中人都存在将所有不利影响都导向对方地块的激励。既然采取机会主义行为不需要额外成本，而且其结果只能在事后被得知，那么无论对方如何行动，局中人都会机会主义地行事，即"以邻为壑"的第二种选择是每一位局中人的占优策略。

结果，由于两名局中人都采取机会主义行为，没有哪个局中人会考虑自己的牲畜对自己土地践踏的动态效应，那么在第二阶段局中人 i 和 j 的土地质量就不依赖于他们各自在第一阶段选择的放牧数量，即 $\frac{\partial a_{i2}}{\partial x_{i1}}=0$ 和 $\frac{\partial a_{j2}}{\partial x_{j1}}=0$。

第一阶段对称性的均衡结果是：

$$x_{i1}=x_{j1}=x_1^{SC}. \quad \text{式(6.11)}$$

局中人 i 第一阶段在公地和半公地安排下的一阶条件分别为：

$$\frac{\partial C_i(A_1, x_{i1}, x_{j1})}{\partial x_{i1}}+\frac{\partial C_i(A_2, x_2^C, x_2^C)}{\partial A_2}\cdot\frac{\partial A_2}{\partial x_{i1}}=0, \quad \text{式(6.12)}$$

$$\frac{\partial C_i(A_1, x_{i1}, x_{j1})}{\partial x_{i1}}+\frac{\partial P_i(a_{i2}, e_i)}{\partial a_{i2}}\cdot\frac{\partial a_{i2}}{\partial x_{i1}}=\frac{\partial C_i(A_1, x_{i1}, x_{j1})}{\partial x_{i1}}=0. \quad \text{式(6.13)}$$

考虑到 C_i 的凹性和式(6.12)的第二部分是负的，在第一阶段均衡时牲畜数量的对比可得 $x_1^C<x_1^{SC}$。这表明，相比于公地，半公地安排具有导致更加严重的过度使用的潜在可能性。每一名局中人都希望通过将自己的牲畜在对方土地上践踏的策略性行为来增加利润，然而最终，就局中人第一阶段从该公共资源上获得的报酬（payoff）而言，半公地下的所得要低于公地下的所得。① 虽然局中人是出于保持自己地块质量的考虑而在第一阶段采取策略性行为，但是由于受到其他局中人的选择 x_1^{SC} 的影响，事后该局中人地块的质量会恶化。如果在半公地下的局中人都保持合作，不采取任何机会主义行为，最终效率反而会更高。如果局中人将牲畜践踏土地的成本内部

① 至于低多少，还需要具体关于 C_i 和 P_i 的参数值才能确定。

化，那么他们选择的牲畜数量 $x_{i1}=x_{j1}<x_1^{SC}$。①

为了更加清晰直白地刻画 Bertacchini et al(2008)模型，现将该模型的分析过程用一个简单的示意图来表示，详见图 6-2：

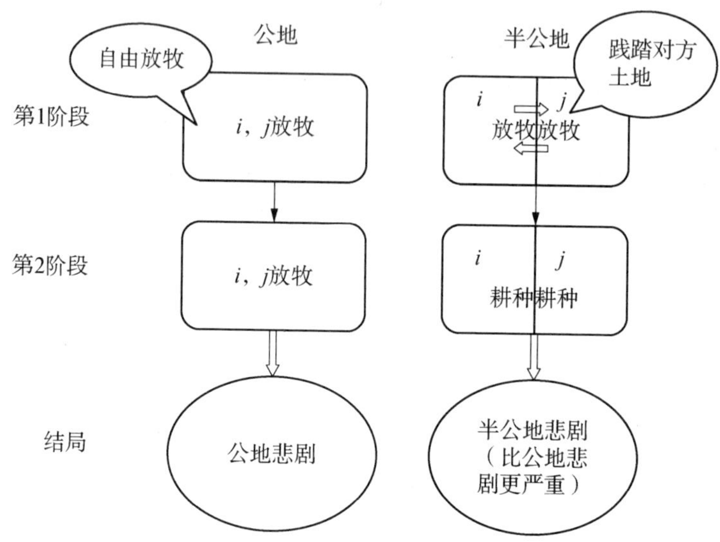

图 6-2 Bertacchini et al(2008)模型示意图

三、对结论的进一步解释

虽然半公地模型的博弈论表述看起来似乎比较复杂，但是在一系列假设条件下得出“半公地悲剧比公地悲剧更加严重”这一结论，背后的理论逻辑却是相当简单明了的：在半公地制度下，局中人行为(比如放牧牲畜)的收益全部归自己所有，而成本却由其他局中人承担(在极端条件下，局中人“以为”自己不需要承担行动的任何成本，即完全外部性)，从而助长了局中人扩张其行为的动力。换言之，假设在公地或者半公地上增加一头绵羊的边际收益是相等的(记为 MR)，但是在半公地制度下的局中人把放牧的危害(对土地的践踏)导向对方地块上，这就使得局中人在做决策时主观上认为由自己承担的边际成本被降低了②，从而导致半公地博弈下的局中人“盲

① 在公地博弈下第一阶段选择的牲畜数量，将会低于局中人采取策略性行为的半公地博弈下的牲畜数量 ($x_1^C<x_1^{SC}$)；在半公地博弈下，如果局中人在第一阶段都选择合作，那么均衡时的牲畜数量可能会高于、等于或者低于公地下的均衡数量，具体结果取决于生产函数 C_i 和 P_i 的形状。

② 但是从事后来看，由于对方也会采取同样的策略，他的边际成本不仅不会由于他的策略性行为而降低，反而还会增加。

目"扩大放牧量，私人成本与实际社会成本①的背离更加严重，最终造成比公地制度下更加严重的悲剧，如图 6－3 所示：

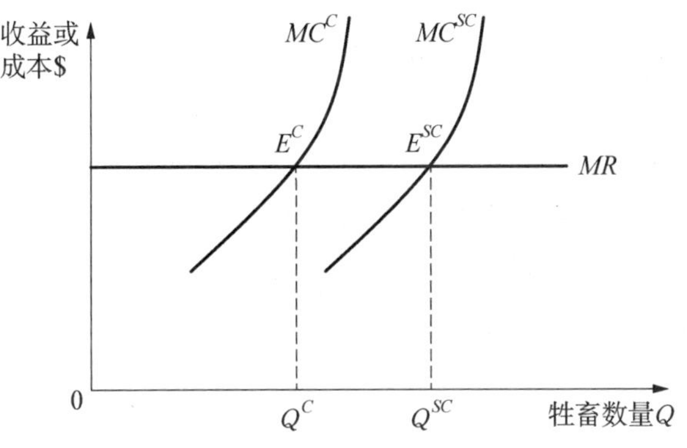

图 6－3　半公地模型原理图

但是理论模型（尤其是上述博弈论模型）是建立在局中人彼此独立行动，没有任何交流和监管制度缺失（诸如敞田制下的分散化安排），尤其是"事后得知"（observable expost）的基础之上的。如果放松模型的这些假定，最终实际结果的悲剧性很可能会降低。如果放松严格的"事后得知"假设，但保持其他假设不变，那么半公地博弈的悲剧性程度应该会向公地博弈趋近。半公地理论的创建者 Henry 本人后来也承认，对于现实中的半公地产权安排而言，并不能先验性地判定它是否为"悲剧"，而是应当具体问题具体分析（Smith，2008）。

第三节　半公地理论的应用

自从 Smith 提出半公地理论之后，学者们（包括 Smith 本人）逐渐将这一理论运用于对某些现实问题的研究当中。

一、信息半公地

Heverly（2003）是半公地理论的较早接受者和传播者，他将半公地理论运用于现代信息领域。在与版权、专利、商标、商业机密等有关的法律法规的作用下，特定信息也是一种财产权利，但是它们和普通的有形资产（比如

① 在两人模型下，社会成本是指两名局中人最终承担成本的总和。

土地、房产等)具有本质上的区别。尽管新信息的创造需要耗费大量成本,但是复制和传播信息的边际成本却可以接近于零,这使得任何人都很难真正做到完全“占有”某种信息,从而意味着信息在一定程度上具备客观上的“公共使用”属性。如果在法律角度将信息视为一种和普通有形物品一样的“财产”,将会导致大量法律纠纷和信息使用上的无效率。

以点对点文件交易系统(peer-to-peer file trading systems)为例,Heverly(2003)论证了将信息财产看作一种既有私有产权属性,又兼具事实上公共产权属性的半公地资源,更加贴近现实中信息创造、交易和传播过程中私人使用和公共使用之间的动态关系;而且承认信息资源的半公地属性,能够最大限度地实现信息的价值——大于将其认定为纯粹私有财产或者完全公共使用时的价值。

继 Heverly(2003)之后,还有不少学者运用半公地理论来分析信息资源。比如 Loren(2007)将半公地理论运用于创意作品领域,主张尽可能多地采用知识共享许可协议(creative commons licenses)来控制版权的过度强势扩张,以规避半公地下的机会主义行为,通过创新知识资源的共享,使创新知识发挥更大的价值。再如,Grimmelmann(2010)将半公地模型运用于分析互联网,认为互联网是一种半公地资源系统,批判互联网领域“私人产权”和“公共产权”完全对立的二分法,强调二者在互联网领域的巧妙结合和互补;Elgar(2011)指出商业秘密法在创新知识领域产生了半公地。又如,Laakmann(2014)利用 Smith 创建的半公地模型分析了美国基因专利问题,指出基因专利领域的私人利益和公众利益存在极其密切的关系,政府当局应该高度重视这两种利益的协同性,做到既不影响研发创新,又不产生过多为保护私人利益而设置的专利,让基因研发的成果尽可能多地实现共享(公共使用)。

就纯理论而言,将信息理解为半公地有利于发挥信息价值的观点并不难理解。就供给角度而言,如果法律不能对新信息创造者的利益提供保护,就会造成信息供给不足的问题。就需求角度而言,使用信息的竞争性通常很低。如果不考虑经济因素,某项信息被更多的人知悉并不影响信息本身的完整性,因而不影响信息初始掌握者的使用。考虑到信息的商业价值,信息的“公共使用”虽然可能影响初始占有者的经济利益,但是如果考虑到“信息共享”的巨大价值,将信息严格作为私有财产来保护,则是一种不利于社会整体福利最大化的行为,而且在现实操作上也是不可行的。这就需要在信息的私人财产属性和公共使用属性的具体界定和保护之间进行权衡,并做出妥当的安排,这是考验具体政策制定者和更深层次理论研究者的难题。

二、美国电信业半公地

在2000年提出半公地理论之后，耶鲁大学法学教授Smith又对该理论做了进一步研究，为现实中存在的半公地问题寻求可行的解决方案。在2005年的文章中，Smith教授探讨了一个关于美国电信行业半公地的案例。为了取消原先的通讯费率管制，美国联邦通讯委员会（FCC）于1996年出台了一部《电信法案》（Telecommunications Act of 1996）。根据该法案，现有的本地通讯运营商必须以分类定价（unbundled basis）的形式，将其所属的全部或者部分网络单元（network elements）租赁给新加入的竞争性通讯运营商。联邦通讯委员会将定价原则规定为全要素长期增量成本定价法（total element long-run incremental cost approach），按照这种定价方法，新加入的竞争性通讯运营商的出价只需要反映增量成本（类似于“边际成本”），而不需要考虑建设和维护网络单元的总成本（比如大规模的固定投资）。当双方价格无法达成一致时，联邦通讯委员会就会给出一个仲裁价格，强制达成交易。

就这样，在1996年美国《电信法案》的规定之下，尤其是通过强制交易和增量成本定价法的干预，美国电信业的网络单元就变成了一种半公地资源。根据上文所述，欧洲中世纪的“敞田制”在私人条块地恰如其分的分散的情形下，这种资源和产权安排形式在传统农业时代都是有效率的，因为它能够使资源使用者获得资源在不同规模下进行使用的收益，又能有效地规避机会主义行为。但是技术进步使得即便是这种私人条块地分散化的“敞田制”也失去了效率。和“敞田制”被淘汰相类似，美国1996年《电信法案》所构建的电信业半公地模式也已经丧失了效率，唯一不同的是电信业对于技术进步的敏感度高得多，因此这种半公地模式从原先的有效率到无效率所花费的时间比“敞田制”要短得多。美国电信半公地模式使得通讯运营商之间存在严重的机会主义行为倾向，它们既存在对公共资源（网络单元）的过度使用，投资、维护不足，还存在其他“损人利已”行为的激励，将成本转嫁给别人，将收益最大限度地收归已有。

在共享的基础设施投资方面，Ingraham & Sidak（2003）和Crandall et al（2004）的实证研究表明，强制分享制度确实抑制了现有本地通讯运营商，和新加入的竞争性通讯运营商对通讯基础设施的投资。此外，还存在投资方向和对象选择方面的“挑肥拣瘦”问题，其投资缺乏统一的部署和协调。作为一种对技术进步要求非常高的行业，时间一长，具有半公地性质的美国电信行业就表现出了日益僵化的趋势。为此，Smith提出应该在电信业改革中让“日落条款”[①]或者其他淘汰机制(phase-out device)发挥更大的作用。

三、大规模流动性资源半公地

Smith 还将半公地理论运用于流动式资源,特别是水资源的治理(Smith, 2008)。在美国水资源治理习惯法(common law)中主要存在两大体系:西部一些州倾向于使用“先占原则”(prior appropriation),它更加强调水资源的排他性产权;而东部则以“相邻原则”(riparianism)为特征,强调水资源的共同使用和管治。无论是哪一种体系都兼而有之地存在“排他权”和“管治”这两种因素,只是侧重点或者方向有所区别而已。根据德姆赛茨法则,随着资源重要性程度的增加,人们对资源建立产权的可能性越大。然而问题在于,水资源具有高度流动性,水资源使用者人数众多,而且不同使用者对水资源的需求种类、方式和规模千差万别,这就使得客观上对流动性水资源建立排他性产权的难度极大,想要对大范围流动性水资源建立与房地产、金银、土地等物品类似的完全排他性私有产权,几乎是不可能的。这就使得许多水资源既具有私有(部分和局部排他性)的一面,同时又具备显著的公共使用属性,而且这两种属性之间存在强烈的交互性质。因此,美国现有法律制度下的许多水资源具有明显的半公地特征。

除水资源外,许多其他具有高度流动性(或者空间非固定性)的资源,比如野生动物、石油、天然气以及广播频谱(broadcast spectrum)等都具有半公地的特征。虽然水资源具有半公地特征,但是并不能先验性地得出半公地悲剧的结论,最终结论有待基于具体案例(case by case)的实证分析。由于对水资源实施排他性产权客观上的难度,以及水资源同时满足各式各样使用者需求的巨大收益,实行以管治制度为主,建立排他性产权为辅的复合型管理措施是比较理想的政策选择。

第四节 本章结语

以时间先后顺序的维度,本章比较系统地梳理了在公地悲剧基础上衍生出来的半公地理论。半公地理论诞生的标志是 2000 年 Smith 教授发表

① 又叫“落日条款”(sunset provisions),是指法律或合约中订定部分或者全部条文的终止生效日期。一般订定日落条款旨在让该条文终止其效力前,有缓冲期可以先行准备和实施相关的配套措施。和日落条款相对应的是“日出条款”。

的《半公地产权与敞田制中的分散化》一文。八年后经 Bertacchini 等学者运用博弈论对半公地理论进行了模型化处理。该理论提出之后，包括 Smith 教授本人在内的许多学者利用它来解释现实中的半公地问题。这些学者们的运用主要集中在"大规模流动性资源"（如河流、大规模迁徙的野生动物等）、信息资源（如创新知识、信息技术等）以及美国电信行业等领域。

长期以来，人们通常将"私有产权"和"公共使用"这两种属性完全对立起来考察，但现实当中很多资源系统同时具备这两种属性。绝对的私有财产和绝对的公共使用性资源很少存在，但是当这两种属性中的某一个在某种资源系统中占据主导地位时，该资源系统的产权性质就会被这种属性所决定。比如一块私人所有的空地，虽然不能将它判定为绝对的私有财产（绝对排他性产权的成本过高，在现实中并不可行），但是将它视为私有财产加以保护一般而言是没有问题的。但是，当某个资源系统的"私有产权"和"公共使用"同时存在，而且两者都非常重要，尤其当彼此地位不分伯仲时，就很难将它当作纯私有财产或者纯公地来看待了，如果生硬地将它判定为某种单一的产权形态必然会扭曲激励机制，从而降低资源配置和使用的效率。

以"基因工程"的研发为例。如本书第五章所述，与基因工程密切相关的生物医药研发领域通常涉及反公地悲剧，无数基因碎片造成的基因"专利丛林"严重妨碍了这些科研成果向现实应用的转化。一方面，基因研发需要投入大量资金，如果对研发成果完全没有保护措施，将会导致创新不足；而另一方面，基因研究的成果表现为某种信息或者知识，要对信息进行完全保护的成本非常高（复制和传播信息的边际成本相对于研发成本而言通常可以忽略不计），况且孤立的基因碎片知识通常不能产生现实生产力，只有将它们整合成一定规模的有序基因信息集时，才能研发出新的药品或者疾病治疗方案，这说明基因信息领域存在很强的"共同使用"属性。因此承认基因信息领域的半公地状态，不失为破解反公地悲剧问题的一种有效途径。

尽管与"纯公地"情形相比，半公地情形下的资源使用者采用策略性行为（或者机会主义行为）的激励更大，但是它却未必见得是一种无效率的产权形式。如上所述在某些条件下，它甚至还可以作为破解公地悲剧和反公地悲剧的一种有效的产权组合方式。最后，半公地理论是一种抽象化的理论模型，它最大的价值在于为人们认识错综复杂的产权世界提供了一种新的视角和思维方式，尽管现实当中能够找出典型的半公地原型（如北欧中世纪的"敞田制"），但现实资源和产权世界通常是多面性的，同一种资源或者产权安排在一定程度上有可能同时表现出公地、反公地和半公地的属性或者特征。引入半公地理论的视角将有助于人们更加全面地认识资源及其产权。可以预见,现实世界跟这种理论模型很难完全吻合,但如果据此就将半公地理论绝对化,或者无视它的存在,都是极端的做法,显然都是不可取的。

第七章　最新发展之四：负竞争性、平台物品与“公地喜剧”

公地悲剧理论得以成立的一个基本的理论前提或者假设在于，理论的提出者和追随者们信奉的新古典经济学物品划分理论。受萨缪尔森、马斯格雷夫等新古典经济学大师的影响，他们认为物品在使用（或者消费）上的竞争性只能是非负的，完全忽视了负竞争性的存在。公地（或者公共资源）的“过度”使用，之所以“过度”，是因为人们对公共资源的使用会引起资源的数量及（或）质量的消极变化，这也是公共资源与公共物品的最大区别。然而，物品的使用真的只会对被使用之物的数量或质量造成消极影响吗？这本身是非常值得怀疑的。当我们考虑到现实中某些物品的使用反而会使得物品的数量或质量的积极变化时，理论对现实世界的解释力将得到进一步增强。

当考虑到不具备排他性（或者排他性较弱）的资源具有使用的负竞争性时，公共资源的使用就是越多越好，人们对公地的使用将不再是“过度使用”，甚至公地悲剧，而是“公地喜剧”了。所谓“公地喜剧”是指缺乏排他性的物品，当其在使用上具有负竞争性时，人们对它的使用带来的不仅不是资源遭受破坏、减损或者灭失，而是变得更加具有价值，那么此时人们对这类特殊“公地”的使用就具有了“喜剧”的特征。本章将以平台类物品作为主要分析对象，论述负竞争性及其对新古典经济学物品划分理论，进而对公地悲剧理论造成的冲击和改进。

第一节　负竞争性及其对新古典经济学物品划分理论的挑战与完善

一、文献回顾与问题的提出

市场上流行的各种经济学教材，在论证市场失灵、公共物品理论，以及政府作用时,大多会采用“排他性”(excludability)和“竞争性”(rivalry)[①]两大标准来对形形色色的物品进行分类。然而,这看似非常平常和简单明了的分类标准,却经历了相当长的思想史演进才变成今天相对成熟的状态。

许多学者,尤其是经济学教材的编著者,在追溯上述物品划分标准时,习惯将其归根于《公共支出的纯理论》——被誉为“经济学界最后一位通才”的萨缪尔森(Samuelson)1954 年发表的不足 3 页的经典小论文。Samuelson(1954)假设了两种不同的物品——可以分割的私人消费物品(private consumption goods)和不可分割,没有使用上的竞争性的集体消费物品(collective consumption goods);其中最直接相关的内容体现在其论文开头的理论假设当中:“对于集体消费物品,所有人都可以共同使用,即每一个体对该物品的消费并不会导致其他任何人在使用该物品时有所减损。”

比如 Hardin(2003)[②]在《斯坦福哲学百科全书》关于“搭便车问题”的论述中写道:“奥尔森的分析是以保罗·萨缪尔森的《公共支出的纯理论》为基础的。Samuelson(1954)注意到,一些物品一旦它可以被一个人使用,就能够在不增加额外边际成本的情况下被其他人消费,这种情形被普遍称之为供给的联合性或者消费的非竞争性。……萨缪尔森的公共物品还有第二个特性:不可排他性,它会使得公共物品在现实当中存在问题。”与之类似,《新帕尔格雷夫经济学大词典》在介绍“公共物品”词条时,也将功劳归于萨缪尔森,并未提及马斯格雷夫的贡献。

由此,学术界将新古典物品划分理论归功于萨缪尔森的观点可见一斑。然而这种观点有失客观公正——它忽视了其他学者为此做出的重要理论贡献。其中最不应该被忽视的一位,就是被誉为现代财政学之父的马斯格雷夫(Musgrave)。虽然国内外学术界也有部分学者认识到他对上述物品划分理论的贡献——比如国内的张琦(2015),国外的 Atkinson(1987)、Seidl(1988)、Pickhardt(2006)和 Oates(2007)等,但是总体而言人们对马斯格雷夫这一贡献的认识还不够充分。

瑞士洛桑大学瓦尔拉斯-帕累托研究中心 Desmarais-Tremblay(2017)的研究发现,马斯格雷夫对新古典经济学物品划分标准理论的贡献不仅非

① 竞争性对应的英文单词既有“rivalry”,也有“rivalness”,且在学术性文献中两者的使用几乎同样普遍。考虑到在《新帕尔格雷夫经济学大词典》(Macmillan 公司 2018 年第 3 版,电子版)和《牛津高阶英汉双解词典》(商务印书馆 2004 年第 6 版)中均可搜索到 rivalry,却搜索不到 rivalness,故本书最终将其翻译确定为 rivalry。

② 资料来源:https://plato.stanford.edu/entries/free-rider/,2020 年 10 月 5 日。

常大，甚至有可能是决定性的，只是其贡献被 Samuelson(1954，1955)文章的光环给掩盖了。其理由如下：

第一，Musgrave(1969)最早使用排他性和竞争性。Musgrave(1941)在与 Neal(1940)的论争中，指出因为“无法排他”，集体物品的自愿供给将会失败。

第二，现代经济学教科书通常根据上述两条标准将世间形形色色的物品统一划分为一个 2×2 的表格；而这种范式最早可以追溯到 Musgrave & Musgrave(1973)设计出的物品分类表，详见表 7－1。表 7－1 中“1”表示私人物品；“2”“3”“4”则被马斯格雷夫划归为“社会物品”(social good)，且认为它们都会导致市场失灵。

表 7－1　马斯格雷夫的物品分类表

消费(consumption)	排他性(exclusion)	
	可行(feasible)	不可行(infeasible)
竞争(rival)	1	2
非竞争(nonrival)	3	4

资料来源：Desmarais-Tremblay(2017)，p. 31。

第三，在 Samuelson(1954)之前，Musgrave(1937)就已经认识到公共支出具有不可分割的性质，并且据此判定公共支出在满足集体需求时不能简单地诉诸个体需求。

第四，Musgrave(1939)还较早认识到了公共支出中一些人群的搭便车问题，他在一个很长的脚注中写道：“我们注解(note)自愿交换理论的一个理论困境，一些社区成员可能会试图获取公共服务的好处，但是在贡献自己应承担的份额时却不积极……如果一项公共服务的全部成本可以由许多捐赠者来承担，那么任何一名捐赠者削减捐赠数量都不会明显地降低公共服务的资金供给——无论是在该捐赠者本人看来，还是在其他捐赠者看来。因此，决定削减捐赠的行为不会受到报复。问题是如果所有捐赠者都决定减少捐赠数量的话，公共服务的规模就会萎缩，结果会导致供给不稳定的状态。”

上述论断甚至被认为是英文世界里，对后来被称为“搭便车”假设的最早的明确阐述(Desmarais-Tremblay，2017)。据 Desmarais-Tremblay(2017)推测，尽管财政学领域最先使用“搭便车者”的 Buchanan(1964)并没有引用 Musgrave(1939)，但是他肯定读过这篇文章。而作为搭便车者问题研究集大成者的奥尔森(Olson)则在其 1965 年论著的开头就明确提及了马斯格雷夫的非排他性。

Samuelson(1954)在吸收马斯格雷夫“集体物品”思想的基础上，开启了财政分析数学化的先河，并由此将物品划分理论的应用拓展到分析市场失灵问题。Ott et al(2008)指出，萨缪尔森本人也承认“我所知道的关于维克塞尔·林达尔公共物品范式的所有知识，都来自马斯格雷夫 1937 年的博士论文”。

总而言之，作为同时代美国最顶级和富有影响力的经济学家，马斯格雷夫(1910—2007 年)和萨缪尔森(1915—2009 年)之间的交流颇多而且非常深入，他们的学术思想是相互影响的。在物品划分标准的理论贡献上，Samuelson(1954)的小短文具有里程碑式的意义，有学者将其界定为现代公共物品理论诞生的标志(张琦，2015)。但是在 Samuelson(1954)之前，马斯格雷夫就有了关于排他性和竞争性的早期认识；在 Samuelson(1954)之后，马斯格雷夫对物品划分的“现代形态”(表 1)也做出了重要的边际贡献。因此，更加客观的结论是：以萨缪尔森和马斯格雷夫为主要代表的学者们共同奠定了新古典经济学物品划分标准的理论基础。

后来的学者们循着萨缪尔森和马斯格雷夫提出的标准，对物品类别做了若干拓展。比如公共选择学派创始人、诺贝尔经济学奖得主布坎南(Buchanan)1965 年提出一种新的物品类型：俱乐部物品(club goods)。他发现由个体构成的集团可以创造出一种私人组织(俱乐部)，为其提供非竞争性但是规模较小的有形物品或者无形服务，而且该集团可以将俱乐部成员以外的人排除在外。这就说明竞争性和排他性在现实中并不是“有”或者“无”这样泾渭分明，而是存在某些界限模糊的过渡地带。

世界上第一位获得诺贝尔经济学奖的女学者埃莉诺·奥斯特罗姆(Elinor Ostrom)和她的丈夫文森特·奥斯特罗姆(Vincent A. Ostrom)则直截了当地提出放弃原来排他性和竞争性“有/无”的标准，并用“高/低”取而代之，从而将竞争性和排他性的取值由原来的离散型扩展为连续型(Ostrom & Ostrom, 1977)。除此之外，他们还做了如下三个方面的改变或改进。第一，用“使用的可减损性”(subtractability of use)替代术语“消费的竞争性”(rivalry of consumption)。第二，鉴于小范围的公共机构也可以提供和 Buchanan(1965)性质一样的物品，因此他们主张用“收费物品”(toll goods)来代替“俱乐部物品”。第三，增加第四类物品——公共池塘资源，这类物品兼具私人物品的竞争性和公共物品的非排他性的特征，从而在萨缪尔森和布坎南等人的基础上将物品类别拓展到四大类，详见表 7-2：

表 7－2　奥斯特罗姆夫妇的物品分类表

		使用上的可减损性	
		高	低
排除潜在受益者的困难程度	高	公共池塘资源[①]：地下水、湖泊、灌溉系统、渔业、森林等	公共物品：和平与社区安全、国防、知识、防火、天气预报等
	低	私人物品：食品、衣服、汽车等	收费物品：剧院、私人俱乐部、托儿所等

资料来源：Ostrom(2010)，p. 645。

尽管奥斯特罗姆等人提出了用“使用上的可减损性”代替“消费上的竞争性”的主张，但是西方经济学教材采用排他性和竞争性标准来划分物品类型的做法，依然相当盛行。比如诺贝尔经济学奖得主克鲁格曼，和 29 岁成为哈佛大学历史上最年轻终身教授、曾担任美国经济顾问委员会主席的曼昆等人编写的经济学教材就是其中的代表。详见表 7－3 和表 7－4：

表 7－3　克鲁格曼的物品分类表

	消费的竞争性	消费的非竞争性
排他性	私人产品 • 小麦 • 浴室设备	人造稀缺品 • 按次计费电影 • 电脑软件
非排他性	公共资源 • 清洁的水资源 • 各种生物	公共产品 • 公共卫生设施 • 国防

资料来源：克鲁格曼、韦尔斯(2009)，p. 599。

表 7－4　曼昆的物品分类表

		消费中的竞争性？	
		是	否
排他性？	是	私人物品 • 冰淇淋蛋卷 • 衣服 • 拥挤的收费道路	俱乐部物品 • 消防 • 有线电视 • 不拥挤的收费道路
	否	公共资源 • 海洋中的鱼 • 环境 • 拥挤的不收费道路	公共物品 • 龙卷风警报器 • 国防 • 不拥挤的不收费道路

资料来源：曼昆(2015)，p. 234。

---

① 它也有不同的说法，有人叫“公共资源”，有人叫“公共财产”，还有人叫“公共产权”(王亚华，2017)，但其基本含义是一致的。

最为典型的，新古典经济学通常以产权上的排他性和使用上的竞争性为依据，将大千世界形形色色的物品统统划分成四大类：私有物品、公共物品、公共资源和俱乐部物品(奥斯特罗姆将其改为“收费物品”)。[①] 并以此为依据，论证市场与政府，以及社会组织之间的分工和协作关系。上述物品划分标准还广泛地向公共管理、政治学、社会学、生态学等领域扩展。可见新古典经济学物品划分标准理论的强大生命力和影响力。

然而问题是：上述物品划分标准已经充分完备，到了无可复加的地步了吗？本书认为答案是否定的。在新古典经济学中，一项物品要么具有竞争性，要么不具有竞争性；或者要么具有强竞争性，要么具有弱竞争性，要么介于“强”和“弱”之间。如果以一条坐标轴来刻画，无论是竞争性“强/弱”标准还是竞争性“有/无”标准，新古典经济学物品划分的理论家们本质上都认为物品使用的竞争性只能在零和正无穷之间取值，即一项物品的竞争性总归是“非负”的，详见图 1。新古典经济学物品划分理论忽视了竞争性为负的可能性，因此也缺乏对负竞争性问题的研究。

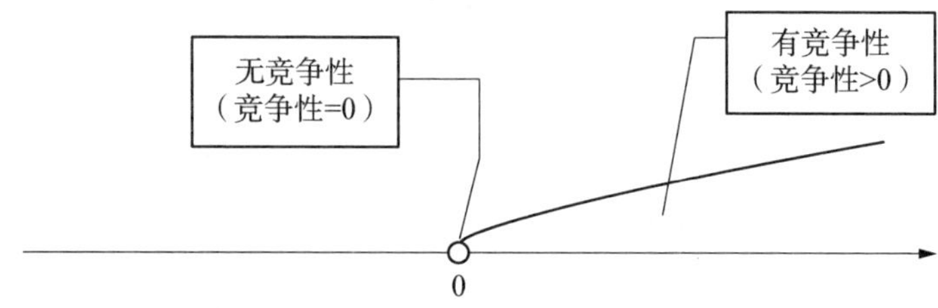

图 7－1　新古典经济学中物品竞争性的取值范围

二、对竞争性内涵的进一步探讨

物品在使用上的竞争性有时也被翻译为“竞用性”(如高鸿业，2006)。相对于排他性而言，竞争性似乎更加复杂一些。[②] 关于其内涵的理解，不同学者之间有一些细微的差别。比如高鸿业(2006)将其界定为：如果某人已经使用了某个商品(如某一火车座位)，则其他人就不能再同时使用该商品。

① 也有学者在竞争性和排他性的基础上再增加诸如“分割性”“拥挤性”等标准。

② 尽管比较直白，但是一些经济学教科书对排他性的解释有失精准。许多教材习惯将“是否收费”作为物品是否具有排他性的唯一标准。这存在两个问题：其一，排他性本质上是指物品本身的一种属性，由于这种属性，该物的物主或者实际控制者是否具备将其不愿意分享或给予的“第三者”排除在外的能力(-ability)，或者说将“不受欢迎”的人群排除在外的边际收益和边际成本如何的考量；其二，排他的手段可以有很多种，虽然“付费”很可能是众多方式中最重要的一种，但显然不是唯一的一种。

曼昆(2015)认为"消费中的竞争性"是指：一个人使用一种物品将减少其他人对该物品的使用的特征。其他经济学文献中有关竞争性的定义也大都与此类似。

竞争性与外部性有一定的相似之处，都可以用来分析消费行为，但是存在明显的区别。外部性刻画的是某人的行为对旁观者福利的无补偿的影响，即对无关第三方施加的"副作用"。而使用的竞争性则侧重于衡量物品因使用引起物品本身质和量的变化，进而引起其他人在使用该物时的边际效用发生变化的现象。二者的差别主要体现在如下两个方面。第一，是否强调被使用物品本身数量及(或)质量的改变。竞争性始终绕不开对被使用物品数量或质量发生何种改变的讨论；而有关外部性的讨论则并不必然要求将被使用的物品自身性状的改变纳入效用函数的自变量之中。第二，是否依赖"不付费"或"无补偿"。外部性是否存在以及取值方向严格依赖对旁观者(bystanders)福利(well-being)增益不需付费，或福利减损无补偿才能决定；而竞争性则没有"不付费"或"无补偿"的要求。经济学教科书对竞争性的界定通常比较简短，不足以准确刻画出它的全貌，因此本书对其内涵做进一步的探讨。竞争性至少具有如下主要特征。

(一)"质"与"量"的二维性

对于竞争性，比较流行的定义大都仅侧重从"量"的维度来刻画。这在现实使用当中容易引起不必要的麻烦——比如对某一公共空间的使用，如果仅从"量"的角度就很难真正理解其竞争性。譬如在一条开放的公路上，如果车辆足够少，而且车辆之间的距离足够远，以致驾驶员目力所及完全看不到任何其他车辆，也完全没有车辆相撞的风险，那么这种状态下该公路上的车辆运行就是完全没有竞争性的。但是达到拥挤或者饱和的边界时，就很难仅从"量"的角度得出该公路到底"有"还是"无"竞争性的结论。如果同时考虑到某物使用的"质"和"量"的双重维度，那么该物品竞争性函数的分布就不再是离散型的，而是连续型的。因此本书认为，对于某物，当其边际使用会引起该物的"质"或"量"(或者"质""量"兼而有之)下降时，该物就具有为正的竞争性；随着使用强度的增加，持续追加边际使用的正竞争性通常会呈现出递增的趋势。

本书只是试图从最重要的"质"和"量"两个维度来衡量竞争性。但实际上，使用引起物品性质的变化，还有可能是结构上的改变、空间上的位移等更多维度，不一而足。不过从广义的角度来看，它们也可以被纳入"质"的范畴。

(二)主观性与客观性相统一

经济学教科书中，虽然有时并没有明确说明，但实际上仅仅表示物品本身竞争性的有无或者强弱——即一种物品在被某人消费之后就不能再被其他人使用，就算能“勉强”使用，其边际效用也会降低，这是关于物品本身特性的衡量。不考虑物品使用过程中“人”的因素，仅仅考虑物品在被使用过程中以及使用后的“质”“量”的动态变化——这可以理解为物品竞争性的客观属性。

然而，物品竞争性的有无或者强弱只有针对具体的人或者组织——所有者、既有使用者、将来潜在的使用者等利益相关者——而言才具有实际意义。因为竞争性的有无及强弱并不能像教材中描绘得那般客观，而是带有很强的主观性。如前所述，物品因使用而变少应当可以比较客观地进行衡量；而因使用造成的质量变化，则在很大程度上是因人而异的。比如，对于特立独行，非常重视个人隐私和独立活动空间的人而言，公交车可能无论如何（不管是否真正拥挤）都是具有竞争性的；而对于喜欢热闹，享受“摩肩接踵”感觉的人群（可能占比不高，但理论上不能排除此类人群的存在）而言，公交车的竞争性就不那么强烈了，甚至还有可能存在下文将要详细论述的负竞争性。

因此，第一，无论是物品竞争性的主观性还是客观性，都涉及到“使用者”（人），而且在经济学中脱离“人”来讨论物品性质，将变得缺乏实际意义。第二，假如仅仅从物品使用过程对利益相关者造成何种影响的角度来衡量竞争性，问题就会变得颇似物品因使用而引起的外部性。而外部性的或正或负、或强或弱，其结论往往也是因人而异，带有很强主观性的。[①] 因此归根结底，现实中某物的竞争性应当是主观性和客观性相统一的。

（三）多因性

在现实中，物品的使用或消费还具有多重因素共同起作用的特点。物品使用过程中，可能存在不同因素在数量、质量的消极变化（正竞争性）或积极变化（负竞争性）方向上的不一致。比如，对于寒冷冬天里一间教室（具体而言是指教室内的空气）的使用，假如没有制暖设备，那么随着学生人数的增加（使用强度加大），一方面会使教室内的空气质量变差，这就是一种正竞争性，即教科书中通常所说的竞争性；而另一方面，学生人数增加又可以使得室内气温上升，这对于绝大部分使用者而言应当属于一种改进，因而从气温的角度，教室学生人数增加（使用强度加大），会给教室内空气的使用带来

① 首先，本书认为对物品竞争性的分析不能脱离使用对物品本身“质”和“量”的改变。其次，关于外部性的主观性，比如，邻居在一墙之隔的院子里种上桂花树，通常对于喜“闻”乐见桂花的人而言，邻居种桂花树的行为就存在正外部性；而如果此人不巧恰好对桂花过敏，那么此时邻居家的桂花带来的反而是负外部性。

负竞争性。当然如果是缺乏制冷设备的炎热夏季，对该教室内空气的使用就不会存在空气温度和空气质量出现“好”“坏”变化方向不一致的情形。

（四）特定时空性

微观经济学教材大多不考虑具体的时空背景，笼而统之地讨论某物的竞争性问题。这对分析和解决现实问题是颇为不利的。因为即便是同一物品，在不同的时间或者地点，其竞争性的有无、强弱、正负都极有可能存在明显差异。比如，近几年方兴未艾的“共享经济”，就是充分利用了物品在不同时空背景中竞争性具有不同表现形式的特征。比如实体形态的自行车，在其所有者正在使用的时间段，自然具有高度竞争性；然而它在闲置不用的时间段，对于其所有者而言就几乎没有竞争性——在此期间无论别人骑不骑都不会对所有者构成多大影响。[①] 在共享技术和相关平台出现之前，通常很难顺畅地实现对缺乏竞争性的闲置资源的充分利用，实现资源配置的帕累托改进。然而在共享单车技术和平台诞生之后，该问题就可以得到较好的解决——尽管在现实中还存在诸多不如人意之处。而各类共享经济赖以建立和成长的“平台”，则干脆具有负竞争性的特征。

因此，对于某物的实际使用，究竟其“综合”效果是正竞争性还是负竞争性，以及竞争性绝对值的大小如何等等，都值得因人、因时、因地而具体问题具体分析。许多流行的微观经济学教材或者经济学原理教材（大多以新古典经济学为内核），在解释竞争性时往往重量轻质，重客观轻主观，忽视多因性，脱离特定时空。这些固然是问题，但是与长期忽视负竞争性相比，它们充其量是“小问题”而已。

三、论负竞争性的存在

由于资源的稀缺性和机会成本的广泛存在，经济学通常喜欢考虑资源配置时的两面性。尤其是在提出某种经济政策时，倾向于既考虑其有利的一面（边际收益），又考虑其不利的一面（边际成本）。而政府决策者则希望得到明确具体的政策建议。比如曼昆（2017）在介绍华盛顿的经济学家时，讲到美国总统杜鲁门曾经说他希望找到一位独臂（one-armed）经济学家。因为当他向经济学家们咨询时，他们总是回答“一方面（On the one hand），……另一方面（On the other hand）……”。[②]

① 当然，仅限“正常使用”，而非粗暴对待，且自行车的所有者和使用者没有“洁癖”等情形。

② 格里高利·曼昆：《经济学原理》（英文影印版第 6 版），北京：清华大学出版社，2017 年，第 29 页。

此外，从现有经济学理论体系来看，许多经济学概念都是以“正-负”或者“正-反”相对的形式出现的。典型的比如，“正-负”外部性、“正-负”效用、“规模经济-规模不经济”，乃至后来的“公地悲剧-反公地悲剧”等。因为经济学的研究对象在生产领域大都与“钱”(诸如成本、收益、利润等)有关；在消费领域除了“钱”之外，还直接高度依赖“效用”的概念。既然无论是“钱”还是“效用”都可以在“正-零-负”之间取值。那么，学术界先验地断定竞争性只能在“正-零”之间取值，显然是值得怀疑的。更加直接地，使用的竞争性反映的是人们基于物品的使用而引起物品本身“质”“量”和使用者总效用的边际变化。在论述消费者选择理论时，新古典经济学经常会使用“负效用”的概念。因此，我们有理由“猜测”竞争性也可以在“正-零-负”之间取值。下文试图从经典语言文字和现实案例两个角度，论证负竞争的存在性。

(一) 从经典语言文字的角度

关于负竞争性，在日常生活以及中西方经典语言文字中，存在许多有关的例证。譬如，战国时期《孟子·梁惠王章句下》就有：“庄暴见孟子，曰：‘暴见于王，王语暴以好乐，暴未有以对也。’曰：‘好乐何如?’孟子曰：‘王之好乐甚，则齐国其庶几乎!’他日，见于王曰：‘王尝语庄子以好乐，有诸?’王变乎色，曰：‘寡人非能好先王之乐也，直好世俗之乐耳。’曰：‘王之好乐甚，则齐其庶几乎！今之乐犹古之乐也。’曰：‘可得闻与?’曰：‘独乐乐，与人乐乐，孰乐?’曰：‘不若与人。’曰：‘与少乐乐，与众乐乐，孰乐?’曰：‘不若与众。’”[①]并从中流传下来脍炙人口的“独乐乐不如与众乐乐”一说。这说明齐王在欣赏美妙的音乐时，觉得与其他人一起分享(经济学中的“消费”或“使用”)不仅不会削减他本人的乐趣，而且其乐趣(效用)还会得到提升。

再者，宋代欧阳修在著名的《醉翁亭记》中写道：“已而夕阳在山，人影散乱，太守归而宾客从也。树林阴翳，鸣声上下，游人去而禽鸟乐也。然而禽鸟知山林之乐，而不知人之乐；人知从太守游而乐，而不知太守之乐其乐也。醉能同其乐，醒能述以文者，太守也。太守谓谁？庐陵欧阳修也。”[②]《醉翁亭记》生动地描绘了一番“与民同乐”的和谐景象。说明人与人之间其实是彼此“需要”与“被需要”的社会性动物，以及“人与人之间终生的相互依赖，使得人际关系成为我们生存的核心”(迈尔斯，2016)。

此外，还有很多词汇蕴含着这种性质。比如“抱团取暖”可以表明在一

① 秦川：《四书五经》，北京：北京燕山出版社，2007年，第167页。

② 欧阳修：《醉翁亭记》，载(清)吴楚材、吴调侯选编，桑山编《古文观止》，北京：中国华侨出版社，第734页。

定条件下，人与人之间共享某物不仅不会“拥挤”，反而彼此都有望获得更高的边际效用。“户枢不蠹，流水不腐”“用进废退”“经常用的钥匙总是亮闪闪的”等说法则表明，对于许多物品来说，与其被闲置或者极少使用，不如在合理范围内的更多使用，这样反而能够提升其品质。

英国作家笛福的《鲁滨逊漂流记》则从反面证明了人与人之间是多么的“被需要”。它表明负竞争性不仅存在而且对提升人际幸福度至关重要。在孤岛上的鲁滨逊只身一人，岛上的一切都由他主宰，如果按照传统物品划分理论，他应当感到无比幸福才对——没“人”跟他竞争，岛上的一切消费品对他而言不再具备人际竞争性。然而，从《鲁滨逊漂流记》的字里行间，处处透露着鲁滨逊是多么地渴望有“人”，哪怕是“野人”与他一起分享岛上的物品。类似地，成语“锦衣夜行”也表明当一个人取得成就时，如果没有人欣赏，那么“衣锦者”从“衣锦”的行为中获得的效用也将大打折扣。

上述经典语言文字在一定程度上表明，物品的使用的确存在负竞争性。即在一定条件下，人们对某物品的使用或消费不但不会导致该物品的质或量有所减损，也不会导致其他使用者从该物品的使用中获得的边际效用减少；而且还会使得该物品及其他使用者的效用有所增益。[①] “孤岛上的鲁滨逊”等案例，或许因离人类的现实生活太过遥远，说服力还不够强劲，然而下文的现实案例则有望改善这一情形。

（二）从现实案例的角度

此处通过引入公共池塘捕鱼，尤其是平台经济的案例，从更加现实的角度进一步论证负竞争的存在性。

1. 公共池塘捕鱼的案例

20 世纪末湖南省邵阳市的 LT 村，当夏季连续干旱时，村子里的公共山塘（一种典型的公共“池塘”资源），就会因为长期蒸发以及被村民抽水补给稻田而变得很浅——但通常不是干涸。因为根据当地的村规民约，在山塘水位较高时，使用者们（commoners）只要愿意，都可以尽情抽水到自家稻田，但是当水位变得很低时，继续抽水就会被严格禁止——因为历史上出现过把山塘水全部抽干导致池底被晒裂而无法或很难修复的情形。当水位下降到一定程度时，就会出现村民们（至少村里的孩子们）最期待的场景——各家抄起各式各样的简易渔具去“浑水摸鱼”。

但是如果参与捕鱼的人太少，池塘里的水不够浑浊，池塘里的鱼就不会

① 本书论述的“物品”既包括有形的物体，也包括无形的服务，它类似于有价值且存在稀缺性的资源。

因为缺氧而浮出水面吸气，此时的人们是极难捕捉到鱼的——当时村子里基本没人有专门的渔网。一是因为村子里没有大江大湖，只有一些山塘，置办专业的渔网“不划算”；二是从别处借来渔网试图将公共池塘里的鱼“一网打尽”极有可能招致村民们的“鄙视”，甚至“不容于乡里”的后果。因此，对于面积较大的山塘，当只有一两个人捕鱼时，通常连一条鱼也难以捕到。在这种情形下，新的加入者通常会颇受欢迎，因为他们的到来使得大家都有了捕捉到鱼的可能性。

此时该鱼塘的负竞争性有两重表现。第一，虽然池塘里鱼的总数量是既定的，但是“两鸟在林，不如一鸟在手”，新的加入者能够提升既有捕鱼者捕捉到鱼的可能性，即因“鱼获”而带来效用。第二，“独乐乐不如与众乐乐”效应，捕鱼者达到一定数量时，人们往往更能体会到竞争带来的“快感”和乐趣，即捕鱼过程本身的趣味性能够得到增强。

对于公共池塘捕鱼的案例，有人可能会反驳道：“这是生产的协作性”。诚然，在物资匮乏的年代，这类捕鱼行为确实在一定程度上具有“生产”的色彩。然而，生活当中打麻将“三缺一”时，如果再有第四个玩家的加入，那么此人的加入对于原来的三名“麻友”而言同样也是具有负竞争性的。而且除非将其作为赌博并以此谋生者，对常人而言“打麻将”应该很难说得上是一种“生产”行为。

2. 平台经济的案例

在公共池塘里“浑水摸鱼”的案例似乎并不常见，而且在现代市场经济社会，其本身存在的空间和价值日渐被压缩到可有可无的地步。因此，如果仅从公共池塘捕鱼的案例，似乎难以体现负竞争性理论的现实价值。然而，当今信息时代物品（比如平台）使用的负竞争性比之传统农耕时代明显重要得多。

平台经济是一种经济社会现象，而（经济）平台则属于一种“物品”。可以说，各类平台经济之所以能够异军突起、风起云涌，其根本原因就在于平台本身具有极强的负竞争性。按照是否有形的标准，可以将“平台”分为实体平台和互联网平台两大类。事实上，无论是农贸市场、乡镇集市，还是大城市的各类购物中心，甚至城市本身在一定程度上都发挥着经济平台的功能。

对于平台的所有者而言，通常平台使用的人数越多，使用频率越高，平台本身的价值就越大，能够带给平台所有者的收益（租金）也就越多。对于平台中从事经营活动的商户而言，平台活跃度越高，通常其“生意”也会越好。但越是活跃的平台，其商户缴纳的租金往往也越高。因此活跃的平台本身并不能保证承租商盈利。相反，由于租金较高，其经营的风险也较大，因此在签订租赁合同之前，平台的活跃度对承租商未来盈利能力的影响具有不确定性。但是可以肯定的一点是，在签订租赁合同之后，如果该平台出现合同签订时未预期到的消费者显著增加的情形（可以理解为不完全契约下，平台未来的使用强度出乎预料地增加），此时即便对商户而言，平台的使用也具有负竞争性。对于平台中的消费者而言，通常平台越大，其来自购物的效率提升和多样化需求得到满足等的效用，也会随之提高。[①] 因此对消费者而言，平台使用强度增大（通常平台也会随之扩张），他们从平台的使用中获得的边际效用也会提高，因此平台对他们而言也具有负竞争性。

实体平台的负竞争性和互联网平台的负竞争性具有显著区别。由于必须高度依赖现实的物理空间，实体平台的负竞争性强度远不及互联网平台。首先，如果实体平台（比如商场）空间一定，随着使用者人数的增加，人员货品密度达到一定的临界点之后，消费者将会感到拥挤，其消费体验会随着使用强度的增加而变差。此时对消费者而言，实体平台的使用就由负竞争性转变为正竞争性。其次，为应对趋于饱和的顾客数量，实体平台必须加强对平台本身的维护，和对客户的服务。这些都将产生较高的成本，用经济学术语表示就是实体平台的维护和配套服务的供给很容易受到边际成本上升这一瓶颈的制约。再次，实体平台的扩张也深受物理空间的限制——比如新建购物中心可能需要支付昂贵的拆迁补偿成本等。

互联网的普及，使得许多“线上”消费和使用得以超越时空限制，各类互联网平台异军突起。它们与实体平台相比，则省去了许多“不必要”的麻烦。比如它们一经开发出来，后期平台的维护成本虽然可能会随使用者人数和使用强度的增加而有所增加，但对平台运营商而言新增用户引发的边际成本趋近于零。而且它们与实体平台不同，一般不会受到物理空间的限制，几乎可以无限度地扩张。因此，相对于实体平台，以电商平台为典型代表的互联网平台具有更强的负竞争性——使用者人数越多，使用强度越大，平台能够提供的信息流和商品流也越多。正所谓“流量为王”，平台的价值也会随之上涨。在负竞争性、边际成本趋近于零、不受空间限制等因素的共同作用下，互联网平台的迅速扩张具有“无限可能”。这是互联网平台在推广期，能够采取免费试用，甚至“倒贴钱”的方式，吸引客户使用其平台的根本原因。譬如各类电商平台、电脑杀毒软件、电子邮箱、社交平台、直播网站、网约车平台……比比皆是。由于互联网平台同时具备上述三大特征，使得传统实

① 在城镇化过程中，人们选择从偏远乡村向城镇迁移，或者中小城镇的人向大城市、中心城市迁移，遵循的也是类似的逻辑。

体平台在与其竞争中的劣势日渐凸显，颓势频现，而互联网平台则迅速膨胀。由于摆脱了物理空间的限制，互联网平台的发展最后很可能在各自的行业里走向“一家独大”或者“赢者通吃”的绝对垄断或者寡头垄断局面。

传统上，学术界倾向于认为，一家企业如果缺乏对关键生产要素的独占或政府特许经营权，在长期内要想维持其垄断地位是很困难的。但是互联网平台的垄断地位一旦建立起来，因为其自身同时具备负竞争性、边际成本几乎为零、不受空间限制等特殊属性，再加上使用者对互联网平台的“路径依赖”，将具备显著的先行者优势。即便没有独占关键生产要素或政府特许经营权，它们也有可能在长期中保持垄断地位。如果再考虑到互联网平台的使用具有“留痕”的特征，那么这种垄断地位将得到进一步强化。“留痕”使得平台运营商易于掌握关于使用者的“大数据”，而信息时代大数据本身就是一种关键的“生产要素”。随着时间的推移，平台使用者和平台运营商之间地位的不对等性和信息的不对称性将越来越大。而这些似乎长期未获得学术界的足够重视。

目前的互联网平台主要以商业营利性平台为主，但是也有某些平台可以划归公益性平台之列。比如我国在新冠肺炎疫情期间广泛使用的“健康码”平台，中共党员们普遍使用的“学习强国”平台，以及西方世界广泛使用的维基百科等就是其中的代表。维基百科总体上是一种免费开放式的公益网络平台。在其网络覆盖范围内，所有人既是知识名片的消费者也是生产者。而且使用者人数越多，该平台的各类知识名片就越能得到完善和丰富。之所以将维基百科当作“公益”平台的案例来介绍是基于两个理由：其一，该平台提供的知识名片通常会就事论事，而不是通过“竞价排名”或者某种引诱使用者消费以赚取广告费的方式来牟利；其二，为了维持其运营，维基百科曾经向所有使用者发出了自愿捐款的募捐活动，2019 年底其网站显示，98%的使用者没有捐款。由此大体上可以判断，此类互联网平台具有较强的公益性。此外，理查德·斯托曼（Richard Stallman）发起的“自由软件运动”似乎也可以看做近似的公益性互联网平台的案例。

四、竞争性被忽视的原因：基于生产型消费的视角

经济学家们长期忽视负竞争性的存在的原因，极有可能在于他们对消费或者使用的思维定式，他们习惯于采用“生产-消费”完全对立的二分法。在他们看来，如果说生产是通过某些方法将原本不存在的物品或者服务创造出来，或者将既有物品或服务的数量或质量进一步提高；那么消费则完全相反，消费行为只会对有正效用之物造成灭失或者削减的效果。但是现实

往往并不是非黑即白的，通常还存在某些“中间地带”。比如，某些消费过程在一定意义上同时还具有生产的功能，它们不仅不会造成对有正效用物品的灭失或削减，反而能够进一步增加被消费之物的效用，不妨将这类消费命名为“生产型消费”。[①] 比如，在草原上啃食牛羊粪便的蜣螂，它们的“消费”对于人类而言显然就具有生产功能。但是一些人可能会反驳，认为蜣螂不是人，不是本书探讨的“使用者”，更称不上“消费者”，在人类中心主义视角下它们充其量只是服务于人类的“工具”。

为此，有必要继续转入对人类自身的生产型消费行为的分析。设想一场演出，如果观众寥寥无几，而且场面非常沉闷，那么无论是对演出者还是观众而言，想必都很难称得上是一种“享受”。而相反，如果观众云集，反应热烈，并且都表现出一副非常享受的样子，那么即便对演出者（一般意义上的生产者）而言，其表演的激情、动力和信心也会受到很大的提升。因此，观众（一般意义上的消费者或者使用者），在其“消费”演出时无形当中也在通过“协助生产”的方式“生产”效用。课堂教学也具有类似的特征。按照传统的“生产-消费”完全对立的二分法，如果认为教师充当的是纯粹的生产者，那么学生充当的则是纯粹的消费者。但事实上学生们在课堂教学中至少部分地充当着生产者的角色，他们展现出的课堂参与度对教师的授课行为会产生直接影响——如果表现得非常投入，甚至享受教师的授课，那么对教师而言无异于一种精神上的奖赏或激励，通常有利于教师维持甚至进一步提升其教学质量；反之，则极有可能影响授课者的教学热情，从而有可能因为“受到打击”甚至“丧失信心”而使教学质量下降。因此如果可以将学生们视为消费者的话，那么他们在一定程度上也扮演着生产型消费者的角色。

对于本书着重论述的各类平台，尤其是互联网平台而言，使用者（消费者）对平台的使用过程看似只是消费，但与此同时他们也通过“留痕”等方式，无形当中增加了平台的“人气”和“流量”。在所谓“流量为王”的时代，消费者对平台的使用显然也具备生产的性质。再者，很多人出于对自身目的的考虑，在“百度”“知乎”等平台上提问，也极大地方便了后来者，这其实也属于生产型消费行为。

五、考虑到负竞争性的物品划分理论创新

本书从不同角度论证了负竞争的存在性及其被忽视的原因。并借助负

---

① 本书提出的“生产型消费”与奥斯特罗姆夫妇提出的“合作生产”概念有某种内在的相通之处，但是各自分析的角度是不一样的。奥斯特罗姆夫妇侧重于分析复杂世界的治理问题，而本书侧重于分析消费的生产功能。

竞争性这一全新的分析工具，揭示出现代平台经济为何能够在“一夜之间”异军突起的深层次原因，以及许多互联网平台的推广策略——给早期使用者以补贴，迅速扩大市场占有率。信息时代，兼具负竞争性、极低边际成本和易于摆脱物理空间束缚等特征的各类互联网平台，对现代人的生产生活带来了巨大的影响。而这些新事物、新特点很难被传统物品划分理论所解释。[①] 因此现实的“倒逼”，要求传统物品划分理论必须与时俱进，才能更好地解释现实和指导政府治理实践。

理论发展层面，上文的分析已经初步证明了物品的竞争性可以在“正”“零”“负”之间取值。某人对某物的使用并不必然导致该物在被其他人使用时的“质”或“量”下降。因此对于竞争性标准，无论是传统上的“有/无”，还是奥斯特罗姆等人“改良”后的“强/弱”标准，都是不完整的。无论是理论上，还是现实当中，人们对物品的使用都会存在三种情形：第一，因使用而变得“不好用”，即存在(正)竞争性；第二，使用与否对该物的后续使用不产生任何影响，即不存在竞争性，或者竞争性为零；第三，因使用而变得“更好用”，即本书提出的负竞争性。

出于理论发展对重大现实变化的回应，本书将物品的竞争性由过去的“二元模式”拓展为更加符合现实的“三元模式”，并将其与排他性结合，将物品划分由原来的四大类拓展为六大类：“私人物品”“公共物品”“公共资源”“俱乐部物品”“商业性平台”和“公益性平台”。详见表 7-5 和表 7-6：

表 7-5　竞争性的“三元模式”

类别	维度	性质	含义
正竞争性(竞争性>0)	质 & 量	主观 & 客观	因使用而变得“不好用”：数量减少或者质量下降，或二者兼而有之
无竞争性(竞争性=0)	质 & 量	主观 & 客观	使用与否对该物的后续使用不产生影响，数量、质量无明显变化
负竞争性(竞争性<0)	质 & 量	主观 & 客观	因使用而变得“更好用”：数量增加或者质量上升，或二者兼而有之[②]

① 虽然规模经济、范围经济等理论工具能够在一定程度上解释传统的实体经济平台和自然垄断现象，但是对互联网平台这类使用会“留痕”的新兴事物明显缺乏解释力。它们仅仅从生产的角度解释长期平均成本下降的原因，缺乏对消费过程，尤其是消费(使用)的生产功能的分析。

② 原有物品本身的数量通常不变，但作为一个资源系统组成单元的物品数量(比如平台的用户或信息量)会因使用而增加，从而使得资源系统质量上升。

表 7-6　考虑到负竞争性的物品划分新方案

		竞争性		
		正	零	负
排他性	强	**私人物品：**食品、衣服、汽车等	**俱乐部物品：**剧院、私人俱乐部、托儿所等	**商业性平台：**电商平台、社交平台、网约车平台等
	弱	**公共资源：**大气、公海里的鱼等	**公共物品：**和平与社区安全、国防、知识、防火、天气预报等	**公益性平台：**健康码、学习强国、维基百科、自由软件运动等

事实上如果将表 7-6 中的“商业性平台”和“公益性平台”，统称为负竞争性物品更加准确。但是考虑到现代社会最重要的负竞争性物品就是各类平台（尤其是其中的互联网平台），因此本书根据排他性的强弱将负竞争性物品划分为商业性平台和公益性平台。在排他性方面，商业性平台具有一定的“迷惑性”——如前所述，它们在早期推广阶段往往可以免费使用，甚至还会“倒贴钱”吸引用户，它们看似缺乏排他性，但是资本的主要目的在于增值——赚取利润，在平台走向成熟之后必然会收费——既可以直接收费，又可以通过比较隐蔽的方式变相收费，甚至还可以利用信息优势和垄断地位从使用者身上非法牟利。而公益性平台则往往并不以追求利润为目的，它们自始至终都有可能真正对用户免费开放。

此外，尽管在理论上对平台物品属于公益性还是商业性比较好界定，但是在现实中这种属性则并不是泾渭分明的。比如，很多商业性平台在某些阶段，或者在所有阶段的某些领域，或者在一定程度上是开放性的。商业性平台成长阶段的开放性本书论述比较多，作为现代经济社会中的成员，人们那对该问题或多或少都能有自己比较直观和切身的理解。私人部门在局部上（即一部分业务领域）免费，并不是什么新鲜事物，对此经济学中早有研究。对于某一追求利润最大化的商业性组织而言，如果在某些部门、业务或者领域提供免费的服务是获取最终总体上的收益和利润的时候，仅仅借助“有条件的利他”就能解释这类行为。比如房产中介，在带领潜在的购房客户看房子的服务，往往是免费的。虽然理论上他们应该而且可以收费，但是由于市场竞争，如果他们收费将会失去很多潜在客户，反而不利于最终利润的获得。虽然此时房产中介的行为看似免费或者非排他，但是我们在理论上并不将此类组织归为公益组织。然而它们提供的免费服务是否应当被归入公益性物品，则似乎是一个值得进一步探讨的话题。

如果说平台经济的异军突起对政府的市场监管提出了新的挑战，那么本书的论述则可在一定程度上为政府应对这一挑战提供理论依据和支撑。对于商业性质的互联网平台，政府一方面应当承认其存在和扩张的必然性、合理性和积极影响，以及在整合资源、降低交易费用等方面的重要作用。另一方面，当它们完成扩张走向成熟，乃至对市场形成垄断；并借助其垄断地位打压新的竞争者；对其使用者(用户)采取垄断定价策略，侵犯使用者隐私权和窃取用户生物信息，强行植入虚假甚至诈骗性广告；或者借助其市场势力销售假冒伪劣产品、偷逃税款等时，政府部门就应当对其经营行为进行必要的监管或者规制。此外，考虑到许多互联网平台企业在走向成熟之后，其覆盖面之广、影响力之大，可能会超出通常人们认知中单纯的“企业”概念。对这类互联网平台，即便它们是民营或者商业性质的，也要充分考虑到其行为的巨大影响力，让它们在营利的同时在政府有效监管和引导之下，承担起更多的公共服务功能和社会责任。

第二节　负竞争性视角下对平台物品的再认识

一、重视平台物品研究的背景

作为一种新兴事物的平台物品，对人类生活的方方面面都具有非常重要的影响，而且不难预期到，这种影响还会随着时间的推移而愈发增强。虽然当下平台的研究是一个非常热门的话题，但是相对其他物品而言，对平台的研究起步较晚，现有的研究成果似乎难以全面准确地认识平台物品的全貌，有的理论甚至带有一定的误导性。这是本书重视对平台物品加以研究，甚至直接用“平台物品”代替“负竞争性物品”的背景和原因。

(一) 现实背景

随着互联网的普及，大数据、云计算、芯片等配套技术的日趋成熟，平台(尤其是互联网平台)，在经济、社会、生活，乃至社会治理等各个方面都扮演着越来越重要的角色。在经济层面，新兴起的平台经济，对实体经济带来了翻天覆地的冲击和改变。譬如，2019 年全球市场价值 100 强公司总市值达到 21.1 万亿美元，而其中市值最大的 10 家公司中，就有 7 家为平台公司。[①] 十大跨国公司平均的创设时间为 129 年，而十大平台企业平均创设时

① 普华永道：《2019 全球市场价值 100 强公司》，2019 年 8 月 14 日，http://www.yejibang.com/news-details-24215.html，2021 年 6 月 4 日。

间仅为22年。人民日报和新华社等权威媒体认为平台型巨头在中国独角兽企业爆发增长中成为榜单的赢家。[①] 中国社会科学院经济研究所发布的专题报告称：“近年来，‘数字经济（或数字平台经济）’成为经济活动和社会生活中的一个热词……2020年，我国数字经济规模占GDP比重已近四成，对GDP贡献率近七成。总体来看，2020年我国数字经济增加值规模将突破40万亿元大关，预计2021年将进一步增长至47.56亿元。”[②]

在社会治理层面，受全球性新冠肺炎疫情的影响，人们对网上购物平台、社交平台的依赖性进一步增强，它们有效地降低了人员接触，畅通了信息流和物流，在抗击疫情中发挥着重要作用。尤其是“健康码”平台，更是成为疫情时期中国人通行的必备工具。由此可见，互联网平台在社会治理中的作用已经由过去可有可无的配角走上了舞台的中央。

在日常生活方面，互联网社交平台的异军突起，改变甚至重塑了人们的生活习惯。比如QQ、微信等社交平台在网民中的迅速普及，改变了人们对打电话和发短信的依赖。抖音、快手、火山小视频等新媒体平台的“一夜爆红”，预示着人类进入了“自媒体”时代，许多人的日常生活越来越离不开这些互联网平台，大批传统媒体平台或向互联网转型，或将“黯然离场”。

甚至在政治层面，互联网平台的能量也不容小觑。比如美国时任总统特朗普从一开始的“推特治国”，为其赢得了众多支持者；到后来即将卸任时其社交账号被脸书、YouTube和Instagram等社交平台禁用，而推特则干脆对其永久封号，导致其近9000万追随者顿失所依，而贵为美国总统的特朗普却似乎束手无策。

从上述事实来看，也许将我们所处的时代称之为互联网平台的时代也不为过。从国际的横向对比来看，得益于庞大的人口数量、网民规模和宽松的政策环境，[③]我国在互联网平台的使用和发展中，已经处于全球领先的地位。

但是平台经济学的研究仍停留在平台具体案例的研究层面，尚未形成统一的理论分析框架……平台经济学缺乏基本的理论前提、逻辑和工具，仍然停留在微观经济学和产业组织理论的应用层面（周勤，2016）。许多学者

① 新华社：《中国独角兽企业发展“三问”》，2017年7月25日，http://m.xinhuanet.com/2017-07/25/c_1121376903.htm，2021年2月3日。

② 中国社会科学院经济研究所：《平台经济发展与反垄断规制》，2021年1月18日 http://ie.cass.cn/academics/economic_trends/202101/t20210118_5245340.html，2021年3月2日。

③ 商务部：《2019年中国网民规模已超过9亿人，互联网普及率达64.5%》，2020年6月30日，http://www.cs.com.cn/xwzx/hg/202006/t20200630_6072026.html，2021年5月6日。

认为，平台经济反垄断的特殊性源自平台企业定价策略的特殊性，对具有双边市场特征的平台企业进行管制，不能简单套用实体的单边市场的政府管制理论（程贵孙、陈宏民、孙武军，2006；岳中刚，2006；李凌，2015）；相关管制部门对双边市场（可以理解为狭义上的平台经济）垄断势力的判定缺乏（理论）依据（李凌，2015）。目前关于平台及其治理的理论研究与平台经济在我国快速发展的实践并未同步——现有理论研究滞后于我国平台发展与治理实践。

（二）理论背景

各种类型的互联网平台如雨后春笋般涌现出来，并且在极短的时间内对它们实体上的替代物品（实体平台）造成了“降维式”打击。悄然间，在深刻变化了的经济社会现实面前，传统经济学和公共治理理论显得越来越被动和无力。现有理论研究的不足主要体现在以下三个方面。第一，关于平台及其治理的理论基础是新古典经济学，尤其是它的物品划分理论。然而，由于秉持“生产-消费”完全对立的二分法，忽视了“生产型消费”，从而忽视了负竞争性的存在及影响，新古典经济学物品划分理论在解释平台类物品时存在严重缺陷（阳晓伟，2021）。第二，在解释平台类物品迅速扩张的动力机制时，采用最多的是网络外部性理论，以及与之相关联的需求方规模经济，然而它们无法解释商业性互联网平台走向成熟甚至垄断之后，平台所有者和平台使用者利益集团之间在信息、利益等方面的不对等性。第三，学者们习惯性地将平台狭义地理解为商业性互联网平台，并在此基础上，为平台的治理提供理论依据和政策建议。这类对平台过于狭义的理解方式，导致其他类型的平台被忽视掉了——比如实体公益平台、实体商业平台和公益性互联网平台等。而事实上这些平台对经济社会发展，乃至实现国家治理体系和治理能力现代化，都具有重要意义。为此，本书从生产型消费和负竞争性等视角，将阳晓伟（2021）提出的“升级版”物品划分理论运用于平台类物品的治理研究，试图创新平台治理理论与治理策略。

二、负竞争性的替代性理论工具及其缺陷

在解释平台类物品使用上的特殊性时，学者们使用最多的应当是网络外部性和（需求方）规模经济理论。这些理论虽然具有较强解释力，但是其存在的缺陷也是比较明显的。引入负竞争性理论视角，则有望在较大程度上弥补这些缺陷。

（一）负竞争性的替代性理论工具：网络外部性、规模经济

对平台迅速扩张的动力的论述中，使用最多的理论工具是网络外部性。这里的“网络”既可以指有形的网络，比如铁路网、电路网、自来水网络等；也

包含无形的网络，比如互联网、无线电话网等。如前所述，学者们大都对“平台”作比较狭义的理解，将它等同于商业性互联网平台——一种无形的网络。即便本书将平台作广义的理解，它也与网络也有着极高的关联性，两者在一定程度上甚至是等同的。因此有必要对网络外部性和与它相关的规模经济做一个简单梳理。

朱彤在第二版《新帕尔格雷夫经济学大词典》的基础上，对外部性的来龙去脉，以及它与网络外部性的异同做了比较系统的梳理和介绍。外部性的最早提出者是新古典经济学派的重要创始人马歇尔（朱彤，2001）。他在1890年版《经济学原理》中提出，外部性指的是经济中外在于企业的有利影响，比如知识和技术进步等引起单个企业生产成本的下降（朱彤，2001）。这实际上是指技术性的正外部性。马歇尔的门徒庇古沿着他老师的思路，补充了负外部性，从而建立起比较完整的外部性理论。20世纪30年代，经济学家就外部性问题进行了激烈的争论，争论的成果是区分了货币外部性和技术外部性。所谓货币外部性是指厂商改变产量引起其他厂商生产成本的变化，或者消费者改变消费量对其他消费者购买相关商品时价格的变化。通过这场争论，经济学家基本上同意将货币外部性剔除通常所讲的外部性，并且认为货币外部性不会导致市场失灵。因此今天人们所讲的外部性，其实是指技术外部性（朱彤，2001）。

通常在不加特别说明的情况下，狭义的网络外部性就是指正网络外部性——当消费同样产品的其他使用者的人数增加时，某一使用者消费该产品将获得效用增量（Katz，1985）。而广义的网络外部性还应当包括使用者人数增加引起的负外部性，即负网络外部性（Liebowitz，1994）。进一步地，有学者认为正网络外部性是网络价值的增长快于网络规模（使用者人数）的增长，从这种意义上来讲，正网络外部性本质上就是一种规模经济——需求方规模经济（夏皮罗，2000）。此外，根据影响的密切性程度，还可以将网络外部性进一步区分为直接网络外部性和间接网络外部性（朱彤，2001）。

通过上述分析不难得出，负竞争性与网络外部性、规模经济的最大区别在于：有关竞争性的分析必须始终紧扣被使用物品本身的数量或质量，从而其价值的变化。比如使用某种物品的竞争性究竟是强还是弱，是正还是负，都必须围绕物品在被使用之后将发生何种变化；而外部性（包括网络外部性）、规模经济则无此要求。

（二）替代性理论工具的缺陷

学者们对网络（从而对平台）之所以能够迅速成长壮大的动力的理解主要基于（网络）外部性和规模经济，但是这种理解存在明显的缺陷。外部性视角存在的缺陷如下：

第一，忽视利益相关者，从而对网络（平台）用户和使用强度增加时引起的收益分配问题缺乏研究。而事实上，此时的利益相关者以及利益分配问题在平台物品的治理当中乃是至关重要的。具体而言，研究网络外部性的学者们通常只关注网络（平台）用户及其使用强度的增加引起用户收益的增加。无论是网络，还是平台，至少包含三类直接的利益相关者——平台所有者、平台租赁者（租用平台的商户，也可以理解为平台中产品或服务的供给者），和平台中的消费者，也可以理解为平台中物品或服务的需求者。后两者可以并称为平台的使用者。对商业性平台或者网络而言，虽然短期中，使用者有可能获得外部性收益，但是长期中这种收益将主要由平台所有者攫取，并且这种攫取行为极有可能建立在垄断性平台所有者，对平台中产品或服务供给者的生产者剩余、平台中需求者的消费者剩余的挤压基础之上。而对公益性网络（平台），比如“健康码”“学习强国”等，平台的所有者并不追求利润最大化，因而在长期中也能够对使用者免费开放（P＝MC＝0），因而这类网络（平台）的治理策略与商业性网络（平台）存在显著差别。

第二，网络外部性理论与“主流经济学”的其他理论自相矛盾。根据新古典经济学理论，当存在正外部性时，会导致私人收益小于社会收益，私人市场自发的供给数量将小于社会最优规模，从而导致市场失灵，并需要借助政府这一有形之手进行干预，比如通过提供补贴的方式弥补自发市场的供给不足。然而我们看到的一个明显事实是：现实中学者们认为存在正网络外部性的企业非但不需要政府补贴，反而还大肆免费甚至“倒贴钱”去补贴使用者。[①]

第三，网络外部性理论面临两难困境。对某种物品的使用将引起该物品数量或质量，从而对其所有者的价值发生改变。网络外部性理论的支持者们只有两种选择：要么不考虑被使用之物对其所有者价值的改变，要么考虑这种改变。如果不考虑，这虽然与外部性理论更加吻合，因为外部性理论本身并不要求将被使用之物的数量和质量的改变纳入分析之中，但如前所述，如果将其用于分析平台的内涵及其治理问题将会存在一个重大缺陷——忽视了平台所有者利益集团和使用者利益集团之间的利益分配问题。而如果将被使用之物数量/质量的改变及其所有者收益的改变纳入分

① 事实上政府曾经资助或控制过存在正网络外部性的企业（如早期的计算机和互联网企业），但这并不是因为它们存在“网络外部性”，而是依据经济以外的因素，如国家安全（朱彤，2001）。

析当中，那么就必然需要借助使用的竞争性理论。此时，如果“强行”使用外部性理论来分析就会造成对外部性和竞争性事实上的等同和混淆。比如在论述“拥挤性”边界与竞争性的关系时，经济学教材通常认为当对不拥挤道路的使用达到拥挤的边界时，该道路就由无竞争性转变为有竞争性了（曼昆，2015）。而有的学者又采用外部性理论来分析同一个问题。比如朱彤（2001）写道：“一些经济学家（如 Liebowitz，1994）明确指出，网络外部性也可能是负的，即超过一定点，网络规模扩大会降低网络用户的效用。免费公路拥挤、国际互联网的堵塞就属于负外部性的情况。”

再者，传统经济学理论体系中，对外部性的理解可正可负，而对竞争性的理解却全都是“非负”的，这就导致正网络外部性从根本上无法利用竞争性理论来解释。当负竞争性被明确提出并付诸使用之后，传统经济学理论的两难困境即可迎刃而解。

（需求方）规模经济理论用于分析和治理平台类物品也存在缺陷。通常规模经济是用来阐述企业在长期中因为规模的扩大，而引起平均总成本下降的现象。而正网络外部性却是指由于使用者规模增加而引起的网络总价值的增加，从而被称为“需求方规模经济”。首先，这种处理方式本身过于牵强附会。诚然，需求的增加，的确可能引起规模的增加，而规模的增加也的确有可能带来规模经济。比如，超级大码的衣服或鞋子，由于需求甚少，生产的边际成本太高，因此市场中要么缺乏这类特殊物品的供给，要么需要客户定制而售价不菲。但这显然是一个普遍存在的经济现象，如果说可以用它来解释网络（平台）物品，那么就不能用它来解释非网络（平台）物品吗？因此其次，简单采用需求方规模经济理论不仅无法解释网络（平台）类物品本身的特殊性，反而会对人们的认知造成不必要的混乱——需求方规模经济实质上是一种需求增加引起的间接的规模经济，这容易与一般意义上的规模经济（直接规模经济）发生混淆。

三、对平台内涵的再认识

通过引入负竞争性，优化新古典经济学物品划分理论，平台类物品将得到更好的解释，平台类物品的治理理论也能得到发展和完善。

学者们通常习惯将平台狭义地理解为商业性互联网平台。这种过分狭义的理解方式，忽视了其他类型的平台及其治理问题。因此，有必要继续探讨平台的内涵。广义理解，根据商务印书馆《现代汉语词典》（第 7 版）：平台泛指进行某项工作所需要的环境或条件。当然，平台在经济学和公共治理领域具有更加专业性的解释。关于平台的内涵，不同学者之间存在诸多不同的观点,目前尚无关于平台统一或权威的定义。其中最有代表性和影响力的应当是拉丰和梯若尔提出的"双边市场"理论,以及由此衍生出来的"多边市场"理论。

在吸收借鉴双边市场理论的基础上,本书理解的平台是指:能够让供给方和需求方实现产品、服务、信息等交互匹配的舞台或媒介。它是广义上的平台——既可有形,亦可无形;既可大,亦可小。最大的平台可以是一个国家,乃至整个地球(甚至人类文明所能触及的外太空),也可以是一座城市、城市中的商场、乡村的农贸市场,也可以是某一具体领域的互联网平台,比如政府部门的政务服务网、各类互联网社交平台、电子商务平台等等。根据不同标准,可以对平台进行不同的分类;大的平台同时又有可能包含许多小的"子平台""孙平台"……。根据是否有形和是否营利这两个标准,本书将平台分成四大类,详见表7-7;并归纳了这四类平台的属性,详见表7-8:

表7-7 平台的分类

	有形	无形
公益	实体公益平台	公益性互联网平台
商业	实体商业平台	商业性互联网平台

表7-8 不同类型平台的属性

类别＼属性	负竞争性	留痕性	降低交易费用的能力	边际成本	受物理空间限制	排他性
实体公益平台	较弱	不显著	较弱	较大	极强	较弱
公益性互联网平台	很强	显著	很强	趋近于零	极弱	较弱
实体商业平台	较弱	不显著	较弱	较大	极强	很强
商业性互联网平台	很强	显著	很强	趋近于零	极弱	较强

上述各类特征中,除"留痕性"之外,其他属性的含义要么已经在上文进行过介绍,要么是不言自明的。留痕性是指:平台过去和现在的使用者(尤其是需求者或消费者)对平台的使用能够留下痕迹,并被未来潜在使用者发现的难易程度。越容易被未来潜在使用者发现,意味着留痕性越强;反之,则越弱。使用者的留痕能够为平台起到信号发射的功能,通常使用(并留下好的评价)越多,往往越能吸引更多潜在的使用者的加入。现实世界信息不

完全和不对称是非常普遍的现象。使用者在做出选择时，通常会观察、比较备选平台用户数量的多少、活跃性程度，以及历史上用户的评价等信息。比如消费者在决定去哪一家商场购物或者决定在哪一家餐馆吃饭时，通常会考察它们的“人气”如何，在尚未拥挤，等待时间不长的情况下，一般越是人多的商场或者餐馆越是能够吸引到更多的消费者。这是很多商家选择请一些人冒充消费者（俗称“托”）的根本原因。对互联网平台而言，注册用户的数量和质量、点赞、评价……都可以几乎无成本地保存在平台当中；为了留下对商家有利的痕迹，互联网平台中的店铺同样有可能采用类似于“请人当托”的行为，比如“刷单”，再比如花钱或者给予优惠券以换取消费者的好评等等。虽然并非完全不可能，但是实体平台的留痕性显然比互联网平台要难得多，成本也要高得多。

随着技术进步和互联网的普及，实体平台通常都有动机选择“互联网＋”或“＋互联网”，向互联网平台转型，从而留痕性也得以日益提升。比如在电视电影技术出现之前，一出再精彩的好戏，一个再华丽的舞台（也可理解为平台或双边市场），观众（双边市场中的需求者）通常也只能现场欣赏，随着演员们（双边市场中的供给者）演出的结束，很快便会“人走茶凉”，难以留下痕迹；然而随着电视的出现和普及，一出好戏（连同其平台）就可以像“影子”一样，非常便利地被搬到电视荧幕上，被更多的人看到，其留痕性得以增强；更进一步地，当传统电视选择“＋互联网”向网络电视转型时，许多以前只能实时观看的电视节目也可以非常便利地被观众回播，或者多次观看，此时电视平台的留痕性又可以得到增强。

各种类型的平台，对降低信息搜寻成本，从而降低交易费用，具有重要意义。相对于实体平台而言，互联网平台在降低交易费用方面的作用更加显著。因此研究并利用平台，推动实体平台通过“互联网＋”或“＋互联网”等方式向互联网平台转型，以及在可控范围内，促进碎片化、分散化的小平台向统一的大平台发展，从而降低交易费用，避免反公地困境，提高资源配置效率（阳晓伟等，2016；阳晓伟、杨春学，2019）。

第三节　平台物品“公地喜剧”的实现路径

从负竞争的提出和论证的过程中，已经可以大致得出，平台类物品具有某种“喜剧”的性质。但是这并不意味着这种喜剧性效果可以自动实现或者达到最佳效果。而是需要借助一定的理论分析框架，对平台物品做科学分类的前提下，因时制宜，因“地”制宜。

一、商业性平台

通常，一般意义上的商业性平台都具有排他性，即使表面上看起来似乎可以免费使用，但最终会以某种比较隐蔽的方式收取费用。从这个意义上来看，商业性平台不应该成为本书讨论的话题——从定义上看不符合“公地”[①]的特征。但是如前所述，即便是商业性平台，尤其是其中的商业性互联网平台，当其规模、覆盖面或者能量级达到一定程度时，就应当让它们承担更多的公共责任和公共属性，如果利用得当，它们也有可能表现出一定程度的公地喜剧。正是考虑到这个因素，本节并不有意避开对它们的讨论。

（一）从双边市场到平台所有者-平台使用者利益集团分析框架

罗歇和梯若尔（2017）指出：“双边市场（或更一般地说，多边市场）可以粗略地定义为，使终端用户之间相互交往的一个或多个平台，并通过适当地向双边（或多边）收费使双边（或多边）都参与其中。”受他们的影响，研究平台经济的学者们大都热衷于利用双边市场理论，分析平台企业的特殊定价行为。比如为了维持和提升平台的价值，平台中既需要有足够多的产品或信息供给者，也需要有足够多的产品或服务的需求者。当供给方相对较多，而需求方过少时，平台企业有可能通过向供给方多收费，并用于补贴需求方，从而吸引更多需求者的加入。反之，则向需求者多收费以补贴供给者。在平台发展最初的起步阶段，平台企业甚至有可能既补贴供给方，又补贴需求方。

这类研究对短期中平台扩展阶段，理解平台收费的特殊性具有重要价值。但是在长期中，当平台走向成熟，甚至在其所在行业中走向一家独大的完全垄断或者寡头垄断时，就难以注意到平台所有者和平台使用者这两个利益集团之间，在信息、大数据、经济剩余等分配方面的不对等性。因此，对于业已扩张完毕，甚至实现行业全覆盖的商业性平台，从负竞争性的角度，借助平台所有者-平台使用者利益集团分析框架，研究平台的治理问题，就变得非常有必要了。

（二）商业性互联网平台的治理要与其发展阶段相适应

商业性互联网平台的目的在于追求最大化利润，但是它们也具备互联网平台的一般属性，在降低交易费用方面具有不可磨灭的重要意义。因此它们本身是值得利用的工具。但是在不同阶段应该采取不同的应对策略。

① 这里的“公地”既包括一般意义上的公地（具有正竞争性和缺乏排他性的公共资源），也包括公益性平台（具有负竞争性和缺乏排他性的物品）。

在起步和成长阶段，负竞争性带来的收益基本上可以做到所有者和使用者全体共享——一方面，平台因使用而成长对使用者也是有利的，比如方便了他们搜寻信息，实现供需匹配，降低交易成本；另一方面，商业性互联网平台公司在成长阶段有可能免费甚至“倒贴钱”给使用者。然而当商业性互联网平台取得垄断地位，并且采取垄断性的经营策略时，政府就应当及时介入，改变完全放任自流的态度。具体而言，主要有两种策略——加强监管和对某些全民性网络平台采取国家持股或控股的方式。

追求利润最大化的商业性平台公司，在做决策时，只要预期的边际收益大于预期边际成本，就会扩大平台规模，直到预期的边际收益等于预期的边际成本为止。短期内商业性平台公司考虑的主要是让平台快速成长起来，提高市场占有率。尽管固定投入的成本可能较高，但固定成本并不影响边际成本。与此同时，平台（尤其是互联网平台）的使用具有负竞争性，这本身对平台所有者而言就意味着较高的预期收益。再者，在短期内平台尚未成长起来之时，扩大平台对平台市场供求关系的影响不大，扩大平台规模主要存在数量效应，很少面临价格效应（平台规模扩大，降低平台使用的价格）的制约。这是商业性互联网平台公司能够在其成长阶段，大肆免费甚至“倒贴钱”给使用者的直接原因。

而长期来看，一旦商业性互联网平台走向成熟，甚至获得垄断地位之后，平台所有者将不再保持真正开放的姿态，而是会利用信息优势、垄断优势等挤压使用者的福利，此时的商业性互联网平台就会表现出较强的排他性特征。[①] 走向垄断之后，扩大平台物品的供给不仅会带来数量效应（有利于收入的增加），也会带来显著的价格效应（将会使收入下降）。因此平台所有者会人为地将产量设定在价格大于边际成本（P＞MC）的规模，从而给整个社会带来无谓损失。这是从资源配置效率（做大“蛋糕”）角度进行的考虑。

再考虑商业性互联网平台引起的不合理财富分配效应和贫富差距问题。如果放任自流，商业性互联网平台公司不仅能够在“一夜之间”异军突起，对实体平台构成“降维”打击，而且还会在各自所在领域走向赢者通吃、一家独大的垄断或者寡头垄断局面。负竞争性将为这一过程提供动力——平台的使用者人数越多、覆盖面越广，平台的价值也将越大。而互联网平台又能够突破物理空间的限制，以及边际成本趋近于零，这就使得某一市场初

① 既可以挤压供给端的生产者剩余，又可以挤压需求端的消费者剩余，此时平台的行为相当于“征税”。

期各式各样互联网平台相互竞争的局面只是短期或过渡期现象;在长期中,互联网平台的竞争会将大部分平台公司挤出市场,或者被兼并。这一过程本身并不存在问题,反而有利于降低交易成本。问题在于当某家平台公司占有全部市场,甚至覆盖全国,乃至全世界的人口(网民)时,平台所有者(小利益集团)和平台使用者(大利益集团)之间的利益分配将严重失衡。如前所述,实体平台时代,平台所有者是高度分散化的;而互联网平台时代,平台公司的所有者(股东),相对于实体平台而言,则可能是高度集中的,某一个人或者组织就能拥有控股权。因此,可以预期,如果不采取任何措施,财富的天平将会严重向商业性互联网平台所有者倾斜,互联网平台时代的贫富差距将会越来越严重。

理论上当一个人对某物品的使用,会减少该物品的数量或者降低该物品的质量时,该物品的价值就会因使用而下降。此时我们就有理由要求该使用者向物品的所有者提供补偿或支付费用。如果这一逻辑是成立的,那么当一个人对某物品的使用,反而会使该物品的数量增多或者质量提高,该物品的价值因使用而上升时,要求该物品的所有者向使用者支付报酬(而不是相反),才是公平与合理的。然而,应然不等于实然。对商业性互联网平台而言,本来应该由所有者向使用者付费,但实际上最终却会由使用者向所有者付费。[①] "中国政治经济学 40 人论坛 · 2020",厦门大学赵燕菁教授发表了题为《平台经济与社会主义:兼论蚂蚁集团事件的本质》的演讲,指出数据平台企业超高估值(市盈率)的根本原因就在于其大数据资源。而大数据就是平台用户的使用所带来的。

由于互联网平台能够收集到海量的用户信息,"大数据""云计算",这类物品具有很强的公共属性,甚至对国家安全、公共安全具有重大影响,因此应该"内外有别"。这也说明我国在很多互联网平台经济发展的早期,主动采取有效的"隔离"政策,没有让国外的互联网平台覆盖甚至垄断中国的市场(数据)是合理且明智的。当某种资源或者能力,强大到足以对国家安全、千家万户的民生构成(潜在)威胁时,民众(平台的使用者)就有行动起来防范这种威胁的必要性和合法性基础了。然而千家万户,乃是原子式的个体,是"乌合之众",难以自发采取有效的集体行动,这个任务就理所应当地由能够代表民众的政府来承担了。有人可能会担心,私人(个人或者企业)掌握

---

① 商业性互联网平台公司在平台成长阶段向使用者支付费用,并不在于他们真的想要"感谢"或者"回馈"使用者,而是为了迅速扩大市场占有率。一旦商业性互联网平台发展成熟之后,向平台使用者收费基本上就是水到渠成的事情了。

这种能力，对国家安全和民生构成威胁，难道交由政府管理就安全了吗？我们不妨想一想，我们包括军队在内的几乎一切暴力机器，甚至核武器，都是掌握在政府手中的。如果认为大数据和与大数据密切相关的安全问题掌控在政府手中是不安全的，那首先应该怀疑上述暴力机器掌握在政府手中的安全性问题。如果能像赵燕菁(2020)建议的那样，让国有资产，比如养老金和公积金等，购买商业性互联网平台公司 IPO 时的大部分股份，削减私人资本，尤其是境外资本的持股份额，并加强政府监管，那么不仅可以获得平台成长带来的收益，也可以将私人资本掌控的全民型商业互联网平台的“达摩克利斯之剑”予以解除。

二、公益性平台

由于公益性平台既具有负竞争性，能够有效降低交易成本，同时又能对使用者保持开放，甚至完全免费使用，因此它们也属于一类特殊的“公共物品”。[①] 这类“公共物品”如果利用得当，将能够很好地达到公地喜剧的效果。公益性平台的治理，首先要解决的是供给不足的市场失灵问题。尽管公益性平台物品本身不具有排他性，难以给所有者带来直接收益，但并不意味着它们只能由政府提供。科斯灯塔表明，通过与其他收费物品或项目捆绑，即所谓“联合供给”的方式，私人市场也具有提供公共物品的动力(王瑶，2014)。另外，通过“有条件的利他”，也可以在不动摇经济人假设根基的条件下，实现公共物品的私人供给(杨春学，2001)。但是公益性平台在非排他性上与传统公共物品是一致的，这使我们有理由相信仅仅依靠私人市场或者民众自发的力量，难以实现公益性平台的社会最优化供给规模。

其次，政府还应当积极推动公共治理平台化，以及通过互通互联、统一标准、统一口径等方式，促进各类平台规模的扩大。比如，我国正在积极推进的长三角一体化、珠三角一体化、京津冀一体化等，通过搭建区域一体化大平台，获取平台成长过程中产生的负竞争性收益。再次，还应该努力扫清各种市场分割的体制机制性障碍，扩大市场类平台的范围，推进国际、国内两个大市场的发展，助力双循环。在促进劳动力这类生产要素的自由流动方面，应当推进社会保障系统的区域一体化，以及全国联网，充分开发负竞争性潜力。

最后，还应当积极推进实体平台向互联网平台转型。对现有的公益性

---

① 传统公共物品是指排他性和竞争性均为零的物品；而此处的公益性平台则是指排他性为零，竞争性为负的物品。

互联网平台，如果能够让同类平台，以及关联性平台互联互通，就可以进一步发挥平台的负竞争性优势。比如抗疫期间的“健康码”平台，使用者人数越多，不同城市和省份之间的互联互通性程度越高，就越有利于强化平台的负竞争性，从而降低交易成本。

第四节　本章结语

我们借助“某些东西越用越好用，用的人越多价值越大”这样朴素的生活常识，发现传统新古典经济学物品划分理论对这类物品缺乏合理的解释，这一事实本身对以新古典经济学为代表的“主流经济学”物品划分理论发起了挑战。在此基础上，本章引入负竞争性的概念，试图对新古典经济学物品划分理论进行补充和完善。而以往的公地悲剧理论恰好都是建立在新古典经济学物品划分这一理论基础之上的。正如本书的“概念界定”部分所介绍的那样，公地悲剧理论中讨论的“公地”对应于新古典物品划分理论中的公共资源。学者们认为公共资源属于排他性不足，(正)竞争性很强的物品。完全忽视了排他性不足，负竞争性很强的特殊类型的“公地”及其治理问题。引入负竞争性，重构物品划分理论，并在此基础上，以平台物品为主要分析对象，进一步思考这类特殊公地的治理问题，似乎是本书在理论思考上的一些创新或者贡献。

但是作为一种新的思想或者理论，本书这一近乎“胆大妄为”的举动，必然还存在诸多欠缺和值得未来再做进一步思考和完善之处。第一，虽然平台似乎是现代社会最重要的负竞争性物品，但是在理论上直接用平台物品代替负竞争性物品是否合适，有没有更好的替代性方案等等，是值得进一步思考的问题。第二，平台与平台提供的产品或服务之间的区分问题。本书认为平台经济是一种经济现象，而经济性平台则是一种物品，这一观点本身似乎并无不妥之处，但是并没有将平台与它们提供的产品或服务做进一步的区分和讨论。即便可以被视为“物品”，但是各类平台是作为一种组织形式而存在的特殊物品，它们提供的产品或服务则是一般意义上的物品。能否将平台和平台创造的产品或服务置于同一理论概念之下进行分析，这样会导致何种缺陷，有什么优化的替代性解决方案，也是值得进一步思考的问题。第三，在现实当中，某些组织(包括平台)基于“有条件的利他”也会提供某些免费的产品(更多的是服务)，这类产品似乎也是缺乏排他性的，那么它们属于公益性的还是商业性的，似乎也是一个有趣并值得进一步思考的问题。尽管如此，和产品或服务的公益性还是商业性比起来，平台（组织）物品的商业性和公益性似乎是一个更加难以确定的问题。

因此，尽管我们在前人的基础上，试图做出一些理论上的思考和创新，我们自认为“优化”后的物品划分理论对某些新事物提供了更加合理的解释。但是受制于作者有限的水平，这种努力对于解释和治理现实问题而言，还存在许多值得商榷和改进之处。没有哪一种理论是万能的，也没有哪一种理论是完美无缺的。借用当下新媒体平台中比较流行的一句话“如果我们的观点是错误的，那么希望它有助于您找到更加正确的答案”，聊以自我安慰。

第八章　走出公地悲剧：从公地治理的“二元模式”到社区自治

第一节　公地治理的二元模式及其局限性

一种新理论的建立往往是在认识到原有理论无法解释或解决现实问题之后，对其局限性加以批判的基础上诞生的。以奥斯特罗姆为代表的公地“社区自主组织与自主治理理论”的建立就经历了这种过程。

一、公地治理二元模式的内涵、外延与总括性批判

本小节将阐述传统公地治理理论——公地二元治理模式的内涵和外延，并梳理和总结学者们对这种治理模式的批判。

（一）公地二元治理模式的内涵和外延

在哈丁等人的公地悲剧模型下，走出公地悲剧的工具箱中只有两件工具——私有化和“利维坦”（即政府集中控制与管理）。而这两种方法的倡导者之间也存在一定的争论，一部分学者主张将“利维坦”作为唯一手段来治理公地，另一部分学者则主张将私有化作为唯一手段来治理公地。这种“二元”和“非此即彼”的公地治理方式即为公地治理的二元模式，它是一种传统的公地治理理论。这种二元模式与西方经济学界一度采用高度简化的模型来解释现实世界的潮流是分不开的。比如“经济学界最后一位通才”保罗·萨缪尔森曾将物品简化为两种——公共物品和私有物品（Samuelson，1954）。根据这种划分，治理资源的力量依靠政府和市场就完全足够了——政府（在公共资源治理领域具体表现为“利维坦”）对应公共物品，市场（在公共资源治理领域具体表现为私有化）对应私有物品，其他资源配置方式既不存在也不必要。

在1929—1933年资本主义世界大萧条和凯恩斯宏观经济学革命的推动下，借助政府集中管理资源配置的模式一度受到西方学界和政界的广泛

推崇，但是在20世纪70年代美国的经济滞胀，尤其是80年代末90年代初苏联解体、东欧剧变之后，政府集中管理的“有形之手”逐渐让位于市场这只“无形之手”，只有在“迫不得已”的情况下才考虑政府集中管理。根据新古典经济学，产权需要满足如下五个标准才是有效的，它们是：普遍性（universality），指对某项资源进行产权上的完全分配，不存在未被分配的部分；排他性（excludability），指将非所有者排除在资源之外的能力；可转让性（transferability），指将资源与他人进行交换的能力；可强制执行性（enforceability），指行使对于某项资源的权利的能力，未经所有者同意，非所有者不得染指该资源；可分割性（divisibility），指能够赋予资源以确定的方式实现交易的物理性能力（Ferguson，1997）。而公共池塘资源的显著特征就是低排他性、低可分割性和高可减损性（substractability）（De Moor，2009），因此很难同时满足这五项标准，进而导致私有化在公共资源面前难免会遭遇“市场失灵”问题。因此尽管总体而言私有化在西方世界资源配置中占据主导地位（考虑“华盛顿共识”），但是在公共资源治理领域，主张政府集中控制与管理的“利维坦”模式也占据着相当重要的一席之地。[1]

（二）总括性批判

公地的二元治理模式根源于公地悲剧理论。该理论本身的局限性本书在第四章中已经进行了比较系统的讨论，尤其是公地的开放进入性程度和经济人假设的局限性，在第四章已经做了着重分析。为避免重复，故而此处对公地悲剧理论衍生出的公地二元治理模式在理论上的缺陷，仅做高度概括性的说明。

现实与公地悲剧模型预测的不一致，以及传统治理手段（私有化和“利维坦”）在某些公地治理问题上的失败（有时甚至导致更加严重的悲剧），引起了许多学者的反思和批判。对传统公地二元治理理论的批判大体上可以归结为以下五个方面：第一，将公地或者公共资源等同于“开放进入式情形”（open-access situation），对产权持过度简单化的看法，认为除了私有和国家所有之外的就是产权真空，殊不知现实当中所谓的公共资源/公共财产资源也好，公地/公共池塘资源也罢，除了像公海和大气之类的资源与“开放进入式情形”比较接近之外，其他大多属于社区所有的财产（communal-owned property）或者有限进入式公地（limited-access commons），这一点是学者们批判最多也是最为关键的一个要点。第二，经济人假设的局限性，现

① 在许多情况下，这两种方法是结合在一起来使用的——比如政府主导下的私有化（例如印度的“荒地开发运动”）。

实当中的公地使用者们(commoners 或 users)并不是纯粹理性和完全自利的经济人,他们具有认知上的局限性,而且在长期博弈条件下,通过诸如交流、奖励、惩罚、监督,对名誉、声望和社会地位的考虑等互动机制[①],资源使用者们通常表现出不同程度的信任与合作,他们未必都是短视的,这为人们跳出"囚徒困境"和奥尔森式"集体行动困境"提供了可能。第三,从理论到理论,公地的二元治理理论还被诟病为"从理论到理论",缺乏对现实世界的足够调研和了解,根据某种假设或者比喻来推导治理方案,而这样得出的方案往往是有害的。第四,对市场和政府的力量过于迷信,且倾向于忽视其他治理途径和力量,比如对"民间智慧"的轻视或忽视。第五,低估或者否定与公地关系最为密切的使用者(users 或 commoners)在公地治理中发挥积极作用的可能性,在公地治理过程中将这部分人群排除在外,私有化和利维坦的拥趸者,都一味主张和迷信外部力量的干预——常以"援助"或者"强制"的形式出现。

实际上无论是私有化还是利维坦,都未必能够确保公地治理效率和可持续发展——私有化往往和市场化及商品化紧密相连,它虽然有可能具备经济效率上的优势,但对于环境保护和可持续发展而言却未必是有益的,而且如果考虑到反公地悲剧,过度强调私有化也有可能导致效率低下的悲剧。而"利维坦"模式的局限性则更加突出。首先,与计算有关的信息问题,当公共资源涉及人数、资源领域和范围超出一定程度时,即使功能再强大的"超级计算机"也无法解决其中无比复杂的信息问题,虽然工程学方面的信息是可计算的,但是存在于千千万万个资源使用者脑海中的"默会知识"甚至干脆就是不可获取和计算的。然而,现代大数据的出现能否改变这一状况呢?马云等人认为,"大数据时代的出现让人类进入了万物互联的时代,取得对数据进行重新处理的能力也远远超过过去,对世界的认识将会提升到一个新的高度,大数据让预判和计划都成为了可能。因此,我们需要对计划经济和市场经济进行重新定义,市场经济不一定会比计划经济更好。"[②]然而这种观点遭到许多学者的反驳,其中比较有代表性的有张维迎和杨春学等人——杨春学(2017)认为,大数据再完美还是不能取代市场的作用[③];张维

① 在人员流动性低、地域范围较小的情况下这些机制尤其有效。成语"人死留名,豹死留皮""人死留名,雁过留声""人言可畏"等在一定程度上也可以表明"声誉"之类的非物质因素在决策权衡时的重要意义。

② 马云:《大数据时代,市场经济不一定比计划经济好》,2017 年 5 月 31 日,http://tech.qq.com/a/20170531/007433.htm, 2018 年 6 月 7 日。

③ 杨春学:《大数据再完美还是不能取代市场的作用》,2017 年 6 月 24 日,http://www.cs.com.cn/hyzb/jjzz2017/06/201706/t20170624_5340371.html, 2018 年 6 月 9 日。

迎(2018)则指出大数据不会使计划经济变得可行。[①] 其次，每一个个体不仅有自己的思想和千差万别的利益诉求，而且还可能采用各种策略，当政府政策与民众的切身利益和诉求不符时[②]，必然会采取诸如“上有政策，下有对策”之类的措施进行抵制，民众并不是供计划制定者随意摆弄的棋子。最后，如果政府控制的公共领域过多，还会造成“寻租”和腐败，以及“潜规则的盛行”(闭明雄，2013)。

二、有关公地二元治理模式局限性的案例分析

为了更加直观地理解公地二元治理模式的局限性，本书搜集了几个具有代表性的案例，它们涵盖了公地治理的两种传统手段，私有化和“利维坦”。先来看“利维坦”在英国公共土地治理方面是如何捉襟见肘的。

(一) 关于“利维坦”局限性的案例分析

英国纽卡斯尔大学法学教授 Rodgers(2010)研究了英国针对公地问题的 2006 年版《公地法案》(the Commons Act 2006)，它是继 1965 年版《公地登记法案》(the Commons Registration Act 1965)之后英格兰和威尔士治理公共土地问题的第二部，也是目前最新的一部法案。

根据 Rodgers(2010)的研究，1965 年英国政府通过订立强制性法律不仅没有起到保护公共土地的作用，而且造成了相当负面的影响。事实上，在订立强制性法规 1965 年版《公地登记法案》之前，英格兰和威尔士的公共土地并不是 Hardin(1968)意义上的“开放进入式公地”。在中世纪庄园制度下，庄园主和庄园法庭(manor court)其实很重视其辖区内公共土地的排他性权利，农民们享有在公共土地上放牧和砍柴等权利是以对领主效忠为前提的，要想得到这些权益他们必须履行对领主的义务，比如为领主的私有土地服劳役、纳税，以及在战争时期服兵役等等。在中世纪，庄园以外的人是被排除在对这些所谓的公共土地的权益之外的。而且在庄园内部，公地使用者(commoners)之间也形成了一些习俗和惯例之类的非正式制度，诸如“回避与忍让”(levancy and couchancy)、对牧场使用的“节约”(stinting)原则等。

1965 年版《公地登记法案》要求对所有的公共土地和法律允许的权益都进行登记，这种登记是相当严格的，即便是季节性放牧的权利也都要求登记在案，公共土地的使用者被允许放牧的牲畜数量都有一个严格的上限规

① 腾讯财经：《张维迎隔空批马云：大数据不会使计划经济变得可行》，2018 年 12 月 9 日，http://finance.qq.com/original/caijingzhiku/ZWYMY.html#pinglun，2019 年 3 月 16 日。

② 当政府政策制定过程没有民众的广泛参与时，政策措施与民众利益发生冲突的概率很可能非常大。

定。对于英格兰所有的公共土地,未被登记的不到 8%(全部公共土地约为 399040 公顷,登记的约为 369394 公顷)(Rodgers, 2010, p. 469)。由于这种公共土地登记制度不仅相当严格,而且非常"死板",没有任何弹性,违背了经济社会和生态环境的可持续发展原则。不难理解,公共土地的可承载能力并不是一成不变的,降雨量、温度以及其他气候因素都会对牧草的丰歉程度造成影响。在一些情况下,规定的最大放牧量高于牧场的可承载能力,此时即便牧民不违反政府规定,也会对公共土地造成破坏;而在另一些情况下,规定的最大放牧量低于牧场的可承载能力,这又造成了许多无谓的经济损失。此外随着时代的发展,人类对于公共土地的生态价值(诸如科学研究、美化环境等)具有了更高的要求,1965 年的登记法案显得过于重视公共土地的经济价值,这也是造成公共土地"悲剧"的一个潜在因素。

之所以得出英国政府推行的"登记法案"没能有效遏止公共土地"悲剧"的结论,主要是基于以下两个方面的事实:一方面从宏观角度而言,英国公共土地的一半以上(约 57%,210806 公顷)属于具有特殊科研价值的场所(Sites of Special Scientific Interest,简称"SSSIs"),根据"英格兰自然署"(Natural England)2003 年的评估,这些 SSSIs 型公地有 67%处于不良状态(unfavorable condition),而该机构 2008 年的研究更是表明,这一数据上升到了 81%,而且还有部分 SSSIs 处于进一步恶化的状态(Rodgers, 2010, pp. 471 - 472)。另一方面,Rodgers(2010)在英格兰和威尔士进行的三个微观案例研究[①]认为 1965 年版《公地登记法案》是导致公共土地悲剧的重要原因。

1965 年版《公地登记法案》的失败,以及奥斯特罗姆等学者对公共池塘资源方面的研究成果(尤其是证实社区自主组织与自主治理模式,在某些条件下的可行性和优越性),英国政府试图对原来不合时宜的登记法案进行修改,其中最重要的就是在 2006 年版《公地法案》中引入"自主管理公地委员会"制度,在一定程度上放松了对公共土地的政府统一控制。这说明英国政府也认识到了"政府集中控制和管理"的局限性,和允许资源使用者自身参与公共资源管理的必要性。

然而《公地登记法案》在公地治理方面导致的问题,与许多国家尤其是发展中国家对其公共资源实行国有化导致的问题相比,可谓"小巫见大巫"。以下两组研究表明,将原本属于"有限进入式"的公地,在通过国有化改革之后反而变成了"开放进入式公地",造成了更加严重的公地悲剧:第一组,将

① 它们是坎布里亚郡的 Eskdale、北约克郡的 Ingleborough 和波厄斯郡的 Cwmdeuddwr common,详见 Rodgers(2010)。

集体所有的森林及其他土地实施国有化造成悲剧的研究，如尼泊尔（Arnold & Michael，1986；Messerschmidt，1986）、泰国（Feeny，1988）、印度（Gadgil & Iyer，1989）、尼日尔（Thomson，1977；Thomson，Feeny & Oakerson，1986）、苏丹（Kibreab，2001）；第二组，对近海渔场实施国有化或者政府施加不恰当干预造成悲剧的研究，如 Cordell & Mckean（1986）、Cruz（1986）、Dasgupta（1982）、Schlager & Ostrom（1992）、Young（2001）。

（二）关于私有化局限性的案例分析

20 世纪后期，印度政府接受了世界银行带有附加条件的援助和贷款——对其以公地形式存在的“荒地”（wasteland）实行私有化改革。事实上，根据印度学者的研究（比如 Shiva，1986），印度政府所谓的“荒地”其实只是就政府税收和纯经济增长角度而言的荒地，这些以公地形式存在的荒地大都被植被覆盖着，它们本身具有较好的生态价值；而且当地居民有权在这些荒地上放牧、砍柴等等，它们是当地居民赖以维持生计的重要渠道。由于这些“荒地”不是耕地，附着其上的经济活动往往是非货币和非市场化的，它们无法快速发展经济和为政府提供税收，因此印度政府便将其定性为无用的“荒地”。

本来印度政府实行的“荒地开发计划”，对原来以公地形式存在的“荒地”进行私有化改革并不见得像 Shiva（1986）所说的那样“是造成公地悲剧的根源”，但是从事后结果来看，这种纯粹由公地系统外部力量——印度政府和世界银行，主导的私有化确实导致了“悲剧”。印度政府提出推行“荒地开发计划”的初衷（至少在表面上）是为了提高公地使用者们的福祉——发展经济和提高生态环境质量。但是在整个计划制定和实施过程中，与“荒地”关系最为密切的公地使用者们却被排除在外，最终导致获得土地的人数还不到原公地使用者的一成，大部分没有权势和地位的农民在这项计划中降低，甚至完全失去了对原来公地的受益权。因此，这项私有化运动招致了民众的强烈抵抗：一方面，被剥夺权益的农民发起了名为“拯救土地”（Mannu Rakshana Koota）的抵抗运动（Shiva，1986，p. 614）；另一方面，被剥夺者破坏即将被私有化的“荒地”上的植被，“遭受剥夺的人们将刚刚种下去的桉树（Eucalyptu）拔出来，表示反抗。”（Shiva，1986，p. 614）。

印度政府对公地推行的私有化改革不仅剥夺了穷人的权益，而且不利于生态环境。除上文所述被剥夺者对植被报复性的破坏之外，“荒地开发计划”本身的运作模式也不利于生态环境。“荒地”私有化之后采用的运营模式是，官僚主义控制（bureaucratic control）下的私营农场，尤其是林场，是以追求经济上的利润最大化为目的的经营方式，私营林场主只会种植生长快、经济效益高的树木品种，如桉树[1]，土地是否得到永久性的植被覆盖以及生态价值通常并不是经营者的考虑范畴。

Loehr(2012)对柬埔寨土地制度改革的研究也得出了与之类似的观点。受“私有制将带来高效率”这类教条的影响，柬埔寨对一些存在争议的土地建立正式产权的过程中，不仅损害了弱势群体的利益，而且对生态环境造成显著破坏。

关于政府单方主导推行的私有化，对公地使用者和生态环境造成破坏的案例比比皆是。比如英国 17 世纪—19 世纪的“圈地运动”，就被英国著名的人文主义者托马斯·莫尔在名著《乌托邦》中形象地描绘为“羊吃人”。再比如 20 世纪巴西对棕榈树种植带实行的“产业升级和技术革新”导致原来的公共资源(棕榈树和土地)，后来演变为大农场主、大资本家私人所有，最终导致佃农(peasant)失去赖以生存的土地、资源和工作，被迫流向城市成为“无产者”(May, 1986)。20 世纪末美国弗吉尼亚州切萨皮克湾(Chesapeake Bay)将牡蛎进行私有化导致无效率的状态也属于此类案例(Santopietro & Shabman, 1992)。再比如中国本土方面的案例，本书引言部分提及的吴亦竹(2000)《评浙江永嘉的江河承包》一文表明，政府擅自将河流的养鱼权承包给私人导致当地民众不满，毒鱼、偷鱼事件频发，酿成“死鱼飘浮在江面上，绵延两公里”的惨剧。

自从 Hardin(1968)的发表，尤其是 1990 年奥斯特罗姆的英文版专著《公共事物的治理之道：集体行动制度的演进》出版以来，学术界对传统上关于公地以“要么‘利维坦’要么私有化”为突出特征的二元治理理论做了大量批判。对传统公地治理理论的基础公地悲剧的适用性和局限性，本书已经在第四章进行了比较系统的阐述。所有传统治理理论批判性文献的核心思想大体上不外乎以下几个维度：政府和市场并不是万能的，在某些情况下它们本身也是问题的制造者，甚至使公地悲剧变成“公地灾难”；现实当中的公地千差万别，许多地区性小范围的公地(通常用奥斯特罗姆的“公共池塘资源”范式)涉及无数分散化的公地使用者(commoners 或 users)，他们涉及无数分散化的“默会知识”，以及与之相关的分散化决策过程(杨春学等，2013)，无数历史铁证表明大一统的中央集中控制和管理始终无法绕开这两

---

① 桉树是一种经济速生树种，有人将其称之为“抽水机”“抽肥机”和“霸王树”，种植过桉树林的土地容易板结、贫瘠和沙化。目前我国西南地区广泛种植桉树林虽然具有较高的经济收益，但对生态环境的破坏比较大，在笔者 2016 年 2 月份到广西调研时一位广西贵港的农民表示：种植过桉树的土地上生长的花生都是苦涩的，地方政府对桉树种植的态度也由原来的支持鼓励到现在的限期清除(调研编号：GXGG20160215)。

项棘手的因素(考虑兰格与哈耶克的大论战和苏联模式的失败)；退而言之，暂且不考虑“利维坦”，或者“利维坦”主导下的“私有化”手段在解决公地问题时的效率问题，如果我们认可“除极少数特例之外，每个心智健全的成年人都是自身利益的最佳评判者”这一观点，那么将与公地关系最为密切的使用者们排除在决策过程之外，完全由“局外人”制定的解决方案就必然会导致“不公平”和“非正义”的社会问题。

第二节　社区自治：公共池塘资源治理的“新”方案

本节所谓的公共池塘资源治理“新方案”，是指除“利维坦”和私有化之外的公地治理手段，它主要表现为资源使用者社区自主组织与自主治理。之所以将“新”字加引号是因为，在奥斯特罗姆等学者发现“公共池塘资源的自主组织与自主治理”方案之前，现实中人们对于这种治理模式的使用由来已久，“公共池塘资源的自主组织与自主治理”并不是奥斯特罗姆等学者的“发明”，而是对古已有之事物的重新发现、强调与学术化论证。公地治理“新”方案和理论研究新范式的最主要贡献者是奥斯特罗姆，考虑到她的重要性，本节拟用少许篇幅对她本人加以简单介绍。

一、奥斯特罗姆简介

埃莉诺·奥斯特罗姆(Elinor Ostrom)出生于1933年，逝世于2012年6月。她与威廉姆森共同分享了2009年的诺贝尔经济学奖，成为人类历史上第一位荣获诺贝尔经济学奖的女性学者。[①] 奥斯特罗姆是印第安纳大学伯明顿分校(Indiana University Bloomington)政治学系阿瑟-本特利讲座教授，该校政治理论与政策分析工作室(Workshop in Political Theory and Policy Analysis)联席所长兼创始人。此外，她还具有多项学术荣誉和头衔，比如她是美国国家科学院院士，还担任过美国政治学会会长一职。奥斯特罗姆被学界推崇为美国“公共选择学派”的创始人之一。此外，奥斯特罗姆1999年获得约翰-斯凯特奖(the Johan Skytte Prize)政治学奖时，也是获得该奖的首位女性。

① 根据国内学者王亚华教授(2017, p. 83)的总结，瑞典皇家科学院将诺贝尔奖授予奥斯特罗姆主要基于她在如下三个方面的贡献：一是对人类公共事物治理思想的贡献；二是对人类社会合作治理的理论贡献；三是对社会科学研究方法的贡献。

值得一提的是，奥斯特罗姆的丈夫，文森特·奥斯特罗姆(Vincent A. Ostrom)也同为印第安纳大学教授和“公共选择学派”的创始人之一，“公共池塘资源自主组织与自主治理理论”“多中心理论”(polycentricity)就是在奥斯特罗姆夫妇的主持下创建的。奥斯特罗姆夫妇开创的学术传统，被学术界称之为“布卢明顿学派”(Bloomington School)。[①] 为了表彰和铭记奥斯特罗姆夫妇的功绩，印第安纳大学在2012年5月份将“政治理论与政策分析工作室”(Workshop in Political Theory and Policy Analysis)冠名为“文森特与埃莉诺·奥斯特罗姆政治理论与分析工作室”(Vincent and Elinor Ostrom Workshop in Political Theory and Policy Analysis)。

二、公共池塘资源社区自治方案的提出与论证

长期以来许多学者和政策制定者们过度依赖某些模型或者抽象的理论，来解释和治理现实世界中的公共资源问题，以奥斯特罗姆夫妇为代表的实践派理论家们经过长达半个世纪的努力，发现并证实除了政府和市场之外，还存在公共资源治理的“第三条道路”，并进行了系统和理论化的研究与论证。

在奥斯特罗姆写作和出版其最重要的代表作《公共事物的治理之道：集体行动制度的演进》之前(英文版出版时间为1990年)，西方学术界已经有许多学者对传统公地治理理论进行了广泛研究和批判，如前所述他们不仅已经看到了公地悲剧理论的局限性，以及“利维坦”和私有化在公地治理中的缺陷；而且还找出了大量散布于世界各个角落关于公地治理的现实案例，它们既不依赖“利维坦”，又不借助私有化却很好地解决了公地悲剧，并实现了公共资源的长期存续。但是这些学者们对于公地治理“新”方案的研究，并没有形成统一或者综合性的理论成果，因而没有引起学术界的广泛重视和共鸣。有关公地治理“新”方案的案例不仅杂乱分散，不成体系，而且分属于众多不同的学科领域，诸如经济学、政治学、人类学、社会学、法学、生态学、地理学等等，囿于各自的学科门类、不同学科学者的研究视角、侧重点以及研究范式存在很大差异，再加上这些研究成果常常刊登在不重要的出版物上，在Ostrom(1990)之前几乎没有人对这些文献中的案例发现进行科学的总结和综合(奥斯特罗姆，2012)。

这一研究契机被长期扎根于公共池塘资源，和制度分析开发(Institution Analysis Development，IAD)研究的奥斯特罗姆敏锐而准确地

---

① 在本书中，如果没有特殊说明，奥斯特罗姆、Ostrom或者E. Ostrom都是指埃莉诺·奥斯特罗姆(Elinor Ostrom)，对于文森特·奥斯特罗姆要么使用全称，要么使用V. Ostrom。

察觉。尽管奥斯特罗姆本人也进行了不少关于公共池塘资源微观案例的田野式调查（比如她对尼泊尔灌溉系统的长期追踪调查），但是她的主要功劳或者研究特色并不在于此，因为在《公共事物的治理之道》出版之前已经存在大量有关公共池塘资源社区自治的微观案例研究。使奥斯特罗姆获得更大研究成果，并使其成果得到学界广泛认可和接受的关键环节是，奥斯特罗姆和她的合作者（比如 Martin Renton 等人）利用她们自主开发设计的“编码形式”，和借此发展起来的制度分析方法，将她们自己，尤其是别人所做的公地治理案例研究进行了编码处理，经过编码之后定性案例和变量就转化成可以进行定量分析的案例和变量，做到“让数据说话”。她们采用新兴的“荟萃分析方法”[①]对大量案例进行了统计分析，从而发现某些内在的普遍规律。毕竟，少数几个微观案例往往很难得出一般性的结论，收集大量案例（仅 Renton，1989 收集的案例就多达近 5000 个），并通过科学手段将各种纷繁复杂的案例转化成统一维度的数据库，是奥斯特罗姆研究的关键。[②] 可以说，奥斯特罗姆等人是公地治理领域利用“大数据”进行研究的先驱。在奥斯特罗姆之前关于公地及其治理手段的研究，大都是抽象的理论分析，即使到后来逐渐诞生了不少关于真实世界中公地案例的研究，但也都只是片面和琐碎的个案分析。因此可以说，奥斯特罗姆等人推动了公地及其治理研究的新范式：多学科合作、案例的编码处理、荟萃分析，以及“大数据”分析等等。

除了“用事实说话”和“让数据说话”之外，作为理论家的奥斯特罗姆并没有忽视经济学和政治学的惯常研究方法。例如，在《公共事物的治理之道：集体行动制度的演进》一书的第一章奥斯特罗姆就构建了一组（5 个）博弈模型，从博弈论的角度证明传统公地治理理论的谬误（比如政府具有完全信息，交易成本为零等假设），“利维坦”和私有化在公地治理中的局限性和失败的可能性，以及在不受政府等外部力量干预的条件下，牧民通过自主组织的形式实现公地妥善治理的潜在可能性（奥斯特罗姆，2012）。此外，奥斯特罗姆还非常重视对某些典型案例的重点分析：例如她对“瑞士的托拜尔”“日本的平野庄、中生庄河良木家庄”“韦尔塔灌溉制度”“斯里兰卡渔场”等微观案例进行了相当强劲的分析和讨论。此外，奥斯特罗姆不仅吸收了

① 荟萃分析可以称之为“分析的分析”，是指整理和分析从现有研究中取得的数据，并对比新收集数据的初步和现有数据的二手分析。它与传统叙述性研究的不同之处在于，它运用了系统性策略整合从现有研究中取得的数据（波蒂特等，2011，pp. 83—84）。

② 奥斯特罗姆根据一定的标准对案例进行了筛选，她选择的案例必须是长期实地考察的结果，而且需要包含以下信息：(1)资源系统的结构；(2)占用者的特性和行为；(3)占用者正在使用的规则；(4)由占用者行为导致的结果（奥斯特罗姆，2012，导言部分，p. 4）。

现代实验经济学的大量研究成果(比如她对理性人的理解是基于行为经济学成果的“广义理性人”),而且她自己的团队也进行了大量有关公共池塘资源社区自主组织与自主治理的实验研究。她们率先借助实验经济学方法开展公共事物领域的研究,这方面的成果集中体现在1994年出版的专著《规则、博弈与公共池塘资源》。这本书被认为对奥斯特罗姆获得诺贝尔奖也起到了重要作用(王亚华,2017)。2005年,奥斯特罗姆出版了英文专著《理解制度的多样性》(Understanding Institutional Diversity),这被认为是奥斯特罗姆学术思想的集大成之作(王亚华,2017)。

因此,奥斯特罗姆关于“不依靠‘利维坦’和私有化,借助资源使用者社区自主组织与自主治理在一定条件下可以破解公地悲剧,实现公地长期可持续性维持”的命题,得到了比较完整系统和令人信服的论证。由于奥斯特罗姆等人高效和长期的努力,社区自主组织与自主治理模式不仅一洗原来被忽视的境地,而且被一些学者称之为经济治理结构的“第三条道路”(杨春学等,2009)。

三、公共池塘资源社区自治的制度设计原则与绩效

上文已经阐述了在不借助传统公地治理手段“利维坦”或私有化的条件下,依靠社区自主组织与自主治理,也有可能成功走出公地悲剧的事实。接下来需要关注的自然就是社区自主组织与自主治理“何以成功”的问题了。下面从制度设计原则、相应的绩效、案例分析的层面展开分析。

(一) 制度设计原则

要想实现公共池塘资源社区自主组织与自主治理,需要满足哪些原则,或者说在具备哪些条件下社区自治能够取得成功呢?奥斯特罗姆最早在1990年的英文专著《公共事物的治理之道:集体行动制度的演进》中做了明确阐述,并将它们归纳为“八项原则”,后来又接受了其他学者(尤其是她的学生)的建议,进行了完善。目前有关这“八项原则”的最新版本是她2010年发表在《美国经济评论》上经修改完善的“诺奖讲座稿”,现对其加以翻译后详列如下。

奥斯特罗姆“八项原则”①(2010年新版):

① 在诺奖讲座稿《超越市场与政府:复杂经济系统的多中心治理》的脚注中,奥斯特罗姆指出:“‘设计原则’这个术语也使很多读者感到困惑。也许我应该使用‘最佳实践’这个术语来描述稳健制度体系的规则和结构。”详见王亚华(2017, p. 19)。这也从另一个角度印证了,“‘公共池塘资源的自主组织与自主治理’并不是奥斯特罗姆等学者的‘发明’,而是对古已有之事物的重新发现、强调与学术化论证”。

1A. 使用者边界：存在清晰且能够为当地人所理解的边界，这条边界划定了合法使用者与非使用者的区别。

1B. 资源边界：存在清晰的边界，据此可以将某一特定公共池塘资源从更大的社会生态系统中区分开来。

2A. 与当地条件保持一致：占用和供应规则与当地的社会和环境条件保持一致。

2B. 占用和供应：占用规则与供应规则保持一致；成本的分担与利益的分享比例对等。

3. 集体选择安排：大部分受资源管理制度影响的人被授权参与规则的制定和修改。

4A. 监督使用者：有关责任人或者使用者对使用者的占用和供应水平实施监督。

4B. 监管资源：有关责任人或者使用者对资源状况进行监管。

5. 累进惩罚：对于使用者初次违反规则的惩罚很轻，但是如果屡次违反则惩罚升级。

6. 冲突解决机制：存在迅速、低成本的地方平台(local arenas)解决资源使用者之间或者他们与官员们之间的冲突。

7. 对权利最起码的认可：地方使用者制定属于自己规则的权利获得政府的认可。

8. 嵌套式组织(nested enterprise)：当某项公共池塘资源与一个更大的社会生态系统相联结时，政府在多重嵌套式的层面上组织其活动。

资料来源：Ostrom(2010)，p. 653；注：“八项原则”在译作《公共事物的治理之道：集体行动制度的演进》第 108 页也有，但是 Ostrom(2010)又进行了更新，尤其是对其中 1B、2B、4B 的更新——这几项归功于印第安纳大学 Cox et al(2010，p. 38)的补充。

(二) 设计原则的绩效

然而是否在满足(或者大体上满足)这八项原则的条件下，公共池塘资源的社区自主组织与自主治理就能够取得成功呢？在给出正面回答之前，不妨先回顾奥斯特罗姆本人进行的归纳分析：

表 8－1　设计原则的绩效

地点	边界清晰成员明确	原则适当	集体选择的方法论坛	监督	分级制度	冲突解决机制	被认可的组织权	嵌套式单位（nested units）	制度绩效
瑞士，托拜尔	是	是	是	是	是	是	是	NR①	有效的
日本山村	是	是	是	是	是	是	是	NR	有效的
西班牙，巴伦西亚，木尔西亚和奥瑞辉拉	是	是	是	是	是	是	是	是	有效的
雷蒙德，西部和中部流域（当前）	是	是	是	是	是	是	是	是	有效的
西班牙，阿里坎	是	是	是	是	是	是②	是	是	有效的
菲律宾，巴卡拉一文塔	是	是	是	是	是	是	是	NR	有效的
土耳其，阿兰亚	否	是	弱	是	是	弱	弱	是	脆弱的
斯里兰卡，加勒亚	是	是	是	是	C③	弱	弱	否	脆弱的
加拿大，莱蒙隆港	是	是	弱	是	是	是	否	否	脆弱的
土耳其，伊兹米尔湾和勃德拉姆	否	否	否	否	否	否	弱	否	失败的

① NR＝不相关。

② 有两个重要的例外，从 1937 年至 1840 年，从 1930 年至 1950 年。

③ 资料遗失。

续　表

地点	边界清晰成员明确	原则适当	集体选择的方法论坛	监督	分级制度	冲突解决机制	被认可的组织权	嵌套式单位（nested units）	制度绩效
斯里兰卡，马维尔	否	是	否	是	是	否	否	否	失败的
斯里兰卡，科林迪奥亚	是	否	否	否	否	否	否	否	失败的
雷蒙德，西部和中部流域（早期）	否	否	否	否	否	是	是	否	失败的
莫哈韦，地下水流域	否	否	是	否	否	是	是	否	失败的

资料来源：奥斯特罗姆(2012)，p. 211。

从表8－1和学者们做出的后续研究成果来看，满足（或者大体上满足）这八项原则的公共池塘资源的社区自主组织与自主治理是成功的。然而与原则的提出者奥斯特罗姆本人的谨慎态度一致，我们不能将这八项原则视为某种“铁则”，认为只要满足它们的就一定能够成功，不满足它们的就一定会遭到失败，它们还有待时间和经验研究的进一步检验。另外，是否这八项原则中每一条，都是决定公共池塘资源自主组织与自主治理成败的必需原则，是否有必要在这八项原则的基础上进行增加、删减，或者进行其他修改，也是“八项原则”需要面临的挑战，因而也是值得继续研究的方向。但是可以肯定的一点是，奥斯特罗姆归纳的这些原则（以及相应的案例检验），确实为公地的社区自治提供了方向性的政策建议，打开了公共池塘资源社区自主组织与自主治理“何以成功”的“黑箱”。

（三）表明社区自治潜在优势的案例分析

本章对于私有化和“利维坦”在公地治理方面的局限性进行了较多的阐述，对公共池塘资源（可以视为小范围、地方性或者地区性公地）优越性的强调似乎也比较多，然而该方法与私有化和“利维坦”相比是否真的具备潜在优势呢？

学者们已有的研究成果给我们提供了良好的素材。下面考察两个案例：一个是尼泊尔的灌溉系统，另一个是蒙古国、中国内蒙古和俄罗斯的草原治理。先来看尼泊尔灌溉系统的案例。尼泊尔的灌溉系统其实存在着奥斯特罗姆等人研究的“社区自主组织与自主治理”，但是由于暗含其中的治理规则非常隐蔽，导致外界经常误以为它们是无制度的开放进入式公地。许多好心人士捐资为尼泊尔农民修建了钢筋混凝土结构的灌溉系统，并采取国家所有的形式加以控制和管理。然而事与愿违的是，好心人士的善举并没有改善当地的农田灌溉状况，与那些村民自主地以泥土、木材等原始材料修筑，看似“土里土气”的灌溉系统相比，新灌溉系统的绩效反而处于显著的劣势地位，如表8－2。回归分析表明，政府所有和现代化灌溉渠道反而对尼泊尔农业的灌溉状况造成了不利影响（Ostrom et al.，1999）。

表8－2　尼泊尔治理结构与农作物灌溉强度的关系

参数	农民所有的系统（N＝97）	政府所有的系统（N＝21）	F	P
源头灌溉强度	246％	208％	10.51	0.002
末端灌溉强度	237％	182％	20.33	0.004

资料来源：Ostrom et al(1999)，p. 281。注：农作物灌溉强度100％表示，在一个灌溉系统中所有土地在一个季度中得到了完全利用，或者在多个季节中得到部分利用，将它们加起来的总覆盖面积与所有土地在一个季度中得到利用的情形相同；类似地，200％表示所有土地在两个季度中得到完全利用；300％表示所有土地在三个季度中得到完全利用。

接下来考察第二个案例。20世纪末，关于中国北部（内蒙古一带）、俄罗斯西伯利亚和蒙古国的卫星图像表明，前两者在草原保护和维持方面明显比蒙古国差：西伯利亚牧区的草场退化范围多达四分之三，中国北部（内蒙古）牧区退化范围超过三分之一，而蒙古国的牧区遭受同等破坏程度的草场仅占十分之一（Ostrom et al.，1999）。造成草场退化程度重大差异的原因在于它们对应的治理模式的不同。中国和俄罗斯曾经对草原牧区采用国有（state-owned）和定居式的农业模式；20世纪70年代末80年代初，中国又采用了"包产到户"的模式，将牧区草场的使用权分配给牧民，这种模式难免遭遇空间型反公地悲剧或者"围栏陷阱"。而蒙古国政府则允许牧民沿袭传统的群体所有（group-property）的模式，在这种模式下牧民们可以根据实际情况和需要大规模地在不同的牧场之间迁徙。能够在恰当的时候根据气候的变化在广阔的草原上迁徙，对于牧场的可持续发展而言是一项非常重要的机制，它既可以增强牧场对自然灾害的抵抗能力，又能避免过度分割导致的空间型反公地悲剧或"围栏陷阱"，而中国和俄罗斯的牧场模式（可以理解为"利维坦"和广义上的"私有化"）却对这种迁徙机制的运行人为地设置了巨人的障碍。

第三节　本章结语

一、即便在理论层面公地悲剧困境也尚未得到彻底解决

虽然以奥斯特罗姆为代表的公共池塘资源自主组织与自主治理理论，对以哈丁为代表的公地悲剧模型下的传统公地治理理论构成了强烈的挑战和修正，但是二者研究对象的范围跨度是不一样的：奥斯特罗姆研究的"公共池塘资源"所涵盖的范畴小于哈丁笔下的"公地"。哈丁的"公地"是一个高度抽象的概念，其包含的范围跨度非常大，既可以包含小范围的公共池塘资源，也可以囊括全球，甚至太空范围的公共资源问题；而奥斯特罗姆的研究对象则主要是"小范围的公共池塘资源"，在《公共事物的治理之道：集体行动制度的演进》一书中她明确指出，"在本书中……我研究的对象将限定在小范围的公共池塘资源上，其位置坐落在一个国家的范围内，受其影响的人数在50到15000人之间，这些人的经济收益极大地依赖着该公共池塘资源。"（奥斯特罗姆，2012，p. 32）尽管奥斯特罗姆在其晚年也试图将公共池塘资源的范畴和研究领域，拓展至更加宏大的资源系统，比如全球气候变化问题，但是我们并没有发现单纯依靠使用者自组织就能成功解决大规模（尤其

是像全球气候变化这样超大规模）公地治理问题的证据。

在具体公地类别上，社区自治的成功领域大都集中在农业灌溉系统、水利系统、中小型渔场等特定领域。更有学者认为，奥斯特罗姆的社区治理获得成功的案例主要集中在经济欠发达的国家或地区。而根据奥尔森（2011）的“集体行动理论”，人们能否组织起来采取有效的集体行动极大地受利益集团规模、行动引起集团其他成员注意的程度等因素的影响，如果将奥斯特罗姆的治理理论推广到其他范围大得多的公地问题，比如“全球气候变化问题”“雾霾污染”“物种多样性被破坏”等领域，社区自主组织与自主治理理论的适用性将受到严重挑战。许多行为经济学研究也表明：人数越多，人们选择搭便车的可能性越大（Isaac et al.，1984；Dawes & Thaler，1988）。为此，奥斯特罗姆将“社区自主组织与自主治理理论”逐步拓展为“多中心治理理论”，以提高其理论的适用范畴（Ostrom，1999；Andersson & Ostrom，2008；Ostrom，2010；McGinnis & Walker，2010）。

但是，全球性公地治理的难度非常大，目前还没有哪一种理论能够提出令人满意的解决方案。比如全球气候变化问题（主要表现为变暖）就是目前全球性公地治理中最大的难题：它涉及范围巨大（全球范围），温室气体具备高度弥漫性、扩散性和全球联动性影响，世界不同地区和国家的经济、文化、历史传统千差万别，再加上为避免“多数人对少数人的暴政”而衍生出来在国际谈判及协议中的“全体一致同意”的决策规则等等，令所有各方都满意的碳排放规则很难达成，全球气候变化问题非常棘手。哈佛大学肯尼迪政府管理学院教授 Stavins（2011）在《美国经济评论》撰文指出，自从 1911 年《美国经济评论》刊登美国社会活动家和经济学家 Katharine Coman 的文章《有关灌溉的一些未决问题》[①]以来，一百年过去了，但是公地问题却仍然没有得到彻底解决。Stavins 所指的是物种多样性遭受破坏问题，尤其是全球气候变化问题。美国是温室气体存量“贡献”最大的国家，而中国则是目前温室气体排放（增量）“贡献”最大的国家。众所周知，要降低温室气体（二氧化碳）排放量势必会影响到经济发展进程。因此在“减排”问题上即便中、美两国之间也很难达成一致意见——美国要求包括中国在内的新兴发展中国家降低二氧化碳排放量，而这些发展中国家则要求“污染在先”的美国等发达国家为其减排行动提供相应的补偿。如果折算起来，这种“补偿”将会是一个天文数字，Stavins 认为美国等发达国家是断然不会接受的。

---

① Coman, K.,“Some Unsettled Problems of Irrigation”, *American Economic Review*, 1911, 1(1): 1–19.

从美国2016年加入《巴黎气候协定》，2019年11月退出该协定，2021年2月又重新加入等一系列操作来看，全球应对气候变化的道路相当曲折，世界主要国家之间在应对气候变化方面存在不少利益和理念的分歧。因此，全球气候变化问题被称为“21世纪的终极公地问题”（ultimate commons problem of the twenty-first century）。

二、社区自治理论并非简单否定公地悲剧模型

奥斯特罗姆的治理理论是对以往公地模型的“扬弃”，而不是全盘否定。尽管她对传统治理观念“主张‘利维坦’作为公地唯一治理手段，或者主张私有化作为公地的唯一治理手段”，进行了彻底的批判，还从多个角度证实了在既不使用“利维坦”，也不借助私有化的条件下，公共资源使用者也有可能自主组织起来成功治理公共池塘资源。但是她并没有将政府参与和私有化从破解公地悲剧的工具箱中排除出去。她后来的“多中心治理理论”与私有化和政府参与在本质上是相容的，只是否定将“利维坦”或私有化作为唯一手段，主张在解决公共池塘资源问题时必须从具体实际出发，尊重和重视资源使用者们的意愿、权利、能力和创造力。因此，奥斯特罗姆工作的价值还表现在使人们深刻认识到了利益相关者（尤其是公共资源使用者）自主组织和自主治理的可能性和巨大潜力，拓展了公共资源治理的方式和渠道。此外，奥斯特罗姆等人的研究还使人们重新认识到在公共资源治理方面回归“具体问题具体分析”（case by case）的必要性和重要性。2007年，奥斯特罗姆在美国国家科学院院刊（PNAS）上发表题为《超越万能药》的文章，强调对社会问题的治理没有放诸四海而皆准的“万能药”。她在原来“制度分析与发展框架”（IAD）的基础上提出“社会生态系统的多层次分析框架”（SES），以期为特定问题的制度分析提供一套新的分析框架（王亚华，2017）。

第九章　走出公地悲剧的中国方案：政府引导下的多中心协同治理

党的十八届三中全会提出，创新社会治理体制，改进社会治理方式，必须“坚持系统治理，加强党委领导，发挥政府主导作用，鼓励和支持社会各方面参与，实现政府治理和社会自我调节、居民自治良性互动”。[①] 党的十九大报告则提出了“构建政府、企业、社会和公众共同参与的环境治理体系”的指导思想。以私有化作为唯一手段的方案，或者将“利维坦”作为唯一手段的方案，其局限性或者弊端在前文中已经进行了比较充分的论述，在此不再赘述。本章所论述的“政府引导下的多中心协同治理”方案是在奥斯特罗姆社区自主组织与自主治理基础上的一种“中国化”发展演变。

第一节　多中心协同治理模式的理论渊源

一、协同治理理论

协同学(Synergetics)最早产生于自然科学领域，由西德著名物理学家赫尔曼·哈肯于 20 世纪 70 年代提出。“协同学是研究由完全不同性质的大量子系统(诸如电子、原子、分子、细胞、神经原、力学元、光子、器官、动物乃至人类)所构成的各种系统。研究这些子系统是通过怎样的合作才在宏观尺度上产生空间、时间或功能结构的。尤其要集中研究以自组织形式出现的那类结构，从而寻找与子系统性质无关的支配着自组织过程的一般原理。”(张立荣、冷向明，2008)

哈肯认为，“协同”是远离平衡的开放系统中具有差异性的组分之间相

① 《中共中央关于全面深化改革若干重大问题的决定》，北京：人民出版社，2013 年，第 49 页。

互协调、补充，自组织地产生出系统的有序时空结构和功能，或从一种有序状态走向新的更高有序状态的行为。协同最显著的特点是子系统间的相互合作，可以使系统产生出微观层次所无法实现的新的系统结构和功能。协同是自组织行为产生的重要条件（范如国，2014）。

而协同治理理论则是一种新兴的理论，它是自然科学中的协同论和社会科学中的治理理论的交叉理论。李汉卿（2014）等学者认为，作为一种新兴的交叉理论，尽管协同治理理论在社会科学中的应用才刚刚起步，但是协同治理理论对于解释社会系统协同发展有着较强的解释力。

二、多中心理论

多中心理论是一步一步演化发展而成的。首先，1951 年，迈克尔·博兰尼在《自由的逻辑》一书中提出了“多中心”（polycentricity）的概念。他认为，社会当中的自发秩序体系是通过体系内多中心性要素相互调整而自发实现的，并不能通过共同性团体有意地完成；多中心的任务，唯有靠相互调整的体系才能被社会所管理（熊光清、熊健坤，2018）。

埃莉诺·奥斯特罗姆与其丈夫文森特·奥斯特罗姆进一步发展了多中心理论。20 世纪 70 年代，他们将多中心的概念引入公共事务治理领域，进而讨论公共事务治理中的多中心问题，因而特别重视自主组织与自主治理在公共事务治理中的重要性。并借此反驳过去将公共资源治理当中要么只能私有化，要么只能通过政府集中管理和控制的“二元模式”，主张将多中心治理作为和市场化和利维坦相并列的第三条道路。

“多中心”意味着许多决策中心在形式上是相互独立的。然而，他们之间是否真是独立运作还是组成相互依赖的系统，则需要学者在特定的实例中进行实证检验。在一定程度上，他们需要考虑处于竞争关系中的其他参与者，需要各式各样的契约与合作，需要诉诸某一中央机制来解决冲突。城市中不同的行政领域是以一种连续一致的、可预见的互动方式在运行，也即可被认为是以“系统”的方式在运行（V. Ostrom, et al., 1961）。

第二节 政府引导下的多中心协同治理：一个理论框架

在 2005 年出版的专著《理解制度的多样性》中，奥斯特罗姆认为多样性是理解制度的关键问题，并强调了特定文化环境对理解制度多样性的重要意义——“如果规则的制定者或者修订者，不理解处于一定生态和文化环境当中的特定规则,是如何影响人们的行为和结果的,那么改变规则会导致始料未及,有时候甚至是灾难性的后果。”(Ostrom, 2005, p. 3)比如,奥斯特罗姆以购物为例。Ostrom(2005, pp. 4 - 5)认为同样是购物这一行为,在不同的场景或者文化背景下,人们在购物时人们面临的规则就存在很大差别:

“如果我们是正常的成年人,那么我们就应该能够推测、学习并最终明白在当今世界里,在不同的情境中如何行事。我们知道当我们在超市购物时,我们可以从货架上挑选许多货物放进手推车里。然而,在我们将它们放进自己的小汽车之前,需要在柜台前排队用现金或者信用卡来结账。而当我们在亚洲或非洲的露天集市(open bazaar)上购物时,应该注意的事项(do's and don'ts)就会完全不一样。如果我们赶在集市要收摊之前去购物,我们就可以就货摊上剩下没卖掉的水果进行一番讨价还价——这种情况在超市是绝不会发生的,在超市未售出的水果将会放进冰柜里冷藏起来。当我们在这种露天市场卖生活日用品的货摊前购买一件商品时,如果我们没有经过几轮讨价还价就直接购买,那么卖家肯定会感到非常惊讶。而如果你在西方国家的商业区购买家具时那样做,那么你会被礼貌地(或者不那么礼貌地)请出去。因此即便许多变量都一样,从一种情境到另外一种情境时,将会存在许多微妙(或者不微妙)的变化。”

随后,她又不厌其烦地列举了其他类似的案例。比如在不同的地方驾车、不同情境下打球等。同样是打美式壁球(racquetball),如果是和一位同事打,那么通常为了取胜而使出浑身解数、充满进攻性,都是可以被接受的;而如果教一位年轻的家庭成员打壁球,此时最大的目标在于如何让他们在学习一项全新的技能当中感受到乐趣,那么“咄咄逼人”就会适得其反。因此,在不同的制度和文化情境之下,行为人及其对手(counterparts)对彼此的预期,从而其行为方式,就会发生改变……毕竟,没有哪一幅地图可以完美到足以满足所有用途(Ostrom, 2005)。因此。没有什么理论或者治理方案是万能药,是放诸四海而皆准的。公共资源治理方案的选择要与当地的时空背景、文化传统等因素结合在一起才是可取的。

一、政府引导下的多中心协同治理应当遵循的基本原则

与以往许多学者将政府、市场、社会组织对立起来看待的观点不同,本书倾向于认为我国现实中的公共资源治理需要多方力量的共同参与,并形成合力,才能得到更好的解决。考虑到我国当下的具体国情和现实背景,政府在公共资源治理过程中不仅不应消极被动,更不应该过早退出,而是应当

在公共资源治理当中积极作为，成为公共资源治理的领导者、协调者和托底者。全球治理经验表明：治理绝非意味着政府的隐退，一个强有力的政府恰恰是保障治理有效性的基础性条件，强调治理绝非意味着贬低或削弱政府在公共管理中的作用，主张去国家中心化的治理模式已被实践所证明是难以获得成功的（詹国彬、陈健鹏，2020）。首先要探讨的是：何为"好"的公共资源治理。[①] 我们认为，"好的"治理方案至少应当符合如下三大原则：

第一，经济性原则，即效率，要做到单位投入下的产出最大化或者产出既定条件下的投入最小化。这一原则是稀缺性的必然要求。稀缺性，是包括经济学在内的许多社会科学分析问题的起点。稀缺性不是指某种物品的绝对数量太少，而是指相对于人们无限的欲望而言，有用之物的供给总是有限的，无限的欲望和有限的供给之间的矛盾或者紧张程度就决定了某种物品或资源的稀缺性程度。

事实表明，经济发展、技术进步无法消除人类面临的稀缺性问题——至少从过去的经验来看，确实如此。因为当新的技术出现之后，虽然某些物品的供给可能不再像以前那么稀缺了，但是随着新技术、新经济的到来，人类新的欲望或需求又会被创造出来，也就是会使新的稀缺性不断被创造出来。无论是私人部门，还是公共部门，无论是自利者，还是利他主义者，都无法绕开稀缺性问题。比如，做好事不留名的雷锋同志，也会面临"人的生命是有限的，为人民服务是无限的。我要把有限的生命，投入到无限地为人民服务之中去"，表明雷锋同志也同样会面临稀缺性问题。当某种资源同时具备多种用途时，就意味着任何稀缺资源的使用都是具有机会成本的。如何进行选择才是机会成本最低的，或者说最有效率的，就是人们必须正视的一个话题。因此很多经济学教科书都将"人类面临权衡取舍""天下没有免费的午餐"奉为铁的定律。

第二，公平原则，即公共资源治理方案应当尽可能地确保资源收益在社会成员，尤其是公共资源使用者社区公平分配，利益共享。公平问题，相对于效率原则而言，在实现过程中往往具有更大的难度。首先，根据阿罗不可能性定理，一个社会不能从个人偏好顺序推导出群体的偏好顺序，也就是说让所有人都满意的社会福利函数并不存在。阿罗认为，个人偏好顺序和群

---

① 许多学者，尤其是经济学家，认为学者应该尽量避免进行"好""坏"这类价值判断，应当尽量做"是什么""不同政策将会导致哪些不同的结果"等方面的实证研究和预测。然而，正如发展经济学家缪尔达尔所认为的，"由于经济学家也是属于社会中的人，所以经济学家进行的经济研究就不可能是无价值判断的。"（杨德才，2015，p. 23）

体偏好顺序都应符合两个公理和五个条件。这两个公理是:(1)完备性公理。对任意两个决策方案X和Y,要么对X的偏好甚于或无差异于Y,要么对Y的偏好甚于或无差异于X。(2)传递性公理。对任意三个方案X、Y和Z,若对X的偏好甚于或无差异于Y。而对Y的偏好甚于或无差异于Z,则对X的偏好甚于或无差异于Z。此外,效用的不可测量性也是社会福利函数难以得出的重要障碍。

第三,绿色原则,即生态效益,不能片面追求经济产出或者GDP,而忽视对生态环境的影响,甚至造成严重破坏。根据公共选择学派,地方政府和官员也具有“经济人”倾向,比如片面追求“显性”政绩,尤其是GDP,对污染环境的行为则“睁一只眼闭一只眼”,忽视对生态环境的保护和治理。为了切实重视这一原则,有必要对政府部门绩效考核指标进行改革和优化,把过去“以GDP论英雄”“唯GDP论”修改为更加科学的综合性指标。其中非常重要的一点就是要更加重视对生态环境的保护,在这方面,2017年6月26日,习近平总书记主持中央全面深化改革工作领导小组会议审议通过的《领导干部自然资源资产离任审计规定》就是一项具体的改进措施。

实际上,从某种意义上来讲,绿色原则也是公平性原则的一种具体的体现。绿色环保,要解决的主要问题是,经济发展和生态环境保护之间的平衡问题。而这个问题本身,就必然涉及两种公平问题。其一是,当代人之间的外部性内部化问题,即当代人之间公平。其二是,当代人与后代人之间的外部性问题,即代际公平问题。亦即人们通常所讲的“不能断了后代人的生存和发展之路”的问题,或者走可持续发展之路的问题。

什么是公平?历来是一个充满着争议的话题。尽管罗尔斯、海萨尼等学者巧妙地借助“无知之幕”“移情偏好”等思想实验为社会福利函数的构建提供了辩护,但是基于对公平和效率的不同看法,人们对“合适的”分配方案的理解也存在很大差别,有的甚至是完全相反的极端情况。比如,仅仅考虑最具影响力的社会福利函数,就至少有三种:“精英主义”社会福利函数,强调社会福利最大化的关键在于使市场当中最幸运者(或者效率最高者)的效用最大化;“罗尔斯主义”社会福利函数,强调“最大化最小”原则,即社会福利最大化的关键因素在于使最不幸者的效用得到最大程度的改善;以及介于两者之间的“功利主义”社会福利函数,强调社会福利最大化的任务在于使最大多数人的福利最大化,即社会福利等于所有社会成员效用的简单加总。

本书无意深入讨论不同社会福利函数的利弊和适用性,只是意图说明:当涉及到“公平”问题时,一项决策或者方案的优劣的确不是不言自明的,而是值得加以充分讨论的课题。进一步地，此处的分析只是力图表明，公共资源治理方案的优劣应当进行综合性评判——假如可以用函数来表示，那么该函数的自变量应该至少（但不限于）包含上述三大原则，以便达到综合效益最大化。

二、对实现公共资源治理综合效益最大化思路的讨论

从公共利益的角度，如何实现公共资源治理的综合效益最大化？这本身是一个非常困难的问题，在国内外学术界很难达成一个广泛接受的统一标准。甚至连“公共利益”本身都是一个模糊且充满争议的词汇。对何为“公共利益”，可以参见迈克·费恩塔克所著的：《规制中的公共利益》一书。

奥斯特罗姆在《公共事物的治理之道》关于“制度选择的分析框架”中对一项制度的收益和成本问题进行过分析。在此，我们仅希望从“效率”的角度进行一点非常粗浅的探讨。要做到公共资源治理的综合效益最大化，应当提高公共资源治理的整体性效率，而整体性效率的提高又必须综合处理好两对关系，即分工与协作的关系。一方面，分工。它是专业化和提高效率的基础条件。现代经济学的鼻祖亚当·斯密早就对分工与效率的关系进行了经典论述。他列举制针业来说明。“如果他们各自独立工作，不专习一种特殊业务，那么他们不论是谁，绝对不能一日制造二十枚针，说不定一天连一枚也制造不出来。他们不但不能制出今日由适当分工合作而制成的数量的二百四十分之一，就连这数量的四千八百分之一，恐怕也制造不出来。”分工主要借助如下三种因素来促进生产力的提高：第一，劳动者的技巧因专业而日进；第二，由一种工作转到另一种工作，通常需损失不少时间，有了分工，就可以免除这种损失；第三，许多简化劳动和缩减劳动的机械发明，只有在分工的基础上才有可能实现。

现代社会，无论是经济组织、政府组织还是其他种类的组织，往往都具有高度专业化分工的特征，这为单个组织或者组织的构成部门效率的提高奠定了基础。但是这也为组织与组织之间，甚至是同一个组织的不同业务部门之间、上下级之间的信息交流和传达等的交易成本大为提升，从而提高了组织或者部门之间协作的难度。

另一方面，协作。在充分分工的基础上，如何实现综合力量最大化，或者说各组成部分在形成合力过程中的减损最小化？这与拔河比赛有一定的类似之处。只有当各个参与者在发力的节奏、方向和角度上保持高度一致时，才能尽可能减少做无用功和力量的损耗，进而做到合力最大化。

三、政府引导下的多中心协同治理的必要性及其与以往治理理念的不同

公共资源的治理也面临与拔河类似的问题。这就需要在公共资源治理领域有一个负责牵头引导的机构。在体会到西方世界"市场失灵""政府失灵"之后，许多学者试图将"治理"作为介于二者之间的"第三条路道路"，并且强调多元主体共同参与治理对治理绩效的重要性。比如兰州大学包国宪教授(2016)指出："从绩效的生产过程看，政府绩效的生成过程逐步成为一个多元主体协商、参与和合作的治理过程，政府的作用越来越不仅仅是规制者、服务提供者和利益分配者，而是作为一种催化剂促进公共利益的再创造和最大化。"

(一) 政府引导下的多中心协同治理的必要性

奥斯特罗姆的公共池塘资源社区自主组织与自主治理为人们解决现实中的公共资源，尤其是小范围的公共池塘资源治理提供了新的思路。然而如第八章所述，这种模式具有其特定的适用边界。比如资源本身，范围不能太大、存在较为清晰的资源边界等。对于资源使用者而言，人数不能过多(一般不超过 15000 人)，使用者的参与意愿和参与程度较高等。对于政府在公共资源治理中所发挥的角色，则是处于比较消极被动的状态——地方使用者制定属于自己规则的权利获得政府的认可，即政府只要不宣布社区自治规则违法或者采取其他横加干预的措施，默许社区自治的行为模式即可。然而，上述条件一方面比较苛刻使其适用性被削弱，另一方面和中国的实际情况存在较大差别。此外，研究公共资源治理的学者往往倾向于将政府、市场和社区自治(或者社会自组织)对立起来考虑，刻意强调某一方或者某一种单一力量的作用。这对于学者提出属于自己与众不同或者独树一帜的理论观点或许是有益的，但是对于现实问题，尤其是有中国特殊国情和特色的公共资源治理问题的解决而言，则是不利的。因此，即便根据奥斯特罗姆本人的学术观点，我们也有理由怀疑，简单地套用奥斯特罗姆的社区自治方案难以解决中国的现实公地治理问题。

首先，我国社会存在流动性很强的特征。以快速推进的城镇化为例，我国从 1995 年 29%的城镇化率快速上升到 2020 年末的 60%以上，城市人口(尤其是大城市人口)越来越稠密，而许多农村地区则人口越来越稀少。我国农村人口从 1995 年最高峰时的 8.6 亿，迅速下降到 2018 年的 5.6 亿，整整减少了 3 亿人。部分地区甚至出现了"空心村"的现象，即便留在农村的也大多属于留守老人、留守儿童，以及留守妇女，他们组织起来参与当地公

共事务治理的动力和能力往往处于偏低的状态。针对这种局面，有不少学者认为我国从原来的“乡土中国”变成了“城乡中国”。

其次，我国社会组织发展非常不充分，民众自组织能力和实践经验偏弱。该问题对于公共资源治理的薄弱环节——广大农村地区而言往往表现得更加突出。这些都是我国在实现公共资源有序治理方面的劣势。再次，与其他国家相比，我们的党和政府具有强大的凝聚力和影响力，党和政府在全社会重大事项当中发挥着非常重要的作用，在公共资源治理领域自然也不例外。

这一特征在推行奥斯特罗姆式公共池塘资源社区自治方面，或许属于不利条件，但是它对于最终目标——实现公共资源的良好治理——而言却不失为一项具有中国特色的优势。因此，对我国的公共资源治理采取政府引导下的多中心协同治理方案，既是必要的，也具备较大的可行性。

（二）政府引导下的多中心协同治理与以往治理理念的不同

在对待政府的态度方面，中西方（尤其是美国）在文化传统方面存在很多不同，甚至完全相反的观点。与中华文明国家观倾向于认为政府是与生俱来的善不同，在许多秉持新古典框架国家观的西方人士眼里，政府似乎只是必不可少的恶（杨春学，2018）。从逻辑上，如果说国家的存在是一种必不可少的“恶”，自然要把作为其代理人的政府限制在最小限度内，而推导出来的必然是“守夜者”政府的概念：管理最少的政府是最好的（杨春学，2018）。或许是受这种文化的影响，奥斯特罗姆在论证公共池塘资源社区自主组织与自主治理时，倾向于将政府排除在外——虽然在其治理成功的案例中，也有政府的作用，但往往是被动消极的角色，比如政府对社区自治的默许。

在目前我国社会志愿组织发展滞后，公共精神发育不足，基层民主发育不充分等诸多制度性或现实困境的条件下，从理论上寻求破解单纯“利维坦”模式的失灵、单纯私有化的缺陷和社会组织主导模式的滞后等问题显得尤为重要。总体而言，党和政府在公共资源协同治理当中是比较理想的引导者。这有利于避免陷入赫勒式反公地悲剧。

但必须承认的是，政府本身也不是一个抽象的统一整体，而是由各个具体纵向层级和横向部门划分所构成，不同层级的政府组织，不同部门的政府组织可能存在自身的利益考量，在引导公共资源协同治理过程中也难免存在扯皮推诿的可能性。甚至在改革过程中，由于部门利益的作用，某些政府部门不仅不能成为问题的解决者，反而有可能成为问题的制造者和需要被改革的对象。但是相比于其他任何组织而言，在跨越不同区域和时间中的公共资源治理领域，其他任何组织或个人很难有能够与之相提并论的影响力、领导能力和宏观协调能力。当然，要想让政府在公共资源协同治理当中更好地发挥引导作用，继续推行“大部制”改革，理清各部门和各层级政府组织之间的权、责、利等关系，也是实现公共资源良好治理的题中之义。

此外，党的十八大指出：“社会主义协商民主是我国人民民主的重要形式。要完善协商民主制度和工作机制，推进协商民主广泛、多层、制度化发展。”这表明：在我国要想实现公共资源的良好治理，应当借助既重视分工，又重视协作；既重视政府引导，又鼓励社会力量广泛参与的政府引导下的多中心协同治理模式。

再者，我国仍然处于转型期，过去我国深受苏联高度集中的计划经济体制的影响，政府不仅在经济建设中，也在社会治理领域事无巨细，大包大揽。今天我们提出的政府引导下的多中心协同治理方案，绝不是继续走过去的老路，认为公共资源治理都是政府部门的事情，凡事都必须由政府来干预或负责。传统高度集中的计划经济体制基本上已经被公认为是缺乏效率的。至少在经济发展方面的弊端已经获得了人们比较充分的认识。公共资源治理领域，由于资源自身的特征，很容易陷入市场失灵的困境，这为政府干预提供了客观基础，但并不意味着政府部门应当事无巨细、大包大揽。经过四十多年改革开放，我国的经济发展和社会形态与计划经济时代发生了显著的变化，市场的力量已经比较成熟，社会组织也在不断建立和成长（尽管总体上还不够成熟），政府部门决策和行政的社会环境已经发生了根本性的变化，从而决定了在公共资源治理领域，如果仅仅依靠政府不仅不可行而且必然是低效率的。

本书之所以强调在多中心协同治理的基础之上，应当加上“政府引导”的限定词，是基于对我国现阶段具体国情的考虑，由政府在公共资源治理当中发挥领导者、协调者和托底者的角色。它与过去政府事无巨细、大包大揽的理念存在根本区别，它是建立在多中心协同治理理论的基础之上的。也就是说，即使有政府这一“中心”的介入，也要重视其他市场和社会力量的“中心”作用，允许同时有多个中心的存在。具体而言，可以有以下具体的策略：

第一，政府需要引导和兜底。政府不是一个政府，而是许多政府，government 应该是 governments。发挥地方政府、基层政府、准政府组织的积极作用。

从根本上来讲，要解决公地悲剧问题，应当把“公地”变成“非公地”，比如进行私有化，变成公私兼有的半公地，或者建立公有产权。无论是把公地变成非公地，还是在不改变公地性质的前提下治理公地，为了追求让整个社会福利最大化（即经济学中通常所说的资源优化配置），一方面要把资源使用的经济蛋糕做到最大化，另一方面如果我们赞同人际间效用的可比性和边际效用递减规律，就必须进行一定的资源和财富再分配或者对社会当中处境较差者福利带来更多改进。从我们党和国家正在推进的"精准扶贫"等政策来看，我们国家政府应当是赞同这类观点的。在对公地各式各样的具体治理手段中，无论是追求资源配置的效率最优，还是是追求公平正义和对贫弱者的扶持，始终无法绕开为实现集体的利益而采取有效的集体行动问题。而要获得足够多的有效的集体行动，就必须解决搭便车者问题，克服利益集团中的搭便车这一问题无非借助两种手段——要么借助组织的力量，即进行必要的组织化；要么创设出选择性激励；当然现实当中最有可能的往往是二者兼而有之①。然而，无论是组织化还是选择性激励的创设如果不借助党和政府的力量，往往会事倍功半——无论是在效率上还是在平等上来说都可能如此。

第二，重视公共资源使用者（commoners）和利益相关者的力量。所谓"春江水暖鸭先知"。其一，根据哈耶克对"知识"的看法，许多重要的信息是分散在具体时空背景中的本地化知识，其中很多属于"事非经过不知道"的"默会知识"（tacit knowledge）。要想实现对公共资源的良好治理，就必须充分了解这些资源本身和资源使用者群体。其二，人是有理性和适应性的。当公共资源治理遇到困境时，当地的资源使用者通常会采取一定的行动加以应对。我国许多好的改革政策，往往并不是决策者在办公室或者研究者在书斋里"苦思冥想"事先"设计"出来的，而是基于对一线资源使用者和利益相关者自行演化出的"土办法"的充分尊重和吸收，并加以合法化和普及化的基础之上的。对于公共资源的治理，也概莫能外。

第三，重视专业人才和组织的作用，让专业的人做专业的事。现代社会，许多公共资源治理问题，往往还涉及到非常复杂的专业化知识，比如新冠肺炎疫情的防控，专业人员和机构是必不可少的关键力量。除此之外，类似的案例也比比皆是，比如互联网空间的安全问题等。当治理的资源本身涉及较强专业化知识时，决策者绝不能以行政指令代替专业化知识，而是应当充分重视相关领域专业人才和组织的作用，才能尽可能地使治理过程更加科学合理。

① "智猪博弈"能够说明公共物品带来的私人收益在成员之间分配不均时，受益较多的成员即便出于私利的考量也有可能采取"集体行动"。但这似乎并不是集体行动的动力机制。如果放松经济人假设，则还有无条件的利他主义行为倾向。有条件的利他主义则可视为选择性激励的一种具体形式。

第四，重视对市场化组织和机制的使用。人类的许多矛盾和问题都起源于资源的稀缺性。稀缺性是一个带有很强主观性的概念，它是指相对于人类无限的欲望而言，能满足某些需要的资源总是显得“不够”，经济发展、技术进步也无法消除稀缺性。如前所述，随着某些资源稀缺性获得解决，新的更大的稀缺性通常又会被创造出来。因此，稀缺性就意味着竞争。资源争用，得手必有一凭。比如凭先到先得、考试成绩、级别高低、权威性高低、关系亲疏……其中凭自愿交易的市场化机制，在很多情况下是比较合理的，至少在调动行为主体的效率方面具有显著优势。因此，即便在一般认为会导致市场失灵的公共资源治理领域，也可以引进市场化组织和机制。如前所述，挖掘利用“有条件的利他主义”行为倾向通过公私合营（即所谓 PPP）的方式，以及“公共产品联合供给”等方式，可以解决商业组织在提供公共物品方面缺乏动力的问题。

第五，重视对社会力量，尤其是社会组织的培育。许多公共资源治理问题，如果可以借助社会组织和民间非组织化力量的作用，将会更加有效。当代社会治理已突破传统的线性模式，走向网络化治理形态，呈现出网络化、多样化、自组织的特征，社会治理需要从传统的行政管理模式向复杂科学管理范式转变（范如国，2014）。政府引导下的多中心协同治理方案，要求政府有放有收。当社会力量和社会组织足够强大，可以有效解决公共资源治理问题时，政府的力量就可以逐渐退出，退居幕后进行必要的监督，当社会力量的活动超越了道德，尤其是法律（道德主观性太强，不太好衡量和把握）允许的边界时，政府就应该及时介入，避免误入歧途。在社会力量发育尚不成熟的阶段，政府则应该通过一定的形式，比如资金、设备、培训和政府购买服务等，予以支持。

第三节　从广场舞扰民问题的治理看待政府在公地治理中的作用

广场舞本身并不是公共资源或者公地。但是对于广场舞发生的场地而言，当人们对它的使用发生冲突，甚至引发社会矛盾时，即表明这种“场地”的使用越过了“拥挤”的边界，因此场地和空间的利用问题就属于缺乏排他性和具有较强（正）竞争性的公共资源或者公地治理问题。

一、所谓的伤害都是相互的

广场舞扰民问题的根本原因在于广场舞场地(空间)的稀缺性。广场舞发生的场地带有很强的公共资源属性。当场地的使用尚未达到"拥挤"或者"扰民"的边界时,它们就属于公共物品,因为它们基本不存在竞争性,而超过一定的边界时,就变成了公共资源。广场舞是具有中国特色的一种群体性体育文化活动。无论是在北京、上海这样的国际大都市,还是乡镇农村地区,广场舞都是一种普遍流行的事物。本节以广场舞扰民问题的治理为例,阐述政府在公共资源治理中的作用。

首先,我们应当承认一些人群具有跳广场舞的强烈需求,它对提高参与者的生活质量具有重要意义。1960 年新制度经济学的创始人科斯在其著名的《社会成本问题》一文中论证,"所谓的伤害其实都是相互的"。比如我们通常只注意到,一些人跳广场舞"剥夺"了周围居民享受安静环境的权利,却忽视了其实反过来说也是成立的——周围居民要求享受安静的环境"剥夺"了一些人痛痛快快跳广场舞的权利。所以,无论是想享受安静环境的居民,还是喜欢痛痛快快跳广场舞的人群,他们的需求都具有某种合理性,因而都是值得尊重的。我们需要做的,就是通过一定形式的制度安排和治理,寻求达到利益相关者各方都能够接受的一个最佳平衡点,或者区间。

二、广场舞扰民问题的治理政府责无旁贷

对广场的使用,本质上是一种公共资源配置问题。决定资源配置的力量主要有三种:市场、政府和奥斯特罗姆论述的"资源使用者社区自治"。

市场:用"金钱"说话。然而广场的使用一是缺乏明晰度和排他性的产权,向"谁"去买是个问题;二是涉及到公平问题,并不是所有的场合都适用金钱逻辑。因此在确定广场使用的权限时,市场是"失灵"的。

使用者社区自治:需要满足一系列较为苛刻的条件。由于广场舞噪音污染属于"弥漫性污染",利益相关者人数众多,沟通协调成本很高,也就是经济学家通常所说的交易成本很高。无论是从理论还是从现实来看,跳广场舞的人群内部,周围希望享受安静环境的居民内部,尤其是这两类人群之间,往往很难通过自主谈判实现双方都能够接受的协议。很多地方甚至因为广场舞引发了非常激烈的冲突和对抗,甚至上升为严重的社会事件——比如武汉泼粪事件、北京鸣枪放藏獒事件、温州高音炮还击事件等等。再者,目前我国的使用者社区组织性程度较低,比如社会组织的发展还处于起步阶段。单纯依靠使用者社区自治往往难以奏效。

那么治理广场舞扰民问题的责任，自然而然地就落到了政府，尤其是基层政府头上。归根结底，需要基层政府或者准政府组织(街道、社区、居委会等)积极履责，发挥治理的主导作用，并构建政府引导下的多中心协同治理体系。比如谢秋山(2015)的研究表明：在广场舞冲突的案例中，当政府未能积极介入时，通常很难实现冲突的解决，而当政府能够积极介入，甚至主动提供公共服务时，广场舞的冲突通常不仅能够得到治理，甚至还能防患于未然，在矛盾发生之前就将其化解在萌芽阶段。详见表 9－1：

表 9－1　广场舞冲突案例比较分析

事件	资源竞争程度	冲突激烈程度	公民协商与否	协商成功与否	政府介入情况	冲突成功解决与否
北京昌平鸣枪放藏獒事件	强	激烈	是	否	无	未解决
温州高音炮事件	强	激烈	是	否	后期被动介入	最终成功解决
武汉泼粪事件	强	激烈	是	否	无	未解决
湖口防洪堤广场场地纠纷	强	激烈	是	否	被动介入	未解决
常州芦墅公园场地冲突	强	激烈	是	否	被动介入	未解决
长沙芙蓉区荷花园街道	弱	轻微	是	是	主动协调	成功解决
长沙开福区荷花池社区	强	轻微	是	否	主动协调、制定规则	成功解决
长沙天心区新园社区	强	轻微	是	否	主动协调、制定规则	成功解决
永州阳明山国家森林公园管理局	无	无	无	无	主动提供公共服务	无冲突

资料来源：谢秋山(2015)，p. 25。

三、广场舞扰民问题治理的宁波实践

本书以宁波市广场舞扰民问题的治理为例进行阐述。具体而言，宁波主要采取了以下治理方针：

第一，制定规则。《新制度经济学》的研究表明：有规则的生活可以减少冲突，节省交易费用，因此有规则的生活比没有规则的生活成本低。2019 年 7 月 1 日，宁波市通过了《宁波市环境污染防治规定》。其中就有针对广场舞等噪音的规定："在城市市区噪声敏感建筑物集中区域内，不得使用高音广播喇叭或者其他发出高噪声的音响器材；在城市市区街道、广场、公园等公共场所组织娱乐、集会等活动，不得使用音响器材产生干扰周围生活环境的过大音量。”[①]而宁波市海曙区则早在2014年7月9日就已全面推开《广场舞文明公约》，以“三限”（限时段、限区域、限音量）为主要内容。现摘录公约部分内容如表9-2所示：

表9-2 海曙区《广场舞文明公约》（节选）[②]

本公约所称“广场舞”指海曙区公共场所举行的各类文体活动； 活动时间一般不早于6:30、不晚于21:00（夏令），或不早于7:00、不晚于20:30（冬令）；持续时间不超过2小时，中午休息期间停止活动； 活动声源处音量一般不超过85分贝；在离声源最近的噪声敏感建筑物处，白天平均音量一般不超过60分贝，晚上平均音量一般不超过45分贝； 若因活动与居民发生冲突，应积极沟通，或邀请第三方及时协调解决； 在中高考等敏感时期，自觉降减音量、时长或暂停活动。

很快，海曙区的这一经验做法，就在全宁波获得了推广，并于2014年11月25日获得中央电视台财经频道《第一时间》栏目的宣传报道。[③]

仅有规则还是不够的。首先这种规则（正式制度）应当与当地的非正式制度，以及当地环境保持一致。广场舞音乐的音量应该被限定在一定的区间范围内，这已经是当地人民的共识，因此这一条基本问题不大。此外，即便规则被订立出来，而且规则是合适的，符合当地条件的，还需要有比较简便易行的噪音监测预警手段，否则容易陷入无谓的纷争——比如不同利益集团关于音量到底有没有“过高”的纷争。

2021年4月8日有网友在“领导留言板”中表示：“我是鄞州区华泰剑桥二期居民，住在小区西侧河边，河对面是公园，站在窗边就能欣赏到美丽的城市风景。可是公园内每天早晚两场的广场舞却让我苦不堪言，早上广场舞的时间是6：15到7:30，晚上的时间是18:40到20:30。只要不下雨，早上肯定会被广场舞音乐吵醒，晚上孩子又要伴随强烈的广场舞音乐完成作业。”[④]

宁波市有关政府部门则留言表示，下一步将要在发生纠纷的区域安装噪音监测设备。具体留言摘录如下：

“尊敬的网友，您好。您反映的问题已收悉。中河派出所民警于4月13

① 领导留言板：《广场舞能治理吗》，2021年4月8日，http://liuyan.people.com.cn/threads/content?tid=9730869，2021年5月3日。

② 浙江在线（宁波）：《海曙全面推开《广场舞文明公约》舞队需在社区备案》，2014年7月10日，http://nb.zjol.com.cn/system/2014/07/10/020132086.shtml，2021年5月3日。

③ 中央电视台（第一时间）：《浙江宁波：出台公约规范广场舞》，2014年11月25日，http://tv.cctv.com/2014/11/25/VIDE1416878459960467.shtml，2021年5月3日。

④ 领导留言板：《广场舞能治理吗》，2021年4月8日，http://liuyan.people.com.cn/threads/content?tid=9730869，2021年5月3日。

日晚19时到现场进行核实，发现华泰剑桥二期西侧前河公园有群众参与广场舞，现场放了两只音箱，未发现高音喇叭。民警已与该处广场舞参与群众进行了沟通劝导，让对方注意控制播放音乐的音量，避免影响周边居民正常生活。由于噪音、音量过大很难界定，我所目前也没有检测设备，故很难从法律上作出处理。参与广场舞群众也向民警提出在广场安装两个箱子放置音箱，以减小音量。下一步，我们会安装箱子，以尽量减少对周边居民的影响。上述情况我们已电话与您沟通反馈，您表示认可。感谢您对我们工作的关心、理解与支持。祝您生活愉快。（宁波市鄞州区公安局）”①

第二，借助科技设备，加强管理。为了确保上述规则能够切实得到遵守，还应当采取相应的配套措施。比如，在广场上安装分贝检测仪和屏幕，在屏幕上实时显示分贝数，并且应当在上述告示牌上列出相应的举报电话，或者干脆将检测设备与当地公安机关联网，一旦超出合理边界，比如连续多次噪音超标，且警告无效，则可出动警力入场，采取人工介入的方式加以解决。据作者在宁波的调研和公开报道显示：宁波在许多人群密度大、广场舞经常发生的场所安装了噪音监控设备。譬如，据澎湃新闻一则题为《宁波治理广场舞噪音，手段越来越“聪明”啦！》的报道显示，宁波市在广场舞治理设备中，从“噪音检测仪”升级为“噪音预警管控系统”。这表明宁波市广场舞扰民问题的检测设备由“1.0版本”升级为“2.0版本”。

通过这种设备，可以在广场舞场地自动采集现场噪音数据。当噪音超过70分贝时，该系统就会自动提醒广场舞群众降低音量，详见图9-1。而且，为了避免广场舞者“拒不配合”监控设备“自说自话”的尴尬，该系统还与公安机关后台联网，民警可以远程查看现场情况。针对10分钟内5次预警无效的情况，辖区派出所就能收到指令，立即出警对相关人员进行管理劝导，详见图9-2。

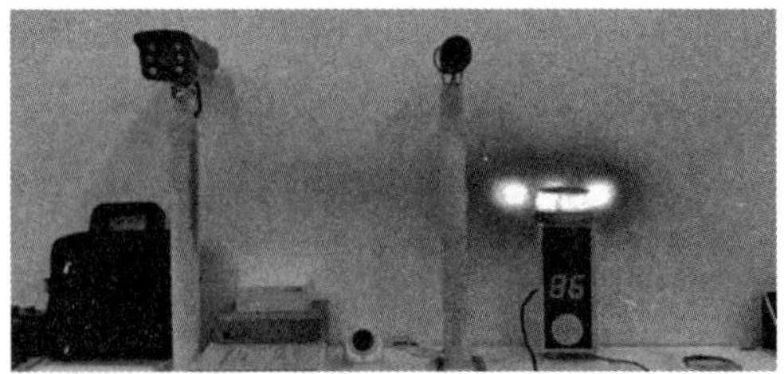

图9-1 海曙“噪音预警管控系统”

① 领导留言板：《广场舞能治理吗》，2021年4月8日，http://liuyan.people.com.cn/threads/content?tid=9730869，2021年5月3日。

图 9-2　正在参与广场舞扰民问题治理的民警

公开资料表明，这一系统的采用，收到了良好的治理效果。比如，2020年上半年海曙辖区涉及广场噪音扰民的警情高达 340 余起；而在整治之后，2020 年下半年该类警情只有 20 余起，下降率高达 94%。而且由于监控设备的帮助，在“如山铁证”面前，违反规定的广场舞参与者的配合度大为提升。比如负责夏禹路公园的广场舞噪音驻点巡查工作的民警郭××表示，“起初，有些居民不理解，认为跳个舞、唱个歌，警察都要干涉，还要和我们吵架。”郭××笑着说，还好自己之前在基层派出所工作，矛盾调解经验丰富。“我们先是出示证据，根据现场噪音管控系统显示，让他们知道自己确实是超过了国家规定的标准，然后再进行耐心劝导，晓之以理，动之以情，一般居民都会理解的。”①

第三，扩大场地供给，加强服务。政府除了管理，还应当积极提供服务，解决广场舞场地供求矛盾。国家统计局数据显示，我国 2019 年人均体育场地面积为 1.86 平方米（宁波稍微高一点，达到 2.2 平方米）。但是五六年前，美国相应数值就达到了 16 平方米，日本更是高达 19 平方米，我们的人均体育场地面积还不到日本的十分之一。因此可以由基层政府牵头，动员社会力量，盘活社会闲置资源，为广场舞迷们寻找合适的跳舞场地和设施，解决因争夺场地而引发冲突的问题。另外，在今后的市政规划、新楼盘的建设等环节，应该为公共体育活动留下更多的空间。

① 澎湃新闻：《宁波治理广场舞噪音，手段越来越“聪明”啦！》，2020 年 12 月 20 日，https://www.thepaper.cn/newsDetail_forward_10467057，2021 年 5 月 3 日。

宁波市政府部门在积极盘活现有场地，提升公共空间的利用效率方面，做出了诸多努力，且取得了一定的政策效果。比如，海曙区教育局向全区有条件的中小学生和幼儿园发出倡议，在特定时间段里开放操场。海曙区所有 26 所中小学(不包括寄宿制学校)都向广场舞开放了操场，时间为每天下午放学后和寒暑假。海曙区文化馆的器乐排练厅、音乐舞蹈排练厅、艺术培训教室、多功能排练厅等场所，也都免费开放。广场舞队只要向文化馆办理过相应手续，每周一至周五，可在固定时段内借用场地。此外，宁波市还新建了一些体育运动场馆，并对广场舞爱好者开放，比如海曙区文体中心等。

第四，动员社会力量，共同参与治理。政府作为治理广场舞扰民问题的牵头者，应积极动员其他社会力量共同治理。比如，政府可以培育一批与社会公共秩序管理紧密相关的社会组织。针对跳广场舞人群的特点——一般为退休人员，闲散时间较多，比较热衷于公共事务，具有一定的组织性等，尤其应当考虑将各大广场舞队伍发展为维护公共秩序的社会组织，变“他律”为“自律”。为实现这一转变，还应当充分发挥广场舞参与者当中党员干部的模范带头作用。如果条件允许，还可以鼓励各大广场舞团队给自己起上名字，明确领队(或者负责人)，并在当地街道办事处或者社区登记备案，从而无形当中强化对它们的监管。

在动员社会力量方面，宁波许多地区的做法也是可圈可点的。比如，在扩大场地供给方面，宁波市动员了广泛的社会力量参与，上述第三点已经做过介绍，不再赘述。① 此外，早在 2014 年宁波市海曙区就全面推开《广场舞文明公约》，舞队需在社区备案。想跳广场舞流程是这样的，“首先你得申请加入一个团队，一般找到领舞或者放音乐的人，就是负责人。你当然也可以另起炉灶拉起一支舞队，前提是选出一名固定责任人，承担管理工作，然后到社区备案。按照公约，广场舞不得进行任何营利性活动，所以加入团队跳舞是免费的，当然部分团队可能会自筹经费提升软硬件。”②

以上大致为宁波市在治理广场舞扰民中的主要经验做法。需要澄清的是，本节以宁波市广场舞扰民问题的治理为例，讨论政府引导下的多中心协同治理模式，总结归纳了宁波在治理中形成的有益经验，但并不代表作者认为宁波在广场舞扰民问题的治理中已经做到了面面俱到，甚至无可复加的

---

① 在场地的供给方面，宁波市的做法也登上过中央电视台“新闻直播间”栏目。央视网：《浙江宁波：整合资源增场地　广场舞不再扰民》，2014 年 12 月 3 日，http://tv.cctv.com/2014/12/03/VIDE1417552318916956.shtml，2021 年 5 月 3 日。

② 浙江在线(宁波)：《海曙全面推开《广场舞文明公约》舞队需在社区备案》，2014 年 7 月 10 日，http://nb.zjol.com.cn/system/2014/07/10/020132086.shtml，2021 年 5 月 3 日。

地步。事实上，广场舞扰民问题本身是一种全国各地都频繁发生的问题，人们对它的认识和治理存在一个渐进和完善的过程。即便在广场舞扰民的治理中可圈可点的宁波，在某些区域或者时段，仍然存在有待上述经验做法不断推广普及和覆盖的空白地带。此外，上述“宁波方案”也存在继续深化完善的空间。

第四节 政府引导下的多中心协同治理案例：鄮西走廊的“涅槃重生”

如果说广场舞治理的宁波经验，主要体现的是政府在公共资源治理中的重要性，那么接下来介绍的案例，则更加直接地体现本章试图论述的“政府引导下的多中心协同治理”。

一、鄮西走廊的背景情况

本案例中的鄮西走廊位于甬台温铁路的黄鄮新村沿线，总长度 830 米，总面积约为 6000 平方米，呈狭长状分布，详见图 9－3。黄鄮新村是宁波市鄞州区白鹤街道黄鄮社区的一个小区，建成于 1990 年，是一个十足的老旧小区。据浙江政务服务网公开资料显示：黄鄮社区建于 80 年代中期，由鄮东、鄮南、鄮中和鄮西四个片区组成。位于鄞州区的东南面，东起游龙河，南接凤凰新村，西连宋诏桥路，北靠兴宁路。社区内共有楼房 138 幢，总面积约 0.6 平方公里，共有居民 5118 户，人口约 12798 人，其中暂住人口达 3200 人。社区党委现有党员 573 名，下设 17 个党支部，“80”后青年党支部 2 个。[①] 黄鄮社区处于宁波城区比较中心的位置，距离宁波人公认的市中心“天一广场”不到 3 公里的路程。

鄮西走廊的产权事实上是破碎化的，从而决定了它长期处于一种“三不管”地带。作为城市地带，鄮西走廊的所有权为国有性质，具体的归属者为铁道部门。在受益权方面，鄮西走廊周边的社区居民，尤其是黄鄮新村的居民是分散化的共同受益者。从行政区划的角度，鄮西走廊属于鄞州区白鹤街道黄鄮社区。此外，周边的企事业单位、商铺等也是广义上的共同利益相关者。虽然上述权利主体或者利益相关者都对鄮西走廊的公共秩序和生态

---

① 浙江政务服务网：《社区简介》，http://nbyzbh. zjzwfw. gov. cn/art/2015/12/16/art_986388_299790. html，2021 年 5 月 3 日。

环境负有维护责任，但是通常没有哪一方具有完全的激励去履行职责。最应该负责的似乎是铁路部门，但该部门关注的是保障铁道畅通和铁道交通安全，铁道周边的公共秩序和生态环境的维护并非其传统业务范围，亦非其专长。

那么监管治理职责似乎理所应当地落在当地街道和社区身上。但是由于该地带本身属于铁道部门，要对这一区域进行改造和建设，必须征得铁道部门的同意，如果没有较高层级的政府领导出面协调和推动，仅仅凭借当地街道或者社区将很难获得相应的权限。再加上这一地带本身治理难度大，仅仅凭借街道和社区，既缺乏充足的动力，也超出了其能力范围。而周边居民、企事业单位和商铺等，由于它们是高度分散化的“原子”式个体，很难在完全不借助外力就自发且高度地组织起来，并对鹂西走廊这类公共事物的治理采取有效的集体行动。

图 9－3　鹂西走廊区位地图

二、治理前的鹂西走廊

治理之前的鹂西走廊被戏称为“城市的边角料”“杂草丛生的都市荒原”，属于典型的“三不管地带”。[①] 该地带要么杂草丛生，无人打理，要么附近的居民在这一带种菜，饲养家禽，乱倒垃圾，随意堆放杂物，以及私搭乱建，是铁路沿线环境和老旧小区治理工作的老大难地带。当地居民、政府机

① 其实，此处使用“治理前”“治理后”是不太准确的，因为当地政府几乎每年都会针对此处开展集中整治，但是收效甚微，不仅整治不彻底，而且经常反复。因此，如果没有特别说明“治理前”“治理后”默认特指 2020 年初夏开始的“政府引导下的多中心协同治理”。

关、企事业单位对这种“脏、乱、差、臭”的状态普遍感到憎恶，而且几乎每年都开展专项整治，但都无济于事。中铁上海局集团宁波工务段副段长厉×表示：“这里属于铁路安全保护区域，但日常主要是附近居民在使用，乱搭建、乱扔垃圾、乱种菜等行为屡禁不止，我们一直很头疼。”[①]一言以蔽之，这里虽然地处闹事，但由于各种各样的原因，这里事实上非常像哈丁笔下的开放进入式“公地”，由于缺乏有效且常态化的管理，多年来公地悲剧似乎是这片土地的宿命。所谓“一图胜千言”，治理前鹂西走廊的脏乱差状态详见图9-4、9-5：

图9-4 治理前的鹂西走廊(1)

图9-5 治理前的鹂西走廊(2)

① 浙江新闻：《共治共建共筑“幸福里”“众筹养成”的“鹂西走廊”开园了》，2021年1月13日，https://zjnews.zjol.com.cn/zjnews/nbnews/202101/t20210113_21960664.shtml，2021年5月4日。

三、治理后的鹂西走廊

从2020年3月26日宁波市鄞州区委书记现场指导，做出批示，明确建设方向，白鹤街道启动“鹂西走廊”专项整治行动，发布“公益召集令”……到2021年1月12日，鹂西走廊正式建成开园，经过社会各界坚持不懈地整治、建设，鹂西走廊旧貌换新颜，一改过去脏乱差的公地悲剧局面。不仅如此，它反而变成当地居民健身、散步、娱乐，网红打卡拍照的“都市花园”。

治理之后的鹂西走廊点缀了“鹂西十景”：汇议亭、鹂香道、草木居、鹂之鸣、聚星绘、一里香、小时光、鹂笆墙、幽草涧、窗台边。建成之后的短短数月之后，就获得全国多家重要媒体的报道，比如新华网、人民论坛网、浙江新闻网、潇湘晨报、宁波日报、宁波晚报、搜狐网、腾讯网、中国城市建设网……治理之后的鹂西走廊的整体效果图详见图9-6。图9-7、9-8和9-9分别代表鹂西十景当中的“同心塔”“枕木道”和“小时光”。“同心塔”和“枕木道”使用的木头都是铁路部门捐赠的废弃枕木。“同心塔”，寓意众人拾柴、共筑美好。塔上有“共建共管、共治共享、共商共议”等内容，塔基上刻有鹂西走主要共建单位，是鹂西走廊建设和运行理念的具象化展示，是鹂西走廊的“精神地标”。“小时光”不仅布置有儿童游乐设施，还在墙上绘有旧时的儿童游乐场景，小孩子们可以在这里游戏玩乐。“老小孩”们则可以通过墙上所绘的旧时的儿童游乐场景找到自己的童年时光，这也是这一景点被取名为“小时光”的用意。

图9-6　治理之后的鹂西走廊整体效果图

图 9－7　鹂西十景之“同心塔”

图 9－8　鹂西十景之“枕木道”

图 9-9　鹛西十景之“小时光”

四、各行为主体在治理中发挥的作用

鹛西走廊的建设，是名副其实的“政府引导下的多中心协同治理”——当地政府起到了抓总带头的作用，同时市场和社会力量广泛参与，发挥了重要的作用。上述行为主体发挥了引导者、组织策划者、出资者、规划者、议事平台、建设者、技术支持者、日常维护者等作用，不同角色的中心力量各不相同，但是又起到了互相协同，共同治理的效果。

（一）引导者

笼统而言，当地政府是鹛西走廊治理和建设项目的引导者，既是项目的发起者，也是策划者、组织者和兜底者，甚至还发挥了项目催化剂的功能。具体而言，鄞州区委区政府是项目最直接和最重要的引导者。2020 年 3 月 26 日鄞州区委书记到达现场指导，并先后 3 次作出批示，明确建设方向。其中 2020 年 5 月 13 日，区委书记就鹛西走廊建设作出如下批示：“要组织群众、社会组织共建共管、共治共享，成为创造文明、城市微改造、微更新的样板，还可以考虑创建成为协商议事的长廊和阵地。”[①]

① 微信公众号“白鹤新鲜事”：《@所有人，这里有一份公益召集令，等你来 pick》，2020 年 6 月 1 日，2021 年 5 月 4 日。

（二）组织策划者

在具体的组织策划和执行层面，白鹤街道和社区党组织是中心角色。在鄞州区领导的引导和力推之下，白鹤街道迅速启动“鹂西走廊”专项整治行动，发布“公益召集令”。在召集令中写道：“前期，已经有一批机关和企事业单位以货币、实物等形式，共同参与‘鹂西走廊’的建设。在此，我们诚挚地向您发出这份共建召集令……”召集令的具体事项，详见表9-3：

表9-3　“鹂西走廊”共建召集令

序号	项目名称	项目简介	所需设施	所需资金
1	鹂香道	枕木休闲步道。仿照旧式铁轨打造，两旁放置枕木制作的休闲椅，长度约500米，在整体效果上，形成与现代化铁路平行的旧式铁路。	废旧枕木，用于步道铺设、园内座椅制作。	10000—150000
2	一里香	在枕木步道边约500米的场地，栽种山茶、桂花、杨梅等植物。	果树及树苗，用于果园种植、及园内观赏。	10000—200000
3	聚星绘	以手绘漫画形式，在铁路墙上呈现“鹂西走廊”的诞生。	对铁路沿线高墙以手绘形式美化。	10000—150000
4	小时光	儿童玩耍、居民健身的区域。	文体设施，用于园内幼儿娱乐、居民健身。	10000—50000
5	汇议亭	居民说事议事的场所。由葡萄架、花木构成，同时展示黄鹂社区往昔的面貌和特色文化。	葡萄架、木材、石材等物资。	10000—100000
6	窗台边	实施“美丽阳台”行动，对居民阳台窗台进行统一修葺、指导花草养护摆放。	阳台可放置的塑胶垫、盆景。	10000—100000
7	草木居	居民认养花木的场所。居民可以在此交流花草养护经验。	花架、花草打理工具。	10000—20000
8	鹂笆墙	用于500米的居民楼一侧墙体美化。	绿篱、三角梅、月季等植物。	10000—50000
9	鹂之鸣	社区变迁和重大事项的展示和发布窗口。	木质宣传架。	10000—80000
10	幽草涧	在贯穿整条走廊的排水沟两侧，铺设鹅卵石、栽种花草，提升美观度和功能性。	花草种子、鹅卵石。	10000

续 表

序号	项目名称	项目简介	所需设施	所需资金
11	其他类	人物雕塑、小品、垃圾桶等：用于园内美化。	垃圾桶、小型雕塑等设施。	10000—100000
		太阳能灯：用于园内照明。	落地太阳能灯。	

资料来源：微信公众号“白鹤新鲜事”，《@所有人，这里有一份公益召集令，等你来 pick》，2020 年 6 月 1 日，访问时间 2021 年 5 月 4 日；个别字词有修改。

（三）出资者

不同于过去政府主导或者经费拨付的模式，白鹤街道探索“共同缔造”模式，将“鹂西走廊”项目的主导权交给居民，并发布公益召集令，邀请一批机关和企事业单位以货币、实物等形式共同参与建设。① 上述召集令发出之后，迅速获得社会多方力量的积极响应和参与，居民、企事业单位踊跃捐款捐物，出工出谋，建设资金全部来自众筹，共筹集了 500 万元左右资金用于项目建设。这次整治建设，不仅没有动用财政资金，而且在项目的规划和实施过程中，也都是多个中心多个主体深度参与、密切协作完成的。在整个项目的建设和建成后的日常维护中，当地政府并没有动用财政资金，全部资金均来自众筹，可能是该项目的最大亮点和特色，也是最能表明“政府引导下的多中心协同治理”能够真正落地的最有力证据。

（四）规划者

除了资金之外，项目的规划也是一项重要内容。如何做到尽量节省开支、绿色环保，又能兼顾项目与当地自然和人文环境的有机融合，并且能充分考虑到周边社区居民的审美情趣，都是规划者需要解决的问题。宁波大学潘天寿建筑与艺术设计学院教授徐××团队应召而来，在项目规划中贡献了专业团队的力量，是规划者这一角色的中心。但要如何建才能使周围居民更加有获得感和满意度，除了“正规军”的参与之外，还少不了生活在当地的社区居民自身的积极参与。这本身也是作为规划师的徐教授团队所极力提倡的。因此，在规划者角色方面，周围的社区居民也积极参与进来，献计献策，确保项目规划达到人们理想中的效果。

徐教授认为，只有共建共管、共治共享、共同缔造，才能真正形成长效管理机制，让更多居民愿意参与共建和珍惜成果。“比如‘草木居’，原本设计三层都是放花木的架子，后来考虑到社区内老年人口比例较高，我们就将底

① 鄞州新闻网：《白鹤街道众筹建成城市生态休闲长廊》，2021 年 1 月 13 日，http://yz.cnnb.com.cn/system/2021/01/13/030220404.shtml，2021 年 5 月 5 日。

层改造成座椅，方便居民休憩。”徐教授说，以人民为中心的理念，体现在点滴细节中。[①]

（五）议事平台

要确保项目的规划、建设和后期的日常维护尊重当地的本地化知识，确保当地的公地使用者（commoners），即周边社区居民、企业事业单位、商铺、社会组织等群体能够有效参与进来，也是一个重要环节。要确保社会，尤其是当地居民的参与，就需要有一个议事平台。在议事平台的搭建方面，白鹤街道原党工委书记祝××发挥了重要作用。他本人之前参加过几次鄞州政协的“微协商”，政协委员们的真知灼见给他留下了深刻印象。因此在他的建议之下，通过政协和政协委员的力量，联系群众，搜集社情民意，将政协协商与基层协商有机结合起来，构建有针对性的议事平台，就成了顺理成章的事情。在议事平台的搭建和运转事项当中，祝××和一些当地政协委员承担着中心角色。

他们专门建立了“政协大联委”机制，让生活工作在白鹤社区或关注关心社区发展、有影响力的政协委员组成一个更广泛的“朋友圈”。消息一出，陆续有 26 名委员参与进来。“朋友圈”越来越大，符合当地情况的高质量建议越来越多。比如宁波市政协委员、市书法家协会副主席陆××通过实地走访和勘察之后提出，鹂西走廊所处地段地势低洼，容易积水，因此规划建设一定要造好排水设施；此外，他还建议在公园枕木小道上铺设真实的铁轨，既做到因地制宜，又能够通过一定形式留住文化印记。铁道部门捐赠了废弃的火车头和枕木，用于项目建设。为了确保当地社区居民用起来称心，在枕木的铺设过程中，在铺设一小段之后先邀请当地社区居民亲身体验，在获得他们的赞同之后再继续铺设后续路段，真正做到了尊重民意和共建共享。

鄞州区政协委员、区规划设计院副院长王××则建议“要考虑到居民的健身要求，打造一条塑胶跑道，用奔跑串起这一路美景”。“独怜幽草涧边生，上有黄鹂深树鸣。”看着美景，鄞州区政协委员、白鹤街道知联会会长吴××喜不自禁，配图发文到朋友圈。并将居民们的幸福笑脸集合在一起，在小公园打造了一堵照片墙。[②]

除议事平台之外，黄鹂新村社区还进一步“主动出击”，组织居民代表入

---

① 新浪网：《昔日“脏乱差”变身“网红打卡地”鹂西走廊正式开园》，2021 年 1 月 12 日，http://finance.sina.com.cn/tech/2021-01-12/doc-ikftssan5153203.shtml，2021 年 5 月 5 日。

② 浙江新闻：《266 天，“边角料”变“网红地”！鄞州“鹂西走廊”的蝶变和他们有关》，2021 年 3 月 17 日，https://zj.zjol.com.cn/qihanghao/101178410.html，2021 年 5 月 5 日。

户调查，收集民意。召开了十几场居民座谈会、现场会，根据居民的最迫切需求，“鹂西走廊”拟定了以汇议亭作为群众议事的“厅”、花草医院“草木居”、供小朋友游乐的“小时光”、健身散步的“枕木步道”等10大创意功能景点。“老旧小区改造中，要善于通过召开居民议事会等形式征求民意。改不改，群众说了算；改哪里，群众拿主意；好不好，群众来评判。只有这样，老旧小区改造才容易获得群众的支持和认可。”[①]鄞州新闻网报道：“小到绿化、盆栽，大到枕木道、绿皮车厢，以及整体设计，每一项物资的采购、每一阶段工程的推进，居民代表们都了如指掌。对于近300天的施工，沿线520户居民更是从没一句怨言。”[②]从上述报道来看，鹂西走廊的多方共议和群众参与度、满意度都取得了非常圆满的结果。

（六）建设者

鹂西走廊的建设总共历时266天。除了聘请专业的施工队之外，爱心企业、周边的社区居民、社会组织，甚至小学生都积极地参与到项目的建设当中。作为“鹂西走廊”的众筹者和见证者，宁波建工集团以承担基础建设施工和提供部分原材料等方式参与到项目建设中，其相关负责人表示：“看着进场时的一片‘不毛之地’被逐步打造成为黄鹂社区居民的‘后花园’、市民纷至沓来的网红打卡地，我感到激动、自豪。”[③]

栽花、移树、扎篱笆墙，266天的时间里，越来越多的居民主动参与其中，捐钱捐物，肩扛手抬，用智慧和汗水把家园打造成美丽风景。在整个项目的建设过程中，充分遵循了经济节约和绿色环保等理念。比如鹂西十景当中使用的火车头、枕木等材料均为铁道部门捐赠的废弃物资。原来无序堆放的杂物，比如瓶瓶罐罐等废弃不用的东西，被当地社区居民清理出来，经过清扫修复之后，也实现“变废为宝”的效果，经过园林绿化师们的巧妙布置，成功融为景观中的一部分。

（七）技术支持者

项目的规划和建设，少不了专业化技术支持者的参与。其中，宁波市园林绿化部门等在技术支持者角色中发挥着中心作用。宁波市园林绿化部门积极响应召集令，主动献计献策，提议结合宁波增绿添彩行动改造为口袋公

---

① 新浪网：《昔日“脏乱差”变身“网红打卡地”鹂西走廊正式开园》，2021年1月12日，http://finance.sina.com.cn/tech/2021-01-12/doc-ikftssan5153203.shtml，2021年5月5日。

② 鄞州新闻网：《白鹤街道众筹建成城市生态休闲长廊》，2021年1月13日，http://yz.cnnb.com.cn/system/2021/01/13/030220404.shtml，2021年5月5日。

③ 鄞州新闻网：《白鹤街道众筹建成城市生态休闲长廊》，2021年1月13日，http://yz.cnnb.com.cn/system/2021/01/13/030220404.shtml，2021年5月5日。

园，并组织专业技术人员现场踏勘。工作人员从植物配置、节点打造等方面，不仅为改造鹂西走廊提出了众多可行性建议，而且在园林设计和绿化建设等方面贡献了坚实的技术力量。在街道社区统筹、居民众筹、园林部门出技术出苗木等多方协作下，曾经的闲置地摇身一变成为居民可观赏、可休憩的小公园。绿地内金桂、西府海棠、红枫、羽毛枫等观花、观叶树种，让这片绿地"亮"起来。①

（八）日常维护者

经过多中心多主体将近一年的共同努力，鹂西走廊实现了脱胎换骨般的改造，甚至可谓"涅槃重生"。建成之后，最重要的内容变成日常维护。作者通过实地走访，和公开资料的搜寻整理，发现鹂西走廊的日常维护也是多中心多主体共同参与其中的。在当地街道和社区的引导和组织动员之下，社会化力量被广泛发动起来，成为鹂西走廊日常维护环节的中坚力量。根据实地走访和浙江新闻等媒体的报道获悉：

白鹤街道授牌成立"友邻党建联盟"，首批 16 家共建单位和党员群众加入其中，同时组建"红马甲""黄小鸭""绿天使""拾光者""文艺范""老木匠""单车侠"等 7 支"友邻先锋服务队"，共同"承包"鹂西走廊的后续环境卫生、绿化养护等维护工作。

未来，白鹤街道还将聘请相关领域的知名专家学者成立"导师团"，定期为"鹂西十景"落成后的运营精准把脉、指点方向；充分利用设计院、高校、社会组织和行业企业等资源平台，合作聘请设计师团队，下沉社区、营造场景。

"绿天使"公益团队集结了一批"护花使者"，黄××是其中一员。"'鹂西走廊'有很多花花草草，以后我们就负责日常打理，常常来浇浇水、施施肥。哪怕累一点，心里都是甜的。"这两天，"护花使者"正在讨论方案，要把草木居扮靓。"我们有十几个志愿者，大家都很会养花。等春天到了，我们要把家里的花花草草都拿出来，把这里好好装扮一番。"

每天，"鹂西十景"都有一批红马甲志愿者上岗，看到白色垃圾及时捡拾，看到不文明现象及时劝导。志愿者沈××说："每天我们有 4 个志愿者轮流上岗，但现在热心居民多了，有时候大家都会自发加入文明劝导。看到有市民没有牵狗绳，我们还没有说，早就有热心居民帮我们提醒了。"②家门口的环境变美了，居民的文明意识也大大提高了。

---

① 宁波文明网：《浙江宁波：街头又多了一处"口袋花园"》，2020 年 11 月 26 日，http://nb.wenming.cn/wmjj/202011/t20201126_6832451.shtml，2021 年 5 月 5 日。

② 浙江新闻：《宁波：白鹤街道"鹂西走廊"成为家门口的风景》，2021 年 2 月 8 日，https://zjnews.zjol.com.cn/zjnews/nbnews/202102/t20210208_22090955.shtml，2021 年 5 月 5 日。

第五节　本章结语

本章提出了政府引导下的多中心协同治理模式，并认为这一新模式更加适合中国国情。三、四节从广场舞扰民问题的治理和宁波市鄞州区鹏西走廊的治理为例，分别阐释了公共资源治理中政府的重要作用，以及政府引导下的多中心协同治理方案的有效性。如前所述，本章所讨论的“政府”是一个相当广义上的概念，各个层级的党政机关、公检法司、军队、街道、甚至社区和村委会等带有行政色彩的组织也涵盖其中。

政府引导下的多中心协同治理，并不是本书为了创新而凭空捏造出来的一种什么理论，而是在研究和思考我国在公共资源（公地）治理领域中开展的实践和取得的重大成就的基础上，总结提炼出来的。事实上，除了本章利用较多篇幅论述的“广场舞治理”“宁波鹏西走廊的华丽蜕变”这两个案例之外，还有许多非常典型且重要的现实案例，能够证明政府引导下的多中心协同治理方案的优越性。比如我国在治理沙漠中取得的举世瞩目成就——仅以毛乌素沙漠的治理为例，在党和政府的引导下，经过几代人的持续努力，使得陕西省榆林市这一幅员辽阔（约 4.22 万平方公里）的沙漠地带即将消失，代之以绿洲，令世人惊叹。

据人民日报报道：“满天飞沙，大漠苍茫。中国四大沙地之一的毛乌素沙漠，又被称为鄂尔多斯沙地，位于陕西和内蒙古交界处，总面积 4.22 万平方公里。1959 年以来，人们大力兴建防风林带，引水拉沙，引洪淤地，开展了改造沙漠的巨大工程。到了 21 世纪初，已经有 600 多万亩沙地被治理，止沙生绿。80％的毛乌素沙漠得到治理，水土也不再流失，黄河的年输沙量足足减少了四亿吨。由于有良好的降水，许多沙地，如今成了林地、草地和良田。在沙漠腹地，榆林市还累计新辟农田 160 万亩，榆林这座‘沙漠之都’变成了‘大漠绿洲’……寸草不生的大沙漠，在人类 40 年顽强对抗后，30％的沙漠覆盖了植物，80％的沙漠得到了成功治理，5000 万亩地水土不再流失了，黄河年输沙量也因此减少了整整 4 亿吨……新中国六十多年的治沙探索为世界防治荒漠化开出了‘中国药方’，为实现土地退化零增长这个世界目标提供了‘中国方案’，为推进人类可持续发展贡献了‘中国经验’。如此令世界瞩目的成就固然离不开政府的投入和带动，但更离不开沙区人民与沙漠、与贫穷抗争的坚韧。他们之中，有些人出名了，被评上了‘治沙英雄’，还有更多的人，仍在默默地，用一棵棵小树苗在沙漠里为自己写传。”[①]在毛乌素沙漠的治理实践中，体现出了政府引导下的多中心协同治理方案的巨大威力。

更重要的是，这类成功案例，可谓不胜枚举。但是本书并不认为，政府引导下的多中心协同治理模式是一种放诸四海而皆准的方案，它也有属于自身的适用条件和适用边界。比如全球性公地悲剧问题的解决就很难使用该模式去应对，因为没有一个全球性政府的存在，但是基本的治理思路是大体一致的。全球性、跨国界的公地治理需要国与国之间加强合作，共同应对。本书认为，对于我国国内的许多公共资源的治理，政府引导下的多中心协同治理方案比以往的单纯依靠政府、市场或社会组织单一力量的方案，更加适合我国的国情。

政府引导下的多中心协同治理，要求政府有管有放、有所为和有所不为。之所以强调公共资源治理中的政府引导作用，主要基于我国公共资源治理领域的社会组织发育尚不成熟，以及城镇化过程中“熟人社会”被“流动人口”“陌生人社会”取而代之等现状的考虑。随着城镇化的完成，人口走向相对稳定的状态，以及社会组织的不断发育成熟，政府在破解公地悲剧中的作用可以更多地由“台前”的直接治理，走向幕后的间接治理——由社会和市场力量发挥治理作用。在社会组织发育不够成熟的阶段，政府应当创造条件，促进它们不断成长和成熟。政府引导下的多中心协同治理，还要求政府，一方面，当社会力量和市场机制失灵或者缺位时，要积极作为，及时补位；另一方面，也要切实承认和尊重社会化和市场化力量的存在和重要作用，对社会化和市场化力量足够成熟的领域，政府要主动放权，甘心由“中心”过渡为“从属者”“配合者”，从“主角”降格为“配角”。

---

① 人民日报：《前无古人！中国快把毛乌素沙漠消灭了！》2018 年 11 月 8 日，https://baijiahao.baidu.com/s?id=1616564074922922853&wfr=spider&for=pc，2021 年 6 月 7 日。

参考文献

［美］埃莉诺·奥斯特罗姆：《公共事物的治理之道：集体行动制度的演进》，余逊达、陈旭东译，上海：上海译文出版社，2012 年，第 3－20 页。

［美］埃莉诺·奥斯特罗姆、［美］罗伊·加德纳、［美］詹姆斯·沃克：《规则、博弈与公共池塘资源》，王巧玲、任睿译，西安：陕西人民出版社，2011 年，第 2－106 页。

白洋：《渔业配额法律制度研究》，博士学位论文，中国海洋大学环境与资源保护法学，2011 年，第 1 页。

包国宪：《公共绩效治理前言译丛（总序）》，包国宪、赵晓军等译：《新公共治理？——公共治理理论和实践方面的新观点》，北京：科学出版社，2016 年，第 ii 页。

［美］保罗·克鲁格曼、［美］罗宾·韦尔斯：《微观经济学》，黄卫平等译，北京：中国人民大学出版社，2009 年，第 599 页。

［美］保罗·萨缪尔森、［美］威廉·诺德豪斯：《经济学》（第 18 版），萧琛主译，北京：人民邮电出版社，2008 年，第 31－32 页。

北京大学科技法研究中心："Diamond v. Chakrabarty"，2015 年 2 月 4 日，https://stlaw.pku.edu.cn/swjzf/4716.htm，2021 年 11 月 29 日。

闭明雄：《"潜规则、制度和经济秩序"》，《经济学动态》2013 年第 8 期，第 62－66 页。

蔡辉明：《反公地悲剧理论与实践——以药品专利保护分析为例》，《法制与社会》2008 年第 5 期，第 24－25 页。

蔡绍洪、向秋兰：《奥斯特罗姆自主治理理论的主要思想及实践意义》，《贵州财经学院学报》2010 年第 5 期，第 18－24 页。

曹素芳、屈迎昕：《中国古代法律中的环境伦理思想》，《湖南科技学院学报》2007 年第 3 期，第 155－157 页。

柴盈曾、云敏：《奥斯特罗姆对经济理论与方法论的贡献》，《经济学动态》2009 年第 12 期，第 100－103 页。

陈德豪、吴开泽:《物业专项维修资金管理困境与管理模式研究——以广州市老旧小区为例》,《城市问题》2020 年第 6 期,第 83 - 90 页。

陈新岗:《公地悲剧与反公地悲剧理论在中国的应用研究》,《山东社会科学》2005 年第 3 期,第 75 - 78 页。

陈一舟:《别让洱海沦为富人的后花园》,《中国西部》2010 年 5 月刊,第 73 页。

陈正辉、曹倩:《论广告的公地悲剧现象》,《社会科学战线》2010 年第 12 期,第 132 - 138 页。

程贵孙、陈宏民、孙武军:《双边市场视角下的平台企业行为研究》,《经济理论与经济管理》2006 年第 9 期,第 55 - 60 页.

程群:《太空安全的公地悲剧及其对策》,《社会科学》2009 年第 12 期,第 12 - 18 页。

丛艳国、蔡秀娟:《集体林权制度改革对自然保护区生态旅游社区参与的影响——以广东省为例》,《北京林业大学学报(社会科学版)》2013 年第 2 期,第 31 - 35 页。

崔凤军:《实现乡村旅游可持续发展需要正确把握的七个关系》,《中国人口·资源与环境》2006 年第 6 期,第 202 - 206 页。

[美] 丹尼尔·笛福:《鲁宾逊漂流记》,天津: 天津人民出版社,2016 年,第 1 - 330 页。

[美] 道格拉斯·C. 诺思:《制度、制度变迁与经济绩效》,杭行译,上海: 格致出版社,2014 年,第 50 - 63 页。

[美] 戴维·迈尔斯:《社会心理学》,北京: 中国邮电出版社,2016 年,第 446 - 451 页。

董志强:《经济理论该如何回应行为"异象"挑战——来自桑塔费学派的看法》,《南方经济》2018 年第 2 期,第 12 - 22 页。

范如国:《复杂网络结构范型下的社会治理协同创新》,《中国社会科学》2014 年第 4 期,第 98 - 120 页。

范晔:《后汉书·人物全传》[传记版二十六史],周殿富主编,北京: 北京时代华文书局,2014 年版,第 350 - 454 页。

方勇主编,刘生良评注:《吕氏春秋》,北京: 商务印书馆,2015 年版,第 1 - 815 页。

冯德连:《可持续发展的外部经济战略》,《财贸研究》1997 年第 2 期,第 14 - 17 页。

冯涓:《试论旅游目的地的环境决策》,《思想战线》1998 年第 12 期,第 51 -

54 页。
冯文娟：《中国古代环境保护思想与立法》，硕士学位论文，吉林大学法律史专业，2011 年，第 13－35 页。
冯友兰：《中国哲学简史》，赵复三译，北京：生活·读书·新知三联书店，2009 年，第 55－66 页。
傅剑清：《论环境公益损害救济——从公地悲剧到“公地救济”》，北京：中国社会科学出版社，2017 年，第 23－42 页。
福山：《信任：社会美德与创造经济繁荣》，彭志华译，海口：海南出版社，2001 年，第 1－350 页。
高鸿业：《西方经济学(第五版)》，北京：中国人民大学出版社，2010 年，第 334－338 页。
高鸿业：《西方经济学》(微观部分)，北京：中国人民大学出版社，2006 年，第 381 页。
高翔：《跨行政区水污染治理中“公地的悲剧”——基于我国主要湖泊和水库的研究》，《中国经济问题》2014 年第 4 期，第 21－29 页。
高轩、神克洋：《埃莉诺·奥斯特罗姆自主治理理论述评》，《中国矿业大学学报》(社会科学版)，2009 年第 2 期，第 74－79 页。
[美] 格里高利·曼昆：《经济学原理(微观经济学分册)》(第 7 版)，梁小民、梁砾译，北京：北京大学出版社，2015 年，第 234 页。
[美] 格里高利·曼昆：《经济学原理》(英文影印版第 6 版)，北京：清华大学出版社，2017 年，第 29 页。
顾江洪：《信任与经济增长：基于分工和交易的视角》，北京：经济科学出版社，2013 年，第 62－84 页。
郭社荣、吴绍礼、韩建安：《加快推进农业供给侧改革》，《人民日报》(海外版)2016 年 3 月 11 日，第 12 版。
郭谊：《对公地悲剧的反思》，《北京观察》2003 年第 12 期，第 38－39 页。
[美] 哈尔·R. 范里安：《微观经济学：现代观点(第七版)》，费方域等译，上海：上海三联书店，2009 年，第 518－520 页。
[美] 赫尔曼·E. 戴利、乔舒亚·法利：《生态经济学原理和应用(第二版)》，金志龙等译，北京：中国人民大学出版社，2014 年，第 161－177 页。
[美] 赫尔曼·哈肯：《高等协同学》，郭治安译，北京：科学出版社，1989 年，第 1 页。
何新华：《当代国际政治中的全球环境问题》，《国际观察》1998 年第 4 期，第 22－24 页。

何雪松：《外部性、公地悲剧与中国的环境污染治理》，《社会科学》1999年第1期，第61－64页。

胡北：《中国古代的环保思想和法律制度及其时代意蕴》，《理论月刊》2009年第8期，第61－63页。

胡北明、雷蓉：《社区自治型遗产旅游地公地悲剧及其治理——以民族村寨型景区为例》，《西南民族大学学报》（人文社会科学版）2014年第1期，第150－154页。

胡铭：《公共资源与社团产权——我看浙江永嘉的江河承包》，《浙江经济高等专科学校学报》2000年第12卷第6期，第54－56页。

胡燕京、张方杰：《关于反公地悲剧与国企产权改革的思考》，《经济体制改革》2005年第6期，第52－54页。

黄昌富：《中国股市：一个公地悲剧例证》，《商业研究》2005年第7期，第70－72页。

黄怀信等译注：《逸周书・大聚解》，上海：上海古籍出版社，2007年，第15页。

［英］霍布斯著：《利维坦》，黎思复、黎弼廷译，北京：商务印书馆，2017年，第1－560页。

［美］加勒特・哈丁：《生活在极限之内：生态学、经济学和人口禁忌》，戴星翼、张真译，上海：上海世纪出版集团，2007年，第1－200页。

［美］加里・S.贝克尔著：《人类行为的经济分析》，王业宇、陈琪译，上海：上海三联书店、上海人民出版社，1995年，第187页。

江峰、张昕：《奥斯特罗姆夫妇与当代制度分析理论——美国印第安纳大学政策分析中心评介》，《中国行政管理》1995年第12期，第38－39页。

江峰：《构建一种"自我管理"的社会——奥斯特罗姆夫妇学术思想评述》，《中国行政管理》1996年第8期，第44－45页。

金学群：《公共地悲剧与市场结构》，《河北经贸大学学报》1999年第3期，第39－42页。

［美］卡尔・夏皮罗、［美］哈尔・瓦里安：《信息规则：网络经济的策略指导》，孟昭莉、牛露晴译，北京：中国人民大学出版社，2000年，第143－149页。

柯武刚、史漫飞：《制度经济学——社会秩序与公共政策》，韩朝华译，北京：商务印书馆2003年版，第106页。

柯西、柯华庆：《农村集体土地产权界定的法律经济分析》，《2012年度（第十届）中国法经济学论坛论文集》，第178－184页。

匡小平、肖建华：《埃莉诺·奥斯特罗姆公共治理思想评析》，《当代财经》2009年第11期，第32－35页。
赖建诚：《经济思想史的趣味》，杭州：浙江大学出版社，2016年版，第394页。
[美] 蕾切尔·卡尔森：《寂静的春天》，新红娟译，南京：译林出版社，2018年版，第1－245页。
李钢、于国辉：《论网络公地悲剧及其解决方式》，《北京邮电大学学报》（社会科学版）2010年2期，第1－10页。
李汉卿：《协同治理理论探析》，《理论月刊》2014年第1期，第138－142页。
李凌：《平台经济发展与政府管制模式变革》，《经济学家》2015年第5期，第27－34页。
李礼、汤跃军：《公地悲剧与生态环境的协同治理——以洞庭湖环境保护与治理为样本》，《湖南行政学院学报》2015年第6期，第38－44页。
李庆江等：《绿色生产视角下的“三品一标”发展研究》，《中国农业资源与区划》，2014年第5期，第135－138页。
李山、轩新丽译注：《管子·八规》，北京：中华书局，2019年，第243－1043页。
李晓峰：《从公地悲剧到反公地悲剧》，《经济经纬》2004年第3期，第26－28页。
梁启雄：《荀子简释》，北京：中华书局，1983年，第110页。
廖振良：《共有地的悲剧：环境与发展的故事》，上海：上海科学普及出版社，2013年，第1－120页。
刘安等：《淮南子·主术训》，陈广忠译，北京：中华书局，2014年版，第208－246页。
刘旺、孙璐、吴明星：《少数民族村寨旅游开发中的公地悲剧及其对策研究——以丹巴县甲居藏寨为例》，《开发研究》2008年第1期，第125－129页。
刘远风：《土地权利、反公地悲剧与农村空心化治理》，《江汉学术》2014年第1期，第12－17页。
[美] 罗宾·巴德、[英]迈克尔·帕金：《微观经济学原理（第四版）》，张伟等译，北京：中国人民大学出版社，2010年，第274－327页。
罗贯中：《三国演义》，北京：人民文学出版社，1973年第3版，第357页。
陆学、陈兴鹏：《环经济理论研究综述》，《中国人口·资源与环境》2014年第S2期，第204－208页。

［英］迈克·费恩塔克：《规制中的公共利益》，戴昕译，北京：中国人民大学出版社，2014 年，第 3－326 页。

［美］迈克尔·赫勒：《困局经济学》，闾佳译，北京：机械工业出版社，2009 年，第 22－124 页。

［美］曼瑟尔·奥尔森：《集体行动的逻辑》，陈郁等译，上海：上海三联书店，2011 年，第 1－217 页。

南玉泉：《中国古代的生态环保思想与法律规定》，《北京理工大学学报》(社会科学版)2005 年第 2 期，第 63－67 页。

欧阳修：《醉翁亭记》，载(清)吴楚材、吴调侯选编，桑山编《古文观止》，北京：中国华侨出版社，第 734 页。

彭希哲、戴星冀：《传统文化与我国的环境与可持续发展》，《复旦学报》(社会科学版)1996 年第 3 期，第 1－7 页。

平新乔：《微观经济学十八讲》，北京：北京大学出版社，2001 年，第 2－3 页。

普华永道：《2019 全球市场价值 100 强公司》，2019 年 8 月 14 日，http://www.yejibang.com/news-details-24215.html，2021 年 6 月 4 日。

普拉伊特·K. 杜塔：《策略与博弈：理论及实践》，施锡铨译，上海：上海财经大学出版社，2005 年，第 6－235 页。

秦川：《四书五经》，北京：北京燕山出版社，2007 年，第 42－1595 页。

［法］让·梯若尔：《创新、竞争与平台经济——诺贝尔经济学奖得主论文集》，寇宗来、张艳华译，北京：法律出版社，2017 年，第 74 页。

人民网：《黄河水质污染目击续：黄河还能活几年》，2005 年 4 月 11 日，http://env.people.com.cn/GB/1073/3310394.html，2014 年 3 月 22 日。

商务部：《2019 年中国网民规模已超过 9 亿人，互联网普及率达 64.5%》，2020 年 6 月 30 日，http://www.cs.com.cn/xwzx/hg/202006/t20200630_6072026.html，2021 年 5 月 6 日。

诗词名句网：《旧唐书·卷四十三·志第二十三·职官二》，2020 年 3 月 16 日，http://www.shicimingju.com/book/jiutangshu/47.html，2021 年 5 月 17 日。

史宏康、史晓燕：《记老花农沃连银》，《中国花卉盆景》1994 年第 10 期，第 14－15 页。

史靖妍：《孟子》，桂林：漓江出版社，2017 年，第 10－385 页。

睡虎地秦墓竹简整理小组：《睡虎地秦墓竹简》，北京：北京文物出版社，1990 年，第 24－29 页。

说词解字辞书研究中心：《成语大词典》，北京：华语教学出版社，2018 年版，第 966 - 1131 页。

司马迁：《史记》(第一册)，许嘉璐编，上海：汉语大词典出版社，2004 年，第 2 - 24 页。

[美] 泰勒·考恩、[美]亚历克斯·塔巴洛克：《微观经济学：现代原理》，王弟海译，上海：上海三联书店，2013 年，第 333 - 347 页。

谭江涛、王群：《另一只“看不见的手”——埃莉诺·奥斯特罗姆与“多中心”理论》，《开放时代》2010 年第 6 期，第 141 - 150。

王海滨：《浅析中国古代的环保思想及举措》，《法治与社会》2016 年 5 月下旬，第 9 - 11 页。

王晋：《从公地悲剧看河流代言人的资格及历史地位》，《水利发展研究》2006 年第 1 期，第 21 - 26 页。

王璟珉：《全球气候变化问题的认知比较研究》，博士学位论文，中国海洋大学环境规划与管理专业，2007 年，第 1 - 132 页。

王璟珉著：《公地的悲剧？——气候变化问题的比较研究》，北京：社会科学文献出版社，2013 年，第 37 - 49 页。

王丽萍：《导致外部性的条件与环境政策》，《煤矿环境保护》1995 年第 6 期，第 15 - 17 页。

王宁：《从市场机制到经济治理——从奥斯特罗姆获诺贝尔奖展望经济学的未来发展》，《经济学动态》2009 年第 12 期，第 94 - 100 页。

王群：《奥斯特罗姆制度分析与发展框架评介》，《经济学动态》2010 年第 4 期，第 137 - 142 页。

王锐生：《关于环境整体主义的一场争论》，《哲学动态》1989 年第 8 期，第 1 - 3 页。

王锐生：《21 世纪的人将有什么价值观?》，《马克思主义与现实》1997 年第 4 期，第 36 - 47 页。

王秀梅译注：《诗经》，北京：中华书局，2015 年，第 751 页。

王亚华：《增进公共事物治理：奥斯特罗姆学术探微与应用》，北京：清华大学出版社，2017 年，第 4 - 100 页。

王亚华：《深切缅怀埃莉诺·奥斯特罗姆教授》，2012 年 6 月 15 日，http://www.sppm.tsinghua.edu.cn/xwzx/lbxw/26efe48937a185650137ed8c417d001c.html，2015 年 7 月 6 日。

王彦东、李相合：《反公地悲剧理论在高校管理中的应用研究》，《中国高教研究》2007 年第 12 期，第 26 - 27 页。

王瑶：《“科斯灯塔”私人供给之谜的重新解读》，《经济学动态》2011 年第 8

期,第117-125页。

汪永超、张根保、向东、何玉林:《清洁化生产内容、结构体系及实施策略》,《机械设计》1999年第4期,第1-3页。

吴亦竹:《评浙江永嘉的江河承包》,《经济学消息报》2000年4月21日第381期,第5版。

肖建武、陈洪:《林权明晰并非森林公地悲剧的终结——基于森林生态服务视角分析森林公地悲剧现象与治理》,《求索》2012年第2期,第27-29页。

谢秋山:《地方政府职能堕距与社会公共领域治理困境———基于广场舞冲突案例的分析》,《公共管理学报》2015年第3期,第23-32页。

新华社:《中国独角兽企业发展"三问"》,2017年7月25日,http://m.xinhuanet.com/2017-07/25/c_1121376903.htm,2021年2月3日。

熊光清、熊健坤:《多中心协同治理模式:一种具备操作性的治理方案》,《中国人民大学学报》2018年第3期,第145-152页。

许涤新:《实现四化与生态经济学》,《经济研究》1980年第11期,第14-18页。

许嘉璐主编,钱兴奇译注:《礼记》,南京:江苏人民出版社,2019年,第248,797页。

荀子等:《荀子》,北京:团结出版社,2017年,第110-119页。

亚里士多德:《政治学》,高书文译,北京:九州出版社,2007年,第99-121页。

严荣:《反公地悲剧与公共服务供给体系创新》,《经济体制改革》2007年第5期,第29-33页。

晏维龙、袁平红:《海岸带自然资源开发与保护及其国际经验借鉴》,《世界经济与政治论坛》2009年第6期,第117-122页。

杨春学:《经济人与社会秩序分析》,上海:上海三联书店,1998年,第1-318页。

杨春学:《利他主义经济学的追求》,《经济研究》2001年第4期,第82-90页。

杨春学:《经济人的"再生":对一种新综合的探讨与辩护》,《经济研究》2005年第11期,第22-33页。

杨春学:《鼓励发现市场社会的多样化机制——近年来诺贝尔经济学奖的理论指向》,《中国社会科学报》,2010年10月21日,第8版。

杨春学:《"超载"现象、制度选择和政策思考:以金沙江两岸藏区为案例的研究》,《中国藏学》2014 年第 1 期,第 5－14 页。

杨春学、谢志刚、王瑶:《对自由市场的两种理解——芝加哥学派与奥地利学派的比较》,北京:社会科学文献出版社,2013 年,第 26 页。

杨春学、张琦、张克中、余菁:《经济治理结构:政府与市场之外的第三条道路》,《中国社会科学报》2009 年 10 月 15 日,第 4 版。

杨春学:政府与市场关系的中国视野,《经济纵横》2018 年第 1 期,第 19－21 页。

杨德才:《新制度经济学》,北京:中国人民大学出版社,2015 年,第 23 页。

杨发坤:《从公地悲剧看三峡库区水污染问题》,《云南行政学院学报》2010 年第 6 期,第 164－166 页。

阳晓伟:《半公地理论研究的演进与展望》,《湖北经济学院学报》2019 年第 3 期,第 5－15 页。

阳晓伟:《负竞争性:对新古典经济学物品划分理论的挑战与完善——兼论平台经济的生发逻辑》,《浙江社会科学》2021 年第 1 期,第 23－33 页。

阳晓伟、庞磊、闭明雄:反公地悲剧问题研究进展,《经济学动态》2016 年第 9 期,第 101－114 页。

阳晓伟、杨春学:《公地悲剧与反公地悲剧的比较研究》,《浙江社会科学》2019 年第 3 期,第 4－13 页。

姚开建:《经济学说史》(第二版),北京:中国人民大学出版社,2011 年,第 20 页。

姚俊、孙雁、刘友兆:《避免公地悲剧——我国集体产权制度改革向度分析》,《中国土地》2009 年第 2 期,第 20－22 页。

叶良海:《城市社区公共资源整合困境及其政策工具选择》,《青海社会科学》2016 年第 5 期,第 130－135 页。

叶文虎、甘晖:《循环经济研究现状与展望》,《中国人口·资源与环境》2009 年第 3 期,第 10－106 页。

伊丽娜:《草原产权制度与公地悲剧、反公地悲剧—对内蒙古 S、Q 两个牧业村的实地研究》,硕士学位论文,中央民族大学社会学专业,2013 年,第 1－59 页。

易宪容:《影子银行与公地悲剧》,《中国经济和信息化》2010 年第 11 期,第 33 页。

易宪容、陈颖颖、于伟:《平台经济的实质及运作机制研究》,《江苏社会科学》,2020 年第 6 期,第 70－78 页。

营刚:《草原退化的制度经济学研究——以内蒙古为例》,博士学位论文,内蒙古大学生态学专业，2014 年，第 1 - 125 页。

岳中刚：《双边市场的定价策略及反垄断问题研究》，《财经问题研究》，2006 年第 8 期，第 30 - 35 页。

于立、孙康、徐斌：《“三渔问题”与公共政策调整思路——辽东湾海蜇捕捞案例分析》，《公共管理学报》2007 年第 2 期，第 30 - 35 页。

余文涛、袁清林、毛文永：《中国的环境保护》，北京：科学出版社，1987 年，第 22 - 29 页。

曾坤生：《生态旅游消费与区域经济可持续发展》，《改革与战略》1997 年第 4 期，第 14 - 17 页。

曾坤生：《生态旅游资源开发中的外部经济战略刍议》，《生态经济》1998 年第 2 期，第 23 - 27 页。

詹国彬、陈健鹏：《走向环境治理的多元共治模式：现实挑战与路径选择》，《政治学研究》2020 年第 2 期，第 65 - 75 页。

张保国：《西藏草地退化的经济学成因》，《西藏发展论坛》2014 年第 1 期，第 31 - 37 页。

张果、吴耀友、段俊：《走出公地悲剧——“农村水利供给内部市场化”制度模式的选择》，《农村经济》2006 年第 8 期，第 17 - 21 页。

张克中：《公共治理之道：埃莉诺·奥斯特罗姆理论述评》，《政治学研究》2009 年第 6 期，第 83 - 93 页。

张立荣、冷向明：《协同治理与我国公共危机管理模式创新——基于协同理论的视角》，《华中师范大学学报（人文社会科学版）》2008 年第 2 期，第 11 - 19 页。

张莽：《天人合一：古代环境保护法的核心》，人民法院报 2017 年 4 月 14 日，第 6 版。

张琦：《公共物品理论的分歧与融合》，《经济学动态》2015 年第 11 期，第 147 - 158 页。

张世亮、钟肇鹏、周桂钿译注：《春秋繁露》，北京：中华书局，2012 年，第 316 页。

张闻玉译注：《逸周书全译》，贵阳：贵州人民出版社，2000 年，第 91 - 92 页。

张新民、朱爽、王蓓：《金融危机的公地悲剧现象解析——兼论资产负债表对企业边界的界定功能》，《中国国工业经济》2009 年第 7 期，第 34 - 43 页。

张永祥、肖霞译注：《墨子译注》，上海：上海古籍出版社，2016 年，第 86 - 87 页。

张玉萍：《高职辅导员人力资源公地悲剧现象》，《江苏社会科学》2009 年第 S1 期，第 122 - 125 页。

赵燕菁：《平台经济与社会主义：兼论蚂蚁集团事件的本质》，2020 年 12 月 31 日 https://www.guancha.cn/zhaoyanjing，2021 年 3 月 2 日。

浙江新闻：《无鱼之渔：东海公地悲剧》，2014 年 4 月 10 日，http://zjnews.zjol.com.cn/system/2014/04/10/019960276.shtml，2014 年 6 月 11 日。

中国汉语大词典编辑委员会、汉语大词典编纂处：《汉语大词典》第 7 卷，上海：汉语大词典出版社，1986 年版，第 67 页。

中国社会科学院经济研究所：《平台经济发展与反垄断规制》，2021 年 1 月 18 日 http://ie.cass.cn/academics/economic_trends/202101/t20210118_5245340.html，2021 年 3 月 2 日。

中国社会科学院语言研究所词典编辑室：《现代汉语词典》，北京：商务印书馆，2016 年第 7 版，第 1051 页。

中国水网：《污染治理却成纸上谈兵长江生态寿命只剩十年》，2005 年 3 月 16 日，http://www.h2o-china.com/news/35451.html，2014 年 3 月 21 日。

周勤：《为什么要研究平台经济学?》译者序，载戴维·S 埃文斯，《平台经济学：多边平台产业论文集》，周勤、赵驰、候赟慧译，北京：经济科学出版社，2016 年，第 3 页。

朱国宏：《全球人口、资源、环境与发展》，《人口学刊》1990 年第 4 期，第 27 - 32 页。

朱海就：《雾霾问题背后的公地悲剧》，《深圳特区报》2014 年 3 月 17 日，第 A02 版。

朱彤：《外部性、网络外部性与网络效应》，《经济理论与经济管理》2001 年第 11 期，第 60 - 64 页。

朱宇江：《公地悲剧与反公地悲剧对称性论证述评》，《山西大学学报》(哲学社会科学版)，2013 年第 3 期，第 116 - 123 页。

朱中仕、陈华：《由赴港生子到生育公地悲剧的认识》，《人口研究》2012 年第 4 期，第 103 - 112 页。

Acheson, J. M., "The Lobster Fiefs: Economic and Ecological Effects of Territoriality in the Maine Lobster Industry,", *Human Ecology*, 1975, 3(3): 183 - 207.

Alfano, F., & Marwell, G., "Experiments on the Provision of Public Goods III: Nondivisibility and Free Riding in 'Real' Groups", *Social*

Psychology Quarterly, 1980(43): 300 - 309.

Allen, J. A. , *The American Bisons, Living and Extinct*, Cambridge, U. K, 1876.

Andersen, P. , "'On Rent of Fishing Grounds' a Translation of Jens Warming's 1911 Article, with an Introduction", *History of Political Economy*, 1983,15(3):391 - 396.

Anderson, T. L. , & Hill, P. J. , "Privatizing the Commons: An Improvement?", *Southern Economic Journal*, 1983,50(51): 438 - 450.

Anderson, T. L. & Hill, P. J. , *The Not So Wild, Wild West*, Stanford, Calif: Stanford University Press, 2004: 190.

Andersson, K. P. & Ostrom, E. , "Analyzing Decentralized Resource Regimes from a Polycentric Perspective", *Policy Sciences*, 2008,41(1): 71 - 93.

Andreoni, J. , "Why Free Ride? Strategies and Learning in Public Goods Experiments", *Journal of Public Economics*, 1988(37): 291 - 304.

Arnold, & Michael, J. E. , "Collective Management of Hill Forests in Nepal: The Community Forest Development Project", In *Proceedings of the Conference on Common Property Resource management*, National Research Council, Washington, D. C. : National Academy Press, 1986: 425 - 454.

Atkinson A. B. , The Collected Papers of Richard A. Musgrave: A Review Article, *Journal of Public Economics*, 1987,33(3): 389 - 398.

Bardhan, P. , "Analytics of the Institutions of Informal Cooperation in Rural Development", *World Development*, 1993a(21): 633 - 639.

Bardhan, P. , "Symposiumon Management of Local Commons", *Journal of Economic Perspectives*, 1993b(7): 87 - 92.

Barzel, Y. , "Meosurement Cost and the Organization of Markets", *Journal of Law and Economics*, 1982,25(1): 27 - 48.

Bateson, G. , Jackson, D. D. , Haley, J. & Weakland, J. , "Towards a Theory of Schizophrenia", *Behavioral Science*, 1956 (1): 251 - 264.

Beck, U. , *Risk Society: Towards a New Modernity*, Thousand Oaks: Sage Publications Ltd, 1992.

Beck, U., "World Risk Society as Cosmopolitan Society? Ecological Questions in a Frame-work of Manufactured Uncertainties", *Theory, Culture and Society*, 1996, 13(4): 1－32.

Berkes, F., "Local-level Management and the Commons Problem: A Comparative Study of Turkish Coastal Fisheries", *Marine Policy*, 1986 (10): 215－229.

Bertacchini, E., Mot, J. D. & Depoorter, B., "Never Two Without Three: Commons, Anticommons and Semicommons", *University of Miami Legal Studies Research Paper*, No. 2008－36: 1－14.

Brann, P. & Foddy, M., "Trust and the Consumption of a Deteriorating Common Resource", *Journal of Conflict Resolution*, 1987(31): 615－630.

Brechner, K. C., "An Experimental Analysis of Social Traps", *Journal of Experimental Social Psychology*, 1977(13): 552－564.

Brightman, R. A., "Conservation and Resource Depletion: The Case of the Boreal Forest Algonquians", In *The Question of the Commons: The Culture and Ecology of Communal Resources*, McCay, B. & Acheson, J. M. (eds.), Tucson: University of Arizona Press, 1987: 121－141.

Brinkhurst, M., "In the Shadow of the Anticommons: The Paradox of Overlapping Exclusion Rights and Open-Access Resource Degradation in India's Wastelands", *Journal of Economic Issues*, 2010, 44 (1): 139－162.

Brown, M., Falk, A. & Fehr, E., "Relational Contracts and the Nature of Market Interactions", *Econometrica*, 2004, 72(3): 747－780.

Buchanan, J. M., "An Economic Theory of Clubs", *Economica*, 1965, 32 (125): 1－14.

Buchanan, J. M. & Yoon, Y. J., "Symmetric Tragedies: Commons and Anticommons", *Journal of Law and Economics*, 2000, 43(1): 1－14.

Buchanan J. M., "What Should Economists Do?", *Southern Economic Journal*, 1964, 30(3): 213－222.

Buck, S. J., "Cultural Theory and Management of Common Property Resources", *Human Ecology*, 1989(17): 101－116.

Buckley, T., "The Myth of the Anticommons", Biotechnology Industrial Organization, 2007(May 31): 1－13.

Buchanan, J. M., "What Should Economists Do?", *Southern Economic Journal*, 1964,30(3): 213-222.

Burke, B. E., "Hardin Revisited: A Critical Look at Perception and the Logic of the Commons", *Human Ecology*, 2001(29): 449-476.

Camerer, C. F. & Fehr, E., "When Does 'Economic Man' Dominate Social Behavior?", *Science*, 2006(311): 47-52.

Carrier, J. G., "Marine Tenure and Conservation in Papua New Guinea: Problems in Interpretation", In *The Question of the Commons: The Culture and Ecology of Communal Resources*, McCay, B. & Acheson, J. M. (eds.), Tucson: University of Arizona Press, 1987: 142-167.

Cass, R. C. & Edney, J. J., "The Commons Dilemma: A Simulation testing Resource Visibility and Territorial Division", *Human Ecology*, 1978(6): 371-386.

Cheung, S. N., "The Structure of a Contract and the Theory of a Non-exclusive Resource", *Journal of Law and Economics*, 1970(13): 49-70.

Cho, M. K., Illangasekare, S., Weaver, M. A., Leonard, D. G. B., & Merz, J. F., "Effects of Patents and Licenses on the Provision of Clinical Genetic Testing Services", *Journal of Molecular Diagnostics*, 2003,5(1): 3-8.

Ciriacy-Wantrup, S. V. & Bishop, R. C., "Common Property as a Concept in Natural Resource Policy", *Natural Resources Journal*, 1975(15): 713-727.

Clark, C. W., *Bioeconomic Modelling and Fisheries Management*, New York: John Wiley & Sons, 1985.

Coase, R. H., "The problem of Social Cost", *Journal of Law and Economics*, 1960(3): 1-44.

Cohen, F. S., "Dialogue on Private Property", *Rutgers Law Review*, 1954,9(2): 357-387.

Coman, K., "Some Unsettled Problems of Irrigation", *American Economic Review*, 1911,1(1): 1-19.

Contreras, J. L., "The Anticommons at Twenty: Concerns for Research Continue", *Science*, 2018,361(6400): 335-337.

Cook-Deegan, R. & McGuire, A. L., "Moving beyond Bermuda: Sharing

Data to Build a Medical Information Commons", *Genome Res*, 2017 (27): 897 - 901.

Copeland, M., "The New Resource Economics", In *The Yellowstone Primer: Land and Resource Management in the Greater Yellowstone Ecosystem*, Baden J. A. & Leal D. (eds.) San Francisco: Pacific Research Institute for Public Policy, 1990: 13 - 24.

Cordell, J. C. & McKean, M. A., "Sea Tenure in Brazil", In *Proceedings of the Conference on Common Property Resource Management*, National Research Council, Washington, D. C.: National Academy Press, 1986: 85 - 113.

Cox, M., Arnold, G. & Tomas, S. V., "A Review and Reassessment of Design Principles for Community-Based Natural Resource Management", *Ecology and Society*, 2010,15(4): 38.

Cruz, W. D., "Overfishing and Conflict in a Traditional Fishery: San Miguel Bay, Philippines", In *Proceedings of the Conference on Common Property Resource Management*, National Research Council, Washington, D. C.: National Academy Press, 1986: 115 - 135.

Dasgupta, P. S., *The Control of Resources*, Oxford: Blackwell, 1982.

David, P. A., "The Economic Logic of 'Open Science' and the Balance between Private Property Rights and the Public Domain in Scientific Data and Information: A Primer", Standford Institute for Economic Policy SIEPR Discussion Paper, 2003: No. 02 - 30.

David, P. A., "The Economic Logic of 'Open Science' and the Balance between Private Property Rights and the Public Domain in Scientific Data and Information: A Primer, 2003: 13 - 15, available at http://siepr. stanford. edu/papers/pdf/02 - 30. pdf (on file with the University of Michigan Journal of Law Reform).

Dawes, R. M., "Social Dilemmas", *Annual Review of Psychology*, 1980 (31): 169 - 193.

Dawes, R. M., McTavish, J. & Shaklee, H., "Behavior, Communication, and Assumptions about other People's Behavior in a Commons Dilemma Situation", *Journal of Personality and Social Psychology*, 1977(35): 1 - 11.

Dawes, R. M. & Thaler, R., "Cooperation", *Journal of Economic*

Perspectives, 1988,2(3): 187－197.

De Cremer, D. & Van Lange, P. A. M., "Why Prosocials Exhibit Greater Cooperation than Proselfs: The Role of Social Responsibility and Reciprocity", *European Journal of Personality*, 2001 (15): S5－S18.

De Moor, T., "Avoiding Tragedies: A Flemish Common and Its Commoners under the Pressure of Social and Economic Change during the Eighteenth Century", *Economic History Review*, 2009, 62(1): 1－22.

Depoorter, B. & Parisi, F., "Fair Use and Copyright Protection: A Price Theory Explanation", 21 *INT'L REV. L. & ECON*, 2002(453): 460－461.

Depoorter, B., & Vanneste, S., "Putting Humpty Dumpty back together: Experimental Evidence of Anticommons Tragedies, *Journal of Law, Economics & Policy*, 2006,3(1): 1－24.

Desmarais-Tremblay, M., "Musgrave, Samuelson, and the Crystallization of the Standard Rationale for Public Goods", *History of Political Economy*, 2017,49(1): 59－92.

De Soto, H., *The Mystery of Capital: Why Capitalism Triumphs in the West and Fails Everywhere Else*, New York: Basic Books, 2000.

De Soto, H., *The Other Path: The Economic Answer to Terrorism*, New York: Basic Books, 2002.

Demsetz, H., "Toward a Theory of Property Rights", *American Economic Review*, 1967,57(2): 347－359

Dickens, P., *Reconstructing Nature: Alientation, Emancipation, and the Division of Labor*, New York: Routledge, 1996.

Dietz, T., Dolsak, N., Ostrom, E. & Stern, P., *The Drama of the Commons*, Washington, DC: National Academy Press, 2002: 1－15.

Dukeminier, J. & Krier, J., *Property* (*3rd edition*), Little, Brown & Co, 1993.

Dunlap, R. E. & Catton, W. R., "Struggling with Human Exemptionalism: The Rise, Decline and Revitalization of Environmental Sociology", *American Sociologist*, 1994,25(1): 5－29.

Dunlap, R. E., Public Perceptions of Global Warming: A Cross-national Comparison, Presented at *the Third Scientific Symposium of the Human Dimensions of Global Environmental Change Programme*, Geneva, Switzerland, 1995: 20 - 22.

Dutta & Sundaram., "The Tragedy of the Commons?", *Economic Theory*, 1993,3(3): 413 - 426.

Dutta, P. K., *Strategies and Games: Theory and Practice*, MIT Press, 1999.

Edney, J. J. & Harper, C. S., "The Common Dilemma: A Review of Contributions from Psychology", *Environmental Management*, 1978a (2): 491 - 507.

Edney, J. J. & Harper, C. S., "The effects of Information in a Resource Management Problem: A Social Trap Analog", *Human Ecology*, 1978b (6): 387 - 395.

Eggertsson, T., *Economic Behavior and Institutions*, Cambridge: Cambridge University Press, 1990.

Ellickson, R. C., "Property in Land", *The Yale Law Journal*, 1993 (102): 1315 - 1400.

Enzle, M. E., Harvey, M. D. & Wright, E. F., "Implicit Role Obligations versus Social Responsibility in Constituency Representation", *Journal of Personality and Social Psychology*, 1992 (62): 238 - 245.

Feeny, D. H., "Agricultural Expansion and Forest Depletion in Thailand, 1900 - 1975", In *World Deforestation in the Twentieth Century*, Richards J. F. & Tucker R. P. (eds.), Durham, N. C.: Duke University Press, 1988: 112 - 143.

Feeny, D., Berkes, E, McCay, B. & Acheson, J. M., "The Tragedy of the Commons: Twenty-two Years Later", *Human Ecology*, 1990, 18 (1): 1 - 19.

Feeny, D., Hanna, S. & McEvoy, A. F., "Questioning the Assumptions of the "Tragedy of the Commons" Model of Fisheries", *Land Economics*, 1996,72(2): 187 - 205.

Fehr, E. & Fischbacher, U., "The Nature of Human Altruism", *Nature*, 2003(425): 785 - 791.

Ferguson, J. R., "The Expanses of Sustainability and the Limits of Privatarianism", *Canadian Journal of Political Science/Revue canadienne de science politique*, 1997,30(2): 285 - 306.

Fleishman, J. A., "Collective Action as Helping Behavior: Effects of Responsibility Diffusion on Contributions to a Public Good", *Journal of Personality and Social Psychology*, 1980(38): 629 - 637.

Forrester, J. W., *World Dynamics*, Cambridge, Mass.: Wright-Allen Press, 1971.

Forsythe, R., Horowitz, J. L., Savin, N. E. & Sefton, M., "Fairness in Simple Bargaining Experiments", *Games and Economic Behavior*, 1994,6(3): 347 - 369.

Fox J., "From 'Economic Man' to Behavioral Economics". *Harvard Business Review*, 2015(May): 1 - 18.

Frank, R. H., Gilovich, T. & Regan, D. T., "Does Studying Economics Inhibit Cooperation?", *Journaol of Economic Perspectives*, 1993,7(2): 159 - 171.

Frydman, R. & Rapaczynski, A., *Privatization in Eastern Europe: Is the State Withering Away*, Central European University Press, 1994.

Gadgil, M. & Iyer, P., On the Diversification of Common-Property Resource Use by Indian Society, In *Common Property Resources*, Berkes F. (eds.), London: Belhaven Press, 1989: 240 - 272.

Galteovic, A., Haber, S., & Zaretzki, L., "Is There an Anticommons Tragedy in the World Smartphone Industry", *Berkeley Technology Law Journal*, 2017,32(4): 1527 - 1558.

Gardner, R., Ostrom, E. & Walker, J., "The Nature of Common-Pool Resource Problems", *Rationality and Society*, 1990(2): 335 - 358.

Giddens, A., *Consequences of Modernity*, Cambridge: Polity Press, 1990.

Giddens, A., *Modernity and Self Identity*, Stanford: Stanford University Press, 1991.

Godwin, R. K. & Shepard, W. B., "Forcing Squares, Triangles and Ellipses into a Circular Paradigm: The Use of the Common Dilemma in Examining the Allocation of Common Resources", *Western Political Quarterly*, 1979(32): 265 - 277.

Gordon, H., "The Economic Theory of a Common-Property Resource: The Fishery", *Journal of Political Economy*, 1954, 62(2): 124 - 142.

Gray, C. W., Hanson, R. J. & Heller, M., "Hungarian Legal Reform for the Private Sector", *GEO. WASH. J. INT'L L. & ECON*, 1992, 26(2): 293 - 353.

Hackett, S. C., "Heterogeneity and the Provision of Governance for Common-Pool Resources", *Journal of Theoretical Politics*, 1992(4): 325 - 342.

Hackett, S., Schlager, E. & Walker, J., "The Role of Communication in Resolving Commons Dilemmas: Experimental Evidence with Heterogenous Appropriators", *Journal of Environmental Economics and Management*, 1994(27): 99 - 126.

Hanna, S., "Interactions Between Shellfish and Groundfish Fisheries on the West Coast: The Need for System Management", *Journal of Shellfish Research*, 1992(11): 131 - 139.

Hardin, G., "The Tragedy of the Commons", *Science*, 1968(162): 1243 - 1248.

Hardin, G., "Commentary: Living on a Lifeboat", *BioScience*, 1974, 24(10): 561 - 568.

Hardin, G., "Extensions of 'The Tragedy of the Commons'", *Science, New Series*, 1998, 280(5364): 682 - 683.

Heller, M. A., "The Boundaries of Private Property", *Yale Law Journal*, 1999, 108(5): 1162 - 1223.

Heller, M. A., "The Tragedy of the Anticommons: Property in the Transition from Marx to Markets", *Harvard Law Review*, 1998, 111(3): 621 - 688.

Heller, M. A., "The Tragedy of the Anticommons: A Concise Introduction and Lexicon", *The Modern Law Review*, 2013, 76(1): 6 - 25.

Heller, M. A. & Eisenberg, R. S., "Can Patents Deter Innovation? The Anticommons in Biomedical Research", *Science*, *New Series*, 1998, 280(5364): 698 - 701.

Henrich, J. et al., "'Economic Man' in Cross-cultural Perspective: Behavioral Experiments in 15 Small-scale Societies", *Behavioral and*

Brain Sciences, 2005,(28): 759 - 855.

Hiel, A. V., Vanneste, S. & De Cremer, D., "Why Did They Claim Too Much? The Role of Causal Attributions in Explaining Level of Cooperation in Commons and Anticommons Dilemmas", *Journal of Applied Social Psychology*, 2008,38(1): 173 - 197.

Higgs, R., "How the Western Cattlemen Created Property Rights", *The Freeman*, 2005(3): 36 - 37.

Hill, J., "Are All Commons Tragedies? The Case of Bison in the Nineteenth Century", *The Independent Review*, 2014,18(4): 485 - 502.

Hine, D. W. & Gifford, R., "Individual Restraint and Group Efficiency in Commons Dilemmas: The Effects of Two Types of Environmental Uncertainty", *Journal of Applied Social Psychology*, 1996(26): 993 - 1009.

Hirshleifer, D. & Rasmusen, E., "Cooperation in Repeated Prisoners' Dilemma with Ostracism", *Journal of Economic Behavior and Organization*, 1989(12): 87 - 106

Hornaday, W. T., "The Extermination of the American Bison, with a Sketch of Its Discovery and Life History", In *Report of the U. S. National Museum*, part 2, Washington, D. C.: U. S. Government Printing Office, 2002: 367 - 548.

Hunter, D., "Cyberspace as Place and 'The Tragedy of Digital Anticommons'", *California Law Review*, 2003,91(2): 439 - 520.

Isaac, R. M., James, M. W. & Susan, H. T., "Divergent Evidence on Free Riding: An Experimental Examination of Possible Explanations", *Public Choice*, 1984,43(2): 113 - 149.

Isaac, R. M., McCue, K. F. & Plott, C. R., "Public Good Provision in an Experimental Environment", *Journal of Public Economics*, 1985,26(1): 51 - 74.

Isaac, R. M., Walker, J. M. & Thomas, S. H., "Divergent Evidence on Free Riding: An Experimental Examination of Possible Explanation", *Public Choice*, 1984(43): 113 - 49.

Jensen, K. & Murray, F., "Intellectual Property Landscape of the Human Genome", *Science*, 2005(310): 239 - 240.

Johnson, O. E. G., "Economic Analysis, the Legal Framework and Land

Tenure Systems", *Journal of Law and Economics*, 1972(15): 259 - 276.

Johnson, R. N. & Libecap, G. D., "Contracting Problems and Regulation: The Case of the Fishery", *American Economic Review*, 1982(72): 1005 - 1022.

Kahneman, D., Knetsch, J. L. & Thaler, R. H., "Anomalies: The Endowment Effect, Loss Aversion, and Status Quo Bias", *Journal of Economics Perspectives*, 1991(5): 193 - 206.

Kang, K., Ryu, T., & Lee, Y., "Effects of Research Tool Patents on Biotechnology Innovation in a Developing Country: A Case Study of South Korea", *BMC Biotechnology*, 2009,9(25): 1 - 11.

Katz M L, Shapiro, C., "Network Externalities, Competition, and Compatibity", *American Economic Review*, 1985,75(3): 424 - 440.

Kempton, W., "Will Public Environmental Concern Lead to Action on Global Warming?", *Annual Review of Energy and Environment*, 1993 (18): 217 - 245.

Kibreab, G., "Property Rights, Development Policy and Depletion of Resources: The Case of the Central Rain Lands of Sudan, 1940s - 1980s", *Environment and History*, 2001,7(1): 57 - 108.

Kim, O. & Waker, M., "The Free Rider Problem: Experimental Evidence", *Public Choice*, 1984(43): 3 - 24.

Larson, B. A. & Bromley, D. W., "Property Rights, Externalities, and Resource Degradation: Locating the Tragedy", *Journal of Development Economics*, 1992(33): 235 - 262.

Lawry, S. W., "Tenure Policy Toward Common Property Natural Resources in Sub-Saharan Africa", *Natural Resources Journal*, 1990 (30): 403 - 422.

Levhari, D. & Mirman, L. J., "The Great Fish War: An Example Using a Dynamic Cournot-Nash Solution", *The Bell Journal of Economics*, 1980,11(1): 322 - 334.

Liebowitz S J, Margolis S E., "Network Externality: An Uncommon Tragedy", *Journal of Economic Perspective*, 1994,8(2): 133 - 150.

Lloyd, W. F., "Lloyd on the Checks to Population", *Population and Development Review*, 1980,6(3): 473 - 496.

Loehr, D. , "Land Reforms and the Tragedy of the Anticommons—A Case Study from Cambodia", *sustainability*, 2012(4): 773 - 793.

Lopes, L. F. G. , Bento, J. , Cristovão, A. & Baptista, F. O. , "Institutionalization of Common Land Property in Portugal: Tragictrends between 'Commons' and 'Anticommons'", *Land Use Policy*, 2013(35): 85 - 94.

Madigan, K. & Mossoff, A. , "Turning Gold to Lead: How Patent Eligibility Doctrine Is Undermining U. S. Leadership in Innovation", *George Mason Law Review*, 2017(Forthcoming): 1 - 20.

Maine, H. S. , *Village Communities in the East and West*, New York: Henry Holt and Company, 1889.

Marcet, J. H. , *Conversations on Political Economy (3rd ed)*, London, 1819: 60 - 61.

Marwell, G. , & Ruth, E. A. , "Experiments on the Provision of Public Goods I: Resources, Interest, Group Size, and the Free Rider Problem", *American Journal of Sociology*, 1979(84): 1335 - 1360.

Marwell, G. , & Ruth, E. A. , "Experiments on the Provision of Public Goods II: Provision Points, Stakes, Experience, and the Free Rider Problem", *American Journal of Sociology*, 1980(85): 926 - 937.

Marwell, G. & Ruth, E. A. , "Economists Free Ride, Does Anyone Else? Experiments on the Provision of Public Goods, IV", *Journal of Public Economics*, 1981(15): 295 - 310.

Mas-Colell, A. , Whinston, M. D. & Green, J. R. , *Microeconomic Theory*, New York: Oxford University Press, 1995.

May, P. H. , *A Modern Tragedy of The Non-Commons*, Ph. D. Thesis of Cornell University, 1986.

McCay, B. J. & Acheson, J. M. , *The Question of the Commons*, Tucson: University of Arizona Press, 1987.

McCay, B. J. , "Common and Private Concerns", *Advances in Human Ecology*, 1995(4): 89 - 116.

McEvoy, A. F. , *The Fisherman's Problem: Ecology and Law in the California Fisheries*, Cambridge: Cambridge University Press, 1986.

McGinnis, M. D. & Walker, J. M. , "Foundations of the Ostrom Workshop: Institutional Analysis, Polycentricity, and Self-governance of the Commons", *Public Choice*, 2010,143(3/4): 293 - 301.

McKean, M. A., "The Japanese Experience with Scarcity: Management of Traditional Commons Lands", *Environmental Review*, 1982(6): 63 - 88.

McKean, M. A., "Success on the Commons: A Comparative Examination of the Institutions for Common Property Resource Management", *Journal of Theoretical Politics*, 1992(4): 247 - 281.

Meade, J. E., "External Economies and Diseconomies in a Competitive Situation", *The Economic Journal*, 1952,62(245): 54 - 67.

Merrill, T. W., "The Economics of Public Use", *Cornell Law Review*, 1986(72): 61 - 116.

Messerschmidt, D. A., "Collective Management of Hill Forests in Nepal: The Community Forest Development Project", In *Proceedings of the Conference on Common Property Resource management*, National Research Council, Washington, D. C.: National Academy Press, 1986: 455 - 480.

Messick, D. M. & Brewer, M. B., "Solving Social Dilemmas: A Review", *Review of Personality and Social Psychology*, 1983(4): 11 - 43.

Mestelman, S, & Feeny, D., "Does Ideology Matter: Anecdotal Experimental Evidence on the Voluntary Provision of Public Goods", *Public Choice*, 1988(57): 281 - 286.

Michelman, F. I., "Ethics, Economics, and the Law of Property", *Nomos*, 1982(24): 3 - 40.

Michelman, F. I., "Ethics, Economics, and the Law of Property", *Tulsa Law Review*, 2003(39): 663 - 690.

Mireles, M. S., "An Examination of Patents, Licensing, Research Tools, and the Tragedy of the Anticommons in Biotechnology Innovation", *University of Michigan Journal of Law Reform*, 2004,38(1): 141 - 236.

Moxnes, E., "Not Only the Tragedy of the Commons: Misperceptions of Bioeconomics", *Management Science*, 1998(44): 1234 - 1248.

Munzer, S. R., "Commons, Anticommons and Community in Biotechnological Assets", *Theoretical Inquiries in Law*, 2009(10): 271 - 298.

Murray, F. & Stern, S., Do Formal Intellectual Property Rights Hinder the Free Flow of Scientific Knowledge? An Empirical Test of the Anti-Commons Hypothesis, Prepared for *NBER Innovation Policy and the Economy Conference on Academic Entrepreneurship: Dual Engines of Growth?* 2006: 1 - 57.

Musgrave R. A. & Musgrave P. B., *Public Finance in Theory and Practice*, New York: McGraw Hill, 1973.

Musgrave R. A., "Provision for Social Goods", In *Public Economics: An Analysis of Public Production and Consumption and Their Relations to the Private Sectors*, Margolis J. & Guitton H. (eds.), London: Macmillan, 1969.

Musgrave R. A., "The Planning Approach in Public Economy: A Reply", The Quarterly Journal of Economics, 1941,55(2): 319 - 324.

Musgrave, R. A., *The theory of public finance*, New York: McGraw-Hill, 1959.

Musgrave R. A., *The Theory of Public Finance and the Concept of "Burden of Taxation"*, PhD Thesis, Harvard University, 1937.

Musgrave, R. A., "The Voluntary Exchange Theory of Public Economy", *The Quarterly Journal of Economics*, 1939,53(2): 213 - 237.

Myers, N., "An Expanded Approach to the Problem of Disappearing Species", *Science*, 1976(193): 198 - 202.

National Bison Association, "Bison by the Numbers", https://bisoncentral. com/bison-by-the-numbers, 2021 - 11 - 29.

Neal A. C., The "Planning Approach" in Public Economy, *The Quarterly Journal of Economics*, 1940,54(2): 246 - 254.

Netting, R. M., "Of Mice and Meadows: Strategies of Alpine Land Use", *Anthropological Quarterly*, 1972(45): 132 - 144.

Newton, D. E., *Global Warming: A Reference Handbook*, ABC-CLIO, Santa Barbara, 1993.

Nicol, D. & Nielsen, J., Patents and Medical Biotechnology — An Empirical Analysis of Issues Facing the Australian Industry, *Centre for Law and Genetics Occasional Paper*, 2003(6): 1 - 276.

North, D. C., "A Transaction Cost Theory of Politics", *Journal of Theoretical Politics*, 1990(2): 355 - 367.

North, D. C., "Economic Performance Through Time", *American Economic Review*, 1994(84): 358 - 368.

Oates W. E., "Remembering Richard Musgrave", *Journal of Public Finance and Public Choice*, 2007,25(2 - 3): 97 - 102.

O'Connor, B. P. &Tindall, D. B., "Attribution and Behavior in a Commons Dilemma", *The Journal of Psychology*, 1990,124(5): 485 - 494.

O'Riordan, T. & Turner, R. K., *An Annotated Reader in Environmental Planning and Management*, Oxford: Pergamon Press, 1983.

Ornstein, R. E. & Ehrlich, P., *New World New Mind: Moving Towards Conscious Evolution*, New York: Bantam Doubleday Publishing Group, 1989.

Ostrom, E., & Gardner, R., "Coping with Asymmetries in the Commons: Self-Governing Irrigation Systems Can Work", *Journal of Economic Perspectives*, 1993(7): 93 - 112.

Ostrom, E., *Governing the Commons: The Evolution of Institutions for Collective Action*, Cambridge: Cambridge University Press, 1990.

Ostrom, E., *Understanding Institutional Diversity*, Princeton: Princeton University Press, 2005.

Ostrom, E., "The Rudiments of a Theory of the Origins, Survival, and Performance of Common-property Institutions", In *Making the Commons Work: Theory and Practice*, Bromley, D. (ed.), San Francisco: ICS Press, 1992: 293 - 318.

Ostrom, E., "Polycentricity, Complexity, and the Commons", *The Good Society*, 1999,9(2): 37 - 41.

Ostrom, E., "Tragedy of the Commons", *The New Palgrave Dictionary of Economics* (2nd Edition), Steven N., Durlauf, Lawrence E., & Blume (eds.), Palgrave Macmillan, 2008.

Ostrom, E., "Beyond Markets and States: Polycentric Governance of Complex Economic Systems", *The American Economic Review*, 2010, 100(3): 641 - 672.

Ostrom, E. & Schlager, E., "The Formation of Property Rights", In *Rights to Nature, Ecological, Economic, Cultural, and Political*

Principals of Institutions for the Environment, Hanna, S., Folke, C., & Maler, K. G. (eds.), Washington, DC: Island Press, 1996.

Ostrom, E., Burger, J., Field, C. B., Norgaard, R. B. & Policansky, D., "Revisiting the Commons: Local Lessons, Global Challenges", *Science*, *New Series*, 1999,284(5412): 278-282.

Ostrom, E., Gardner, R. & Walker, J., *Rules*, *Games and Common-Pool Resources*, Ann Arbor: University of Michigan Press, 1994.

Ostrom, V. & Ostrom, E., "Public Goods and Public Choices", In *Alternatives for Delivering Public Services: Toward Improved Performance*, Emanuel S. Savas (eds.), Boulder, Co.: West view Press, 1977: 7-49.

Ott A. F., Solow R. M., Aaron H. J., Feldstein M. S., Oldman O. & Samuelson P. A., "A Tribute to Richard Abel Musgrave", *Journal of Economics and Finance*, 2008,32(4): 330-333.

Palmer, C. T. & Sinclair, P., "Perceptions of a Fishery in Crisis: Dragger Skippers on the Gulf of St. Lawrence", *Society and Natural Resources*, 1996(9): 267-279.

Parisi, F., Schulz, N. & Depoorter, B., "Duality in Property: Commons and Anticommons", *International Review of Law and Economics*, 2005(25): 578-591.

Parks, C. D. & Rumble, A. C., "Elements of Reciprocity and Social Value Orientation", *Personality and Social Psychology Bulletin*, 2001 (27): 1301-1309.

Pickhardt M., "Fifty Years After Samuelson's Pure Theory of Public Expenditure' What Are We Left With?", *Journal of the History of Economic Thought*, 2006,28(4): 439-460.

Platt, J., "Social traps", *Amer. Psychologist*, 1973(28): 641-651.

Platteau, J. P., "The Evolutionary Theory of Land Rights as Applied to Sub-Saharan Africa: A critical Assessment", *Development and Change*, 1996(27): 29-86.

Polsky, C., "*Tragedies of the Commons" and Tragedies of the Private: A Reconsideration of Property Types and Environmental Outcomes*, Master's thesis of Lincoln University, 1989.

Posner, R. A., *The Economic Analysis of Law*, Boston/Toronto: Little,

Brown & Company, 1986.

Rahman, F., "Population Growth and Sustainability of Common Property Resource Management Systems in the Eastern Hindu Kush: The Use of Communal Fodder Resources in Mehlp Valley, North Pakistan", *Mt. Sci.*, 2009(6): 380 - 393.

Ramirez, H., "Defending the Privatization of Research Tools: An Examination of the Tragedy of the Anticommons in Biotechnology Research and Development", *Emory Law Journal*, 2004, 53 (1): 359 - 390.

Rapoport, A., "Experiments with N-Person Social Traps I: Prisoner's Dilemma, Weak Prisoner's Dilemma, Volunteer's Dilemma, and Largest Number", *The Journal of Conflict Resolution*, 1988a, 32(3): 457 - 472.

Rapoport, A., "Experiments with N-Person Social Traps II: Tragedy of the Commons", *The Journal of Conflict Resolution*, 1988b, 32(3): 473 - 488.

Rieser, A., "Prescriptions for the Commons: Environmental Scholarship and the Fishing Quotas Debate", *Harvard Environmental Law Review*, 1999(23): 393 - 421.

Rilling, J. K. et al., "A Neural Basis for Social Cooperation", *Neuron*, 2002(35): 395 - 405.

Rodgers, C., "Reversing the 'Tragedy' of the Commons? Sustainable Management and the Commons Act 2006", *The Modern Law Review*, 2010,73(3): 461 - 486.

Rose, C. M., "Property as Storytelling: Perspectives from Game Theory, Narrative Theory, Feminist Theory", *Yale Journal of Law & the Humanities*, 1990(2): 37 - 57.

Rose, C. M., "Rethinking Environmental Controls: Management Strategies for Common Resources", *Duke Law Journal*, 1991(1): 1 - 38.

Rose, C. M., "The Comedy of the Commons: Commerce, Custom, and Inherently Public Property", *The University of Chicago Law Review*, 1986(53): 711 - 781.

Samuelson, P., "The Pure Theory of Public Expenditure", *Review of*

Economics and Statistics, 1954,36(4): 387 - 389.

Samuelson P. A., "Diagrammatic Exposition of a Theory of Public Expenditure", *The Review of Economics and Statistics*, 1955,37(4): 350 - 356.

Sandier, T., " Common-property Resources: Privatization, Centralization, and Hybrid Arrangements", *Public Choice*, 2010(143): 317 - 332.

Santopietro, G. D. & Shabman, L. A., "Can Privatization Be Inefficient: The Case of the Chesapeake Bay Oyster Fishery", *Journal of Economic Issues*, 1992(26): 407 - 419.

Schaefer, M. B., "Some Considerations of Population Dynamics and Economics in Relation to the Management of Commercial Marine Fisheries", *Journal of the Fisheries Research Board of Canada*, 1957(14): 669 - 681.

Scharff, R. L., " A Common Tragedy: Condemnation and the Anticommons", *Natural Resources Journal*, 2007(47): 165 - 193.

Schelling, T., "The Ecology of Micromotives", *Public Interest*, 1971(25): 61 - 98.

Schlager, E. & Ostrom, E., "Property-Rights Regimes and Natural Resources: A Conceptual Analysis", *Land Economics*, 1992(68): 254 - 260.

Schulz, N., Parisi, F. & Depoorter, B., "Fragmentation in Property: Towards a General Model", *Journal of Institutional and Theoretical Economics*, 2002,158(4): 594 - 613.

Scott, A., "The Fishery: The Objectives of Sole Ownership", *Journal of Political Economy*, 1955,63(2): 116 - 124.

Seabright, P., " Managing Local Commons: Theoretical Issues in Incentive Design", *Journal of Economic Perspectives*, 1993(7): 113 - 134.

Seguino, S., Stevens, T. & Lutz, M., "Gender and Cooperative Behavior: Economic Man Rides Alone", *Feminist Economics*, 1996,2(1): 1 - 21.

Seidl C., "Public Finance in a Democratic Society", *Weltwirtschaftliches Archiv (Review of World Economics)*, 1988,124(4): 775 - 784.

Sherwin, R., " Hedonic Prices and Implicit Markets: Product

Differentiation in Pure Competition", *Journal of Political Economy*, 1974,82(1): 34 - 55.

Shiva, V., "Coming Tragedy of the Commons", *Economic and Political Weekly*, 1986,21(15): 613 - 661.

Shleifer, A., "Establishing Property Rights", *World Bank Econ Rev*, 1994,8 (s1): 93 - 117.

Sim, L., Lum, S. & Malone-Lee, L. C., "Property Rights, Collective Sales and Government Intervention: Averting a Tragedy of the Anticommons", *Habitat International*, 2002(26): 457 - 470.

Smith, C. L. & Hanna, S., "Occupation and Community as Determinants of Fishing Behaviors", *Human Organization*, 1993, 52 (3): 299 - 303.

Smith, H. E., "Semicommon Property Rights and Scattering in the Open Fields", *The Journal of Legal Studies*, 2000,29(1): 131 - 169.

Smith, H. E., "Exclusion Versus Governance: Two Strategies for Delineating Property Rights", *The Journal of Legal Studies*, 2002,31 (S2): S453 - S487

Smith, H. E., "Governing the Tele-Semicommons", *Yale Journal on Regulation*, 2005(22): 289 - 314.

Smith, H. E., "Governing Water: The Semicommons of Fluid Property Rights", *Arizona Law Review*, 2008(50): 445 - 478.

Smith, R., "Resolving the Tragedy of the Commons by Creating Private Property Rights in Wildlife", *CATO Journal*, 1981(1): 439 - 468.

Stavins, R. N., "The Problem of the Commons: Still Unsettled after 100 Years", *The American Economic Review*, 2011,101(1): 81 - 108.

Stern, P. C., "Effects of incentives and Education and Resource Conservation Decisions in a Simulated Commons Dilemma", *Journal of Personality and Social Psychology*, 1976,34(6): 1285 - 1292.

Stewart, S. & Bjornstad, D. J., An Experimental Investigation of Predictions and Symmetries in the Tragedies of the Commons and Anticommons, *Technical report*, *Joint Institute for Energy and Environment*, 2002 - 2007: 1 - 26.

Sun, C. H. & Liu, C. J., "The Combination of Two Tragedies: Commons and Anticommons Tragedies", *Journal of Economics*, 2017

(122)：29 - 43.

Taylor，M. S.，“Buffalo Hunt：International Trade and the Virtual Extinction of the North American Bison”，*American Economic Review*，2011，101 (7)：3162 - 3195.

Teece，D. J.，“The Tragedy of the Anticommons Fallacy：A Law and Economics Analysis of Patent Thickets and FRAND Licensing” *Berkeley Technology Law Journal*，2017，32(4)：1489 - 1526.

Thomson，J. T.，“Ecological Deterioration：Local-Level Rule Making and Enforcement Problems in Niger”，In *Desertification：Environmental Degradation in and around Arid Lands*，Glantz M. H. (ed.)，Boulder：Westview Press，1977：57 - 79.

Thomson，J. T.，Feeny，D. & Oakerson，R. J.，“Institutional Dynamics：The Evolution and Dissolution of Common Property Resource Management”，In *Proceedings of the Conference on Common Property Resource Management*，National Research Council，Washington，D. C.：National Academy Press，1986：391 - 424.

Thucydides，*The History of the Peloponnesian War*，bk. I，sec. 141.

Tietenberg，T. & Lewis L.，*Environmental and Natural Resource Economics* (9th ed)，Boston：Pearson，2012：29 - 30.

Townsend，R. & Wilson，J. A.，“An Economic View of the Commons”，In *The Question of the Commons*，McCay B. J. and Acheson J. M.，(eds.)，Tucson：University of Arizona Press，1987：311 - 326.

Van Dijk，E. & Wilke，H.，“Is It Mine or Is It Ours? Framing Property Rights and Decision Making in Social Dilemmas”，*Organizational Behavior and Human Decision Making Processes*，1997(71)：195 - 209.

Van Laerhoven，F. & Ostrom，E.，“Traditions and Trends in the Study of the Commons”，*International Journal of the Commons*，2007，1(1)：3 - 28

Van Lange，P. A. M.，Liebrand，W. B. G. & Kuhlman，D. M.，“Causal Attribution of Choice Behavior in Three N-person Prisoner's Dilemmas”，*Journal of Experimental Social Psychology*，1990(26)：34 - 48.

Vanneste，S.，Hiel，A. V. Parisi，F. & Depoorter，B.，“From ‘Tragedy’ to ‘Disaster’：Welfare Effects of Commons and

Anticommons Dilemmas", *International Review of Law and Economics*, 2006(26): 104－122.

Verbeure, B., *Gene Patents and Collaborative Licensing Models: Patent Pools, Clearinghouses, Open Source Models and Liability Regimes*, Cambridge Univ. Press, 2009: 3－32.

Walsh, J. P. Ashish Arora & Wesley M. Cohen, "Effects of Research Tool Patents and Licensing on Biomedical Innovation", In Patents in the Knowledge-based Economy, (Wesley M. Cohen & Stephen A. Merrill (eds.), 2003: 285.

Ward, J. M. & Sutinen, J. G., "Vessel Entry-Exit Behavior in the Gulf of Mexico Shrimp Fishery", *American Journal of Agricultural Economics*, 1994(76): 916－923.

Weale, A., *The New Politics of Pollution*, Manchester: Manchester University Press, 1992.

Williams, H. L., "Intellectual Property Rights and Innovation: Evidence from the Human Genome", *NBER WORKING PAPER SERIES*, Working Paper 16213, 2010: 1－9. awallable at http://www. nber. org/papers/w16213.

Williamson, O., "The Modern Corporation: Origins, Evolution, and Attributes", *Journal of Economic Literature*, 1981(19): 1537－1568.

Wilson, R. K., "Constraints on Social Dilemmas: An Institutional Approach", *Annals of Operations Research*, 1985(2): 183－200.

Ying, Q. & Zhang, G., "Fragmentation of Licensing Right, Bargaining and the Tragedy of the Anti-commons", *Eur J Law Econ*, 2008(26): 61－73.

Young, E., "State Intervention and Abuse of the Commons: Fisheries Development in Baja California Sur, Mexico", *Annals of the Association of American Geographers*, 2001, 91(2): 283－306.

Yundannima, N. Y., "Rangeland Use Rights Privatisation Based on the Tragedy of the Commons: A Case Study from Tibet", *Conservation and Society*, 2017, 15(3): 270－279.

后　　记

“倒苦水”的话就不多说了，毕竟对于所有潜心做过研究的人来说，个中的苦与乐乃是不言自明的。在此最想表达的是我衷心的感谢。本书能够顺利完成，第一个想感谢的人是我的博士生导师杨春学教授。从最初的论文选题、构思，以及写作方式……一直到最终定稿，无一不凝结着恩师的智慧和汗水。如果本书具有些许价值或者意义，那么绝大部分应当归功于杨老师；本书一定还有若干不足甚至谬误之处，这些则应当全部归咎于我本人，或许是由于时间紧迫，或许是由于我没能完全理解导师的指导意见，但最大的可能是我个人水平有限。

能够在杨老师门下学习，乃是人生中的一大幸事。杨老师的培养方式是既宽容又严格的。杨老师赞同和鼓励我们有自己的想法，钻研自己感兴趣的学术领域，而不是让学生写“命题作文”，这让我感受到了高度的学术自由和思想自由，所以杨老师是宽容的。而在学术标准方面，杨老师又非常严格，尽管作为“过来人”杨老师肯定能够体会到读博的不易，但他从来都不会因此而降低对我们的学术标准和要求——在学术研究方面，杨老师从来都是一丝不苟的。与杨老师交流不仅使我受益匪浅，更是一种享受。作为一名资深的学术前辈，杨老师每次都乐于与我们这些刚入门者平等交流，而且每次交流杨老师都保持完全开放的姿态，而不是首先预设某种既定的结论，然而对于我们提出来的各种“刁钻古怪”的问题，杨老师却总能在极短的时间内一针见血地指出症结之所在，对杨老师广博的学识、深邃的思想、敏锐的学术洞察力，我感到由衷的敬佩。此外，杨老师淡泊名利、平易近人，对学术真理的追求孜孜不倦，对学生们满是无私的关怀……所有这些都值得我用毕生的精力去学习和传承。

此外我还特别想感谢顾江洪、殷晓红、刘明彰、阳立高、刘东海等恩师。是他们一步步将我从完全无知引向独立求知的道路。感谢我的妻子罗送梅女士。她不仅是本书的第一位读者，而且这么多年跟随我走南闯北、四处漂泊，并默默为我承担着繁重的家庭琐事，让我能够腾出时间撰写和修改书稿。

感谢课题立项和结项评审的十位匿名专家。你们的肯定给予我自信和动力;你们的修改意见给我完善书稿指明了方向。感谢湖州师范学院的王月金老师,为我修改书稿提供了有价值的建议。感谢宁波大学的研究生张舒玉、杨世骐,湖南科技学院的大学生欧阳腾源。三位同学帮忙通读书稿,为我减轻了校对压力。感谢上海三联书店郑秀艳老师的辛勤付出。最后,特别感谢书稿中被引用的作者们,你们的思想和论著是本书研究的直接对象,没有你们的论著,本书的研究即为"无米之炊"。由于思想史研究的特殊性,难免涉及到较长段落的引用,为了保持书稿的流畅性,虽然有些地方没有逐句注明原作者,但是本书在正文或注释中作了相应说明,相信读者不会存在将它们误认为是本书作者"功劳"的可能性。

我对公地悲剧思想的关注和研究可谓由来已久。最开始是 2007 年上大学期间,在高鸿业先生主编的《西方经济学(微观部分)》中接触到公地悲剧,并留下了较深的印象。正式选择从思想史的角度,展开对公地悲剧的研究,则始于 2014 年。当时在恩师杨春学教授的指引下,我正式选择了以《公地悲剧:一种思想史的考察》作为我的博士论文题目。一方面,论文受到了外审专家和答辩评审专家们的较高评价;另一方面,我对公地悲剧问题一直保持着比较浓厚的兴趣。由于这两方面的原因,我博士毕业进入宁波大学工作之后,一直坚持对公地悲剧问题的思考。非常幸运,正在悉尼访学的一个傍晚"意外"接到了来自国家社科规划办的一个电话,通知我修改课题名称,去掉副标题。在杨春学老师的指导下,我们最终将题目确定为《公地悲剧的思想史研究》。经历颇多修改和完善之后的书稿获得 2019 年国家社科基金后期资助项目立项。毕业之后到立项之前修改书稿,只是出于个人兴趣爱好和微不足道的"学术追求"。而课题获得立项,则像一场及时雨,给我提供了恰如其分的外部压力和动力。

行文至此,我突然想起赖建诚教授在《经济思想史的趣味》中饶有趣味的一段话,"不要谈思想史,拜托,我们是经济学家……由于思想史的论文鲜有大量数学或经济计量,有些学生可能会以为思想史是个软柿子。事实上,从许多方面来看,思想史比主流经济学更难、更精妙、较无法依样画葫芦。"对此,我深以为然。虽然博士阶段的专业是经济思想史,并且对经济思想史的研究保持着浓厚兴趣,但是我发现从思想史的角度对某个问题研究得越深入,就越是感觉经济思想史研究的不容易。这种不容易倒不是体现在需要围绕着研究主题做大量阅读和思考的工作——如果能够不考虑功利问题,阅读自己感兴趣的文献本身非但不是一件苦差事,反而是一种能够获得

正效用的享受。在我看来,这种“不容易”主要体现在以下四个方面:

第一,取舍之难。本书力图从思想史的角度对学术界关于公地悲剧的思想、理论做一个全面的总结和梳理。虽然研究的主题仅仅是公地悲剧这个看似非常“小”的问题,但是由于古今中外与该主题有关的文献实在是太多了。由于主、客观原因,我无法将所有学者或思想家们的所有相关论述都融入书稿当中。当读罢一篇文献,自觉深受启发但却找不到合适位置将其“安插”在书稿中之时,经常让我感到非常惋惜。

第二,理解之难。我虽然自认为已经用尽了最大力气去搜寻、研读和理解历代先贤们对公地悲剧问题的看法,并且试图将自己“代入”到前辈们所处的时空背景当中去,但要准确和全面理解前人的所思所想和真实意图,绝非易事。

第三,判断之难。恩师杨春学教授如是指导我:做思想史研究,必须找出在理论上作出边际贡献的学者及其作品。然而由于本人才疏学浅,在经济思想史的汪洋大海中游弋的时间也很有限,常常为这个问题感到非常纠结。

第四,搁笔之难。历史即过往,而每一个当下转瞬即成过往。加之我们所处的又是一个高速发展、转型的时代,各种各样的新情况、新现象层出不穷。这也是一个信息和知识“大爆炸”的时代,思想者们不断基于变化了的事实总结提炼出新的理论、学说或者观点。因此对公地悲剧的思想史研究问题追踪得越久,就越觉得这是一个难以停笔的课题。当一个问题被人们思考透彻时,往往一个新的问题又正在酝酿。当我这个“埋头故纸堆”的书生被科研办催促结题的电话所惊醒时,也只好恋恋不舍地选择暂且搁笔。

聊以自我安慰的是,经过这几年的思考,除了从思想史的角度总结和梳理历代先贤们对公地悲剧问题的研究之外,我本人也从个人理解的角度,提出了若干自认为具有一定创新性的观点和看法。比如第七章提出的负竞争性(包括用于解释它的“生产型消费”),和第九章“走出公地悲剧的中国方案:政府引导下的多中心协同治理”。以新古典经济学为基底的西方主流经济学,似乎忽视了一种物品因使用而变得更加好用(即竞争性为负)的可能性。本书主张使用上的竞争性可以在“正-零-负”而非仅仅只能在“正-零”之间取值。如果条件允许,我希望可以继续该问题的研究,撰写一部关于“负竞争性经济学”的著作,更加全面和深入地讨论这一论题。我认为,奥斯特罗姆提出的公共池塘资源“社区自治”理论,并不完全适用我国的特殊国情,在社区自治的基础之上采用“政府引导下的多中心协同治理”理念会更加具有针对性。

在高智商大脑云集的学术界，我深知自己只是才疏学浅的籍籍无名之辈，并不具备什么“资格”提出一种新的理论或学说。但也恰好是同样的理由，使我具有“初生牛犊不怕虎”的勇气——就算我提出的所谓“理论创新”被证明是彻底的谬误，但至少也是一种发自内心的感悟。它们如果能够成为“问路之石”或者“引玉之砖”，激起深藏不露的高人“出手”亮出真正有价值的“理论创新”，或者让它们成为能够反衬他人之高明的愚笨典型，在我看来也比“正确的废话”稍显有益。出于这些考虑，斗胆说出“未必正确但发自肺腑”的话，就算见笑于大方之家，我也欣然接受。

在本书即将付梓之际，我的心情是既释然又忐忑的。释然的是，尽管搁笔困难，但是可以算是对这几年研究的一个总结。此书是我个人的第一部著作，很可能也是我的一项代表作。忐忑的是，由于我学识浅薄，书稿中极有可能存在我没有发现的不足、漏洞、偏颇，甚至谬误。恳请方家批评指正！我的邮箱是 yxwlsm@126. com。

阳晓伟
2021 年 12 月 13 日书于宁波

图书在版编目(CIP)数据

公地悲剧的思想史研究/阳晓伟著. —上海：上海三联书店，2022.9

ISBN 978-7-5426-7814-0

Ⅰ.①公… Ⅱ.①阳… Ⅲ.①土地经济学—研究 Ⅳ.①F301

中国版本图书馆 CIP 数据核字(2022)第 153178 号

公地悲剧的思想史研究

著　　者／阳晓伟

责任编辑／郑秀艳
装帧设计／一本好书
监　　制／姚　军
责任校对／王凌霄

出版发行／上海三联书店
(200030)中国上海市漕溪北路 331 号 A 座 6 楼
邮　　箱／sdxsanlian@sina.com
邮购电话／021-22895540
印　　刷／上海惠敦印务科技有限公司

版　　次／2022 年 9 月第 1 版
印　　次／2022 年 9 月第 1 次印刷
开　　本／710 mm × 1000 mm　1/16
字　　数／320 千字
印　　张／18.5
书　　号／ISBN 978-7-5426-7814-0/F·871
定　　价／78.00 元

敬启读者，如发现本书有印装质量问题，请与印刷厂联系 021-63779028